毛澤東重整舊河山：1949—1960

毛澤東

李蒙 撰文　　侯波 攝影

重整舊河山
1949-1960

責任編輯　　許琼英
裝幀設計　　彭若東
責任校對　　江蓉甫
排　　版　　潘斯麗
印　　務　　馮政光

書　　名　　毛澤東重整舊河山：1949—1960

叢 書 名　　20 世紀中國

撰　　文　　李　蒙

攝　　影　　侯　波

出　　版　　香港中和出版有限公司
　　　　　　Hong Kong Open Page Publishing Co., Ltd.
　　　　　　香港北角英皇道 499 號北角工業大廈 18 樓
　　　　　　http://www.hkopenpage.com
　　　　　　http://weibo.com/hkopenpage
　　　　　　http://www.facebook.com/hkopenpage

香港發行　　香港聯合書刊物流有限公司
　　　　　　香港新界大埔汀麗路 36 號 3 字樓

印　　刷　　中華商務聯合印刷 (廣東) 有限公司
　　　　　　深圳市龍崗區平湖鎮春湖工業區中華商務印刷大廈

版　　次　　2013 年 4 月香港第一版第一次印刷

規　　格　　16 開 (168mm×230mm) 480 面

國際書號　　ISBN 978-988-8200-31-3

　　　　　　© 2013 Hong Kong Open Page Publishing Co., Ltd.
　　　　　　Published in Hong Kong

本書由人民文學出版社授權本公司在中國內地以外地區出版發行。

1949年10月1日，毛澤東向全世界莊嚴宣告中華人民共和國中央人民政府成立。

1950年6月23日，全國政協一屆委員會第二次會議最後一天，代表們舉手通過毛澤東手持的國徽圖案。

1951年11月9日，毛澤東與湖南韶山鄉親在中南海。

1952年10月31日，毛澤東在河南鄭州邙山頂眺望黃河。

1953年，毛澤東在北京玉泉山住地。

1954年，毛澤東在浙江杭州。

1955年9月27日，毛澤東將"中華人民共和國元帥軍銜"授予朱德。

1956年5月31日，毛澤東在湖北武漢橫渡長江。

1957年11月17日，毛澤東來到莫斯科大學慰問中國留學生，向他們發表了熱情洋溢的講話。

1958年，毛澤東在四川成都。

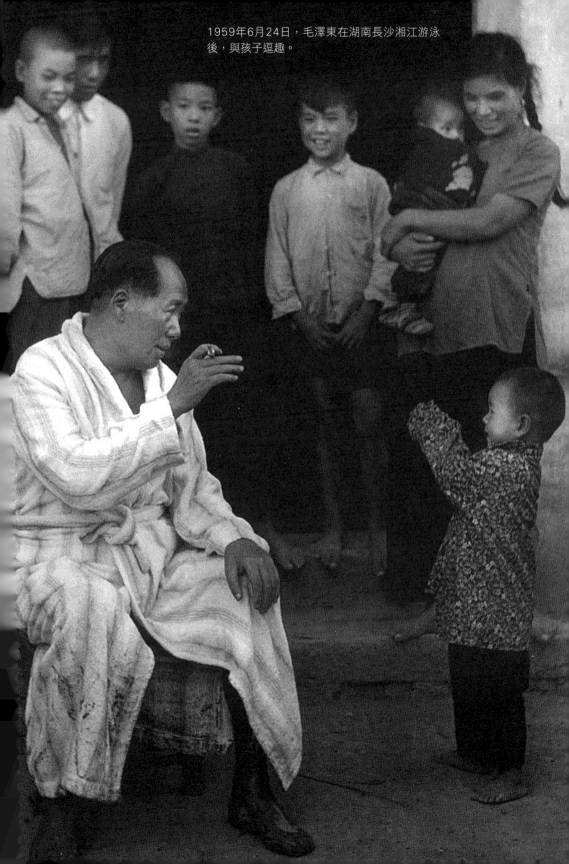

1959年6月24日，毛澤東在湖南長沙湘江游泳後，與孩子逗趣。

1960年1月，毛澤東在專列上。

1960年夏，毛澤東在河北秦皇島市北戴河海濱小憩。

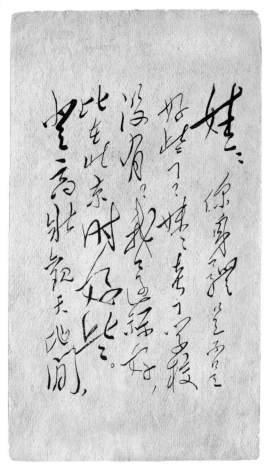
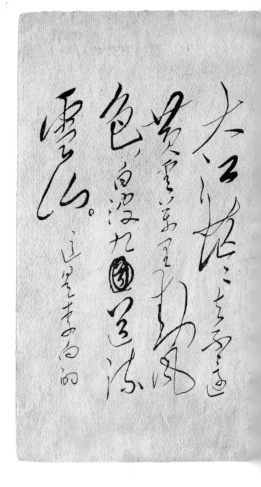

1959年8月6日，毛澤東致兒媳劉思齊書信手跡。

娃：

你身體是不是好些了？妹妹考了學校沒有？我還算好，比在北京時好些。

登高壯觀天地間，大江茫茫去不還。黃雲萬里動風色，白波九道流雪山。

這是李白的幾句詩。你愁悶時可以看點古典文學，可起消愁破悶的作用。久不見，甚念。

爸爸

八月六日

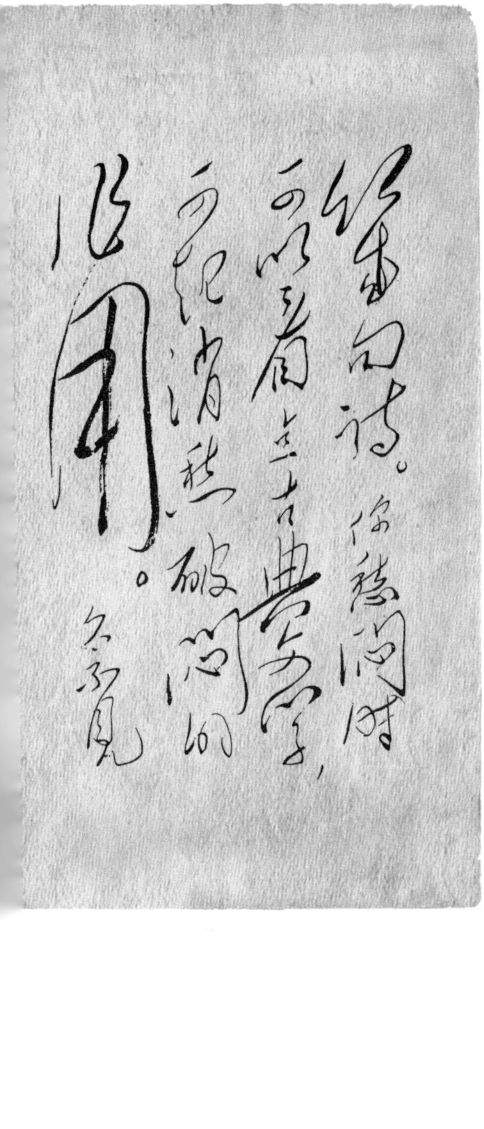

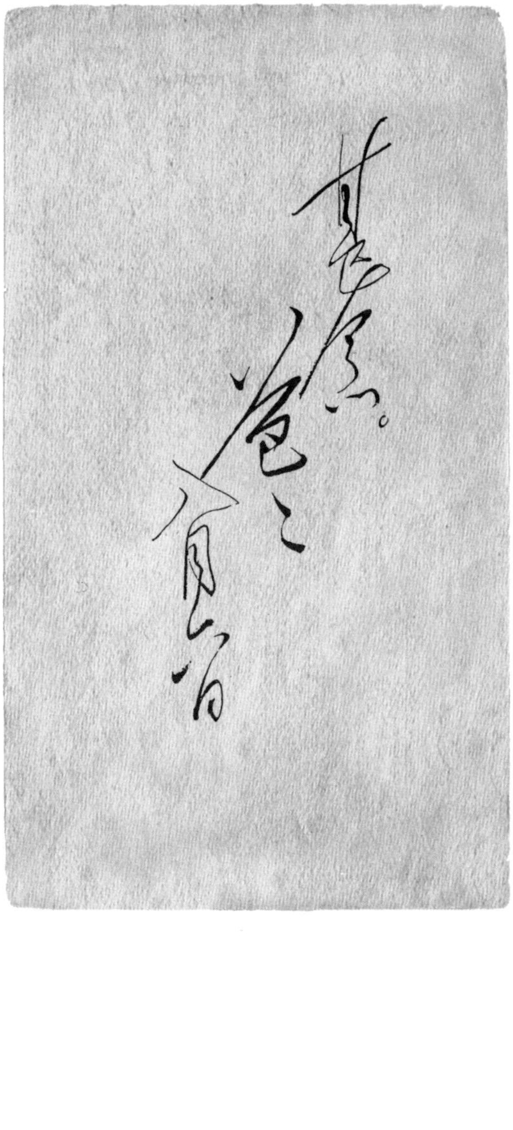

甚念。
庵之
頓首

絕句詩。你穩向時
而兩眉上大豐堂，
盡把消然破悶的
北闹。
久留覓

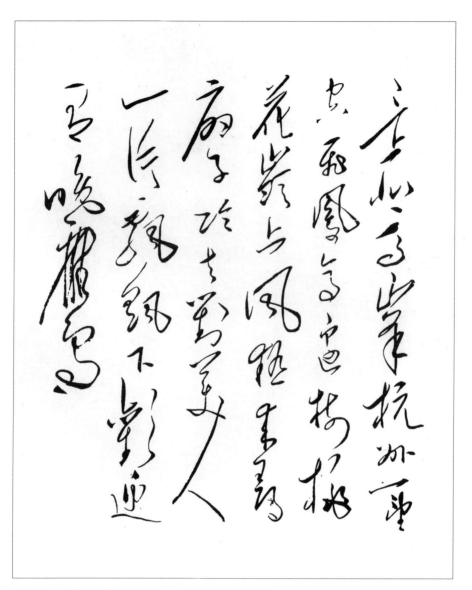

1955年，毛澤東手書個人詩作——五言律詩《看山》。

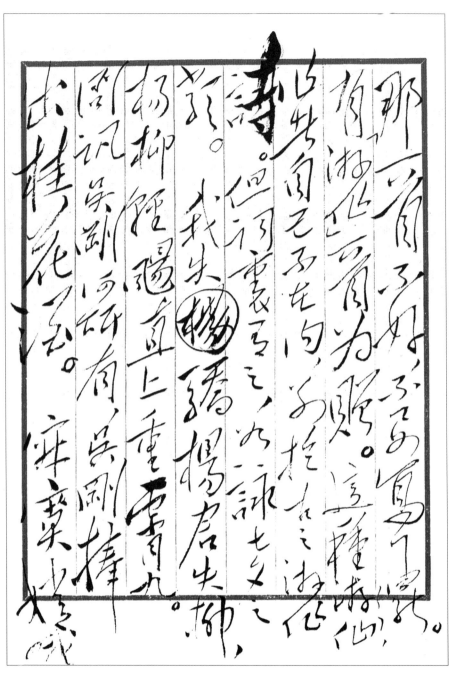

1957年5月11日，毛澤東覆信李淑一手跡（部分）。信中，毛澤東書寫了自己的詞作《蝶戀花·遊仙》。

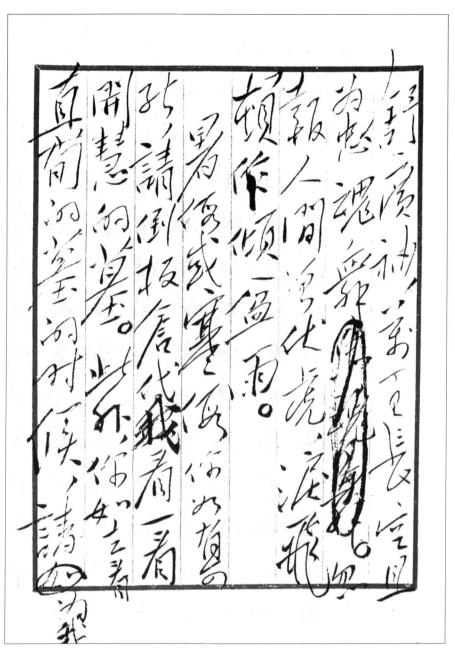

1957年5月11日，毛澤東覆信李淑一手跡（部分）。信中，毛澤東書寫了自己的詞作《蝶戀花·遊仙》。

目 錄

第 一 章　　**1949**　開國大典　　　*25*

第 二 章　　**1950**　建國立業　　　*65*

第 三 章　　**1951**　抗美援朝　　　*87*

第 四 章　　**1952**　停戰談判　　　*115*

第 五 章　　**1953**　自力更生　　　*135*

第 六 章　　**1954**　治國大法　　　*159*

第 七 章　　**1955**　三大改造　　　*201*

第 八 章　　**1956**　八大前後　　　*223*

第 九 章　　**1957**　整風反右　　　*259*

第 十 章　　**1958**　大 躍 進　　　*307*

第十一章　　**1958**　炮擊金門　　　*357*

第十二章　　**1959**　回 韶 山　　　*377*

第十三章　　**1959**　盧山會議　　　*421*

第十四章　　**1960**　抗爭論戰　　　*451*

1949

第一章

開國大典

葉劍英表示要搞個隆重的入城式,毛澤東不同意:"我們進城,千萬不要驚動老百姓,聲勢不要搞得太大。不用宣傳全世界都知道了,不必花銀子搞儀式。"

1949年3月23日上午十時,值班衛士叫醒了毛澤東。毛澤東問了問時間有些不高興:"幾點啦?叫你們九點叫,為甚麼現在才叫呢?"警衛員急忙解釋,是周恩來副主席特意關照的,讓主席多睡一小時。毛澤東才沒說甚麼。這一覺也只睡了四五個小時,當時毛澤東睡得很少,常常連續熬兩三個晝夜才睡三四個小時。

吃過早飯,毛澤東率中央機關離開河北平山縣西柏坡,向北平進發。臨上車前他與劉少奇、周恩來、朱德等人一一握手,想起剛才睡覺的事,對周恩來說:"今天是進京的日子,不睡覺也高興啊。進京'趕考'去,精神不好

1949年春,北平市民迎接解放軍進城。

怎麼行呀？"周恩來笑了："我們應當都能考試及格，不要退回來。"毛澤東語氣中帶著自信："退回去就失敗了，我們決不當李自成，我們都希望考個好成績。"①

早在 1944 年 3 月，郭沫若在重慶《新華日報》上發表了《甲申三百年祭》，敍述了明末李自成領導的農民起義軍在攻入北京推翻明朝以後，若干首領腐化，並發生宗派鬥爭，以致造成徹底失敗的過程。

毛澤東把這篇文章列入整風文件，並致信郭沫若："小勝就驕傲，大勝更驕傲，一次又一次吃虧，如何避免此種毛病，實在值得注意。"他如此重視這篇文章，目的在於"叫全黨同志引以為鑒，不要重犯勝利時驕傲的錯誤"。以後他多次說過："我們決不當李自成。"

他們共坐了十一輛小汽車和十輛大卡車，毛澤東坐的是第二輛中吉普。車隊出了山區，就進入華北大平原。行車途中，毛澤東很高興，在車上不斷同警衛人員說笑："今天又是三月份，為甚麼老在三月份咱們有行動呢？你們記得這幾次行動的時間嗎？你們說說。"警衛排長閻長林回答："一九四七年三月十八號撤離延安啊。""去年三月份呢？""去年三月二十二日，由陝北米脂縣的楊家溝出發，向華北前進啊！"毛澤東接著說："今天是三月二十三號；與去年三月二十二號只差一天，我們又向北平前進了。三年三次大行動都是在三月份。明年三月份應該解放全國了。等全中國解放了，我們再也不搬家了。"②

那天本來是準備趕到保定的，因為路不好走，他們天黑以前就在河北唐縣附近的淑閭村住下了。毛澤東住在村民李大明家裡。這一夜他沒有休息，前半夜同村幹部座談；後半夜坐在小凳子上，趴在用木板支的床上寫材料。

第二天上午車隊繼續出發，中午到保定，毛澤東聽了冀中黨委書記林鐵的彙報。吃過午飯，又出發，傍晚抵達涿縣，住在第四野戰軍四十二軍軍部大院裡，北平市長葉劍英已等候在此，專為彙報工作，接風洗塵。葉劍英表示要搞個隆重的入城式，毛澤東不同意："我們進城，千萬不要驚動老百姓，聲勢不要搞得太大。不用宣傳全世界都知道了，不必花銀子搞儀式。"見葉劍英面露難色，周恩來在旁邊勸道："他們已經準備了好幾天了，是不是這樣，我們不進市區，可以在郊區搞個小型的閱兵式，請社會各界代表參加，大家見個面，也算個安民告示。"毛澤東同意了。

3 月 25 日清晨，他們從涿縣改乘火車到達北平清華園火車站，隨後坐車到頤和園休息。散步時，毛澤東發現偌大的公園空空蕩蕩，沒有一個遊人。他問機要秘書葉子龍，葉子龍説："為了首長的安全，今天公園不開放。"毛澤東很不高興："公園不是私園，沒有遊人像甚麼樣子。不遊了，不遊了！"

大家來到益壽堂休息。臨近中午，這裡沒有準備飯菜，連個工作人員也看不到。房間裡很冷，只有一個煤爐，也很久沒有生火。葉子龍指揮大家生火做飯，可衛士們都是剛從農村出來的，以前一直用柴灶，沒用過這種鐵爐子，半天生不著火。毛澤東還在為剛才沒有遊人的事生氣："葉子龍，你們怎麼連爐子都不會生？統統撤職。"

情急之下，葉子龍親自跑到街上，買了些芝麻燒餅和熟肉回來，做"燒餅夾肉"。他回來時，爐子已經生起來了，火很旺，水也燒開了。毛澤東吃著夾肉的燒餅，高興起來："葉子龍，你很會採購嘛，這是京城的名吃呢。三十年前在北平的時候，我就經常吃的。"

1918 年夏，毛澤東從湖南省立師範大學畢業，為組織湖南學生赴法國勤工儉學運動，第一次來到北平。由他的老師楊昌濟介紹，毛澤東來到北京大學擔任圖書館的管理員，而當時圖書館的館長就是李大釗。正是在這裡，他得到李大釗等人的指引和熏陶，開始接受共產主義思想。如果沒有那一次北平之行，毛澤東也許終身都默默無聞，走的是另外一條別樣的人生軌跡。

1919 年春，毛澤東離開北平，那時他還並不怎樣出名，當時他人生中最大的成功，是得到了楊開慧的愛情。整整三十年後，1949 年的春天，毛澤東又來到了北平，而這一次，他是即將要改寫中國歷史和世界歷史的偉人。

吃完飯，周恩來從西郊機場趕來了，説那邊已經準備就緒，請主席過去。

馬敍倫當晚作詩："萬歲高呼毛澤東"。

下午五時，毛澤東來到西郊機場，與迎候在那裡的葉劍英、林彪、聶榮臻、賀龍等熱烈握手，還與沈鈞儒、郭沫若、李濟深、黃炎培、馬敍倫、傅作義等各界代表一千多人親切會面。機場上來的有北平市民，有軍隊；

1949年3月25日，葉劍英在北平西郊機場迎候毛澤東。（徐肖冰 攝）

1949年3月25日，毛澤東在北平西郊機場與郭沫若、黃炎培等民主人士握手。（徐肖冰 攝）

別引人注意的是一些英雄連隊，都打著旗子，寫著“熱烈歡迎毛主席”等標語，還有一些民主黨派的隊伍。

人群中有一個身材不高瘦小精幹的人，扛著攝影器材正在拍照，毛澤東一眼就認出了他：“這不是徐肖冰嗎？”徐肖冰一愣！從 1945 年他在延安楊家嶺告別毛澤東，已經有四年了，毛澤東還能認得自己，而且能叫出自己的名字，此舉令他很是激動。還沒來得及跟毛澤東說話，毛就把他介紹給周圍的民主人士：“這是我們延安自己培養的攝影師，是吃小米飯成長起來的。”

徐肖冰是浙江桐鄉人，二十世紀 30 年代初曾在上海的一些影片公司作攝影助理，與趙丹、聶耳、江青等明星都認識。1937 年他在山西參加八路軍，後到延安，開始給毛澤東等領導人拍攝照片。

1945 年，徐肖冰和妻子侯波離開延安，輾轉來到東北電影製片廠工作。東北解放後，他接到一個命令，說毛主席的前妻賀子珍和女兒嬌嬌（即後來的李敏）剛從蘇聯回國來到東北，組織上讓他拍一張嬌嬌的照片給毛主席寄去，說毛主席非常思念女兒。於是，徐肖冰就前往嬌嬌所在的幼兒園。幼兒園的領導是羅榮桓的妻子林月琴，林月琴把嬌嬌叫出來，拍了一張照片，給毛主席寄去了。當時嬌嬌是八九歲的樣子，只會說俄語，是個長得很漂亮很乖巧的小女孩兒。

遼瀋戰役結束後，徐肖冰與侯波就跟隨第四野戰軍大部隊入關，後來被分配到北平電影製片廠工作。這次徐肖冰接到拍攝《毛主席和朱總司令蒞平閱兵》的任務，又與毛澤東相會了。

問候之後，毛澤東與劉少奇、周恩來、任弼時、林伯渠等人分乘數輛敞篷吉普車檢閱部隊。車子很小，四野參謀長劉亞樓是閱兵式總指揮，站在前排毛澤東身邊的踏板上，保護毛澤東。身材高大的毛澤東頭戴棉帽，腳穿棉鞋，身著延安時期穿舊了的皮大衣，幾乎佔據了全部空間，劉亞樓站沒處站，扶沒處扶，不太舒服。

周圍的群眾和受閱部隊都高呼“毛主席萬歲”、“毛澤東萬歲”，毛澤東也喊著“同志們萬歲”、“人民萬歲”作為回應。從延安時代開始，不僅毛澤東，朱總司令和其他一些領導人也都被群眾喊過“萬歲”，“萬歲”在當時更像一種禮儀性的口號，與後來的“文革”時代不可同日而語。

1949年3月25日，毛澤東在北平西郊機場閱兵。（徐肖冰　攝）

　　馬敘倫當天夜裡寫下幾首絕句，記錄了參加閱兵時的激動場面。其中一首寫道：

　　萬歲高呼毛澤東，
　　與人衣食即春風。
　　江南百姓皆昂首，
　　何為遲餘解困窮。

　　當夜，中共中央和解放軍總部機關在香山住下，毛澤東下榻香山雙清別墅。他在這裡住了半年，到 9 月 21 日才移居北平城內中南海的菊香書屋。

雙清別墅

1949年4月25日，毛澤東入住北平香山雙清別墅。

國民黨談判代表劉斐藉著 "打麻將" 的話題
問毛澤東："您愛打清一色呢，還是喜歡打平
和？" 毛澤東聽了差點兒失笑噴飯，立即說：
"平和、平和，只要和了就行了。"

　　當時中共中央機關都在香山，毛澤東在香山處理的第一件事，就是與國
民黨政府進行的和平談判。和平談判開始時間為 4 月 1 日，談判地點為北
平，中共方面的首席代表為周恩來。

　　除了關注國共談判，毛澤東在香山還要會見各界人士，包括國際友人。
入住香山後沒過幾天，蘇聯鐵道部副部長、中長鐵路負責人柯瓦廖夫和在北
平的蘇聯領事齊赫文一起來到香山，受到了毛澤東的接見。

1949年4月1日，張治中率國民黨政府代表團到達北平，與中國共產黨代表團開始舉行談
判。（徐肖冰 攝）

　　在西柏坡時，毛澤東與來中國訪問的蘇聯部長會議主席米高揚談了好幾天，到北平後，他同柯瓦廖夫也多次見面談話。在延安時，毛澤東對來到延安的外國人，無論是外交官還是記者，無論是政客還是軍官，包括下級軍官，都非常重視，常常與他們徹夜長談；對方疲倦不已的時候，他還談興猶濃。對柯瓦廖夫，毛澤東也是如此，他希望通過盡力影響這些外交人員，使之明白中國黨當前的政策與中國的形勢，以此來促進對外關係。不久，劉少奇就訪問了蘇聯，1949 年底，毛澤東也啟程前往蘇聯訪問。

　　與柯瓦廖夫的會談，也被拍攝記錄了下來，有一次參與拍攝的就是徐肖冰、侯波夫婦和新華社的記者陳正青。蘇聯人走後，毛澤東將三位攝影師留了下來，對他們説：“你們辛苦了，每次到我這裡來都是行色匆匆，我想跟你們説句話都沒有機會。來，今天不忙走，大家坐下來認識一下。”

　　毛澤東待人非常隨和，也喜歡拉家常，身邊的人他總要問一問關心一下，連來去匆匆的攝影師也不放過。其實，他是想通過拉家常來了解基層的情況，許多人到他那裡去，他開頭的第一句口頭禪通常是——“有沒有甚麼新聞？”

　　毛澤東認識徐肖冰，直接指著他身邊的女同志詢問姓甚名誰，徐肖冰回答：“她也是從延安來的，名叫侯波，也在北平電影製片廠工作，我們還是兩口子。”

　　毛澤東頓時來了興致，又問侯波是哪裡人。侯波回答，是山西夏縣人。毛澤東馬上説：“山西是個好地方，關雲長就是夏縣人，武藝高強，人又忠厚。”

　　毛澤東博聞強記，隨便提起哪個地方，他都能信口説出一大串典故，給他當翻譯的人最頭疼的就是這個，那些典故往往費盡口舌還翻譯不清楚。

　　侯波十四歲參加革命，1938 年到延安，在延安女子大學、延安大學學習的時候，多次見過毛澤東去學校講課、作報告。但這麼近距離的接觸，直接同毛澤東對話，這還是第一次，她不免有些緊張。可是，毛澤東談笑風生，上下幾千年，天上一句地下一句，很快就讓她消除了緊張情緒。

　　那天毛澤東回憶了山西在抗戰時期的許多往事，臨走的時候，他提出與攝影師合個影，三人求之不得。陳正青先讓徐肖冰夫婦和主席合影，徐、侯

1949年4月，毛澤東與徐肖冰、侯波在北平香山雙清別墅。（陳正青 攝）

兩人一左一右在毛澤東身邊站好，毛澤東立即表示："不行，不能這樣站，女同志是半邊天，要站在中間。"

說著毛澤東就站到了侯波的旁邊。夫婦兩人也不敢爭執，陳正青一按快門，就定格了這一具有永久紀念價值的合影。

此後，徐肖冰養成了一個習慣，就是與多人合影時肯定不會待在中間，如果有女同志，更是要讓女同志往中間站，誰也別想為這個"站位"問題拗過他。

在香山時，毛澤東白天會客，夜裡伏案，常常是連續兩三個晝夜都不合眼，也睡不著。一次五大書記開會時周恩來表露了擔心："毛主席老這麼不休息，萬一累病了，將來渡江戰役誰來指揮啊？"毛澤東笑了笑："你們不是也沒休息嗎？"③

國共談判在東交民巷的六國飯店舉行，周恩來每天都從香山進城過來。後來毛澤東在香山雙清別墅多次接見國民黨方面的談判代表，他與劉斐開玩笑:"劉先生,你是湖南人,老鄉見老鄉,兩眼淚汪汪哩!"劉斐説:"蔣介石打不下去,讓李宗仁出來求和。人民需要休養生息,和平是大勢所趨。"毛澤東很是贊同:"李宗仁現在是六親無靠哩!"他並扳著指頭對劉斐、黃紹竑説:"第一,蔣介石靠不住;第二,美帝國主義靠不住;第三,蔣介石那些被打得殘破不全的軍隊靠不住;第四,桂系軍隊雖然還沒有殘破,但那點子力量也靠不住;第五,現在南京一些人士支持他是為了和談,他不搞和談,這些人士也靠不住;第六,他不誠心和談,共產黨也靠不住,也要跟他奉陪到底哩!"他踱了幾步後説:"我看六親中最靠得住的還是共產黨。只要你們真正和談,我們共產黨是説話算數的,是守信用的。"

那天,毛澤東留下黃紹竑、劉斐二人一起吃飯,因為他們二人受命回南京向李宗仁報告談判進展,毛澤東想再託付他們盡力促成和談。當談到各人

1949年4月,周恩來率中共代表團與國民黨政府代表團談判,此為談判會場情景。(徐肖冰 攝)

的愛好時，劉斐趁機試探地問毛澤東："您會打麻將嗎？"毛澤東回答："曉得些，曉得些。"劉斐接著問："您愛打清一色呢，還是喜歡打平和？"毛澤東聽了差點兒失笑噴飯，立即說："平和、平和，只要和了就行了。"④

4月15日晚七時，周恩來把《國內和平協定》的最後修訂案交給張治中，表示這是最後一個文件。南京代表團當晚進行了磋商，大家都認為只有接受這個和平協定為是。這個最後的定稿接受了他們提出的四十多條意見中的過半數，代表團已盡最大努力。如果國民黨能瞭然於"敗戰求和"、"天下為公"的道理，不囿於一派一系的私利，以國家元氣、人民生命財產為重，那麼，只有毅然表示接受，以誠心承認錯誤，以勇氣接受失敗，則對國家、對人民、對國民黨保全者實多，總比頑固到底、徹底失敗的好。

4月20日，南京政府覆電，斷然拒絕接受《國內和平協定》（最後修正案）。周恩來拿著電報來找毛澤東，表示應該讓解放軍盡快打過去，毛澤東點頭同意，命令前線部隊進入臨戰狀態。隨後，他召集了劉少奇、朱德等五大書記處書記，和葉劍英、聶榮臻等人一起開會，大家都同意讓解放軍盡快打過長江，解放全中國。

當晚，毛澤東一直趴在桌子上的地圖前，一遍遍審視雙方的態勢和大戰打響後可能的情況，時而用紅藍鉛筆比畫著，時而兩眼盯著地圖不動。偶爾，他會起身坐到沙發上，兩眼微閉，默默沉思；偶爾，他會起身在屋子裡踱步。那一夜，他通宵未眠。

徐肖冰走進院子，看到毛澤東正坐在院中的椅子上認真讀報，報紙上"南京解放"的大字標題赫然醒目。他走近毛澤東，悄無聲息地拍了三四張照片。

4月21日凌晨，三十萬渡江部隊突破長江天險，佔領對岸江洲，並向縱深發展。毛澤東和朱德聯名發出《向全國進軍的命令》並公開廣播，命令人民解放軍"奮勇前進，堅決、徹底、乾淨、全部地殲滅中國境內一切敢於抵抗的國民黨反動派，解放全國人民，保衛中國領土主權的獨立和完整”。
解放軍很快佔領銅陵、順安等地沿江南岸重地。聽到消息的毛澤東連聲説：
“好，好！”他走出辦公室，在院內散步，熟練又隨便地做起了他自己的體
操，一邊走一邊嘟囔著“鍾山風雨起蒼黃”的詩句。⑤

　　就這樣一直到下午，他還未休息；既不吃飯，也不睡覺。衛士們怎麼勸
都不行，都急壞了。衛士長李銀橋想了個主意，對衛士馬武義説：“小馬，你
去找李敏來勸勸他爸爸。”

　　李敏就是毛澤東剛從蘇聯回國的女兒嬌嬌，這時已經來到北平，同毛澤
東生活在一起，毛澤東給他起了“李敏”的名字。姓“李”而不姓“毛”，
也是為了不暴露毛澤東女兒的身份，將來生活工作方便。“敏”字的由來，
與李敏的同父異母妹妹李訥有關。李訥很小學説話的時候，有點語言障礙，
毛澤東為她取名“訥”，加之她母親江青原名是李雲鶴，取母姓於是叫“李
訥”。“敏”與“訥”是相對的，《論語》裡有句話，“君子敏於事而訥於言”，
姐妹倆的名字也與這句古話有
關。毛澤東離開延安時曾化名
“李德勝”，這個化名也可能是
李敏姓“李”的由來。

　　李銀橋這一招果然奏效，
李敏來一講，毛澤東就表示同意
休息。吃了飯，李敏又領著毛澤
東在院子裡散步。睡覺前要散
散步，是毛澤東的習慣。散完
步，毛澤東沒有去臥室，而是去
了辦公室。他在沙發上睡著了。
僅僅兩個小時後，他又自己醒
來，叫來秘書了解戰況，此後一
直未睡。

　　4月22日，毛澤東白天工作
一天，晚上又召集周恩來、朱

1949年4月，毛澤東與李敏在北平香山雙清別
墅。（徐肖冰　攝）

德等人開書記處會議，通報前線情況，商議下一步發展趨勢。會議後半夜才
散，毛澤東繼續工作，直到 23 日清晨。

清晨，葉子龍拿著一張報紙來到毛澤東的辦公室，興奮地説："主席，南
京解放了！"毛澤東接過報紙，問值班衛士："南京解放了，你高興嗎？"衛
士馬上高聲回答："高興！"

毛澤東的腦子裡總是在思考國家大事，對於身邊的日常生活瑣事是不太
留心的，所以同身邊的工作人員説話，有時有些恍惚，還透著幽默，似乎是
明知故問，又在似與不似之間。比如，他會問給他做飯的專職廚師："這飯是
誰做的？"每天見面的人，清晨剛見面的時候有時會説："好久不見了。"只
有在他身邊待久了，才能明白他的精神狀態，理解他的這些話。

正談話間，徐肖冰走了進來。當時徐肖冰承擔了為毛澤東拍照的任務，
如毛澤東全家團聚、接待外賓、會見民主人士等等，他都會來香山。徐走進

1949年4月23日晨，毛澤東在北平香山雙清別墅院內閲讀刊載"南京解放"消息的報紙。
（徐肖冰 攝）

來的時候，看到毛澤東拿著一張報紙，正坐在院中的椅子上，從頭到尾認真地閱讀著，報紙上"南京解放"的大字標題赫然醒目。徐肖冰沒有驚動毛澤東，悄無聲息地連續拍攝了三四張毛主席審視、閱讀"南京解放"報道的照片，留下了這一珍貴的歷史影像。拍完照，他見毛澤東拿著筆在報紙上圈圈改改，不敢再有打擾，於是匆匆離開。

這張照片發表後，有人說是徐肖冰"導演"出來的，但據徐本人回憶，當時拍領導人活動的照片，都是瞄準機會搶拍、抓拍，甚至得偷拍，還沒有"擺拍"的情況。戰爭年代領導人的工作都排得滿滿的，沒有時間專門讓攝影師拍來拍去。[6]

看完報紙，毛澤東又在院子裡散了會兒步，然後對衛士說："我要睡覺了！"

那次他入睡很快，睡得很沉，一睡就是五個多小時，破了很長一段時間的紀錄。睡醒之後，毛澤東又哼起了詩，在這天下午，一首著名的詩作終於完成初稿，後來又做過多次修改。它就是——《七律人民解放軍佔領南京》。

> 鍾山風雨起蒼黃，
> 百萬雄師過大江。
> 虎踞龍盤今勝昔，
> 天翻地覆慨而慷。
> 宜將剩勇追窮寇，
> 不可沽名學霸王。
> 天若有情天亦老，
> 人間正道是滄桑。

政協籌備會上，談到國名，馬敘倫、陳叔通、郭沫若、沈雁冰等十多位代表認為應取消"簡稱中華民國"的字樣。

隨著解放軍在前線的節節勝利，召開新的政治協商會議被提上日程。6月

1949年7月5日，新政協籌備會常委合影。一排左起：譚平山、章伯鈞、朱德、毛澤東、沈鈞儒、李濟深、陳嘉庚、沈雁冰；二排左起：黃炎培、馬寅初、陳叔通、郭沫若、蔡廷鍇、烏蘭夫；三排左起：周恩來、林伯渠、蔡暢、張奚若、馬敘倫、李立三。（徐肖冰 攝）

15日到19日，新政協籌備會議第一次全體會議在北平中南海勤政殿召開。為了工作方便，毛澤東暫時從香山雙清別墅移住中南海豐澤園菊香書屋。

　　會議期間，毛澤東先後會見了張瀾、李濟深、沈鈞儒、陳叔通、何香凝、馬敘倫、柳亞子等人。他對這些民主人士很尊敬，十分親切有禮，一聽說哪位老先生到了，馬上出門到汽車跟前迎接，親自攙扶其下車、上台階。一些民主人士見到毛澤東總要先豎起大拇指，連聲誇獎"毛主席偉大"。對於這種情況，毛澤東十分不安。一次，毛澤東出門迎接李濟深，李老先生一見面就誇毛澤東了不起，毛澤東扶他進門坐下後誠懇地說："李老先生，我們都是老朋友了，互相都了解，不要多誇獎，那樣我們就不好相處了。"

　　有一天，毛澤東準備會見張瀾先生，事前他告訴衛士長李銀橋："張瀾先生為中國人民的解放事業做了不少貢獻，在民主人士中享有很高威望，我們要尊敬老先生，你幫我找件好些的衣服換換。"李銀橋在他僅有的幾件衣服裡選了半天，也沒找到一件沒有補丁的衣服，於是訴苦道："主席，咱們真是窮秀才進京趕考，一件好衣服都沒有。"毛澤東説："歷來紈綺子弟考不出好成績，安貧者能成事，嚼得菜根百事可做，我們會考出好成績！有補丁不要緊，整齊乾淨就行。張老先生是賢達之士，不會怪我們的。"

8月28日，新政協特邀代表宋慶齡在鄧穎超陪同下，從上海抵達北平，毛澤東、周恩來、林伯渠、李濟深、郭沫若、蔡廷鍇、張治中、龍雲、李德全、史良等人都到車站迎接。

1949年1月，毛澤東、周恩來就聯名致函宋慶齡，邀請她北上參加新政協會議。宋慶齡因身體欠佳等原因沒有成行。上海解放後，周恩來本來想親自到上海迎接她，但由於公務太繁忙而無法成行。

6月19日，鄧穎超帶著毛澤東的親筆信來到上海，曾長期在宋慶齡身邊工作的廖夢醒與她同行。因孫中山先生1925年病逝在北平，宋慶齡一向深

1949年8月28日下午三時至四時，毛澤東、周恩來、張治中在北平火車站迎候宋慶齡。（徐肖冰 攝）

感北平是最為傷心之地，但經與鄧穎超、廖夢醒交談，她考慮數日，終於欣然應邀北上。

9月7日，特邀代表、湖南軍政委員會主席程潛由湖南到達北平。毛澤東也到車站迎接。當程潛走下火車後，毛澤東快步迎上去，緊緊握住他的雙手。就在握手的剎那間，程潛的淚水流了下來，激動得説不出話來。還是毛澤東先風趣地開了口：“多年未見，您歷盡艱辛，還很康健，洪福不小啊！這次接你這位老上司來，請你參加政協，共商國家大事。”接著，毛澤東把程潛扶進車裡，兩人同乘一輛車，來到中南海的菊香書屋。晚宴時，毛澤東對程潛説：“二十多年來，我是有家歸不得，也見不著思念的鄉親。蔣介石把我逼成個流浪漢，走南闖北，全靠這一雙好腳板，幾乎踏遍了半個中國。”“我們這個民族真是多災多難啊！”

程潛是國民黨元老，在國民黨內地位很高，過去有過同共產黨合作的關係，同蔣介石也有矛盾。1945年秋，毛澤東到重慶進行和平談判時，曾對程潛講過寄予厚望的話。1948年7月，程潛受到蔣介石、白崇禧等人的排擠，由武漢行轅主任改任長沙綏靖公署主任兼湖南省政府主席。人民解放軍渡江前夕，他已在考慮同共產黨合作，實行“應變”。1949年3月，程潛的故舊章士釗受中國共產黨的委託，在南京見到程潛，轉達了毛澤東對他的殷切期望，説明共產黨對其不咎既往，還將給予禮遇。這使程潛堅定了起義的決心。程潛回湖南後，在6月間將他表示起義決心的“備忘錄”通過關係送給毛澤東。7月4日，毛澤東親筆覆電程潛，予以嘉勉。程潛收到毛澤東覆電，反覆看了幾遍，決心“早日實現湖南和平起義”。

當時，準備追隨程潛起義的國民黨軍第一兵團司令官陳明仁，因1947年6月堅守四平曾受到蔣介石的嘉獎，擔心共產黨不會寬容他，有所顧慮。毛澤東估計到這一情況，向章士釗交底：“當日，陳明仁是坐在他們的船上，各划各的船，都想划贏嘛！這是理所當然的。我們會諒解，只要他站過來就行了，我們還要重用他。”陳明仁看了章士釗給程潛的親筆信，裡面講到毛澤東這一段話，於是顧慮盡除，加快了準備起義的步伐。[7]

1949年8月4日，程潛、陳明仁等在長沙宣佈起義。這件事在國民黨統治區內的震動很大，對加速中國南部的解放起了重要的推動作用。

1949年5月22日，毛澤東與來京參加政協籌備會的程潛等民主人士在十三陵遊覽。左起：王季範、毛澤東、程潛、程星齡。

1949年10月，毛澤東與程潛在中南海划船。

9月19日，毛澤東與張元濟、程潛、陳明仁、李明揚等民主人士同遊天壇，陳明仁為在湖南起義前沒有扣留蔣介石派員的失誤而深深自責，毛澤東說："沒錯沒錯，不要扣，革命不分先後，不要勉強人家嘛；今後，凡是願意過來的，我們派飛機接，凡是願意走的，我們派飛機送……"

新政協的《共同綱領》，實際上是中華人民共和國憲法制定前的臨時憲法，其中有一個很重要的問題：新中國的國家結構形式是採取單一制，還是採取蘇聯那樣的聯邦制？在《共同綱領》中要不要寫入社會主義的前途？李維漢深入研究了這個問題，認為中國同蘇聯國情不同，不宜採取聯邦制。毛澤東和中共中央完全同意他的分析，確定新中國在統一的（單一制的）國家內，實行民族區域自治制，而不實行聯邦制。⑧

對於國家名稱，也引起了很大的爭論。在1940年的《新民主主義論》中，毛澤東提出"中華民主國"，1948年8月，他在一份給各民主黨派的電文中，提出"中華人民民主共和國"，念念不忘"民主"二字，希冀以此作為新中國與舊中國的最大區別。但在會議上討論這個問題時，一些代表感覺名稱太長用起來累贅，雷潔瓊發言提出看法：如果國名太長，用時不用全稱即得註明是簡稱。

有的代表提議，國名可改為"中華人民民主國"，簡稱"中華民國"或"中華民主國"。而清華大學教授張奚若認為：還是叫"中華人民共和國"好。有"人民"，就可以不要"民主"，哪有人民而不民主的呢？"共和"本身也含有民主的意思，去掉"民主"二字，從下面的解釋也很容易明白：是共和而非專制，是民主而非君主，是人民而非布爾喬亞的國家。

他的意見最後為大多數代表接受，"中華人民共和國"這個國名就定下來了。

當時還有一個簡稱問題，就是在"中華人民共和國"的全稱後面，加了一個括弧，裡面寫"簡稱中華民國"。這個簡稱引起許多代表的異議，馬敘倫、陳叔通、郭沫若、沈雁冰等十多位代表認為應取消"簡稱中華民國"的字樣。他們說，國民黨腐敗專制，人民早已反感，咱們新中國幹嗎還沿用個舊名字？⑨

周恩來、林伯渠特意邀請二三十位追隨孫中山先生辛亥革命的老前輩來開會商談。黃炎培說為了照顧老百姓的使用習慣，最好還把簡稱保留，三

1949年9月19日，毛澤東與張元濟、程潛、陳明仁、李明揚等民主人士同遊天壇。（徐肖冰 攝）

1949年9月19日，毛澤東與張元濟、程潛、陳明仁、李明揚等民主人士同遊天壇。（徐肖冰 攝）

年以後再去掉。何香凝出於對孫中山先生的景仰崇敬，覺得留個簡稱是必要的。但她也表示：如果大家不贊成，我就不堅持自己的意見了。

前清進士周致祥極力反對，他認為"中華民國"已經成了禍國殃民的名稱，只有用新國名才能表示兩次革命的性質不同。美洲華僑司徒美堂也説：中華民國與"民"無涉，二十二年更給蔣介石與 CC 派弄得天怒人怨，真是痛心疾首，應該拋掉這塊又臭又壞的招牌。國號是個莊嚴的東西，一改就要改好，為甚麼三年以後再改？名不正則言不順，言不順則令不行，仍然叫中華民國，何以昭告天下百姓？他激動地説，我們好像偷偷摸摸似的，革命勝利了，連國號都不敢改。

經濟學家馬寅初、教育學家車向忱都贊同司徒美堂的主張，沈鈞儒則用法學觀點解釋道："遍觀世界各國的國號，只有字母的縮寫，而沒有載之於其他文件上的其他簡稱。我們的國號加個簡稱，是法律上的大漏洞，將來在行文上用國家名義與別國訂約也有不便。"

最後大家一致同意去掉"簡稱中華民國"的字樣，"中華人民共和國"的國名就這樣確定了下來。

新政協籌備會召開後，侯波被派到中南海，負責拍攝籌備會情況。那時她的單位還是北平電影製片廠，白天來中南海拍攝，晚上就回去。侯波拍的照片，不管是領導人的重要活動、接見各界著名人物，還是生活照，全都保存在一個保險箱裡。當時，組織上沒有人向她交代有的照片可以公開發表，她自己也不懂有的照片能對外宣傳。但侯波想到，在毛主席身邊工作要絕對保密，自己拍的毛主席和中央首長的照片也是保密的。

一天，有人把侯波帶到一個辦公室，裡面有兩個人，一個是毛主席的機要秘書葉子龍，一個是中共中央辦公廳主任楊尚昆。葉子龍問侯波："對中南海熟悉了吧？"侯波嘴上應酬著："還可以吧，反正有許多同志都很關照，我的任務不就是拍照片嘛。"她的心裡卻揣摩著葉子龍的意思。

楊尚昆囑咐侯波："拍照片可不是件小事，主要是為中央首長的活動留一份形象檔案，同時也關係到國家領導人的形象問題。大家都説你工作很細心，攝影技術也很好，組織上決定把你調進中南海來，專門負責為領導人拍照，包括領導人參加的各種活動以及一些生活照，當然以毛主席的活動為主，其他的活動聽辦公廳安排。我們打算成立一個攝影科，由你來當科長，可是現在你只是一個光桿科長，攝影科只有你一個人，以後慢慢再調配人員。我們已經跟新聞電影製片廠打過招呼了，廠裡的領導同意你來中南海工作，你看你還有甚麼意見？"

侯波感到責任重大，她當然服從組織的安排。就這樣，侯波進入了中南海，成了毛澤東的專職攝影師，一幹就是十二年。侯波全家都搬進中南海，住在勤政殿旁邊。勤政殿是袁世凱簽訂《二十一條》和即位"登基"的地方，也是建國初期召開許多重大會議的地方。人民大會堂修建起來之前，重大會議多是在勤政殿、頤年堂和紫光閣召開，她在這三個地方照片拍得很多。勤政殿和毛澤東住的豐澤園挨得很近，侯波全家與毛澤東朝夕都能碰面，一直到 1961 年夏侯波調到新華社後才搬出來。

豐澤園在中南海的南海北岸，從西數第一個大門就是。1949 年進城後，周恩來就住在這裡，後來讓給了毛澤東，周恩來全家搬到了中南海西北角的西花廳。在豐澤園大院的東側，有一個院落叫"菊香書屋"。這個院落的北邊有五間房，是毛澤東的起居室，大門的匾額是"紫雲軒"，毛澤東在這裡住了很多年，"文革"前後才搬到了"游泳池"。二十世紀五六十年代，毛澤東一年中往往有半年甚至大半年都不在北京，而是乘坐專列到各地視察、調查和開會。在北京時，他也曾在玉泉山或萬壽路的新六所住過，但那都是暫時性的，住的時間不長，他的主要住所還是中南海的豐澤園。

談到國歌歌詞，毛澤東説："'中華民族到了最危險的時候'，這句歌詞過時了嗎？我看沒有。"

1949 年 9 月 21 日，中國人民政治協商會議第一屆全體會議在北平中南海懷仁堂開幕。晚七時，毛澤東等八十九位主席團代表步入會場，全體代表一致起立鼓掌歡迎。大會主席團就座後，毛澤東主席致開幕詞，他以澎湃的激情講出了一段傳之久遠的話：

"諸位代表先生們，我們有一個共同的感覺，這就是我們的工作將寫在人類的歷史上，它將表明：佔人類總數四分之一的中國人從此站立起來了。

1949年9月21日，毛澤東在全國政協一屆會議上致開幕詞。

"我們的民族將從此列入愛好和平自由的世界各民族的大家庭，以勇敢而勤勞的姿態工作著，創造自己的文明和幸福，同時也促進世界的和平和自由。我們的民族再也不是一個被人侮辱的民族了，我們已經站起來了！"

在新政協籌備會上，成立了以馬敍倫為組長，葉劍英、沈雁冰為副組長的第六小組，負責擬定國旗、國徽、國歌方案。第六小組會議決定，以新政協籌備會的名義向全國發表啟事，公開徵求國旗、國徽圖案和國歌詞譜，然後進行評選。

9月25日，毛澤東、周恩來邀請各方人士協商確定國旗、國徽、國歌方案，力爭選出一幅讓全體代表一致通過的國旗方案。三十八幅國旗圖案就環列在會場，各位代表都在思量著挑出一個最理想的方案。

劇作家田漢反覆揣摩，提議採用第三十二號圖案。這幅圖案，在紅色的旗面上，鑴有一大四小五顆黃星，呈有序環繞排列，頂端還有鐮刀錘子。田漢指出：這是一幅很理想的畫面，只是上面的鐮刀錘子是否必要？毛澤東接過畫稿，也感到滿意，並認可鐮刀錘子可以去掉。最後與會者一致議定——以五星紅旗為中華人民共和國的國旗。

這個圖案原來的說明詞，是說大星代表共產黨，四顆小星代表工人、農民、小資產階級和民族資產階級。有代表說，照這樣解釋，將來進入社會主義，民族資產階級不存在了，豈不要另換國旗？毛澤東表示：可以改換說明，不說四個小星代表四個階級，而是一大星四小星象徵中國人民革命大團結。代表們都紛紛認可，這個方案就此定下，9 月 27 日正式獲得通過。

五星紅旗的設計者是上海國際經濟通訊社的普通職員曾聯松。他不久收到了中央人民政府辦公廳的來函，贈送他人民政府紀念刊一冊和人民幣五百萬元（舊幣）。

國旗方案很快就確定下來了，國歌問題卻遇到冷場。國歌既要有大眾性，又要有莊嚴性，更何況必須代表一個國家的民族氣質和精神面貌，一時到哪裡去找呢？

正當各位代表冥思苦想、一籌莫展之際，畫家徐悲鴻站起來提議：“用《義勇軍進行曲》代國歌怎麼樣？”

《義勇軍進行曲》是 1935 年由田漢作詞、聶耳作曲，為電影《風雲兒女》所作的主題歌。在抗日戰爭的烽火年代，這首戰歌鼓舞了無數中華兒女用自己的血肉，築成了萬眾一心、團結禦侮的新的長城。

徐悲鴻的建議讓大家豁然開朗。建築學家梁思成告訴大家：“我記得在美國時，聽見有美國青年用口哨吹《義勇軍進行曲》，這說明這支歌受到很多人的喜愛，我看就選這支歌吧。”剛從美國回來的宗教代表劉良模也證實了梁思成的說法，他說：“一個國家的國歌應該有歷史背景和國際影響，《義勇軍進行曲》剛好具備了這兩條。”

但有的代表持有不同的意見，覺得歌詞需要修改，特別是“中華民族到了最危險的時候”，顯得時過境遷。毛澤東高屋建瓴：“大家都認為《義勇軍進行曲》作國歌最好，我看就這樣定下來吧，歌詞不要改。‘中華民族到了最危險的時候’，這句歌詞過時了嗎？我看沒有。我國人民經過艱苦鬥爭終於勝利了，但是還是受到帝國主義的包圍，要爭取中國的完全獨立，還要進行艱苦卓絕的鬥爭,所以,還是原詞好。"領袖一語定乾坤,全場鼓掌表示通過。⑩

國徽圖案也收到了九百幅應徵稿件,但和代表們對體現國徽特徵的要求還距離較遠。因此,國徽方案沒有提交政協大會討論,直到 1950 年 6 月才確定。

1949 年 9 月 27 日,全體大會一致通過了《中國人民政治協商會議組織法》、《中華人民共和國中央人民政府組織法》,並通過了定都北京、公元紀年和國歌、國旗的決議案。9 月 29 日,通過了《中國人民政治協商會議共同綱領》作為中國人民革命建國的基本綱領。

9 月 30 日,新政協一屆全體會議舉行第八次大會選舉政協全國委員會,選舉中央人民政府主席、副主席及中央人民政府委員會委員。

政協全國委員會是用協議選舉的方式,即整個名單付諸表決,而不是用

全國政協一屆會議會場內情景。

票選的方法選舉的。下午三時，執行主席劉少奇反覆徵詢大會對候選名單有無意見，大家鼓掌表示無異議，然後付諸表決，全體舉手一致通過。劉少奇宣佈：一致通過毛澤東、周恩來、李濟深、沈鈞儒、郭沫若、陳叔通等一百八十人的一屆政協全國委員會名單。話音剛落，全場掌聲大作。

中央人民政府委員會是用無記名聯記的方式，進行投票選舉的。在等待檢票的時間，全體代表一致決定在首都天安門外建立一個為國犧牲的人民英雄紀念碑，並通過了紀念碑的碑文。

下午六時，全體代表來到天安門廣場舉行人民英雄紀念碑奠基典禮，毛澤東宣讀了由他親自撰寫的紀念碑碑文：

三年以來，在人民解放戰爭和人民革命中犧牲的人民英雄們永垂不朽！

三十年以來，在人民解放戰爭和人民革命中犧牲的人民英雄們永垂不朽！

由此上溯到一千八百四十年，從那時起，為了反對內外敵人，爭取民族獨立和人民自由幸福，在歷次鬥爭中犧牲的人民英雄們永垂不朽！

奠基典禮結束後，代表們回到中南海懷仁堂。執行主席劉少奇宣佈繼續開會，並大聲宣佈中央人民政府委員會的選舉結果：毛澤東當選為中央人民政府主席！

全場人員不由自主地一致起立，在一片暴風雨般的掌聲中，大家熱烈地歡呼："毛主席萬歲！"、"毛主席萬歲！"掌聲和呼喊聲交織在一起，長達數分鐘之久，這是懷仁堂這座帝王之殿從未出現過的激情動人的時刻！

接著，大會執行主席宣佈了當選為中央人民政府副主席的名單，他們是：朱德、劉少奇、宋慶齡、李濟深、張瀾、高崗。又宣佈了陳毅、賀龍等五十六人的中央人民政府委員會委員名單。

最後，毛澤東主席和六位副主席登上主席台，主持政協第一屆全體會議的閉幕式，朱德副主席致閉幕詞。

中國人民政協第一屆全體會議，宣告了舊中國的滅亡和新中國的誕生。中國的歷史，從此進入了一個新的時代。

1949年9月30日，全國政協一屆會議選舉毛澤東為中華人民共和國中央人民政府主席，朱德、劉少奇、宋慶齡、李濟深、張瀾、高崗為副主席。

政協第一屆會議中共代表團合影。前排左起：劉少奇、林伯渠、董必武、吳玉章、徐特立、毛澤東；後排左起：安子文、劉瀾濤、李克農、陳雲、彭真、刑西萍、周恩來、陸定一、齊燕銘。

當毛澤東向全世界莊嚴宣佈中華人民共和國成立的那一刻，侯波迅即莊重地按下了快門！最偉大的時刻，被她定格在膠片之上！

1949 年 10 月 1 日，這是令一代中國人終生難忘的偉大日子，也是中華人民共和國的國慶日。攝影師侯波回憶起開國大典的情景，總是那樣激動："作為一個中國人，在我的記憶中，沒有一件事能與開國大典相比。凡參加過開國大典的人，誰都能講一段與它有關的故事，在天安門上見到了誰，毛主席那天是一種甚麼樣的神態，等等。我作為一個攝影師，我有我獨特的角度。我不是站在下面看的，而是在天安門城樓上，在離國家領導人最近的地方觀察著他們。為了安全，那天允許上天安門拍照的記者很少，在我的記憶中女攝影師好像就我一個。"

富有歷史意味的是，她的丈夫徐肖冰那天也在天安門城樓上，侯波拿照相機，而徐肖冰拿的是攝影機。侯波的一張照片裡還拍攝下了徐肖冰站在城樓扶手外面拍攝領導人正面形象的情景。那天他有時也跑到城樓下，在城樓上主要是拍下以毛澤東為首的黨和國家領導人、各民主黨派和各界知名人士活動的鏡頭，在城樓下則要拍下群眾遊行的宏大場面。那天雖然有許多中外記者，但考慮到安全問題，能夠登上天安門城樓採訪拍攝者寥寥。徐肖冰帶著攝影機在城樓上拍，可以推到所有領導人的近景、中景，連特寫也拍得到，同時還能俯拍城樓下群眾的歡慶場面。

參加慶典的隊伍，早上六七點鐘就從四面八方進入天安門廣場，總數在三十萬人左右。整個廣場上紅旗翻捲，在紅旗下面是穿著各種顏色服裝的隊伍，深藍、淺藍、淺黃、深灰……

前一天夜裡，毛澤東心潮起伏，一夜無眠！他也很擔心自己開國大典的時候會精神不濟，上午勉強睡了兩個小時。

下午二時，中央人民政府委員會在中南海勤政殿舉行第一次會議，宣佈中華人民共和國中央人民政府成立。會議一致決定接受《共同綱領》為本政府的施政方針，補選林伯渠為中央人民政府委員會秘書長，任命周恩來為

1949年10月1日開國大典，毛澤東在天安門城樓上觀看遊行隊伍，左一持攝影機者為徐肖冰。

中央人民政府政務院總理兼外交部長，毛澤東為中國人民革命軍事委員會主席，朱德為中國人民解放軍總司令，沈鈞儒為最高人民法院院長，羅榮桓為最高人民檢察署檢察長，並責成他們從速組成各級政府機關，推行各項政府工作。

會議結束後，各位委員分乘汽車出中南海東門前往天安門城樓。大家於午門前下車，毛澤東在前，劉少奇、宋慶齡等副主席隨後，在各位委員和民主黨派、人民團體領導人的簇擁下，從城樓西側健步登上天安門城樓。

周總理帶領著黨和國家領導人從左側剛一上來，侯波就開始了拍攝，她一邊拍一邊往後退，還要不斷地調整焦距和光圈，拍完一捲，就要趕緊換，生怕耽誤了一個重要的鏡頭，那將釀成重大的錯誤，留下無可挽回的遺憾！

毛澤東身著黃色呢製中山裝，胸前別著燙金的紅綢條，綢條中央印有閃著金光的“主席”二字。其他領導人胸前也都佩著紅綢條，綢條上印著各自不同的職務。他們個個精神煥發，神采奕奕。這時，整個廣場響起雷鳴般的鼓掌聲和歡呼聲，“毛主席萬歲”、“中華人民共和國萬歲”的口號聲響徹雲霄！

1949年10月1日下午，中華人民共和國中央人民政府第一次會議。

1949年10月1日下午，中華人民共和國中央人民政府第一次會議會場。

1949年10月1日下午二時，毛澤東、朱德、宋慶齡等人登上天安門城樓，準備出席開國
大典。

　　侯波眼裡的周恩來，此時落落大方，指揮得有條不紊。他的一舉一動都不失穩重和儒雅。毛澤東是一個情感豐富的人，一遇到群眾集會的場面就容易激動。在這樣一個歷史性的偉大時刻，他內心的情感可想而知。他一邊走一邊向群眾揮著手，可以明顯地看出，毛澤東的胸脯起伏得很快，說話的聲音也有點變調。他偶爾與周圍的劉少奇、宋慶齡等人交換一下意見，臉上不時閃現著笑意，微微隆起的腹部更顯出他的風度和魅力。

　　下午三時，林伯渠秘書長宣佈慶典開始，在《東方紅》的樂曲聲中，中央人民政府主席、副主席和各位委員就位。毛澤東站在城樓正中間，用帶著濃重湖南口音的洪亮聲音向全世界莊嚴宣告：

　　"中華人民共和國中央人民政府今天成立了！"

　　毛澤東和領導人們站在天安門的前廊上，離前廊的護欄不遠的侯波要想拍到他們的正面，就必須將軀體盡可能地往外探，她甚至一度要把自己整個兒伸到護欄之外。當毛澤東向全世界莊嚴宣佈中華人民共和國成立的那一刻，侯波迅即莊重地按下了快門！最偉大的時刻，被她定格在膠片之上！

　　也就在這時，她感到身體一晃，險些摔下城樓，幸虧旁邊的同志拉扯了一下。

　　這張照片是侯波最得意的幾張照片之一。侯波說："並不是我拍得多麼好，而是因為它非常特殊，它是新中國光輝歷程的見證。每當我的名字隨著這張照片登出來的時候，我都有一種自豪感，更有一種慶幸感。是歷史給了我這樣的機會，是黨和人民給了我這樣的機會。"

　　徐肖冰回憶："當毛主席宣佈新中國成立的時候，整個北京城沸騰了，全中國沸騰了，同時也震驚了全世界！中國人民從此站起來了！握攝影機的手都有點哆嗦，但拍攝效果還是很好的。當時我很自豪，因為我能有幸記錄下那歷史性的時刻，這是我作為一個攝影工作者莫大的榮幸。"

　　剎那間，廣場上歡聲雷動，猶如山呼海嘯。接著，林伯渠大聲宣佈："請毛主席升國旗！"

　　廣場中央組成方陣的二百名軍樂隊員立即奏響了莊嚴激越、威武雄壯的國歌《義勇軍進行曲》。樂曲聲中，毛澤東按動有電線通往廣場中央國旗杆的電鈕，把它旋到"升"的位置。

第一面五星紅旗冉冉升起！

接著，五十四尊禮炮齊鳴二十八響。禮炮鳴過，毛澤東主席宣讀了中央人民政府第一號公告，向全世界宣佈“本政府為代表中華人民共和國全國人民的惟一合法政府。凡願遵守平等互利及相互尊重領土主權等項原則的任何外國政府，本政府均願與之建立外交關係”。

在《三大紀律八項注意》、《軍隊和老百姓》、《保衛勝利果實》等軍樂樂曲的連續鳴奏中，朱德總司令由聶榮臻總指揮同車陪同，檢閱陸海空三軍部隊。檢閱式完畢，朱德下達閱兵令，分列式開始。由聶榮臻站在指揮車上率領，受閱部隊四個師的部隊以連為單位列成方隊，從東向西由主席台前的金水橋邊通過，接受黨和國家領導人的檢閱。

海軍水兵分隊，陸軍步兵師、炮兵師、戰車師摩托化步兵團、輕中型坦克團雄赳赳地走過來了，人民空軍的十四架飛機也飛經天安門廣場上空。接著是壯觀的騎兵師隊伍，三個騎兵團和一個拖拽野炮的炮兵營共一千九百多匹戰馬，以六路縱隊威風凜凜地行進著。閱兵式共進行了三個多小時。

閱兵式結束時，已近黃昏，天安門廣場燈火齊明。在熱烈的氣氛中，群眾隊伍開始遊行。當遊行群眾走過主席台前時，歡呼的口號聲一浪高過一浪。“慶祝中華人民共和國成立！”、“擁護中央人民政府！”、“毛主席萬歲！”這發自肺腑的聲音，使每一位在場的人無不為之動容！

毛澤東精神飽滿，從下午三時到晚九時，他一直站在天安門城樓上，他的手時而莊嚴地停在空中，時而迅速有力地揮動幾下。右手舉累了，他就換左手，左手舉累了就換右手。在周恩來的再三勸說下，他才走進休息室。可是廣場上的群眾不答應！不一會兒，毛澤東又再次回到主席台上。

毛澤東在天安門城樓上不停地走動，侯波尾隨著他拍攝。為了搶到一個很好的鏡頭，她時常要把身體探出護欄外，冒很大的危險。當毛澤東走到天安門城樓的右邊時，侯想拍一個帶著天安門城樓的主席側身鏡頭，於是努力往後縮著身體；可是無論怎樣，還是取不到角度。正在沒有辦法的時候，有人抓住她的衣角親切地說：“你放心大膽地取景，我抓住你。”

為抓鏡頭，侯波也顧不上是誰在言語，使勁往後撤了撤身體，終於取到一個很好的角度，隨手按下了快門。待她收身一看，原來扯住自己衣角的人

1949年10月1日，朱德在開國大典上宣讀《中國人民解放軍總部命令》。

1949年10月1日開國大典，受閱部隊通過天安門廣場。

竟然是周恩來！他還是微笑著叮嚀："要小心，別摔著。"⑪

面對著城樓下萬眾歡騰的熱烈景象，聽著群眾海潮般的歡呼聲，毛澤東無法抑制內心的激動，他情不自禁地在擴音機前高呼："同志們萬歲！"、"人民萬歲！"他探身欄外，不停地向人民致意。廣場上的群眾雀躍歡呼，激動萬分。

已經退場的群眾發現領袖通過擴音機向他們講話，並對他們招手，便改變了原定的東西分走的路線，潮水般地湧向天安門，擠在金水橋上拚命地喊："毛主席萬歲！"、"毛主席萬歲！"毛澤東也在城樓上呼喊著回應："同志們萬歲！"、"人民萬歲！"

侯波換到另一個地方去拍，毛主席正向天安門城樓下的群眾揮手致意。她想拍下揮手的鏡頭，同樣需要把身體向外伸。這時陳雲發現了，他主動伸過手來，抓住侯波的衣服說："我來幫你，趕快拍。"侯拍完以後，連聲向陳雲道謝。

1949年10月1日開國大典，入夜，毛澤東仍然站在天安門城樓上。

開國大典結束時已是深夜，返回中南海，葉子龍給毛澤東送來一封電報。電報是斯大林發出的，他向中國共產黨表示祝賀，並宣佈蘇聯政府承認剛剛成立的中華人民共和國，願與中國建立正式外交關係。毛澤東看罷電報，拉著葉子龍的手使勁搖著：“好嘛！謝謝你！我們拉拉手！”[12]

當時葉子龍在毛澤東身邊已經工作了十多年，每天都隨身左右，這樣的握手卻沒有幾次。在握手的一瞬間，葉子龍察覺到，毛澤東的神情中有一絲不易被外人察覺的幸福感。

---

① 《偉人毛澤東》，中央文獻出版社 2003 年 10 月第 1 版，第 784 頁。

② 《偉人毛澤東》，中央文獻出版社 2003 年 10 月第 1 版，第 784 頁。

③ 《毛澤東生平全記錄》，中央文獻出版社 2009 年 10 月第 1 版，第 547 頁。

④ 《毛澤東之路——畫說毛澤東和他的戰友》，長江文藝出版社 2004 年 12 月第 1 版，第 261 頁。

⑤ 《毛澤東之路——畫說毛澤東和他的戰友》，長江文藝出版社 2004 年 12 月第 1 版，第 266 頁。2003 年 9 月採訪徐肖冰、侯波。

⑥ 2003 年 9 月採訪徐肖冰、侯波。

⑦ 《毛澤東傳（1893—1949）》，中央文獻出版社 1986 年 8 月第 1 版，第 927—928 頁。

⑧ 《毛澤東之路——畫說毛澤東和他的戰友》，長江文藝出版社 2004 年 12 月第 1 版，第 278 頁。

⑨ 《毛澤東之路——畫說毛澤東和他的戰友》，長江文藝出版社 2004 年 12 月第 1 版，第 218 頁。

⑩ 《毛澤東之路——畫說毛澤東和他的戰友》，長江文藝出版社 2004 年 12 月第 1 版，第 297 頁。

⑪ 2003 年 9 月採訪徐肖冰、侯波。

⑫ 《葉子龍回憶錄》，中央文獻出版社 2000 年 10 月第 1 版，第 169 頁。

1950

第二章

建國立業

談到與民主黨派合作，毛澤東説："這次政府的名單中，共產黨人和進步人士還是一半一半好，要搞五湖四海。別人在民主革命困難時期擁護共產黨，為我們説過好話，幫過忙，我們勝利了不能不要人家。"

當毛澤東在天安門城樓宣佈新中國成立的時候，蔣介石還在指揮殘餘的二百多萬國民黨軍隊做最後的掙扎。他已將上海的黃金搶運到台灣，他的內心其實明白，國民黨政權撤離大陸已經只是時間問題。臨走，蔣介石説了一句意味深長的話："我走了，但把一個爛攤子扔給了毛澤東，把四萬萬人吃飯的大包袱扔給了毛澤東，看他有甚麼辦法。"

1949 年 10 月 1 日，毛澤東主席在天安門城樓宣讀公告，宣佈中央人民政府任命周恩來為中央人民政府政務院總理兼外交部長，並責成他們從速組成各級政府機構，推行各項政府工作。對頭一年的工作，周恩來自己做過一個簡短的概括："自從進城後，就籌備政協，建立政權；緊跟著就是樹立國際陣營；等到毛主席從蘇聯回國，當時物價波動，必須用全力來統一財政，穩定物價；不這樣，就不會有一年半工作的發展，就做不到三年恢復，十年發展。"

中共中央特別重視挑選一大批民主黨派和黨外人士擔任各種領導職務，如擔任副總理兼輕工業部部長的黃炎培、郵電部長朱學範、司法部長史良、文化部長馬敍倫、華僑事務委員會主任何香凝等。

建國初期的北京市市長葉劍英。

在開國大典時，毛澤東宣讀公告後，當時的新華社記者李普走上去拿稿子，準備帶回社裡發表。稿子上貼著一個條子，寫著中央人民政府委員會全體委員的名字。毛澤東叮囑李普：“你小心這張字條，千萬不要弄丟了。照此發表，不要漏掉了。”原來，公告稿上沒有全體委員的名單，只說“陳毅等五十六人為委員”。這五十六人中，一半是共產黨的領導人和重要幹部，一半是黨外各界著名代表人物。名單全部發表是張治中的建議，毛澤東欣然採納，並非常重視，在公告稿上還做了親筆批示。[①]

毛澤東進城之後，對民主人士非常尊重，坦誠地說明共產黨與非黨人士長期合作的根本政策。1949 年 10 月 24 日，他同綏遠軍區負責人談話，並邀請傅作義參加。他對國民黨起義將領說：“現在共產黨成了全國性的大黨，又有了政協全國委員會，我當主席有責任使各個方面都有利，使別的黨派也有

1950年，毛澤東與青年時代的老師、民主人士符定一交談。

利，否則會引起不滿，會被人罵，甚至會被推翻。”“沒有非黨幹部參加政府就會出毛病。共產黨要永遠與非黨人士合作，這樣就不容易做壞事和發生官僚主義。”“沒有統一戰線，革命不能勝利，勝利了也不能鞏固。搞統一戰線哪能怕麻煩，怕搗亂，怕人家吃了你的飯？切不可葉公好龍。長征二萬五千里不是因為有統一戰線，而是因為太純潔。這次政府的名單中，共產黨人和進步人士還是一半一半好，要搞五湖四海。別人在民主革命困難時期擁護共產黨，為我們說過好話，幫過忙，我們勝利了不能不要人家。”對於原國民黨政府中的工作人員，毛澤東多次強調要“包下來”，那次談話中他指出：“中國已歸人民，一草一木都是人民的，任何事情我們都要負責並且管理好，不能像踢皮球那樣送給別人去。國民黨的一千萬黨、政、軍人員我們也要包起來，包括綏遠的在內，特務也要管好，使所有的人都有出路。”② 更早前，1949 年 9 月 2 日，他致電中共中央華東局第一書記饒漱石，認為不管國家財政多困難，也要把國民黨政府的舊人員包下來，“三個人的飯，五個人勻吃”。③

10 月 19 日，中央人民政府任命了副總理、政務委員、正副秘書長和政務院所屬部、委、行、署的負責人一百七十五人，其中四個副總理中有民主人士兩人，二十一個政務委員中有民主人士十一人，九十三個部、委、行、署負責人中有民主人士四十二人。許多黨外人士十分感動，說中國共產黨真是“煞費苦心”。

早在 1945 年 7 月，抗日戰爭勝利的前夜，褚輔成、黃炎培等七位參政員赴延安訪問，見到毛澤東。黃炎培向毛澤東提出一個問題。他說：“我生六十多年，耳聞的不說，所親眼看到的，真所謂‘其興也浡焉’，‘其亡也忽焉’，一人，一家，一團體，一地方，乃至一國，不少不少單位都沒有能跳出這週期率的支配力。”“一部歷史，‘政怠宦成’的也有，‘人亡政息’的也有，‘求榮取辱’的也有。總之沒有能跳出這週期率。中共諸君從過去到現在，我略略了解的了。就是希望找出一條新路，來跳出這週期率的支配。”

黃炎培提出的是一個十分重大的問題，也表達了各界人士對中國共產黨的期望。毛澤東回答說：“我們已經找到新路，我們能跳出這週期率。這條新

1945年7月4日，毛澤東在延安楊家嶺住處會見褚輔成、黃炎培、冷遹、王雲五、傅斯年、左舜生、章伯鈞等七位參政員。（徐肖冰 攝）

路，就是民主。只有讓人民來監督政府，政府才不敢鬆懈。只有人人起來負責，才不會人亡政息。"建國之後，中央政府就是由共產黨的幹部和民主人士共同組成，充分體現了民主。④

　　當時的民主人士也切實感受到了新中國的民主氣氛、共產黨和毛澤東的禮賢下士。畫家徐悲鴻當年曾致信好友陳西瀅："弟素不喜歡政治，惟覺此時之政治，事事為人民著想，與以前及各民主國家不同。一切問題盡量協商，至人人同意為止。故開會時決無爭執，營私舞弊之事絕跡。弟想今後五年必能使中國改觀，入富強康樂之途。兄等倘不早計，爾時必惆悵無已。"⑤ 他在當時的畫作上也喜歡題寫："山河百戰歸民主，鏟盡崎嶇大道平。"

1949年10月19日，中華人民共和國中央人民政府人民革命軍事委員會主席、副主席合影。

毛澤東與斯大林見面後，一開口就講："我是長期受打擊排擠的人，有話無處説⋯⋯"斯大林當即打斷了他的話頭："勝利者是不受審的，不能譴責勝利者，這是一般的公理。"

　　中蘇建交後，毛澤東就著手進行訪蘇的具體準備工作。1949 年 12 月 6 日，他登上北上的專列，前往莫斯科。這是他生平第一次走出中國故土，出國訪問。毛澤東的隨行人員有機要秘書陳伯達（以教授的身份）、翻譯師哲、葉子龍、汪東興等。

　　毛澤東這次訪蘇的目的，主要是同斯大林就中蘇兩國間重大的政治、經濟問題進行商談，重點是處理 1945 年國民黨政府同蘇聯政府簽訂的《中蘇友好同盟條約》。這個條約將中長鐵路、旅順海軍基地、大連港定由中蘇兩國共同所有，共同經營，共同使用，期限為三十年。這顯然是一個損害中國

1949年12月6日，毛澤東離京前政治局同志到專列上送行。（徐肖冰　攝）

主權的不平等條約。中國政府希望通過一個新的協定，將中長鐵路、旅順海軍基地、大連港在蘇聯與日本締結和約後全部收回，如和約未締結也要至遲在 1952 年收回。此外，毛澤東還要參加斯大林七十壽辰的慶祝活動，並對蘇聯進行參觀訪問。

專列從東北滿洲里駛出國境，頂著凜冽的寒風，沿著漫長的西伯利亞鐵路向莫斯科駛去。每到一站，毛澤東都會在停車時到月台上散步，有些受涼。行至斯維爾德洛夫斯克車站時，他再次下車散步，忽然頭暈目眩，滿頭大汗，一下病倒了。隨行人員連忙扶他回到車廂。12 月 16 日到莫斯科火車站時，毛澤東的重感冒還沒好，所以蘇聯方面歡迎儀式從簡。

當晚六時，毛澤東在克里姆林宮與斯大林第一次見面。斯大林和蘇共全體政治局委員及外長在小會客廳門口迎接，對斯大林來說，這是很破例的。斯大林稱讚毛澤東："你很年輕，紅光滿面，容光煥發，很了不起。"

毛澤東親自到蘇聯去，個人的想法是跟斯大林說說話，倒一倒這些年的苦水。他沒有頌揚斯大林，一開口就講："我是長期受打擊排擠的人，有話無處說……"斯大林當即打斷了他的話頭，說："勝利者是不受審的，不能譴責勝利者，這是一般的公理。"⑥

斯大林的話一方面是說在毛澤東和王明之間，不能譴責毛澤東；另一方面也是說，我斯大林也是勝利者，也不應受到譴責。表面看是讚揚毛澤東，實際上也是為自己開脫。毛澤東還想回顧歷史，斯大林卻岔開話題，不願談下去。這自然讓毛澤東很不痛快。

談到中長鐵路和旅順基地、大連港的問題，毛澤東試探性地提出需要外交部長周恩來也到莫斯科來，締結一個新條約。斯大林表示：這由你們自己決定。顯然是不希望周恩來來，也就是無意簽訂新的協定。

毛澤東提出：希望蘇聯向中國貸款三億美元，斯大林很痛快地同意了。幾天後，毛澤東給中共中央拍發電報，指出貸款問題"目前數年內多借不如少借為有利"。

12 月 21 日，毛澤東應邀出席莫斯科慶祝斯大林七十壽辰大會。蘇聯方面特意安排中國代表團在十三個外國代表團中首先致詞。毛澤東的祝詞受到熱烈歡迎，三次全場起立，長時間鼓掌。他在形式上受到高規格的接待；但對涉及中蘇兩國國家利益的實質問題，蘇方卻避而不談。

毛澤東有些著急，祝壽大會的第二天，便找柯瓦廖夫來住處談話，並要他把這次談話的記錄轉交斯大林，表示希望與斯大林再次見面，談判解決中蘇條約、貸款協定、貿易協定、航空協定等問題，擬請周恩來前來莫斯科完成協定簽字手續。

12 月 24 日，斯大林與毛澤東舉行第二次會談，海闊天空地談了國際共產主義運動的有關問題，也包括越南問題、日本問題、印度問題、西歐問題等等。但斯大林隻字不提中蘇條約，更加明確地表示不希望周恩來來莫斯科。

毛澤東來到莫斯科已經十多天了。參加慶祝斯大林七十壽辰的各國代表團紛紛離開莫斯科回國，唯獨毛澤東留下來，住在斯大林的別墅裡。斯大林幾乎每天讓人打電話來詢問毛澤東的生活是否安適，卻始終不提簽約之事，也不再會見毛澤東。斯大林採取了拖的辦法，同時想進一步摸清毛澤東的底牌。

簽訂新約，恰恰是毛澤東此次訪蘇的主要目的。毛澤東對這次訪蘇，本來是興沖沖的，寄予很大希望。但來到莫斯科受到這樣的冷遇，大大出乎他的意料。作為一個懂得忍耐的政治家，毛澤東也忍耐不住了。一次，蘇方聯絡員柯瓦廖夫和翻譯費德林來看望毛澤東。毛澤東對他們發了火："我到莫斯科來，不是單為斯大林祝壽的。你們還要保持跟國民黨的條約，你們保持好了，過幾天我就走。我現在的任務是三個：吃飯、拉屎、睡覺。"

事後，柯瓦廖夫給斯大林寫了一份彙報材料，說了些對毛澤東和中國黨的意見，本意是向斯大林告狀的。斯大林後來卻把柯瓦廖夫的彙報材料轉交給毛澤東，並解釋說："這是柯瓦廖夫自己寫的，不是我們授意的。須知，他不是搞政治的，只是一個技術員，卻往政治裡鑽，這是很不適當的。"斯大林此舉，還是有意向毛澤東和中國同志示好，表明他也很重視發展同中國黨的關係。⑦

事也湊巧，正值此時，英國通訊社放風造謠：斯大林把毛澤東軟禁起來了。消息一傳出，蘇聯方面有些緊張。為了戳穿謠言，經雙方同意，毛澤東在 1950 年 1 月 2 日發表了一個答塔斯社記者問。其中談道："我逗留蘇聯時間的長短，部分地決定於解決有關中華人民共和國利益的各項問題所需要的時間。""在這些問題當中，首先是現有的中蘇友好同盟條約問題，蘇聯對中華人民共和國貸款問題，貴我兩國貿易和貿易協定問題以及其他問題。"⑧

毛澤東藉答記者問的機會，將中蘇商議簽訂新條約的事項公之於眾，這一下給了斯大林很大的壓力。斯大林終於改變了態度，同意周恩來來莫斯科，並派莫洛托夫、米高揚等人前去詢問毛澤東對簽訂中蘇友好條約的意見。1950 年 1 月 9 日，周恩來從北京出發，1 月 19 日到了莫斯科。在他和毛澤東的共同爭取說服下，終於使斯大林同意締結新條約，同時還向中國貸款三億美元，並向中國派遣專家支持中國的經濟建設。

在周恩來從北京出發還沒到莫斯科的那幾天，毛澤東離開莫斯科到蘇聯其他地方參觀。他來到了列寧格勒，站在波羅的海厚厚的冰層上抒情：自己的願望是要從海參崴走到波羅的海，然後再從黑海走到北極圈，把蘇聯東南西北都走遍。蘇方人員都為他的豪情和胸懷深深感動，歡呼雀躍。

在列寧格勒，毛澤東參觀了藝術館，包括冬宮展覽廳，也就是沙皇的宮殿。本來有一間中國廳，但主人說目前正在整修，不便參觀，很遺憾。毛澤東側過臉對翻譯師哲說："其實是不便對我們開放，不好意思讓我們看，因為沙俄盜竊中國的東西太多了。"⑨

2 月 14 日，《中蘇友好同盟互助條約》正式簽訂，雙方高級領導人合影的時候，斯大林稍稍向前挪了一小步，這樣在照片上看起來就與毛澤東一般高了。

周恩來到莫斯科後，雙方開始了締結新條約的談判。談判期間，美國國務卿艾奇遜公開發表演講，說蘇聯正在將中國的東北地區實行合併，"這種在外蒙所實行了的辦法，在滿洲亦幾乎實行了"。1 月 21 日，蘇聯和蒙古分別以外交部長的名義發表聲明進行了駁斥。毛澤東則在 1 月 19 日晨以中央人民政府新聞總署署長胡喬木的名義起草了向新華社記者的談話，為了在21日見報，連夜發回國內。

但斯大林認為，以新聞記者的身份發表的是個人聲明，是一文不值的，並且說，這麼一來，我們的步調就亂了，給敵人留下了可鑽的空子。這些話在相當程度上激怒了毛澤東，兩人談及此事時，他始終一言不發。在隨後的宴會和舞會上，他也始終陰沉著臉，直到夜半返回住地，都沒說一句話。[⑩]

2月初，毛澤東、周恩來和中國代表團準備返回國內，又一次拜訪斯大林。斯大林主動提出：為了總結中國革命的經驗，建議毛澤東把自己寫的文章、文件等編輯成集出版。毛澤東則提出請蘇聯派一位理論上強的同志幫助完成此項工作，斯大林當即答應派尤金來華。

尤金是當時《蘇聯書籍》雜誌主編，是研究馬列理論比較有成就的一位學者。後來1953年到1959年間，他任蘇聯駐華大使。

2月14日，《中蘇友好同盟互助條約》正式簽訂，雙方高級領導人合影的時候，斯大林稍稍向前挪了一小步，這樣在照片上看起來就與毛澤東一般高了。直到1960年，毛澤東還為此不平：中國人當奴隸當慣了，似乎要當下去，中國藝術家畫我和斯大林的像，我總比斯大林矮些。[⑪]

簽字儀式是在克里姆林宮。儀式結束後，毛澤東邀請斯大林出席第二天在中國大使館舉行的答謝宴會。斯大林開始說，他從不到克里姆林宮以外的地方出席宴會，並問：你們的宴會為甚麼不在克里姆林宮搞？毛澤東答覆：我們是個主權國家，這樣做不合適。並說，如果斯大林健康狀況不允許，可以提前退席。斯大林遲疑了一下，會場一片寂靜。讓斯大林改變多年來的生活習慣，不是件容易的事。但斯大林後來還是答應出席，並說經過了蘇共政治局會議的討論，破例接受邀請。[⑫]

第二天晚上，中國代表團舉行訪蘇答謝會，主菜是傳統的中國火鍋。斯大林對吃火鍋不在行，把生冬筍片直接放進嘴裡並連說"好吃"；毛澤東夾了一片筍放在火鍋裡涮了涮，笑了笑說："你那樣吃也很好，但這樣吃味道更好些。"

毛澤東是個民族自尊心極強的人。1948年蘇聯部長會議主席米高揚訪問西柏坡，吃飯時問盤子裡的魚是不是活魚燒的。毛澤東把這件事一直記在心裡，到蘇聯後，特意聲明自己只吃活魚。蘇聯人送來兩筐名貴的鱘魚，但是凍的，毛澤東讓人送回去。蘇聯人不明原委，以為毛澤東飲食很講究，其實毛澤東是吃飯最隨便的人。

毛澤東又非常注重維護外交形象。他自己住的屋子，自己收拾得乾乾淨淨，出出進進都很有規矩，對蘇聯方面的服務員和工作人員，都很親切和氣；有時儘管語言不通，但各說各的，仍然談笑風生，讓這些工作人員備受感動。管毛主席房間衛生的瑪露霞，平時就是為斯大林打掃衛生的，可見蘇聯方面對中國代表團還是給予了很高禮遇，總的說來是非常友好的。因為相處時間已經比較長，臨分別時，蘇方工作人員對毛澤東和中國同志依依不捨，有的女服務員哭成了淚人，中蘇兩國人民的情誼通過這次訪問得到了極大的加強。⑬

提起庫爾班大叔騎著毛驢要到北京見毛澤東的事，毛澤東很是感動，喃喃地説："新疆的少數民族老百姓多好啊，這麼大老遠的還要騎毛驢來看我。"

1950 年，中國人民解放軍不斷向新疆、西藏等邊疆地區推進，中國大陸全部解放的形勢越來越明朗。1950 年 3 月，人民解放軍到達迪化（今新疆烏魯木齊），勝利完成了進軍新疆的任務。

1949 年 9 月中旬，彭德懷統帥的第一野戰軍相繼解放陝西、甘肅、寧夏、青海全境，為新疆的和平解放創造了條件。9 月 8 日，也就是甘肅蘭州解放的十三天後，毛澤東在中南海約見張治中，對他說："西北野戰軍已經由蘭州及青海分兩路進軍新疆。希望你去電新疆軍政當局，敦促他們起義。"張治中表示："我早有此意，只是自五月以後，我同陶峙岳、包爾漢沒有聯繫了。"毛澤東說："我們已經在伊寧建立了電台，你如有電報，可發至伊寧再轉迪化。"⑭

9 月 10 日，張治中發電給陶峙岳、包爾漢，勸其"及時表明態度，正式宣佈與廣州政府斷絕關係，歸向人民民主陣營"。9 月 15 日，應毛澤東主席邀請，新疆省政府教育廳長賽福鼎率新疆代表團來到北平，參加全國政協第一次會議。9月16日晚上，毛澤東、朱德、周恩來利用在懷仁堂看戲的機會，專門來到第一排中間看望了他。第二天又在中南海接見廳專門接見了新疆代表團。9月17日，陶峙岳、包爾漢聯名覆電張治中稱："在保障國家領土、維護本省和平及避免軍隊無謂犧牲之三項原則下，選擇時機，和平轉變。"9月25日、26日，陶峙岳、包爾漢宣佈起義，實現了新疆的和平解放。

　　10月22日下午，賽福鼎向毛澤東遞交了入黨申請書，得到了毛澤東的稱讚，並批示彭德懷同意賽福鼎入黨，等中共新疆分局成立後正式履行手續。23日，賽福鼎從周恩來那裡得知這一消息，激動得流出了幸福的淚水，稱這是他"一生中的重大轉折"。

1949年9月，毛澤東會見賽福鼎，左一為高崗，右一為林伯渠。（徐肖冰　攝）

　　為了及時接管新疆地區，第一野戰軍第一兵團司令王震率第二、第六軍，從 10 月 10 日起，以空運、車運和徒步行軍的方式，從甘肅酒泉出發，歷經艱難險阻，向天山南北挺進。當王震的部隊進入新疆時，塞外軍民載歌載舞歡迎。陶峙岳寫下了《迎王震將軍入疆》的詩：「將軍談笑指天山，便引春風度玉關。絕漠紅旗招展處，壺漿相迓盡開顏。」

　　新疆普通農民庫爾班·吐魯木受到毛澤東接見的真實故事，是新疆翻身農民擁護共產黨熱愛毛澤東的真實寫照，他與毛澤東握手的照片正是侯波拍攝的。

1958年6月28日下午，毛澤東接見新疆維吾爾族農民庫爾班·吐魯木。

　　庫爾班·吐魯木是新疆和田地區于田縣的老農民。他從小失去父母，在巴依家的羊圈裡度過童年。為掙脫被奴役的生活，他帶著妻子逃到荒漠裡，靠吃野果生存。後來妻離子散，他獨自度過十七年野人生活。新疆和平解放後，庫爾班知道是毛澤東主席使他翻身解放，回到人間，過上了幸福生活，便執意要到北京去見恩人毛主席。七十高齡的他在大背袋裡裝著自己做的葡萄乾和自己織的粗棉布，騎著小毛驢就上路了。

　　新疆黨政領導知道這件事後，決定派飛機將他送到北京。1958 年 6 月 28 日下午，歷經坎坷，七十五歲的庫爾班同全國其他勞動模範一起，在北京中南海受到毛主席的親切接見。在場的侯波拍下了後來傳遍全國的著名照片《庫爾班大叔見到了毛主席》。此事令毛澤東很是感動，喃喃地説：「新疆的少數民族老百姓多好啊，這麼大老遠的還要騎毛驢來看我。」⑮

1950年2月，毛澤東在北京中南海勤政殿辦公。

1950年6月，中共七屆三中全會在北京舉行，毛澤東率中央委員、候補委員合影。

協議簽訂的當晚，毛澤東指著國民黨時期的地
圖冊對阿沛説，以前國民黨把西康和西藏的分
界劃到了工布江打一帶，把昌都劃到了西康，
我們今後還是以金沙江為界，昌都還是歸你們
西藏管轄。

　　新疆的和平解放很順利，相比之下，西藏的和平解放就要艱難曲折得
多。那裡平均海拔四千多米，解放前沒有一條公路。西藏長期以來保持著封
建農奴制度，實行達賴、班禪兩大宗教領袖"政教合一"的封建統治。解放
前九世班禪遭排擠離開西藏，最後病逝於青海。十四世達賴尚未親政，實權
掌握在達扎活佛手中。

　　1949 年初，毛澤東在同來訪的蘇聯特使米高揚會談時就談到了他對解
決西藏問題的基本想法。他認為解決西藏問題並不難，只是不能太快，不能
過於魯莽，原因有二：一是交通困難，大軍不便行動，給養供應麻煩較多；
二是民族問題，尤其是受宗教控制的地區，解決它更需要時間，需要穩步前
進，不應操之過急。

　　1949 年 10 月 1 日，居住在青海的藏族宗教領袖十世班禪額爾德尼致
電毛澤東、朱德，表示擁護中央人民政府，期望西藏早日解放。1949 年 10
月、11 月間，毛澤東曾認為西北結束戰爭較西南為早、由青海到西藏的道
路平坦好走，就設想了以西北為主、以西南為輔的進軍西藏線路。當西北局
第一書記彭德懷告知由青海、新疆入西藏路線及氣候狀況等方面存在難以克
服的困難，因而建議由西南為主入藏時，正在蘇聯訪問的毛澤東馬上從莫斯
科致電中央，決定以西南局為主，擔負進軍和經營西藏的任務。

　　早在 18 世紀末，英帝國主義就扶持和唆使西藏上層統治集團中的分離
主義分子，陰謀策劃"西藏獨立"，妄圖把西藏從祖國分裂出去，使它淪為
英國的殖民地。1949 年 7 月，西藏上層統治者在帝國主義煽動下，以"遣
走一切可疑的共產黨秘密工作人員"為藉口，製造了"驅漢事件"。1950 年
1 月，西藏地方當局派出四個"親善師團"，分赴美國、英國、印度、尼泊

爾，以示“獨立”，並另派一個使團向中央政府解釋並表明“獨立”。中共中央授權新華社發表了《決不允許外國侵略者吞併中國領土——西藏》，表明了中央政府決不允許西藏分裂的嚴正立場。

1950 年 1 月，中共西南局、西南軍區決定派第十八軍及雲南軍區一二六團，由張國華、譚冠三從西康、雲南方向，中共西北局、西北軍區決定派青海騎兵支隊、新疆獨立騎兵師從青海、新疆方向向西藏進軍。中共中央指示西南局，進軍西藏“政治重於軍事，補給重於戰鬥”，基本原則就是驅逐英帝國主義的侵略勢力，同時，承認西藏的政治制度和達賴的地位，對西藏當局的武裝力量、宗教信仰、風俗習慣不僅不變更，而且加以保護。

進藏部隊學習了解藏文、藏語和西藏政治、經濟、兵要地志，同時，大力修築進藏公路，籌措搶運軍需物資。工程兵僅用四個月時間，就在高寒缺氧的雪原搶修了七百多公里公路和五百多公里急造軍路。10 月初，西南進藏部隊陸續到達康藏交界的甘孜、鄧柯、德格一線，直逼藏東昌都；西北進藏部隊也抵達青藏交界的玉樹、阿里一帶。

1950 年 5 月 27 日，由鄧小平起草，西南局擬定了一份與西藏地方政府談判條件的意見，其中規定“有關西藏的各項改革事宜，完全根據西藏人民的意志，由西藏人民採取協商方式加以解決”。西南局將這一意見報送中央審查。5 月 29 日，毛澤東在“由西藏人民”後加寫“及西藏領導人員”。

5 月，青海省人民政府副主席、著名佛教人士喜饒嘉措在西安向達賴和西藏地方政府發表廣播講話，希望他們能派代表赴京進行和平談判。7 月，經西北局安排，由達賴的長兄當彩活佛任團長的勸和代表團由西寧出發前往西藏勸和。

7 月，西南軍政委員會委員、西康省人民政府副主席、愛國宗教領袖格達活佛，自告奮勇，打著紅旗，攜帶有關材料，想前往拉薩向達賴和達扎宣傳黨的有關民族宗教政策和和平解放政策。他走到昌都的時候，突然遭到軟禁，不久遇害身亡。

格達活佛的死說明，不展示人民解放軍的力量，以達扎為首的親帝國主義分子是不會接受和平解放條件的。達扎當時調集藏軍主力，佈防金沙江一線，陳重兵於昌都重鎮，妄圖以武力阻擋解放軍入藏。同時，他派出的“西

1950年6月8日，毛澤東、周恩來接見第一次全國高等教育會議代表。

藏派赴中國外交代表團"，別有用心地要在香港同中央談判，妄圖拖延時間。

1950 年 10 月 6 日，昌都戰役打響，解放軍採取正面攻擊和迂迴包圍的戰術，於 10 月 24 日一舉解放了昌都，殲滅（包括爭取起義）藏軍五千七百餘人，約佔藏軍總數的三分之二。西藏門戶大開，藏軍已無力抵擋，繼續頑抗下去，只有自取滅亡。達扎在一片反對責罵聲中下台。十四世達賴隨即親政，後又倉促離開拉薩，出走邊境城鎮亞東，隨時準備出走印度。

毛澤東和中共中央這時命令進藏部隊解放昌都後暫緩前進，繼續通過各種渠道勸告西藏地方政府派代表團來北京進行談判。這樣既可以穩住達賴不出走印度，又給印度政府一個不再阻撓西藏在印代表來京談判的台階。

1950 年 11 月 9 日，西藏噶倫、昌都總管阿沛·阿旺晉美和昌都地方軍政官員四十多人聯名寫信給達賴，要求地方政府與中央進行和平談判。1951年1月18日，達賴喇嘛給中國駐印度大使袁仲賢寫信，表達了派人進京談判的意向，很快得到毛澤東通過袁仲賢轉達的回音，同時承認並祝賀他的親政，這使他很高興。2月28日，西藏地方政府和談代表團正式起程去北京，首席全權代表就是阿沛·阿旺晉美。

4月20日，阿沛一行到達北京。29日，中央政府全權代表李維漢等人與西藏地方政府代表正式開始談判。

5月23日，中央政府與西藏地方政府正式簽訂了《關於和平解放西藏辦法的協議》，簡稱"十七條協議"。主要內容包括：驅逐帝國主義勢力出西藏；解放軍進藏；在中央人民政府統一領導下實現西藏的民族區域自治的權利；保存西藏現行政治制度，民主改革事宜由西藏地方政府自動進行；實

1951年10月1日，班禪向毛澤東敬獻哈達。

現達賴喇嘛和班禪額爾德尼兩方面的團結；西藏軍隊逐步改編為人民解放軍等等。

《十七條協議》簽訂的當天，毛澤東在豐澤園召見當時的中央統戰部長李維漢和西藏工委書記張國華，聽取有關彙報。在談話中，毛澤東高度評價了《十七條協議》的簽訂是"辦了一件大事，這是一個勝利"。但同時又指出："這只是第一步，下一步要實現協議，要靠我們的努力。"他還特別叮囑即將赴西藏的張國華："在西藏考慮任何問題，首先要想到民族和宗教問題這兩件事，一切工作必須慎重穩進。"

協議簽訂的當晚，毛澤東舉行盛大宴會款待西藏代表團。他指著國民黨時期的地圖冊對阿沛說，以前國民黨把西康和西藏的分界劃到了工布江打一帶，把昌都劃到了西康，我們今後還是以金沙江為界，昌都還是歸你們西藏管轄。[16]

8月、9月，進藏部隊先後出發，翻越雪山荒漠，克服重重困難，10月26日，第十八軍一部進入拉薩，其他部隊也到達指定地域。12月20日，中央人民政府代表張經武和西藏政府代表、進藏部隊代表舉行大會，慶祝西藏和平解放。

---

① 《毛澤東傳（1949—1976）》，中央文獻出版社 2003 年 12 月第 1 版，第 6 頁。

② 《毛澤東傳（1949—1976）》，中央文獻出版社 2003 年 12 月第 1 版，第 67 頁。

③ 《毛澤東傳（1949—1976）》，中央文獻出版社 2003 年 12 月第 1 版，第 18 頁。

④ 薄一波：《若干重大決策與事件的回顧》（修訂本）上卷，人民出版社 1997 年 5 月第 1 版，第 156—157 頁。

⑤ 《毛澤東傳（1949—1976）》，中央文獻出版社 2003 年 12 月第 1 版，第 22 頁。

⑥ 《在歷史巨人身邊——師哲回憶錄》，中央文獻出版社 1991 年 12 月第 1 版，第 435 頁。

⑦ 《在歷史巨人身邊——師哲回憶錄》，中央文獻出版社 1991 年 12 月第 1 版，第 438 頁。

⑧ 《在歷史巨人身邊——師哲回憶錄》，中央文獻出版社 1991 年 12 月第 1 版，第 439 頁。

⑨ 《在歷史巨人身邊——師哲回憶錄》，中央文獻出版社 1991 年 12 月第 1 版，第 443 頁。

⑩ 《在歷史巨人身邊——師哲回憶錄》，中央文獻出版社 1991 年 12 月第 1 版，第 456—457 頁。

⑪ 《毛澤東之路——畫說毛澤東和他的戰友》，長江文藝出版社 2004 年 12 月第 1 版，第 426 頁。

⑫ 《在歷史巨人身邊——師哲回憶錄》，中央文獻出版社 1991 年 12 月第 1 版，第 463 頁。

⑬ 《在歷史巨人身邊——師哲回憶錄》，中央文獻出版社 1991 年 12 月第 1 版，第 468 頁。

⑭ 《張治中回憶錄》，中國文史出版社 1985 年 2 月第 1 版，第 581 頁。

⑮ 2003 年 9 月採訪徐肖冰、侯波。

⑯ 《毛澤東之路——畫說毛澤東和他的戰友》，長江文藝出版社 2004 年 12 月第 1 版，第 393 頁。

第三章

1951

抗美援朝

朝鮮戰爭爆發後，毛澤東分析了美國在軍事上的長處和短處，概括起來是 "一長三短"：鐵多；戰線太長，從德國柏林到朝鮮；運輸路線太遠，隔著兩個大洋，大西洋和太平洋；戰鬥力太弱。

　　正當中國人民全力以赴地為鞏固人民政權、恢復國民經濟而努力之時，1950 年 6 月 25 日，朝鮮戰爭爆發了。不久，在蘇聯駐聯合國代表缺席的情況下，聯合國安理會通過了美國關於朝鮮局勢的提案，決定組成 "聯合國軍" 入侵朝鮮。7 月 7 日，聯合國安理會通過成立 "聯合國軍司令部"；8 日，任命美國駐日盟軍最高司令麥克阿瑟為 "聯合國軍" 總司令。

　　那一天前後，毛澤東和中共中央做出一個決策，調幾個軍到東北，擺在鴨綠江邊，加強東北邊防。7 月 13 日，中央軍委做出《關於保衛東北邊防的決定》。毛澤東當天批示："同意，照此執行。" 隨後，立即將駐河南等地的戰略預備隊第十三兵團（下轄第三十八軍、第三十九軍、第四十軍），加上第四十二軍（原在東北）和炮兵第一師、第二師、第八師等，共二十五萬五千人，組成東北邊防軍，調往安東（今丹東）、輯安（今集安）、本溪。8 月上旬，東北邊防軍完成集結，並開始整訓。9 月 6 日，第五十軍又編入東北邊防軍。

　　這是一個具有遠見卓識的戰略決策。1957 年 10 月 10 日，毛澤東在同來訪的金日成談話時講起這件事："戰爭開始後，我們先調去三個軍，後來又增加了兩個軍，總共有五個軍，擺在鴨綠江邊。所以，到後來當帝國主義過三八線後，我們才有可能出兵。否則，毫無準備，敵人很快就要過來了。" 後來，毛澤東還不無惋惜地表示過："可惜那時候只有五個軍，那五個軍火力也不強，應該有七個軍就好了。" ①

　　朝鮮戰爭的進展很快，只一個多月，朝鮮人民軍就長驅直入，很快將南朝鮮軍隊和美軍壓縮在釜山一隅，即將趕下海去。金日成興奮地宣稱要在 8 月結束朝鮮戰爭。毛澤東卻沒有這麼樂觀，他知道，美國是不會這麼輕易地承認失敗的。

　　1950 年 8 月 4 日，在中共中央政治局會議上，毛澤東説：如果美帝得勝，就會得意，就會威脅我。對朝鮮不能不幫，必須幫，時機當然還要選擇，我們不能不有所準備。5 日，毛澤東致電東北軍區司令員兼政治委員高崗，要求東北邊防軍在月內完成一切準備工作，準備 9 月上旬能作戰。8 月 18 日，又電高崗，要邊防軍務必在 9 月 30 日以前完成一切準備工作。②

　　毛澤東還分析了美國在軍事上的長處和短處，概括起來是"一長三短"。他認為："它在軍事上只有一個長處，就是鐵多，另外卻有三個弱點，合起來是一長三短。三個弱點是：第一，戰線太長，從德國柏林到朝鮮；第二，運輸路線太遠，隔著兩個大洋，大西洋和太平洋；第三，戰鬥力太弱。"

　　毛澤東在講話中提出，要防備美帝國主義亂來，打第三次世界大戰。他説："所謂那樣幹，無非是打第三次世界大戰，而且打原子彈，長期地打，要比第一、第二次世界大戰打得長。我們中國人民是打慣了仗的，我們的願望是不要打仗，但你一定要打，就只好讓你打。你打你的，我打我的，你打原子彈，我打手榴彈，抓住你的弱點，跟著你打，最後打敗你。"

　　中國出不出兵，毛澤東有一個"底"，這個"底"就是美軍是不是過三八線。"美帝國主義如果干涉，不過三八線，我們不管，如果過三八線，我們一定過去打。"③

　　8 月下旬，美軍飛機侵入中國東北安東市上空，並向民船射擊，殺死船工。23 日夜晚，總參作戰室主任雷英夫就美軍可能從仁川登陸向毛澤東和周恩來做了彙報，毛澤東認為這個分析很有道理，並判斷人民軍現在表面上很好看，實際上很危險，朝鮮戰爭將是持久戰。他讓作戰室將分析的結論通知朝鮮和蘇聯方面，供他們參考。

　　但這個分析沒有引起金日成的重視。9 月 15 日，美軍總司令麥克阿瑟親自指揮美海陸軍七萬多人，在二百多艘艦艇和五百架飛機的掩護下，開始在仁川登陸，16 日佔領了仁川。朝鮮戰局急轉直下，人民軍的後方交通線被切斷，腹背受敵，一敗而不可收拾。

　　美軍大舉向北進犯，在 9 月下旬就推進到三八線附近。9 月 22 日，美軍飛機一再侵犯中國領空，並在安東市區投擲重磅炸彈十二枚。10 月 1 日，李承晚集團的南朝鮮軍越過三八線。當天，《人民日報》發表周恩來在國慶慶

1950年10月1日，毛澤東、朱德、劉少奇在北京天安門城樓出席國慶活動。

祝會上的講話，向全世界莊嚴宣佈："中國人民決不能容忍外國的侵略，也不能聽任帝國主義者對自己的鄰人肆行侵略而置之不理。"這是對美軍的嚴重警告，警告他們不要越過三八線。但美軍沒有停下進攻的鐵蹄。10月3日，南朝鮮軍隊和美國瓦克將軍指揮的部隊相繼越過三八線。

當天凌晨一時，周恩來緊急約見印度駐華大使潘尼迦，向他鄭重說明中國政府對待朝鮮戰爭的嚴正立場："美國軍隊正企圖越過三八線，擴大戰爭。美國軍隊果真如此做的話，我們不能坐視不顧，我們要管。請將此點報告貴國政府總理。"

潘尼迦迅速報告印度總理尼赫魯，印度迅速告知英國，英國向美國通報，但美國政府錯誤地把它看做是虛聲恫嚇和外交"勒索"，認為新中國剛剛成立，百廢待興，困難重重，沒有力量也不敢出兵同美軍作戰，即使出了兵，也遠遠不是美軍的對手。

十二小時以後，美國操縱聯合國通過一個"統一"朝鮮的提案。10月1日和3日，金日成兩次邀請蘇聯和中國出兵支援。面對急轉直下的嚴重形勢，斯大林和毛澤東會如何抉擇呢？

毛澤東主張出兵，理由是：我國重工業多數都在東北，東北的工業半數在南部，都在敵人轟炸威脅的範圍內。兩個月來美軍已侵入東北領空二十次之多，如果打到鴨綠江邊，我們如何安心生產？鴨綠江一千多里的防線，需要多少部隊去守？而且年復一年，不知它哪一天會打起來，這樣下去怎麼搞建設？

儘管毛澤東對出兵已有思想準備，但是要使一個剛從戰火中獲得新生的人民共和國再次面臨血與火的考驗，同世界頭號帝國主義美國決一雌雄，下這個決心要有何等的氣魄和膽略！

中美兩國的國力相差懸殊。1950年，美國鋼產量八千七百七十二萬噸，工農業總產值兩千八百億美元。而當年中國的鋼產量只有六十萬噸，工農業總產值只有一百億美元。美國還擁有原子彈和世界上最先進的武器裝備，具有最強的軍工生產能力。就連實力雄厚的蘇聯，也不願因為援助朝鮮而冒同美國直接衝突的危險。中國出兵是否會導致同美國直接對峙，美國大舉轟炸中國的重工業基地東北和內地大城市將如何應對？這些都是需要十分慎重考慮的問題，稍有疏忽，將會造成不堪設想的後果。況且，他還要有充分的理由和耐心說服中央決策層的其他成員，當時在出兵的問題上意見不一。這是毛澤東一生中最難做出的決策之一。

10月2日開始，中共中央政治局在半個月內接連舉行多次會議，反覆討論出兵朝鮮的問題。當時政治局成員多數認為不宜出兵，林彪更是不同意擔任我軍統帥。有人說，為了拯救一個幾百萬人口的朝鮮，而打爛一個五億人口的中國，有點划不來。我軍打蔣介石的軍隊是有把握的，但能否打贏美軍

建國初期，毛澤東和李訥在萬壽路住所。

很難說。美軍有龐大的陸海空軍，有原子彈，還有雄厚的工業基礎。把它逼急了，放兩顆原子彈或者用飛機狂轟濫炸，夠我們受的。也有人主張，最好不出兵，如果一定要出，也是"出而不戰"，屯兵於朝鮮北部看事態發展，能不打就不打，這是上策。

毛澤東主張出兵，而且要參戰。他認為：我國重工業多數都在東北，東北的工業半數在南部，都在敵人轟炸威脅的範圍內。兩個月來美軍已侵入東北領空二十次之多，如果打到鴨綠江邊，我們如何安心生產？鴨綠江一千多里的防線，需要多少部隊去守？而且年復一年，不知它哪一天會打起來，這樣下去怎麼搞建設？並不是我們惹火燒身，而是敵人把火燒到了我們的大門口，而且絕不會就此罷手。因此，毛澤東說："參戰利益極大，不參戰損害極大。"[④]

林彪不肯掛帥，毛澤東急調在西北一心一意搞建設的彭德懷到北京開會。彭德懷事先一點兒不知道會議內容，臨上飛機還讓秘書帶全了西北建設的規劃和圖紙。10月4日下午，彭德懷一下飛機就趕來參加中共中央政治局擴大會議。他只是側耳細聽，沒有發言，會後又到楊尚昆住處了解詳細情況。

1950年10月，毛澤東任命彭德懷為中國人民志願軍總司令兼政委。

　　會議一開始，毛澤東首先讓大家講講出兵的不利情況。與會者各抒己見。多數人不贊成出兵或者對出兵存有種種疑慮。理由主要是中國剛剛結束戰爭，經濟十分困難，亟待恢復；新解放區的土地改革還沒有進行，土匪、特務還沒有肅清；我軍的武器裝備遠遠落後於美軍，更沒有制空權和制海權；在一些幹部和戰士中間存在著和平厭戰思想；擔心戰爭長期拖下去，我們負擔不起，等等。聽到大家的發言後，毛澤東講了這樣一段話：「你們說的都有理由，但是別人處於國家危急時刻，我們站在旁邊看，不論怎樣說，心裡也難過。」

　　10月5日上午，受毛澤東委託，鄧小平將彭德懷從北京飯店接到中南海毛澤東辦公室。毛彭二人進行了一次情真意切的談話。彭德懷表示擁護毛澤東出兵援朝的決策。當毛澤東把掛帥出兵的重任交給彭德懷的時候，彭德懷說：「我服從中央的決定。」毛澤東略帶感慨地說：「這我就放心了。現在美軍已分路向三八線冒進，我們要盡快出兵，爭取主動。今天下午政治局繼續開會，請你擺擺你的看法。」

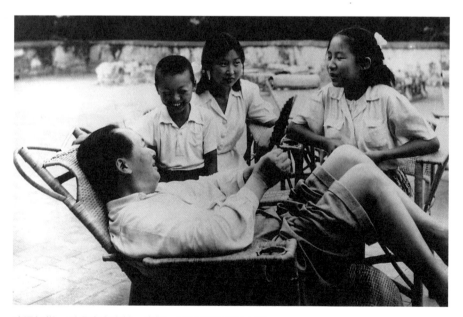

建國初期，毛澤東與李敏、李訥、毛遠新在香山小憩。

下午的政治局擴大會議上，在別人發言之後，彭德懷講述了自己的觀點。他說："出兵援朝是必要的，打爛了，最多我們再回到山溝裡去，只當解放戰爭晚勝利幾年。如果讓美軍擺在鴨綠江和台灣，它要發動侵略戰爭，隨時可以找到藉口。如讓美軍佔領了整個朝鮮，將來的問題更複雜，所以遲打不如早打。"

毛澤東高興地告訴彭德懷："給你十天做準備，出兵時間初步定在 10 月 15 日。"

當周恩來再次進見斯大林的時候，斯大林本以為他還是來要求空軍支援的。沒想到聽到了中國的決定：即使沒有蘇聯空軍的支援，也要立即出兵朝鮮，迎擊向北冒犯之敵。

10 月 8 日，東北邊防軍改為中國人民志願軍，立即準備出兵朝鮮，彭德懷擔任志願軍司令員兼政委，轄十三兵團所屬的三十八、三十九、四十、四十二軍及炮兵一、二、八師共二十六萬人，以東北行政區為總後方基地，統由東北軍區司令員兼政委高崗指揮並負責保證供應。

"志願軍"這個名稱，開始本來想叫"支援軍"。後來毛澤東、周恩來徵求民主人士的意見，黃炎培認為不妥，問道："是誰派出去支援的，我們是不是要跟美國宣戰？"毛澤東覺得有道理，拿起鉛筆將"支援軍"三個字改為"志願軍"，表示是中國人民為了維護和平志願去朝鮮參戰的，並不是中國與美國的兩國交戰。黃炎培認為改得好："出師有名，戰無不勝。"

同一天，中共中央派周恩來、林彪秘密前往蘇聯，同斯大林洽談出動空軍支援和提供武器裝備。儘管中國共產黨已經決定出兵，但周恩來還是帶著出兵或者不出兵兩種意見去同斯大林商討的。

10 月 11 日，斯大林和周恩來聯名致電毛澤東，其中談道：蘇聯可以完全滿足中國提出的飛機、坦克、大炮等項裝備，但是蘇聯空軍尚未準備好，在兩個月或兩個半月後才能出動空軍。事實上，斯大林擔心如果出動蘇聯空軍在朝鮮境內同美國交戰，將造成嚴重後果。

　　斯大林以前已經保證過出動空軍和提供武器裝備，此時卻只答應提供武器裝備，不肯派空軍。沒有空軍支援，意味著美軍在朝鮮將完全奪取制空權，中朝軍隊的前線和後方將不間斷地遭受美軍的狂轟濫炸甚至低空掃射，作戰和後勤供應都受到極其嚴重的威脅。

　　本來金日成先找斯大林請求蘇聯出兵，斯大林託辭蘇聯出兵將造成國際影響，甚至發生第三次世界大戰，讓金日成去找毛澤東，請中國出兵，蘇聯可以派空軍和提供武器裝備。中國決定出兵了，斯大林又動搖，認為蘇聯不能用空軍支援，空軍只能到鴨綠江邊。他甚至對周恩來表示：中國既困難，不出兵也可以，北朝鮮丟了，我們還是社會主義，中國還在。周恩來和他談了一天也沒有結果，因為中央晚上要做決定，只好電詢毛澤東。

　　毛澤東得知情況後，把已經飛到瀋陽的彭德懷和高崗又召回北京，再開政治局會議商討，最後決定：即使沒有蘇聯空軍的支援，也要立即出兵朝鮮，迎擊向北冒犯之敵。聶榮臻後來回憶：毛主席對這件事思之再三，煞費心血，最後才下了決心。

　　當周恩來再次進見斯大林的時候，斯大林本以為他還是來要求空軍支援的，周恩來卻告訴了他中國的決定。斯大林聽後非常感動，但還是表明了蘇聯最後的態度：蘇聯將只派空軍到中國境內駐防，兩個月或兩個半月後也不準備進入朝鮮境內作戰。後來，蘇聯以一半的價格幫助提供了一些軍火和彈藥，還有汽車隊。⑤

　　15 日，朝鮮首都平壤告急。毛澤東意識到再過幾天美軍就要打到鴨綠江了，命令彭德懷不管有天大的困難，渡江援朝不能再變，必須於 19 日過江！

　　從 10 月 1 日晚金日成要求中國出兵，到 19 日晚中國人民志願軍渡過鴨綠江，僅僅十八天。但這短短的十八天對毛澤東來說，卻似乎走過一段漫長的路程。在決策過程中，一個又一個的困難出現在他面前。他要對世界大勢做出正確的分析和判斷，對敵我友三方的情況和發展趨勢進行全面的了解。在複雜多變的情況下，要能應付自如，迅速做出決斷。更重要的是，要以充足的理由耐心地去說服自己的戰友和同志。危急之下，作為一個大國領袖，這是多麼的不易！

　　對毛澤東出兵援朝的決策，彭德懷曾做過這樣的評價："這個決心不容易定下，這不僅要有非凡的膽略和魄力，最主要的是具有對複雜事物的卓越洞察力和判斷力。歷史進程證明了毛主席的英明正確。"

有一段時間，毛澤東半個多月沒有下床，就在床上工作、吃飯，睡眠極少。他每天批閱大量材料，有來自前方的電報，有來自各方面的情報，一個接著一個。這些電報和材料都以最快的速度送到毛澤東手裡。

1950 年 10 月 19 日晚上，中國人民志願軍四個軍和三個炮兵師共二十六萬人，雄赳赳、氣昂昂，從安東、長甸、河口、輯安跨過鴨綠江，秘密進入朝鮮境內。從中國人民志願軍渡江那一天起，毛澤東的全副精力都集中到朝鮮戰場上了。

當時美軍在朝鮮共有十五個師四十二萬人，第一線有十三萬餘人。麥克阿瑟坐飛機巡視中朝邊境，由於我們隱蔽得好，他在茫茫雪野中沒有發現一兵一卒。於是他命令美軍與南朝鮮軍不顧一切地向鴨綠江挺進，說跑到鴨綠江就是勝利，並表示可以在感恩節前結束朝鮮戰爭。

還在志願軍出兵前夕，毛澤東和彭德懷等研究敵情後商定：利用敵人東西對進的時機，志願軍在平壤、元山鐵路線以北，德川、寧遠公路線以南地區，構築兩道至三道防禦陣線。如果敵軍來攻，則在陣地前面分割殲滅之；如果平壤美軍、元山南朝鮮軍兩路來攻，則打孤立較薄弱之一路。在六個月內，如敵人固守平壤、元山不出，則我軍也不打平壤、元山。在我軍裝備訓練完畢，空中和地上均對敵人具有壓倒的優勢條件之後，再去攻平壤、元山等處。這就是說，六個月以後再談攻擊的問題。

然而，志願軍渡江後，情況發生了很大變化，完全不像原來設想的那個樣子。麥克阿瑟改變了東西對進的計劃。美軍和南朝鮮軍分為東西兩路，大舉北進，速度甚快，直向中朝邊境逼近。彭德懷進入朝鮮境內後，脫離部隊急行軍，只帶了一個參謀、一個警衛員、兩個司機，去見金日成。20 日上午八時，在位於東倉和北鎮之間山溝內的小村莊大洞，他見到了金日成。金日成説美軍還在德川附近，距離這裡還有一二百里。但後來發現，美軍當時已經到達了大洞東北方向的檜木洞，已經繞到了彭德懷、金日成的後邊。彭德懷、金日成當時一旦被美軍發現，極有可能成為俘虜，並且完全與後方失去聯繫，連一封電報也發不出去。美軍行進如此之快，原定的阻敵方案已不適用了。⑥

21 日下午，我志願軍電台車終於趕到大洞，彭德懷可以給毛澤東拍發電報取得聯繫了。根據敵情的變化，毛澤東迅速改變作戰部署。10 月 21 日凌晨二時三十分，他致電彭德懷等，正式下達第一次戰役的部署。毛澤東看出麥克阿瑟在戰略判斷上犯了一個大錯誤，即"美偽均未料到我志願軍會參戰，故敢於分散為東西兩路，放膽前進"。他斷定，"此次是殲滅偽軍三幾個師爭取出國第一個勝仗，開始轉變朝鮮戰局的極好機會"。過了一個小時，毛澤東又電告鄧華等："現在是爭取戰機問題，是在幾天之內完成戰役部署以便幾天之後開始作戰的問題，而不是先有一個時期部署防禦然後再談攻擊的問題。"

初戰必勝，這對出國作戰的志願軍來説尤其重要。出手第一仗能不能打勝，將決定志願軍入朝後能不能站得住腳。在那些日子裡，毛澤東過著十分緊張的生活。據他的機要秘書回憶：有一段時間，毛澤東半個多月沒有下床，就在床上工作、吃飯，睡眠極少。他每天批閱大量材料，有來自前方的電報，有來自各方面的情報，一個接著一個。這些電報和材料都以最快的速度送到毛澤東手裡。戰場上的情況瞬息萬變，毛澤東要根據各方面的情況加以分析，很快做出決斷，指導前方作戰。⑦

毛澤東在指導第一次戰役部署中，對於如何打開朝鮮戰局，指導方針逐步考慮成熟。他在 10 月 23 日覆彭德懷的電報中指出：朝鮮戰局，就軍事方面來説，決定於三點。第一，目前正在部署的戰役，是否能利用敵人完全沒有料到的突然性，全殲兩個、三個甚至四個偽軍師。此戰如果是一個大勝仗，則敵人將被迫做重新部署，立即處於被動地位；如果這次突然性的作戰勝利不大，使我不得不於陣前撤退，則形勢將改為於敵有利。第二，敵人飛機殺傷我之人員、妨礙我之活動究竟有多大。如果我能利用夜間行軍作戰做到很熟練的程度，則我軍可以繼續進行野戰及打許多孤立據點，如此便有迫使美國和我進行外交談判之可能；如果敵人飛機對我的傷亡和妨礙大得使我無法進行有利的作戰，則在我飛機條件尚未具備的半年至一年內，我軍將處於很困難的地位。第三，如果美國再調五個至十個師來朝鮮，而在這以前我軍又未能在運動戰中及打孤立據點的作戰中殲滅幾個美軍師及幾個偽軍師，則形勢也將於我不利；如果相反，則於我有利。以上這幾點，均可於此次戰役及爾後幾個月內獲得經驗和證明。總之，我們應在穩當可靠的基礎上爭取一切可能的勝利。

毛澤東提出的這個戰略的和戰役的指導思想，對於志願軍取得第一次戰役以及以後幾次戰役的勝利，具有重要意義。

10 月 25 日七時，我軍四十軍第一一八、一一九師在兩水洞地區殲滅偽六師一個營和一個炮兵中隊，正式揭開了抗美援朝的序幕。經過十天激戰，西線之敵被迫全線撤退。到 11 月 5 日，敵第八集團軍全部撤退到清川江以南地區，我軍殲敵一萬五千人，收復了楚山、熙川、雲山等城市，取得了第一次戰役的勝利，在朝鮮站穩了腳跟。

朝鮮戰場上的勝利已經被歷史毫無疑問地證明，毛澤東當初出兵抗美援朝的決策是完全正確的，大大提高了中國的國際地位，對整個國際局勢也產生了重要影響。當初主張不出兵的政治局其他領導人，此時對毛澤東更加敬服。從長征時期開始，在一些重要的歷史關頭，毛澤東有時在黨內最高決策集體中處於少數的地位，但他敢於堅持自己的主張，總是能說服多數人最終接受他的主張。

彭德懷帶著強烈的內疚、深深的自責向毛澤東檢討："主席，你讓岸英隨我到朝鮮前線後，他工作很積極。可我對你和恩來幾次督促志司注意防空的指示不重視，致岸英和高參謀不幸犧牲，我應當承擔責任，我和志司的同志們至今還很悲痛。"

第一次戰役勝利後，1950 年 11 月 25 日到 12 月 24 日，志願軍又發起第二次戰役，收復了平壤，推進到三八線，殲敵三萬六千多人。1950 年 12 月 31 日到 1951 年 1 月 4 日，志願軍發起第三次戰役，佔領漢城，跨過漢江，逼近三七線，殲敵一萬九千人。1951 年 1 月 25 日起，中朝聯軍開始進入帶有積極防禦性質的第四次戰役。

當時，前線非常吃緊，後方補給困難，志願軍久戰疲勞，大量減員。1951 年 2 月 21 日，彭德懷回到北京，趕往毛澤東住地萬壽路新六所。這裡比較僻靜，建國初期，毛澤東有時在這裡休息、辦公。

彭德懷到了毛澤東的臥室門口，警衛員將其攔住，告訴他，主席剛剛休息。彭德懷說："前線軍情十萬火急，你不要攔著我。"他不顧警衛的攔阻，推門而進，大聲喊道："主席，我要提意見！"毛澤東多年以來都有嚴重的失眠症，睡沉很不容易。他事先已收到彭德懷要回京的電報，此時被喚醒，立即起床，一面穿衣一面打趣："只有你老彭才會在人家睡覺的時候闖進來提意見。"

毛澤東問彭德懷吃了飯沒有，彭說沒有。他從西郊機場下了飛機就直奔中南海，到了中南海聽說毛澤東在萬壽路新六所，又折返而來。這時已是午後，毛澤東關切地對彭德懷說："你先吃飯，你不吃飯我不聽彙報。"彭德懷只好到食堂匆匆吃了幾口再回來。

彭德懷向毛澤東詳細彙報了朝鮮戰爭情況，突出地提出兵員不足和後勤保障問題。他講了前線的困難，傷亡很大，得不到及時補充，戰鬥力越來越弱。道路、車輛被敵機轟炸，毀壞嚴重，物資得不到及時補充。嚴冬季節，朝鮮東西兩面是海，寒風襲人，東線更冷，戰士衣服單薄破爛，有的連鞋襪都沒有，大量生病和凍傷。幾十萬志願軍戰士得不到充足的糧食供應，更得不到新鮮蔬菜，斷炊現象時有發生，指戰員靠的是一把炒麵一把雪堅持戰鬥，營養不良，體力下降，許多人得了夜盲症，嚴重影響作戰行動……

聽了彙報，毛澤東經過認真思考，對彭德懷表態："中央對志願軍在朝鮮前線的困難處境很關心，根據現在的情況看，朝鮮戰爭能速勝則速勝，不能速勝則緩勝，不要急於求成。"這一下給了彭德懷一個很大的相機處置的餘地。毛澤東認真聽取彭德懷的陳述，及時調整方針，做出正確決斷，這是英明的。

就是在這次會見中，彭德懷向毛澤東主席詳細彙報了毛岸英同志犧牲的經過。他帶著強烈的內疚、深深的自責向毛澤東檢討："主席，你讓岸英隨我到朝鮮前線後，他工作很積極。可我對你和恩來幾次督促志司注意防空的指示不重視，致岸英和高參謀不幸犧牲，我應當承擔責任，我和志司的同志們至今還很悲痛。"

毛澤東聽罷，一時沉默無語。彭德懷見狀，也不知再該寬慰些甚麼，室內的空氣彷彿凝固了。過了兩三分鐘，毛澤東才緩緩地說："打仗總是要死人的，中國人民志願軍已經獻出了那麼多指戰員的生命，他們的犧牲是光榮的。岸英是一個普通的戰士，不要因為是我的兒子，就當成一件大事。"他以強大的意志力將內心的悲痛深深掩埋。

事情的經過是這樣的。1950 年 11 月 25 日上午十一時左右，第二次戰役發起的當天，三架美軍 B-29 型轟炸機從志願軍司令部駐地上空掠過，沒有投彈。做了防空準備的人們鬆了一口氣。不料，敵機突然掉轉頭，向志司駐地丟下了幾十個凝固汽油彈，作戰室被吞沒在一片火海中，三作戰室的木板房和周圍的山林、小屋頓時濃煙滾滾，烈火騰空而起。俄文翻譯毛岸英和參謀高瑞欣正在木屋內值班，來不及逃出，不幸犧牲。那年，毛岸英年僅二十八歲。

當天下午三時，彭德懷向中央軍委通報了毛岸英犧牲的消息。短短的電文，竟寫了一個多鐘頭。周恩來接到電報後，深知這對毛澤東的打擊會有多大，他不願在毛澤東指揮戰役的緊張時刻去分他的心，便把電報暫時擱下，批示："主席這兩天身體不好，故未給他看。"

1951 年元旦過後，彭德懷又給毛澤東發來一電，提到上次電報中談到的戰事翻譯有誤，周恩來覺得再也瞞不下去了。1 月 2 日，志願軍取得第三次戰役的勝利，美軍撤退。毛澤東可以暫時鬆一口氣。這時，周恩來才讓葉子龍把電報送到毛澤東、江青面前，並附信道："毛岸英同志的犧牲是光榮的。當時我因你們都在感冒中，未將此電送閱。"

葉子龍拿著兩封電報走進毛澤東的辦公室，毛澤東正在沙發上看報紙。葉子龍小聲叫了一聲"主席"，然後把電報交給他，默默地站在一邊。

毛澤東像平常一樣，放下報紙，接過電報看了起來。他看了足有三四分鐘，頭越埋越深，空氣彷彿凝固了。當他抬起頭時，沒有流淚，沒有任何表情，但他的臉色非常難看。他向葉子龍擺了擺手：“戰爭嘛，總會有犧牲，這沒有甚麼。”

葉子龍小心翼翼地退了出來。對毛岸英犧牲一事及毛澤東當時的情況，多年來各種媒體做了大量報道，説法不一。實際情況據葉子龍回憶就是如上所述，彭德懷的電報只有周恩來和他兩人知道，向毛澤東報告時只有他一人在場。[⑧]

楊尚昆在他的日記中關於此事是這樣記述的：“岸英死訊，今天已不能不告訴李得勝（毛澤東 1947 年轉戰陝北時用過的化名——筆者註）了！在他見了程頌雲等之後，即將此息告他。長歎了一聲之後，他説：犧牲的成千上萬，無法只顧及此一人。事已過去，不必説了。精神偉大，而實際的打擊則不小！這是沒有辦法的事。有下鄉休息之意。”[⑨]

毛岸英的婚事曾導致父子間鬧了個小彆扭。1948 年因劉思齊未到當時《婚姻法》規定的十八歲結婚年齡，毛澤東不同意二人結婚。毛岸英抱怨：“年齡沒到就結婚的人多得很。”毛澤東答：“誰讓你是毛澤東的兒子？！”

毛岸英 1946 年回國後，毛澤東對他的要求一直很嚴格，也寄予厚望。那時解放區吃飯分大、中、小灶，小灶是領導吃的，大灶是普通士兵吃的，基本上是小米乾飯煮點蔬菜。毛岸英從蘇聯剛到延安，沒和他吃幾天小灶，毛主席就要求他到大灶去吃。

因為長期在國外，毛澤東覺得毛岸英不了解農民的喜怒哀樂和中國具體情況，讓毛岸英去鄉村勞動，拜當時延安的勞動模範吳滿有為師，學習做農活，上“勞動大學”。毛岸英學會了整地、點種、施肥和犁田等農活，每天要幫住所的老鄉家把水缸水挑滿。學習歸來，毛澤東翻看毛岸英的雙手，發現手上已經長滿了繭子，笑笑説：“你畢業了。”

1949年春，毛澤東與毛岸英在北平香山雙清別墅。（徐肖冰 攝）

1948 年，毛岸英想與劉思齊結婚，因劉思齊未到當時《婚姻法》規定的十八歲的結婚年齡，毛澤東不同意，為此兩人還鬧了一場小彆扭。

當時毛岸英抱怨："年齡沒到就結婚的人多得很。"毛澤東很是堅持："別人怎麼樣不管，但你必須按《婚姻法》來辦事。"毛岸英嘟嚷著分辯："別人可以我為甚麼不可以？"毛澤東緩緩答道："誰讓你是毛澤東的兒子？！"毛岸英沒有辦法，跑到臥室裡，關起門，趴在床上哭，到了吃飯時間也不出來吃飯。

許久之後，有人怕毛岸英在裡面一個人待久了發生甚麼問題，悄悄來告訴毛澤東。毛澤東來到毛岸英的臥室門前，高喊了一聲："毛岸英！"毛岸英急忙起來給毛澤東開門。兩人對視了一會兒，都沒有說話，毛澤東轉身離開了。

直到 1949 年 10 月 15 日，毛岸英和劉思齊才舉行了婚禮。結婚這天，北京的天氣很好。婚禮在中南海舉行。新房定在社會部公房裡，因為當時毛岸英在社會部工作。新房裡都是公家的床鋪、桌子、椅子，而且都是用過的。毛岸英和劉思齊把自己以前用的兩床被褥洗乾淨鋪在了床上，隨身穿的衣服充當枕頭芯。門上貼了一個大喜字，就成了新房。葉子龍和幾個衛士一大清早就忙著準備，生怕有一點兒疏漏。

這天毛澤東特別高興。他和毛岸英、劉思齊熱情地迎接各位客人。毛澤東與親家張文秋相談甚歡，他們是老戰友、老熟人了，雙方對孩子的婚事都很滿意。

劉思齊的父親劉謙初、母親張文秋都是中共黨員，1925 年毛澤東在武漢創辦中國農民運動講習所時，即與劉謙初、張文秋相識。劉謙初、張文秋當時就認識楊開慧和毛岸英三兄弟。1929 年 7 月，因叛徒出賣，在國民黨統治區做地下工作的劉謙初、張文秋被捕入獄。1930 年 1 月，張文秋被營救出獄時已懷有七個月的身孕。臨別前，劉謙初為妻子腹中的胎兒取名叫劉思齊。劉思齊出生後沒多久，劉謙初英勇就義了。

1937 年抗日戰爭爆發後，長期在上海做地下工作的張文秋受黨組織派遣，攜女兒來到延安。已經八歲的劉思齊，長得俊秀伶俐，而且能歌善舞，經常參加一些文藝演出。一次偶然的機會，她見到了毛澤東，並且成了他的乾女兒。劉思齊是先做了毛澤東的乾女兒，後來才成為他的兒媳婦的。

1938 年，劉思齊隨母親張文秋一起前往蘇聯給繼父看病，途經新疆時，遭遇了反動軍閥盛世才的扣押，之後，一家人在獄中度過了艱苦的四年時光。1946 年，在周恩來等人的斡旋下，盛世才答應放人，十四歲的劉思齊才又回到延安。

有一次，劉思齊去看毛澤東，出來的時候李訥送她，兩人手牽手，李訥的阿姨跟著，從窯洞裡出來下坡。此時對面過來了一個人，李訥甩開劉思齊的手，跑過去喊哥哥，那個人就是毛岸英。李訥牽著毛岸英的手過來給劉思齊介紹：“這是我哥哥。”劉思齊和毛岸英就這麼認識了。當時毛岸英剛從蘇聯回國不久，劉思齊覺得他有些洋氣，很吸引女孩子，但兩人並沒有深交。

1948 年的暑假，劉思齊因患病被轉到河北平山縣治療，痊癒後，她沒有直接回學校，而是繞道西柏坡去看望毛澤東。在那裡，她再次見到毛岸英。毛岸英穿著毛澤東穿過的一身土灰色舊軍裝，肥肥大大、晃晃蕩蕩的，

1949年春，毛澤東與江青、毛岸英、劉思齊、李訥在北平香山雙清別墅合影。（徐肖冰 攝）

在劉思齊看來，毛岸英已經變得很土，以前的洋氣沒了。

這次重逢，毛岸英開始主動與劉思齊接近，到劉思齊和李訥的住處坐下來就不走，談馬列主義啊，講辯證法啊。李訥睏得快睜不開眼了，毛岸英還談個沒完，江青過來催了他兩次，他也不走。劉思齊當時不到十八歲，沒明白毛岸英的意思。

毛岸英將自己的想法告訴了蔡暢，蔡暢幫毛岸英安排了一次與劉思齊散步相遇的機會，並支走了李訥，讓兩人單獨交談。毛岸英主動向劉思齊表白愛意，劉思齊嚇了一跳。毛岸英長年在蘇聯生活，性格多少受影響，感情比較奔放，比較直率，他追求愛情的方式在那個年代也是與眾不同的。

同是烈士的後代，都有孤兒的經歷，很小都在監獄裡度過幾年歲月，這些相似的經歷，很快讓兩人產生了真摯的愛情。

婚宴結束，毛澤東把一件黑色大衣交給岸英和思齊："我沒有甚麼貴重禮

1949年4月，毛澤東與毛岸英、劉思齊、李訥在北平香山雙清別墅。

品送給你們，就這麼一件大衣送給你們。這是我在戰爭年代用過的大衣，白天岸英可以穿，晚上可以蓋，你們兩人都有份兒。"

這件黑呢子大衣，是 1945 年重慶談判時毛澤東穿過的。

毛澤東對蘇聯駐華大使尤金說："共產黨人死在哪裡，就埋在哪裡。我的兒子毛岸英死在朝鮮了。有的人說把他的屍體運回來。我說，不必，死哪兒埋哪兒吧。"

1949 年 5 月，毛澤東進北平後，毛岸英本來安排在中央機關工作。毛澤東告訴他："我的權力很大，但給你的權力只有一個，那就是勞動，年輕人浮在上面不好，要到基層去。"毛岸英就來到北京機器廠，任黨總支副書記。他說："如果黨不調動我的工作，我準備在這個工廠連續不斷地做十年工作，隨著它的進步而進步，發展而發展，搞出一套完整的工廠中的黨的工作經驗來。"

朝鮮戰爭爆發後，毛岸英積極要求入朝參戰，毛澤東很支持他。彭德懷反對此事，江青和許多中央領導人也都勸說毛澤東不要讓毛岸英去朝鮮，說工廠的工作責任很重大，岸英不好離開。毛澤東堅持要兒子前往戰場，還說："誰叫他是毛澤東的兒子，他不去誰去？"

兒媳劉思齊遵照丈夫臨別時的囑咐，每個星期天都要來看望毛澤東。毛澤東一直把毛岸英犧牲的消息瞞著兒媳，劉思齊每來一次，都要問岸英為甚麼還不來信。兒媳的話對毛澤東來說不啻是一種巨大的感情災難。周恩來決定安排毛澤東去石家莊休息，以避開劉思齊每週一次的探望，這也就是楊尚昆在日記中說的"有下鄉休息之意"。

1951 年 3 月 2 日到 4 月 27 日，毛澤東在石家莊住了近兩個月，關起門來修改和選編《毛澤東選集》，這樣就躲開了劉思齊。他想用勤奮的工作消減自己對愛子的思念。

這也是建國後毛澤東第二次離開北京（第一次是去蘇聯訪問），第一次到外地居住。

在石家莊的一所保育院內，毛澤東的作息時間同在北京時一樣，一般早上八時左右睡下，下午三四點起床，然後工作。除了伏案工作，他唯一的休息就是到院中散步。名曰休息，但他並沒有從繁忙的工作中擺脫出來。他對著空曠的院子唱兩聲京劇，或湖南花鼓戲，偶爾與工作人員打打撲克、玩玩麻將，用這些辦法來調整自己的情緒。

4 月的一天下午，毛澤東起床後招呼衛士開車出去，沿石獲公路（石家莊至獲鹿）一直向西，車子開到附近山腳下的一個地方，他看到路旁麥田裡有老鄉在幹活，便讓車停了下來。他下車走到麥田，一邊彎腰俯看麥苗的長勢，一邊與農民交談。

回到駐地後，葉子龍過來說，石家莊市委的領導聽說毛澤東外出了，為了他的安全著想，深感不安，"萬一毛主席出了甚麼差錯，我們怎麼向全國人民交代？"並反映石家莊剛剛經歷了一場反革命暴動，美蔣特務也在抗美援朝期間加緊了活動。

聽完葉子龍的話，毛澤東表示："好，尊重他們的意見，以後再也不出去了。"果然，以後他再也沒有外出。

之後，彭德懷發來電報，建議將毛岸英的遺體埋葬在朝鮮，和一同犧牲的高瑞欣合葬，並說這樣更有教育意義。毛澤東完全同意，後來也多次拒絕將毛岸英的靈柩移回國內安葬的建議。

1958 年，毛澤東會見蘇聯駐華大使尤金時曾說："共產黨人死在哪裡，就埋在哪裡。我的兒子毛岸英死在朝鮮了。有的人說把他的屍體運回來。我說，不必，死哪兒埋哪兒吧。" ⑩他總是這樣寬慰親人們："青山處處埋忠骨，何必馬革裹屍還！"

直到 1953 年的一天，朝鮮戰爭已經結束，志願軍援朝勝利歸來，可是，毛岸英卻一直沒有任何消息。劉思齊實在按捺不住內心的思念，一天，她又到毛澤東辦公室裡，又一次向爸爸問及丈夫的音訊。

毛澤東沒有直接回答她，而是與她聊起了革命歷史，聊起了她的父親劉謙初，聊起了毛岸英的母親楊開慧，聊起了其他許多為革命捐軀的烈士們。劉思齊越聽越不對勁，但無法打斷毛澤東的談話，只能睜大眼睛聽著。談到最後，毛澤東終於說出："要奮鬥就會有犧牲，那麼多革命烈士都為革命犧牲了，他們是偉大的，也是光榮的——岸英就是他們中間的一員。"

劉思齊驚聞噩耗，呼喊著"岸英"、"岸英"，伏倒在毛澤東的肩上，放聲大哭。毛澤東與兒媳長談之際，衛士體味到毛澤東的意思，悄悄向周恩來作了彙報。周恩來放心不下，趕了過來。

聽著劉思齊痛斷肝腸的哭聲，周恩來在一旁勸解道："思齊，你要節哀啊，你爸爸的手都冰涼了！"劉思齊又哭著去安慰毛澤東："爸爸，您不要難過，您要多保重。"毛澤東半晌無語，終於對她說："今後，你就是我的大女兒！" ⑪

1959 年，劉思齊第一次去朝鮮為毛岸英掃墓。臨走時毛澤東給她定了三條規矩："一、經費不能讓朝鮮出；二、去朝鮮不要打擾朝方，住在中國大使館；三、不許見報。"

後來，毛澤東一直關心劉思齊的成長進步。看著兒媳新婚不久守寡獨身，他為思齊的婚事操心。每次相見，毛澤東都要勸劉思齊再嫁。一次劉思齊說："沒有甚麼合適的人。"毛澤東怕給孩子壓力，微笑著逗她："滿大街不都是人嘛，隨便找一個不就行了。"劉思齊也笑了："那要是找了個麻子怎麼辦？"

見劉思齊一直沒有對象，毛澤東又讓李訥、邵華等人去做工作，劉思齊說："我還沒有去看過岸英的墓，心裡怎麼放得下別人。"

1959 年，劉思齊第一次去朝鮮為毛岸英掃墓。臨走時毛澤東給她定了三條規矩："一、經費不能讓朝鮮出；二、去朝鮮不要打擾朝方，住在中國大使館；三、不許見報。"

為毛岸英掃墓歸來，劉思齊每天都沉浸在悲痛之中，很快就生了病，進了醫院。病重之時，毛澤東專門派人來看她，送給她一張紙條，寫著"意志為主，藥物為輔"。

1954年7月，毛澤東與劉思齊（右一）、李敏（右二）、毛遠新（右四）在河北省秦皇島市北戴河浴場。

劉思齊考慮換一下環境，讓自己從悲傷的氛圍中解脫。她決定去蘇聯學習。對此，毛澤東是支持的。沒想到，臨出國前，劉思齊又身患重感冒，高燒不止。焦急的她將自己的境況以書信形式告知了父親毛澤東，信中同時希望能得到一套《列寧選集》，以便在國外學習。毛澤東接到兒媳來函，隨即回覆：

思齊兒：

信收到。患重感冒，好生休養，恢復體力，以利出國。如今日好些，望來此一看；否則不要來。最要緊是爭一口氣，學成為國效力。

祝好！

父字

你要的《列寧選集》兩卷，給你送上。

一九五五、八月六日

殷殷之情，躍然紙上。

身處異國的劉思齊重病不斷。加之出國後由文科轉理工，還要補習俄語，她感到異常吃力。1956 年夏天，她致信毛澤東，提出回國繼續學習的願望。毛澤東覆信：

思齊兒：

信收到。回來了，很高興。

轉學事是好的，自己作主，向組織申請，得允即可。如不得允，仍去蘇聯，改學文科，時間長一點也不要緊。不論怎樣，都要自己作主，不要用家長的名義去申請，注意為盼。

祝你進步！

父親

八月四日

劉思齊辦理轉學期間，有人對她出國又回國的舉動冷嘲熱諷，認為她沒能把學業做好。劉思齊很是苦惱。她又把心事寫信告訴了毛澤東。百忙之中的毛澤東隨即回信，勸兒媳擺脫猶豫不決的態度，下決心轉學。

思齊兒：

信收到。我在此間有事，又病，不要來。你應當遵照醫生、黨支部、大使館的意見，下決心在國內轉學文科。一切浮言譏笑，不要管它。全部精力，應當集中在轉學後幾年的功課上，學成為國服務。

此囑。

父親

八月九日

最終，劉思齊於 1956 年 10 月轉入北京大學俄語系學習。

此後的歲月裡，毛澤東一直牽掛、惦念、關心著劉思齊。1959 年，劉思齊大病一場，此時毛澤東正在廬山會議上處理各種棘手事宜。即使如此，他還是見縫插針地給兒媳寫了封信，送去自己的問候。信中，他特意抄錄了李白的《廬山謠寄盧侍卿虛舟》贈給思齊，希望能以詩中的壯闊之氣緩解孩子的愁緒。

娃：

你身體是不是好些了？妹妹考了學校沒有？我還算好，比在北京時好些。

登高壯觀天地間，大江茫茫去不還。黃雲萬里動風色，白波九道流雪山。

這是李白的幾句詩。你愁悶時可以看點古典文學，可起消愁破悶的作用。久不見，甚念。

爸爸

八月六日

時隔沒幾個月，1960 年 1 月 15 日，毛澤東再次問候思齊。

思齊兒：

不知道你的情形如何，身體有更大的起色沒有，極為掛念。要立雄心壯志，注意政治、理論。要爭一口氣，為死者，為父親，為人民，也為那些輕視、仇視的人們爭一口氣。

我好，只是念你。

祝你

平安。

父字

一月十五日

1961 年，毛岸英犧牲已經十年了，二十九歲的劉思齊還是孤身一人。十年間，毛澤東一直為思齊的婚事頗費心思，很替她著急。6 月 13 日，毛澤東給劉思齊寫信，開頭稱呼她為"女兒"，結尾署名仍然是"父親"。

女兒：

你好！哪有忘記的道理？你要聽勸，下決心結婚吧，是時候了。五心不定輸得乾乾淨淨。高不成低不就，是你們這一類女孩子的通病。是不是呢？信到，回信給我為盼！

問好！

父親

六月十三日

毛澤東曾親自為劉思齊介紹過兩個男朋友，但都沒有成功。一天，空軍副司令員兼空軍學院院長劉震對毛澤東說："空軍學院強擊機教研室有位教員楊茂之，是從蘇聯留學回來的。這個人老實正派，我覺得可以，主席是不是……"

毛澤東答應了解一下情況後再說，隨即就請人去摸底細。經了解，楊茂之人不錯，與劉震介紹的情況一樣，毛澤東這才放心地讓劉思齊與楊茂之交往。經過相處一段時間後，劉思齊覺得他各方面都很好，終於點頭認同。就此，毛澤東算是了卻了一樁心事，作為父親，他感到欣慰。

　　1962 年 2 月，劉思齊與楊茂之喜結連理。婚禮是在劉思齊家的四合院舉行的。毛澤東送了三百元錢請劉思齊代他買些禮物，宴請賓朋。

　　這時，他剛寫就《卜算子·詠梅》一詞，便親筆將其抄錄，作為賀禮贈送思齊夫婦。詞曰：

> 風雨送春歸，
> 飛雪迎春到。
> 已是懸崖百丈冰，
> 猶有花枝俏。
>
> 俏也不爭春，
> 只把春來報。
> 待到山花爛漫時，
> 她在叢中笑！

① 《毛澤東傳（1949—1976）》，中央文獻出版社 2003 年 12 月第 1 版，第 109 頁。

② 《毛澤東傳（1949—1976）》，中央文獻出版社 2003 年 12 月第 1 版，第 109 頁。

③ 《毛澤東傳（1949—1976）》，中央文獻出版社 2003 年 12 月第 1 版，第 110 頁。

④ 《毛澤東傳（1949—1976）》，中央文獻出版社 2003 年 12 月第 1 版，第 118 頁。

⑤ 《毛澤東傳（1949—1976）》，中央文獻出版社 2003 年 12 月第 1 版，第 124 頁。

⑥ 《彭德懷傳》，當代中國出版社 1993 年 4 月第 1 版，第 414 頁。

⑦ 《毛澤東傳（1949—1976）》，中央文獻出版社 2003 年 12 月第 1 版，第 126—127 頁。

⑧ 《葉子龍回憶錄》，中央文獻出版社 2000 年第 1 版，第 197 頁。

⑨ 《楊尚昆日記》（上卷），中央文獻出版社 2001 年 9 月第 1 版，第 69 頁。

⑩ 《毛澤東傳（1949—1976）》，中央文獻出版社 2003 年 12 月第 1 版，第 148 頁。

⑪ 《毛澤東之路——畫說毛澤東和他的戰友》，長江文藝出版社 2004 年 12 月第 1 版，第 350 頁。

第四章

1952

停戰談判

入朝初戰時，毛澤東廢寢忘食地指導抗美援朝戰爭，而當朝鮮戰場的局面已有根本轉變時，他便把重任更多地放手交給彭德懷，自己只是在最必要、最關鍵的時候提出一些指導性的方針。同樣，在開始朝鮮談判後，毛澤東對談判的指導細緻到了很難想像還能如何更為細緻的程度，但在局面打開後，他就將談判工作主要委託給周恩來了。這就是毛澤東的工作特點。

1951 年 4 月 21 日，第四次戰役結束，中朝聯軍抵抗住了美軍的全線進攻，殲敵七萬八千餘人，戰線逐漸推移到三八線以北，美軍再也難以前進。美國總統杜魯門已意識到，在朝作戰難以取勝。當時美國的頭號敵人無疑是蘇聯，但蘇聯隔岸觀火，美國與中國卻打得火熱，顯然對美國不利。在朝美軍已經佔據了美國的大部分兵力，美國的國家安全已經受到嚴重威脅，不能再泥足深陷。而麥克阿瑟卻還想擴大戰爭，未經杜魯門同意擅自發出種種言論，主張入侵中國本土，主張讓台灣軍隊反攻大陸等，引起了白宮的強烈不滿。4 月 11 日，在第四次戰役進行當中，麥克阿瑟從廣播中得知，他已經被杜魯門總統解除了所有職務，美軍第八集團軍司令李奇微接任"聯合國軍"總司令。

在第四次戰役期間，美國就在策劃再來一次"仁川登陸"，在朝鮮蜂腰部建立新的防線，南北夾擊，打垮中朝軍隊。但以毛澤東的睿智和彭德懷的韜略，顯然不會讓這樣的圖謀輕易得逞，為粉碎敵人這一計劃，中朝軍隊於 4 月 22 日發起第五次戰役。

6 月 10 日，第五次戰役結束，中朝軍隊共殲敵八萬二千餘人，把戰線穩定在三八線附近地區。從此，朝鮮戰爭進入相持階段。

此時，美國已經付出了八萬八千餘人傷亡的代價，相當於它在第二次世界大戰期間全部損失的近三分之一。美國的戰略預備隊，只剩下國內的六個半師和在日本的兩個師，實際上，已無兵可調。事實證明，美國已不可能吞併朝鮮，更無力把戰火再燒到中國大陸。另一方面，中朝軍隊要想完全擊敗"聯合國軍"，徹底解決朝鮮半島的問題，也是不可能的。從此，整個朝鮮戰局出現長期膠著的狀態，雙方都在尋求通過停戰談判結束朝鮮戰爭。

1951 年 5 月 31 日，美國國務院顧問、前駐蘇聯大使凱南非正式地拜會蘇聯駐聯合國代表馬立克，表示美國政府準備與中國討論結束朝鮮戰爭問題，願意恢復戰前狀態。6 月 10 日，經過毛澤東同斯大林聯繫溝通後，高崗和金日成乘斯大林派來的專機飛往莫斯科。13 日，斯大林同他們舉行了會談。

在了解到這次會談的情況後，毛澤東當天致電高崗、金日成，談了他對如何提出停戰談判建議問題的一些設想。毛澤東提出，和談如何提法，不宜由朝中兩國提出，而宜用下列方式：一、等待敵人提出；二、由蘇聯根據凱南對馬立克的談話向美國有所表示。不久，斯大林採納了毛澤東的後一個建議，由蘇聯出面對美國的試探做出反應。

雖然希望通過談判盡快結束朝鮮戰爭，但中國也必須做好長期作戰的準備，以戰促和。到 6 月中旬，毛澤東提出了指導朝鮮戰爭的"持久作戰、積極防禦"的新方針。

1951 年 6 月 23 日，蘇聯駐聯合國代表馬立克提出和平解決朝鮮問題的建議，主張交戰雙方談判停火與休戰，雙方軍隊撤離三八線。6 月 30 日，"聯合國軍"總司令李奇微奉美國政府之命發表聲明，表示願意同中朝軍隊舉行停戰談判。7 月 1 日，朝鮮人民軍最高司令官金日成和中國人民志願軍司令員彭德懷聯名覆電李奇微，聲明同意舉行停戰談判，並建議以三八線以南的開城為談判地點。

7 月 7 日，朝中停戰談判代表團到達開城。朝鮮人民軍總參謀長南日大將為朝中方面的首席代表，中國人民志願軍的代表是副司令員兼副政治委員鄧華、參謀長解方。中國外交部副部長李克農任中國代表團團長，以及代表團顧問喬冠華等，也一同到達開城。

停戰談判就要舉行了，毛澤東幾乎投入全部精力來指導談判的準備工作。他親自起草朝中方面致"聯合國軍"總司令李奇微的多次覆函，親自審閱修改有關談判接洽準備情況的新聞稿，親自草擬朝中方面關於停戰協定的草案，並徵詢金日成、彭德懷及斯大林的意見。許多具體而細微的準備工作，諸如談判會議場所、對方代表團宿舍以及我方代表團宿舍的佈置，各種用具、設備和食品的準備，以及李克農、喬冠華和我方代表團成員到達談判地點開城的具體時間等，包括禁止車輛掛白旗等這樣的小細節，都從國格和政治的角度明確指示或一一提醒。在談判之初的一個月中，毛澤東發給李克農等的電報多達四十多封。

7月9日，停戰談判正式開始的前一天，毛澤東還在仔細審閱南日、鄧華準備在首次會議上的發言稿。他在給李克農並告金日成、彭德懷的電報中寫道："南日、鄧華兩個發言稿均可用。惟南日稿內稱'願意接受蘇聯駐聯合國代表馬立克先生的提議並準備舉行停戰談判'，改為'願意舉行停戰談判'，將'接受蘇聯'以下二十一個字刪去，因為李奇微的聲明在文字上並無願意接受馬立克提議的表示，如果南日這樣說，可能引起對方的無謂的批評。鄧華發言稿中所說馬立克提議一段則是好的，不會引起批評的。如果你們認為南日發言稿中應有提到馬立克提議的話，應在另外的地方去說。"[①]

對談判的指導，毛澤東就是這樣精細入微。事無巨細，都要親自過問；隻言片語，都要反覆斟酌。他想通過談判盡快結束戰爭，贏得和平，但又對談判成功的艱難和戰爭的長期性複雜性，有著充分的認識和準備。

7月10日上午十時，朝鮮停戰談判正式開始。"聯合國軍"首席代表喬埃首先發言，只提出了關於談判的九項議程，卻沒有提出任何實質性的建議。接著，朝中方面首席代表南日提出三點原則建議：一、在互相協議的基礎上，雙方同時下令停止一切敵對軍事行動；二、確定三八線為軍事分界線，雙方武裝部隊同時從該線後撤十公里，作為非軍事區。該區民政恢復到1950年6月25日前的原狀。同時，立即就交換戰俘進行商談；三、在盡可能短的時間內從朝鮮撤退一切外國軍隊，以保證停戰和朝鮮問題的和平解決。這三條是毛澤東事先已經擬定好的。

但喬埃拒絕把"從朝鮮撤退一切外國軍隊"列入談判議程。他的理由是，停戰談判只應討論朝鮮境內的軍事問題，而從朝鮮撤出一切外國軍隊是政治問題，只能在停戰實現以後由有關政府去討論。

李克農隨即將會談情況報告毛澤東。7月11日，毛澤東覆電李克農，明確表示"撤兵一條必須堅持"。

為了轉移撤兵問題的視線，"聯合國軍"代表在談判的第二天，節外生枝地提出要隨帶二十名新聞攝影記者進入會議區域。7月12日，他們在未得到朝中方面同意的情況下，單方面帶二十名記者前往開城採訪，遭到朝中聯絡員拒絕。"聯合國軍"代表團以此為藉口中斷談判，並以允許記者採訪作為繼續談判的先決條件。7月13日，他們提出在開城及其附近地區劃出一個中立區的建議，並稱如你方同意這些建議，會議即可恢復，不致遲延。

7月14日，毛澤東致電李克農並金日成、彭德懷："李奇微的通知是以劃中立區為主題，來掩蓋他因記者這個小問題而引起會議停頓的不妥當行動。我方為取得主動起見，決定同意他劃中立區的提議，也同意他將新聞記者作為他代表團工作人員一部分的辦法，以取消敵方的一切藉口。"

同一天，毛澤東以金日成、彭德懷的名義重新起草了朝中方面給李奇微的覆信，其中寫道："此次引起停會的原因的新聞記者問題是一個小問題，值不得為這個問題引起停會，更加值不得為這個問題而引起會議的破裂。貴方代表團曾經在會議上提出這個問題，我方代表團當時認為在會議還沒有任何成就，並且連議程也沒有通過的時候，各國新聞記者來到開城是不適宜的，這個問題因而沒有取得協議。"[2]

入情入理，不卑不亢，毛澤東高超的談判藝術使李奇微再也找不到拖延談判的藉口。

7月15日，朝鮮停戰談判在開城恢復舉行。美方繼續拒絕把從朝鮮撤退一切外國軍隊列入談判議程。

當時雙方爭執的焦點，一是撤兵問題，二是以三八線為軍事分界線問題。為了集中解決撤兵問題，朝中代表團在徵得毛澤東同意後，對談判方針做了調整。即在討論談判議程時，只堅持討論確定"雙方軍事分界線"以建立非軍事地區問題，三八線問題留待以後再說。同時，根據對方的要求，同意把"在朝鮮境內實現停火與休戰的具體安排及監察問題"列入談判議程。

7月17日，毛澤東致電李克農並告金日成、彭德懷："你們必須在撤退外國軍隊問題上，不要顧慮對方拒絕討論，要繼續駁斥對方拒絕討論之非，

1951年7月15日，周恩來在北京頤和園。

而且不要去爭論這是軍事問題或是政治問題，而應著重說明這是保證停戰的必要條件，以免掉入敵人故設的邏輯陷阱。"還說："我們不提議休會，不表示破裂，但也不怕他們破裂。"他還寫道："各國派兵到朝鮮是來作戰的，不是來旅行的，為甚麼停戰會議有權討論停戰，卻無權討論撤兵呢？顯然這種理由是不能成立的。因此，我方堅持會議既然有權討論停戰，也就有權討論撤兵。"

接連幾天，雙方在撤兵問題上展開激烈的辯論。"聯合國軍"的代表顯得理屈詞窮。李克農後來在一封電報中將對方的窘態做了生動的描述："南日又根據發言稿精神，就撤軍一事，向對方連續發問進攻，使對方對南日所問為何不同意撤軍及停戰後將軍隊留駐朝鮮的目的何在二問題，局促無辭，窘態畢露。南日今天在會上發問靈活機敏。對方至無法答覆時，以抽煙遮掩，並頻頻搔首，作無可奈何狀。會中我名正言順，理直氣壯，對方完全陷於被動。"

美國政府也不願意承擔談判破裂的責任，7月20日，對其談判代表發出一個指令："聯合國軍代表在不給予對方任何承諾的範圍之內，可以提出能使對方單方面進行議論的廣泛議題。假如對方連這個也不接受的話，聯合國軍代表可以同意在將來的某個時間討論相互縮減軍隊的問題。"

根據幾天來談判的情況，以及美方態度的某些變化，為了使談判取得進展，毛澤東和周恩來就撤軍問題提出新的方針。7月23日，周恩來為毛澤東起草電報，致李克農並告金日成、彭德懷說："在談判過程中，我們已經很好地利用了撤兵問題，一方面表明了我們愛好和平，另一方面又揭露了敵人是不願意促進和平事業的。"又說："現在我們可以確定：此次停戰談判，仍應以爭取從三八線上撤兵停戰為中心，來實現和平解決朝鮮問題的第一步，至於從朝鮮撤退外國軍隊問題，可以同意留待停戰後的另一個會議去解決而不將其列入此次會議的議程之內。"

7月25日，朝中方面首席代表南日宣佈：為盡快達成協議，早日實現朝鮮的和平，同意將撤軍問題留待停戰實現後的另一次會議去解決，但要在議程中列入"向雙方有關各國政府建議事項"。

26日，雙方通過談判議程，表示將討論確定雙方軍事分界線，以建立非軍事地區；討論確定在朝鮮境內實現停火與休戰的具體安排；討論關於戰俘的安排問題；討論向雙方有關各國政府建議事項。朝鮮停戰談判終於取得一個重要成果。

這時，毛澤東把談判工作主要委託周恩來具體指導，而將自己的精力轉到指導國內的鎮壓反革命以及其他工作方面。這是毛澤東的工作特點。從志願軍入朝作戰的那一天起，毛澤東聚精會神、廢寢忘食地指導抗美援朝戰爭，很少走出自己的臥室，全天活動主要就是在床上和臥室內。而當第三次戰役取得勝利、朝鮮戰場的局面已有根本轉變時，他便把指導抗美援朝戰爭的重任更多地放手交給彭德懷，自己只是在最必要、最關鍵的時候提出一些指導性的方針。同樣，在開始朝鮮談判後，毛澤東對談判的指導細緻到了很難想像還能如何更為細緻的程度，但在局面打開後，他就將談判工作主要委託給周恩來了。

當天津市委書記黃敬託人來給劉青山、張子善求情時，毛澤東說："正因為他們兩人的地位高，功勞大，影響大，所以才要下決心處決他們。只有處決他們，才有可能挽救二十個、二百個、二千個、二萬個犯有各種不同程度的錯誤的幹部。黃敬同志應當懂這個道理。"

1951 年下半年後，抗美援朝仍處於邊打邊談的局面，戰爭的繼續耗資巨大，而國家財政經濟狀況仍未實現根本好轉。更令人憂心的是，貪污浪費的現象非常嚴重。在東北，僅瀋陽市部分單位中就揭發出三千六百二十九人有貪污行為，東北貿易部僅檢舉坦白的金額就達五億元。毛澤東在西柏坡七屆二中全會時關於"糖衣炮彈"的預言，現在在某些人身上果然得到了應驗。

建國以後，毛澤東一直警惕黨內幹部的大吃大喝問題，對人對己的要求都非常嚴格。1950 年 2 月訪蘇歸來在哈爾濱視察，省委的便宴搞得很豐盛，還有熊掌。因為胡志明在場，毛澤東不便說甚麼，只在兩三個盤子裡夾菜，吃了半碗米飯，別的都不動。飯後，他對饒斌市長說："我們國家還很窮，不能浪費，不能搞大魚大肉，山珍海味，吃米飯就可以嘛。”

而到了瀋陽，他説：“我在哈爾濱提過不要大吃大喝，到瀋陽一看比哈爾濱還厲害。”説著把吸完的煙頭往煙罐裡一捻，憤憤地説，“你們要做劉宗敏，我可不想當李自成啊！中央三令五申，要謙虛謹慎，戒驕戒躁，要艱苦奮鬥，你們應做表率！”

1951 年 11 月 29 日，華北局第一書記薄一波、第二書記劉瀾濤送來報告，反映天津地委書記張子善和前任地委書記劉青山的嚴重貪污情況。毛澤東立即轉發各中央局、分局及省市區黨委，提出必須嚴重地注意幹部被資產階級腐蝕發生貪污行為這一事實，並須當作一場大鬥爭來處理。

劉、張二人在革命戰爭年代為人民的解放事業出生入死，是革命的有功之臣。但是解放後他們大肆貪污盜竊國家資財，在短短一年的時間裡，利用手中掌握的權力，侵吞大量的救濟糧、治河民工口糧和工資及重點工程建設資金等共計一百五十五億元（舊幣），用於個人揮霍，引起了極大的民憤。毛澤東很震驚，他下決心要來一次全黨大清理，把這些貪污腐敗的毒瘤割掉，免得他們繼續侵害我們黨和新生政權的健康肌體。

1951 年 12 月 1 日，中共中央發出《關於實行精兵簡政、增產節約、反對貪污、反對浪費和反對官僚主義的決定》，正式拉開了“三反”運動的序幕。毛澤東估計，“全國可能須要槍斃一萬至幾萬貪污犯才能解決問題”。後來的實際情況是，這種估計過分嚴重，到 1952 年 10 月“三反”運動結束時，被判處死刑的貪污分子共四十二人，其中還有殺人犯五人，死緩九人。但從中也可以看出毛澤東對貪污腐敗是多麼深惡痛絕，下了多麼大的決心！

12 月 14 日，河北省委向華北局提出對劉青山、張子善的處理意見，一致同意處以死刑。12 月 20 日，華北局向中央提出，原則上同意將劉、張二貪污犯處以死刑（或緩期二年執行）。加上“或緩期二年執行”是考慮到中央決策時有迴旋的餘地。

毛澤東看到報告後，叫來機要室主任葉子龍，要求他立即轉有關負責人，並問葉子龍：“還記得黃克功嗎？”葉子龍説：“當然記得。”在抗戰初期，延安抗日軍政大學第六大隊大隊長黃克功與陝北公學的女學生劉茜談戀愛，後劉茜提出分手，黃克功挽留不成，竟開槍打死劉茜。當時也有許多人到毛澤東這裡來求情，毛澤東卻堅決地主張對黃克功處以極刑，並讓當時的刑庭審判長雷經天在宣判他死刑並執行死刑的會場宣讀了自己的信。

重提往事，毛澤東說："劉青山、張子善同黃克功是一樣的，他們都是個人主義惡性膨脹，做資產階級的俘虜，不想為人民服務，而是利用手中的權力欺壓人民。這樣的人不除，我們就不是共產黨了！"

為了調查詳細情況，12 月 27 日，毛澤東坐火車到天津視察，聽取了天津市委書記黃敬、市長黃火青的彙報。12 月下旬，華北局通過河北省委徵求了天津地委所屬部門對劉、張二人量刑的意見。地委在家的八個委員一致同意處以死刑。對劉青山，地區參加討論的五百五十二名黨員幹部，同意判處死刑的五百三十五人，同意判處死緩的八人，同意判無期徒刑的三人，判處有期徒刑的六人；對張子善，同意判死刑的五百三十六人，判死緩的七人，判無期的三人，判有期的六人。

12 月 29 日，毛澤東返回北京。當天下午，中央書記處召開擴大會議，經慎重考慮，並徵求了黨外人士的意見，中央決定同意河北省委的建議，由河北省人民法院宣判，最高人民法院核准，對劉青山、張子善判處死刑，立即執行。當晚，毛澤東批示將關於劉青山、張子善問題的新聞稿在第二天見報，徹底揭露他們的貪污腐化行為。

當時的天津市委書記黃敬，通過薄一波向毛澤東反映，能否給劉青山、張子善一個改造機會，但他本人並沒有當面來向毛澤東求情。毛澤東得知此事後說："正因為他們兩人的地位高，功勞大，影響大，所以才要下決心處決他們。只有處決他們，才有可能挽救二十個、二百個、二千個、二萬個犯有各種不同程度的錯誤的幹部。黃敬同志應當懂這個道理。"[③]

1952 年 2 月 10 日，劉青山、張子善被執行死刑。

中南海的房間寬大，裡面的傢具陳設都很簡單。侯波記得，最初幾年連暖氣都沒有，領導人的生活都很簡樸，他們對自己的要求都很嚴。像毛澤東，衣服鞋襪都是補了又補，記得有一雙拖鞋，破得實在沒辦法補了，可1953 年到武漢視察時，毛澤東還要工作人員拿出去補。工作人員只好到街上找了個補鞋的攤子，老師傅說這麼破還補甚麼，隨手給扔了。工作人員只好回來了，跟毛澤東一說，毛澤東急了，硬要去找回來。工作人員只好找到那雙鞋，硬讓老師傅補了一塊擦車的麂皮在上頭，毛澤東又繼續穿起來。老師傅哪裡知道，這雙拖鞋的主人會是毛澤東呀！

在"菊香書屋"裡，毛澤東不讓擺放任何花卉盆景，"菊香書屋"沒有一盆菊花。好多人以為他不愛花，其實並非如此。他幾乎每年都要到在西城區新街口劉契園老人家看他培植的菊花，這位老人在日本留過學，是花卉園藝的專家。毛澤東每次去，都向他打聽菊花的品種和培植技術，興趣盎然。他自己不養花，也是怕上行下效，造成不好的影響。他在生活上的簡樸，侯波是十多年親眼所見，可以舉的例子實在太多了。比如火柴盒，火柴用完後他不讓扔掉，讓工作人員買來散火柴，裝在裡頭再用。這樣的火柴盒有十幾個，用了許多年。

1951 年冬天，下了一場大雪，批閱了一夜文件材料的毛澤東，見到紛紛揚揚的雪花激動不已。他不忍心踩自己庭院內的雪，就從頤年堂的後門出去，來到中海邊的雪地上專門走雪，踏出"咯吱咯吱"的碾雪聲，衛士長李銀橋陪伴在他身邊。

邊走他邊告訴李銀橋，自己喜歡雪，尤其喜歡它純淨潔白，沒有被污染。他看著樹杈上的積雪，突然問李銀橋："銀橋，你貪污了沒有？"李銀橋說沒有，毛澤東指著松枝上潔白的積雪："以後也要保持。反腐蝕，不要叫糖衣炮彈打中。不貪污，還要節約。比如給我洗衣服，領口袖口擦擦肥皂，其他地方一抖一揉就行了，不要用很多。"他還講道："家裡的開支要有計劃，吃飯不許超支，衣服不經我同意不能做新的。"

那時毛澤東每月工資二百元左右，江青一百多元，李銀橋每個月都寫開支計劃，對伙食、衣服、雜費及節餘列出了計劃表。一家的伙食費定為三元，毛澤東說高了，李銀橋解釋其中還包括待客的錢，毛才同意了。

1952 年 1 月，"三反"運動進入清查和打擊嚴重貪污分子的階段，即所謂"打虎"、"捉虎"階段。在"打虎"最緊張的階段，毛澤東夜以繼日地工作，經常連續工作二十個小時甚至更長時間，然後睡四五個小時，然後再起來工作。他當時的主要工作，就是看各地送來的報告，然後批示轉發。他批示的語氣往往是非常嚴厲的，看得出他的心情比較激動，有時甚至有些急躁。例如有一條批示："將全部應有的而不是無中生有的老虎通通捉乾淨，否

建國初期，毛澤東與女兒李敏、李訥在一起。

則運動結束，勢必留下暗藏的老虎貽禍將來。"為了讓毛澤東能多點時間休息，葉子龍囑咐值班秘書：軍隊軍以下、地方地委以下的"三反"報告，不要拿給毛澤東看。

1952 年 10 月 25 日，中共中央批准了中央政策研究室《關於"三反"運動的報告》，宣告"三反"運動勝利結束。

當時資產階級行賄、偷稅漏稅、盜騙國家財產等活動是普遍的、嚴重的。1952 年 1 月 26 日，毛澤東以中共中央的名義起草並發出了《關於首先在大中城市開展五反鬥爭的指示》，拉開了"五反"鬥爭的序幕。

在運動進展過程中，毛澤東將工商戶劃分為守法、基本守法、半違法半守法、嚴重違法和完全違法五種類型，並提出了"過去從寬，今後從嚴；多數從寬，少數從嚴；坦白從寬，抗拒從嚴；工業從寬，商業從嚴；普通商業從寬，投機商業從嚴"的五條基本原則。

上海市對上層資本家進行審查中，普遍採用開小組會，通過資本家互評和主動坦白的辦法解決問題，一不登報，二不到大會鬥爭，工人不當面檢舉揭發，採取背靠背的方式進行。薄一波和陳毅反覆商量，打算將榮毅仁定為

1952年10月1日，毛澤東、朱德、劉少奇、周恩來、林伯渠、彭真、鄧小平在天安門城樓出席國慶三週年慶祝活動。

"基本守法戶"，因為榮毅仁家是上海最大的民族資本家，對他的處理會產生很大的經濟上的和政治上的影響。毛澤東看了報告後說："何必那麼小氣？再大方一點，劃為完全守法戶。"

到 1952 年 6 月，"五反"運動勝利結束，打退了不法資本家的猖狂進攻，為把資本主義工商業進一步納入國家資本主義和社會主義改造的軌道創造了良好的前提。

彭德懷腫瘤病情嚴重，卻不肯回國醫治。周恩來得電，經請示毛澤東，於 4 月 2 日以中共中央的名義給彭德懷並陳賡等人回電，嚴令彭德懷馬上回國治療。陳賡接電後手持電報給彭德懷看，笑道："中央來電催促你馬上回國治病，我看你還敢違抗中央命令嗎？"

從 1951 年 7 月 27 日起，朝鮮停戰談判進入實質性階段。

朝鮮談判是艱難的。在確定軍事分界線時，朝中方面提出以三八線為軍事分界線，"聯合國軍"拒絕這一主張，要求將軍事分界線劃在志願軍和朝鮮人民軍陣地後方，以所謂"補償"其海、空軍優勢為藉口，企圖不戰而攫取一萬二千平方公里的土地。這一要求遭到拒絕後，美國人說："那就讓炸彈、大炮和機關槍去辯論吧。"

從 8 月 18 日到 10 月 22 日，"聯合國軍"向中朝軍隊連續發起夏季攻勢和秋季攻勢，但都被中朝軍隊所粉碎，反而損失了十五萬七千餘人，只向前推進了六百四十六平方公里的土地。正如英國《星期日泰晤士報》11 月 18 日的文章所述："美國談判代表愈來愈明白，聯軍已真的不能再用繼續作戰的辦法來獲得進一步的利益了。"

10 月 25 日，"聯合國軍"代表又回到談判桌上來，同朝中代表重開談判。談判的會址改在位於開城東南八公里的板門店。

"聯合國軍"代表不再提所謂海空優勢，但仍不放棄在西段把分界線向北推進的要求。為了使談判達成協議，朝中方面在 11 月 7 日提出在實際接觸線的基礎上，略加調整，作為軍事分界線的新方案，不再堅持原先以三八線為軍事分界線的主張。

11 月 27 日，雙方達成協議，規定以雙方實際接觸線為軍事分界線，雙方各向後撤兩公里，以建立非軍事區。隨後，同時進行在朝鮮境內停火與休戰的具體安排、戰俘遣返問題的談判。

在談判過程中，彭德懷舊病復發，經常大便出血，而且越來越嚴重。在此情形下，他的前額左眉上方又長了一個小腫瘤，到 1952 年初，腫瘤越來越痛。這時，美軍公然違背國際公約，用飛機把帶有各種細菌的老鼠、蒼蠅、跳蚤、蜘蛛、蚊蟲等，大批撒在中朝軍隊的陣地和後方，發動滅絕人性的細菌戰。周恩來親自主持成立了防疫委員會，先後組織大批醫學專家和一百多個防疫大隊到朝鮮，及時控制了疫情。

經過一個多月的緊張勞累，彭德懷的腫瘤病情更加嚴重。醫生懷疑是癌，勸他盡快回國切割。但彭德懷就是不肯，這時副司令員鄧華又病倒了，彭德懷更是無法脫身。幾位副司令員勸說無效，於 3 月 19 日只好給中央軍委和毛澤東連發兩次電報。毛澤東得知這一情況，立即派陳賡去朝鮮代彭德懷主持志願軍司令部的工作。④

陳賡到志願軍司令部後，仍然勸不動彭德懷回國醫治，只好再給毛澤東並中央軍委發急電。周恩來得電，經請示毛澤東，於 4 月 2 日以中共中央的

1952年5月，彭德懷從朝鮮回北京彙報工作期間，與朱德在十三陵遊覽時下棋，右立者為鄧小平，中間看棋的小孩兒是鄧樸方。

名義給彭德懷並陳賡等人回電，嚴令彭德懷馬上回國治療。陳賡接電後手持電報給彭德懷看，笑道："中央來電催促你馬上回國治病，我看你還敢違抗中央命令嗎？"

4月4日，周恩來再次以中共中央的名義來電催促。4月7日，彭德懷終於離開戰鬥了一年半的朝鮮前線，在平壤會晤金日成後，返回祖國。4月12日，彭德懷回到北京，5月5日，康復出院。

這時朝鮮戰場已經相對穩定，中共中央決定彭德懷留在北京，接替周恩來主持中央軍委日常工作，鄧華任志願軍代司令員。

毛澤東說："帝國主義侵略者應當懂得：現在中國人民已經組織起來了，是惹不得的。如果惹翻了，是不好辦的。"

到1952年5月，朝鮮停戰談判取得重要進展，只剩下戰俘的安排問題沒有解決了。雙方爭論的關鍵在於，朝中方面主張依照《日內瓦公約》的規定遣返全部戰俘，美國則藉口所謂"自願遣返原則"，拒絕全部遣返。

為了配合停戰談判，使敵人不斷損傷，以逼使敵人最後讓步，中國人民志願軍從1952年9月18日起，發起全線性戰術反擊作戰，至10月31日結束，歷時四十四天，殲敵兩萬五千餘人，志願軍傷亡一萬零五百餘人，敵我傷亡為二點五比一。

在志願軍進行全線性戰術反擊期間，美國為了扭轉它在戰場上的被動局面，謀取談判中的有利地位，從10月14日起，在上甘嶺地區發動了空前激烈的"金化攻勢"，這就是舉世聞名的上甘嶺戰役。

在長達四十三天的上甘嶺戰役中，敵人動用了一切現代化軍事手段，對志願軍陣地輪番攻擊。在範圍不大的兩座高地和附近地區，敵軍集中傾瀉了一百九十萬發炮彈和五千餘枚炸彈，投入總兵力四萬餘人。兩座高地的土石被炸鬆一至兩米，變成一片焦土。志願軍將士先在地表陣地與敵人反覆爭奪，重創敵軍。隨後，又轉入坑道作戰，保存力量，準備反攻。10月30日起，志願軍部隊發起全線反擊，至11月25日，收復全部失地。

1952年3月24日，毛澤東、劉少奇、周恩來等人在北京中南海接見中國第一批女飛行員。毛澤東右側是空軍司令劉亞樓。

上甘嶺戰役中，中國人民志願軍以傷亡一萬一千五百餘人的代價，取得殲敵兩萬五千餘人、擊落擊傷敵機二百七十餘架的重大勝利。這使美軍再次認識到中國人民志願軍的強大攻防能力，從此再沒有發動起甚麼像樣的攻勢。

1952 年 12 月 2 日至 5 日，剛當選美國總統的艾森豪威爾到朝鮮前線視察。回國後，艾森豪威爾宣稱，要以行動，而不是言語，來打破僵局。"聯合國軍"還頻繁舉行登陸作戰和空降作戰演習。從種種跡象來看，美國很有可能在 1953 年初發動大規模攻勢，以結束朝鮮戰爭。採用的辦法，很可能是藉助海空優勢，在朝鮮東西海岸進行兩棲登陸，製造又一次"仁川登陸"。

在毛澤東的具體而周密的指導下，一場大規模的反登陸作戰的準備工作，爭分奪秒地加緊進行。從三八線附近的正面防禦陣地，到東西海岸，直到中國東北境內，構成了大縱深的嚴密的防禦體系，使敵人無隙可乘，迫使美國不得不重新回到談判桌前尋求擺脫困境的辦法。

1953 年 2 月 22 日，接替李奇微的"聯合國軍"總司令克拉克致函朝中方面，提議在停戰前先交換傷病戰俘，試圖藉機恢復從 1952 年 10 月 8 日起由"聯合國軍"單方面中斷了近五個月的停戰談判。

1953年9月12日，彭德懷在中央人民政府委員會第二十四次會議上作抗美援朝報告。

1954年10月1日，毛澤東、金日成、周恩來在天安門城樓上。

1954年10月2日晚，金日成率朝鮮政府代表團應邀來華參加慶祝新中國成立五週年活動，彭德懷與金日成在宴會上。

1953 年 3 月 5 日，斯大林逝世。周恩來率中國代表團參加斯大林的葬禮。3 月 11 日，周恩來等同蘇聯領導人馬林科夫、貝利亞、莫洛托夫、赫魯曉夫等人會談，蘇聯領導人表示了希望恢復停戰談判的強烈願望。

3 月 28 日，金日成、彭德懷覆函克拉克，同意交換傷病戰俘，並建議立即恢復談判。4 月 26 日，朝鮮停戰談判在板門店繼續舉行。此後談談打打，1953 年 7 月 27 日，朝鮮停戰協定在板門店簽字，結束了歷時三年的朝鮮戰爭。當時擔任"聯合國軍"總司令的克拉克，後來在回憶錄裡寫道："在執行我政府的訓令中，我獲得了一項不值得羨慕的榮譽：那就是我成了歷史上簽訂沒有勝利的停戰條約的第一位美國陸軍司令官。我感到一種失望的痛苦，我想，我的前任，麥克阿瑟與李奇微兩位將軍一定具有同感。"

1953 年 9 月 12 日，毛澤東在中央人民政府委員會第二十四次會議的講話中，對抗美援朝做了總結，他說："帝國主義侵略者應當懂得：現在中國人民已經組織起來了，是惹不得的。如果惹翻了，是不好辦的。"[5]

抗美援朝勝利後，自 1954 年 9 月起，中國人民志願軍分批從朝鮮回國，到 1958 年 10 月全部撤回國內。

---

① 《毛澤東傳（1949—1976）》，中央文獻出版社 2003 年 12 月第 1 版，第 161 頁。

② 《毛澤東傳（1949—1976）》，中央文獻出版社 2003 年 12 月第 1 版，第 163—164 頁。

③ 薄一波：《若干重大決策與事件的回顧》（修訂本）上卷，人民出版社 1997 年 12 月版，第 152 頁。

④ 《彭德懷傳》，當代中國出版社 1993 年 4 月第 1 版，第 478—479 頁。

⑤ 《毛澤東軍事文集》，軍事科學出版社、中央文獻出版社 1993 年 12 月第 1 版，第 355 頁。

1953

第五章

自力更生

徐州市委市政府負責人華誠一很忐忑，表示事先不知道主席要來，沒有準備。毛澤東回應："我就愛聽沒有準備的彙報。"

建國後，毛澤東外出考察的次數很多，如果把兩次出國去蘇聯訪問也算上，共離開北京五十七次。在二十世紀 50 年代和 60 年代初，他每年外出視察、開會、休息的天數是：1950 年六十三天，1951 年六十天，1952 年十天，1953 年二十天，1954 年一百三十七天，1955 年一百零六天，1957 年一百三十四天，1958 年二百零三天，1959 年二百零四天，1960 年一百九十八天，1961 年二百一十四天。他長年乘坐專列奔忙在祖國的大江南北，有些年份在北京待的時間反而比在外地少。①

1952 年 10 月 25 日晚，毛澤東的專列啟程，同行的有公安部長羅瑞卿、鐵道部長滕代遠、中央辦公廳主任楊尚昆、中央警衛局局長汪東興、機要秘書葉子龍、衛士長李銀橋、衛士馬武義、孫勇，保健醫生王鶴濱，攝影師侯波等人。

出發時，毛澤東囑咐羅瑞卿："這次出去，不管走到哪個省市，一不擾民，二不談工作，不召見，不吃請，不住賓館和機關，食宿在車上。"到天津後，他由天津市長吳德陪同，去拜訪李燭塵。當時"三反"、"五反"剛結束，毛澤東擔心作為民族資本家的李燭塵不能暢所欲言，兩人交談時，讓吳德在室外等候。後來又邀請李燭塵一起視察天津，直至邀請他一起考察黃河，李燭塵非常愉快地接受了邀請。②

10 月 26 日晚六時左右，毛澤東到達濟南，山東軍區司令員許世友等人迎接。毛澤東本不想下車，在許世友的盛情邀請下，最終同意下車，住宿在山東交際處，第二天在濟南看看。他對許世友等人說："我來不擾民，不害民，隨便下來看看，你們該幹甚麼幹甚麼。"

27 日上午，毛澤東登上四里山憑弔了 1951 年 3 月被特務殺害的山東軍區政治部副主任黃祖炎的墓地，遊覽了大明湖、趵突泉。下午，毛澤東來到歷城濼口黃河大壩。他站在堤壩上，凝神望著黃河水，問道："這裡的黃河底比濟南城內地面要高出多少？"陪同的人回答："高出六到七米。"毛澤東囑咐："要把大堤、大壩修牢，千萬不要出事。雨季大水，要發動群眾上堤防守，必要時軍隊要上去堅決死守，不能出事。"還説："我深知黃河洪水為害，黃河側滲也會給人民造成災害。你們可以引黃河水淤地，改種水稻，疏通小清河排水，讓群眾吃大米，少吃地瓜。"

　　28 日，毛澤東乘坐專列前往曲阜，在泰安、兗州短暫停留，後到曲阜遊覽了孔廟、孔林。途經當年的淮海戰場時，毛澤東觸景生情，向周圍人説起當年指揮淮海戰役的一些情景。看到有些山光禿禿的，他挺遺憾："山上要是有樹就好了。"傍晚，到了徐州，專列開到太湖專用線上，是很僻靜的郊外，毛澤東夜裡就在車上休息，不願驚擾當地。

　　29 日早飯後，徐州市委市政府負責人華誠一、張光中前來彙報工作。華誠一很忐忑，表示事先不知道主席要來，沒有準備。毛澤東回應："我就愛聽

1952年10月28日，毛澤東在許世友陪同下參觀山東曲阜的孔廟、孔林。

1952年10月28日，毛澤東在徐州視察。左三為楊尚昆。

沒有準備的彙報。"華誠一彙報得比較簡單，但比較實在。毛澤東説："這樣
彙報很好，情況真實。"

　　上午，毛澤東登上雲龍山頂，遠眺清朝咸豐五年（1855 年）銅瓦廂決口
改道以前的黃河故道。他深有感慨地説："過去黃河流經這裡七百多年，泥
沙淤積很多，夏秋季節常常決口，氾濫成災，給群眾生產、生活造成極大困
難。乾隆皇帝四次到這裡視察，研究治理黃河的問題。但由於各種原因，他
治不好黃河。現在解放了，人民當家作主，我們應當領導人民，把黃河故道
治好，變害為利。山上山下、城市道路兩旁，都要多栽樹，防風固沙，改善
人民生活環境，治理戰爭創傷，建設好我們的國家。"

　　午飯後，山東分局代理書記向明、安徽省委書記曾希聖向毛澤東彙報工
作。毛澤東囑咐曾希聖："一定要把淮河治好。"他還給周恩來打了電話，讓曾
希聖去北京彙報治淮情況。晚上九時，毛澤東乘專列來到河南省蘭封縣，停
在"蘭壩"支線。為了不給地方增加接待負擔，他提出，當晚就住在專列上。

剛剛走上山坡，背後傳來一句急促而高亢的婦女的聲音：＂毛主席！您來啦！＂轉過身來，看見是一個六十多歲的老太太，只聽她又喊道：＂毛主席啊！您來了，斯大林同志來了沒有哇？＂

　　30日早飯後，毛澤東到鐵路附近的一個村子視察。他與葉子龍聊道：＂陝北也苦，可是有地種，有窯洞住，這裡地裡不打糧食，黃河如果決口，就甚麼都沒有了，苦不堪言哪。＂他向農民詢問生產生活情況，農民說，負擔比解放前輕多了，這裡是鹽鹼地，收成不咋樣。在一戶農家，毛澤東從缸裡抓起一把黃豆，黃豆又小又乾癟。看著癟小的黃豆，出身農民的毛澤東嘟噥著：＂像辣椒籽啊。＂ ③

　　從村子裡出來，毛澤東與河南省委書記張璽、省長吳芝圃、省軍區司令陳再道、黃河委員會主任王化雲交談，並乘專列前往黃河東壩頭。他聽王化雲自我介紹之後，就研究起了他的名字：＂雨水多了，化雲就開晴；逢到乾旱，化雲就下雨。我看咱們中國有了你，老百姓吃飯可以不發愁。＂他的一席話，逗得大家都笑了起來。

　　十一時到東壩頭後，路不好走了，只有坐吉普車。好多輛吉普車，一同開向東壩頭視察。那時黃河進入了枯水期，風沙很大，颳得滿臉都是。天氣很冷，但毛澤東只穿著一件風衣。他平時也是如此，不管多冷，外出視察只穿一件風衣。一年四季，毛澤東睡覺都只蓋毛巾被，很少蓋被子。他徒步登上大堤，來到當年銅瓦廂黃河決口改道的地方，向王化雲了解當年黃河決口的情況，並詢問了固堤防洪的一些措施。

　　毛主席在打穀場上與農民攀談，在小學校裡聽老師講課，又進入一位女農民家裡訪問。那時已是深秋，還有沒收完的莊稼。因為那裡是鹽鹼地，所以地瓜長得很小，棉花開得皺皺巴巴，顏色還發烏。毛澤東反覆詢問農民夠不夠吃，有沒有零錢花，農民們都說好。他們不敢說別的，但毛澤東看在眼裡，心裡全明白。他鼓勵大家要改造鹽鹼地，要把農業搞上去。一路上毛

1952年10月30日，李燭塵陪同毛澤東視察黃河。

澤東的神情都有些凝重，沒想到不留神，一腳踩在了牛屎上，他才開懷大笑了。

一行人從女農民家裡出來，剛剛走上山坡，突然聽見背後傳來一句急促而高亢的婦女的聲音：「毛主席！您來啦！」大家轉過身來，看見是一個六十多歲的老太太，毛澤東也轉過身，朝老太太揮手。老太太又喊：「毛主席啊！您來了，斯大林同志來了沒有哇？」這一下把大家都逗樂了，羅瑞卿開玩笑：「想不到這老太婆還有點國際主義精神。」④

下午一時，毛澤東返回專列，專列繼續向東，毛澤東與張璽、吳芝圃、陳再道、王化雲等人共進午餐，是鹹鴨蛋、青菜、魚、辣子和一碗清湯。毛澤東每頓飯的食譜，往往是類似這樣的「四菜一湯」，非常簡單。他們討論了黃河防汛、治沙和改良農田土壤的問題，王化雲還介紹了對付河鼠的辦法，並建議在黃河兩岸大量種植樹木和草，改善植被條件，用植被來保護水土，並說黃河上游也要效仿這種做法，保持上游水土，是治理黃河的關鍵。毛澤東頻頻點頭，他們還討論了引黃濟衛工程，甚至南水北調問題，毛澤東提出：南方水多，北方水少，借一點過來是可以的。

下午三時，到達開封，毛澤東一行換乘汽車來到柳園口大堤，視察舉世聞名的「懸河」。站在大堤上，毛澤東向四下張望，不禁感歎：「真是『懸河』！」黃河水比堤外村裡的樹梢還高。他又囑咐說：「要把大堤、大壩切實修牢固。發大水時，有危險，黨政軍民一齊上，萬萬不能再出事。」毛澤東到渡口旁的一家小飯店，問有甚麼吃的。一個賣飯的老人簡單地應酬：「麵條。」毛澤東笑著問：「我們可以吃一碗嗎？」此時，老人一下認出了毛主席，激動得口吃起來，癱坐在地上。兩名衛士扶起老人，毛澤東還想與他多談談，衛士們不由分說扶著毛澤東趕緊走了。

當晚，毛澤東在開封河南軍區駐地紅洋樓過夜。省軍區副司令員畢占雲是當年井岡山上的特務營長，與毛澤東已經有二十多年沒見面，但毛澤東還是一眼就認出他來，彼此相見甚歡。大家都休息了，毛澤東卻在燈下興致勃勃地翻閱《河南通志》、《汴京志》、《龍門二十品》碑帖等文獻資料。

夜色漸深，有人抬著兩缸魚來了，說是柳園口有兩個農民一定要送給主席的。原來就是渡口認出毛澤東的那位老人，找人下黃河打魚，挑了五十條兩斤多重的大鯉魚，連夜趕路送到省委，給毛澤東送來，還死活不肯收錢。⑤

在飲馬口考察完畢，毛澤東先是坐在草地上看著渠水，後來因為勞累，居然躺在草地上睡著了。小睡片刻醒來後，他發現對岸有個放羊的老翁，便匆匆過橋去攀談。

當晚，毛澤東急切想看到"引黃濟衛"工程"人民勝利渠"，睡不著覺。31日清晨五時，天還沒亮，毛澤東催促羅瑞卿讓畢占雲趕緊派車，登上專列，駛往新鄉。八時，專列到達鄭州，毛澤東下車到邙山考察。從農家窯洞裡走出來的農民劉宗賢，端來一碗水讓毛澤東解渴，衛士也匆忙從隨身攜帶的水壺中倒了一杯茶水，遞給毛澤東。毛澤東推開衛士的茶水，從劉宗賢手中接過粗瓷碗，一飲而盡，還連聲道："謝謝！謝謝！"

告別劉宗賢，毛澤東向上攀登，來到邙山盡頭一個名曰"小頂山"的地方，在土坎上席地而坐，眺望黃河鐵橋。他對張璽等人袒露了自己的心願和情懷："黃河是養育中華民族的搖籃，又是連年征戰，亂砍濫伐，造成的一條害河。俗話說，黃河九曲十八彎，富了前後套，害了山東和河南。它一出三門峽，就像一匹收不住的野馬，搞不清哪裡會出亂子，多少人的生命財產毀於一旦。現在到了我們手裡，一定要馴服它。絕對不能讓它出亂子，否則，我是睡不著覺的。"

十時許，毛澤東下山登上專列，專列前行，到黃河鐵橋，毛澤東下車在橋上走了走。十一時許，到黃河北岸。平原省省委書記潘復生、省長晁哲甫等人前來迎接。平原省的建制撤銷的文件剛剛下發，他們邀請毛澤東與省委同志見面合影以作紀念，毛澤東婉拒了，表示不願擾民，想看"引黃濟衛"工程。

專列到了人民勝利渠的支線，毛澤東一行改乘專供鐵路工人使用的平板車,在小火車頭的牽引下,於十二時到人民勝利渠。遠遠望去,可以看到新建成的引黃灌溉大閘。毛澤東提議去引黃渠看看。到了引黃灌溉大閘管理處,聽完管理人員介紹,毛澤東問:"把閘門打開進水看看行嗎?"陪同的人告訴他:"現在這裡還沒有電,開閘都是人搖。"毛澤東提議:"那咱們一起去搖開它吧。"說罷,便脫去大衣,和大家一起幹了起來。閘開了,黃河水滾滾湧進。毛澤東點燃一支煙,在那裡沉思片刻,像是自言自語:"沿著黃河每個縣都建一座引黃閘就好了。"

下午二時,毛澤東坐平板車,回到專列,坐專列到達新鄉。他只用十分鐘就吃完午飯,又決定去引黃入衛渠的匯口飲馬口看看。一行人上了平原省提供的小汽車,因當時直達飲馬口的公路還未完全修通,毛澤東還步行了兩華里,才到達飲馬口。

在飲馬口考察完畢,毛澤東先是坐在草地上看著渠水,後來因為勞累,居然躺在草地上睡著了。小睡片刻醒來後,他發現對岸有個放羊的老翁,便匆匆過橋去攀談。攀談後回到渠畔,又碰到四五個放羊的農民。他問老農:"政府搞建設,佔了你們的土地,影響了生活沒有?"老農說:"政府佔了地,給了賣地錢,還給家裡年輕人分配了工作,掙工資,養家糊口,不影響生活。共產黨毛主席領導農民土地改革,農民翻身有房住,有地種,很能吃飽肚子。咱農民應該支援國家建設。"毛澤東聽後,臉上露出了會心的微笑。當晚,毛澤東又在專列上過夜,專列停在原道清縣的岔道上。

11 月 1 日上午,專列向安陽駛去,車到湯陰停車時,毛澤東提出要去看岳廟,岳廟離車站只有兩華里。沒想到,候車室裡的群眾認出了在月台上散步的毛澤東,人們頓時擁擠在窗口歡呼,口號聲震徹雲霄。羅瑞卿一看這個陣勢,只好勸毛澤東趕緊返回火車。

十時,毛澤東到達安陽,換乘小汽車進城,參觀了小屯殷墟。為了毛澤東的安全,當時小屯宣佈了"戒嚴令",但老百姓爬上房頂,騎在牆頭,站在豎起的梯子上,都想看看毛主席。當地負責導遊的幹部呵斥群眾:"瞧甚麼,都下去,待在家裡不准出來!"毛澤東很不高興:"你們專搞些脫離群眾的名堂,讓那些老百姓都下來嘛,我又沒長三頭六臂。"⑥

參觀完殷墟,上車後途經一家書店,毛澤東想下車看看,羅瑞卿不同

1952年10月31日，毛澤東在河南新鄉與牧羊人交談。

意。毛澤東在車裡發了脾氣："在湯陰下了車，不讓我看岳廟，現在又不准我進書店，為了啥子呀？"羅瑞卿沒有答話，只是下令讓司機開車。但是接下來，毛澤東還是參觀了袁世凱的墓地。

11月3日凌晨一時，他回到了北京。

毛澤東一直很關心黃河，關注黃河。他說："別人是不到黃河不死心，我是到了黃河也心不死，一定要把黃河修好。"他曾多次渴望游黃河。1958年8月7日他視察鄭州蘭封東壩頭，就打算橫渡黃河，保衛人員再三勸阻，終於作罷。1959年9月21日，他在山東濼口險段視察黃河，對山東省委第一書記舒同說，全國的大江大河我都游過了，就是還沒有游過黃河。我明年夏季到濟南來橫渡黃河。

但終其一生，毛澤東沒有游過黃河。應該說，同別的江河相比，毛澤東對黃河更加心懷敬意。

毛主席尖銳地批評道：＂＇公私一律平等納稅＇的口號違背了七屆二中全會的決議；修正稅制事先沒有報告中央，可是找資本家商量了，把資本家看得比黨中央還重；這個新稅制得到資本家叫好，是＇右傾機會主義＇的錯誤。＂

　　正當毛澤東在醞釀過渡時期總路線的過程中，發生了＂新稅制＂的問題。1952 年 12 月 31 日，《人民日報》公佈了《關於稅制若干修正及實行日期的通告》，同時發表了題為《努力推行修正了的稅制》的社論和《全國工商聯籌委會擁護修正稅制》的報道。這篇社論在說明修改稅制的必要性和目的時，使用了一個＂公私一律平等納稅＂的提法。

　　修正稅制的通告發佈之後，山東分局向明等人和北京市委分別於 1953 年 1 月 9 日和 11 日寫信給中央，反映執行新稅制引起了物價波動、搶購商品、私商觀望、思想混亂等情況。各大區、各省市財委也紛紛寫信、打電報給中央財經委員會，反映在執行中遇到的問題和困難。

　　新稅制問題引起了毛澤東的注意。1953 年 1 月 15 日，他給周恩來、鄧小平、陳雲、薄一波寫了一封信：＂新稅制事，中央既未討論，對各中央局、分局、省市委亦未下達通知，匆率發表，毫無準備。此事似已在全國引起波動，不但上海、北京兩處而已，究應如何處理，請你們研究告我。此事我看報始知，我看了亦不大懂，無怪向明等人不大懂。究竟新稅制與舊稅制比較利害各如何？何以因稅制引起物價如此波動？請令主管機關條舉告我。＂

　　2 月 10 日，財政部吳波、商業部姚依林、糧食部陳希雲等人向毛澤東和中央政治局彙報了修正稅制的目的、新稅制對物價的影響和在執行過程中發生的問題等。毛主席尖銳地批評道：＂＇公私一律平等納稅＇的口號違背了七屆二中全會的決議；修正稅制事先沒有報告中央，可是找資本家商量了，把資本家看得比黨中央還重；這個新稅制得到資本家叫好，是＇右傾機會主義＇的錯誤。＂在毛澤東看來，新稅制問題同他正在醞釀成熟的過渡時期總路線，同他正在採取適當步驟逐步地消滅資產階級的思路，是背道而馳的。⑦

1952年12月，毛澤東在北京中南海住地接見延安時期替他"代耕"的全國勞動模範楊步浩。

毛澤東感到，對過渡時期總路線的思考，他需要下去做些調查，聽聽地方和基層幹部的意見，同時也向下面一定範圍的幹部通通氣，做些宣傳。在財經工作方面，對於類似"新稅制"這樣的下面的一些反映，他也想弄清情況，做些調查。

毛澤東問紀登奎："你捱過整嗎？"紀答："我捱過兩次整。"毛澤東笑了："我捱過三次整，比你還多一次。"

2月13日，農曆大年三十，吃過晚飯，毛澤東通知葉子龍："明天出去走走，看過黃河了，再看看長江。"於是，楊尚昆、羅瑞卿等人連夜開會，做出部署。

2月15日上午，毛澤東的專列離開北京，沿京漢線南下。經保定、石家莊短暫停留，九時到達邢台。毛澤東明確說，想找一位縣委書記了解農村互助合作的情況。所以邢台地委書記李吉平將邢台縣委第二書記、縣長張玉美送上專列，完成任務就走了。

毛澤東了解到張玉美識字不多，是從村支書、區委書記一步步幹起來的，人很樸實，非常高興，誇獎張是農民大學畢業的，從基層一步步上來的，人熟地熟。他問張玉美家裡幾口人，張玉美回答："三十五萬。"毛澤東聽罷很高興："好，你心裡裝著全縣人民呢。"他接著又詳細詢問了邢台縣的農業互助合作發展情況。當了解到全縣入社、入組的農戶已佔總農戶的百分之八十七時，毛澤東又高興又驚訝，問原因何在。張玉美答：第一，邢台縣是老解放區，互助合作已有十多年的歷史；第二，黨中央關於互助合作的方針、原則和辦法符合民意，得到廣大農民的擁護。接著她介紹了兩個村辦合作社的情況。其中一個叫東川口，有七十戶，一個多月的時間，全村就實現了合作化，1952年建社的當年，糧食增產百分之十二。毛澤東聽了十分興奮："是啊，多數農民是願意走社會主義道路的，因為這是一條由窮變富的道路，關鍵是我們領導採取甚麼態度。這兩個村群眾辦社的熱情很高，思想發動工作搞得也不錯。"

當晚，專列在鄭州停留。2月16日晨，毛澤東與河南省委第一書記潘復生、黃河水利委員會主任王化雲在行駛的專列上交談，對三門峽水庫、黃河規劃設想等問題問得很細。兩小時後，專列抵達許昌，許昌地委書記紀登奎前來彙報工作。談話結束時，毛澤東問紀登奎：「你捱過整嗎？」紀答：「我捱過兩次整。」毛澤東笑了：「我捱過三次整，比你還多一次。」紀登奎說了自己捱整的事，毛澤東又問：「你整過人嗎？」「整過。」「整錯過嗎？」「也整錯過。」毛緊接著問：「你殺過人嗎？」「殺過。剿匪、反霸，殺了很多人。」「殺錯過嗎？」「也有殺錯的，那是情況緊急時發生的，我工作沒做好。」毛澤東點點頭，對紀登奎敢於說真話的精神非常滿意。[⑧]

經信陽短暫停留，2月16日深夜十一時，毛澤東來到了闊別二十五年的武漢。2月17日早飯過後，他與孝感地委書記王良交談。毛澤東問王良對中央、省委有甚麼意見。王良提出有「五多」：事務多，會議多，文件報表多，蹲在機關多，一般號召多。毛澤東表態：「兩頭打著墻，中間淹死人，你們基層難做人，這種情況要改變。」他稱讚王良是「秀才書記」，有水平，得知他是山東人後，又誇他是「山東好漢」。

一天，毛澤東提出要去漢陽看看，陪同的中南交通部黨組書記劉惠農講了情況：從漢口到漢陽沒有橋，也沒有渡河的輪船，坐小划子不安全。漢陽那邊沒碼頭，整個漢陽連一條通汽車的道路都沒有，社會秩序也不夠穩定。毛澤東問：「你去過漢陽沒有。」劉惠農說：「去過。」「你怎麼去的？」「坐小划子去的。」「你能坐小划子去，我為甚麼就不能去？」話說到這一步，劉惠農無語，只好安排毛澤東坐小划子去了漢陽，考察後登上了龜山。

2月18日，毛澤東去武昌考察，上了蛇山，並在黃鶴樓附近與做煎豆腐的老人交談。不想，他竟被幾個小孩認出，引來了成千上萬人的聚集。一片喜悅歡呼裡，大家把毛澤東圍在中間。羅瑞卿和警衛人員手拉手，圍成一個圓圈，保護毛澤東下山登船。雖然人多，但群眾很守秩序，這又讓毛澤東非常感動。他登船後向群眾一再揮帽致意，依依不捨。晚飯時，他與湖北省委書記李先念談話：「群眾很好嘛，秩序也很好啊。老百姓是支持我們擁護我們的，我們決不能讓他們失望！」[⑨]

19 日晨，毛澤東告訴王任重，他要找一位在街道工作的街長談談。漢口交易街的街長陳光中接到通知前來。他向毛澤東彙報：這裡修了馬路，安裝了水管路燈，建了公共廁所，辦了夜校，解決了部分人就業。毛澤東聽後很高興。他問街道的工作任務是甚麼，陳光中説："發動群眾，組織群眾，教育群眾。"毛澤東稱讚他"很明確"，並説自己非常羨慕他的工作，每天和群眾打交道，最有意思。陳光中反映了手工業停工的問題，毛澤東事後還專門向王任重詢問。

中午，毛澤東乘海軍艦艇離開武漢去南京，在甲板上，他檢閱了海軍指戰員。他與中南水利部副部長林一山長談，了解長江水災成因、治理利用辦法等情況。經停黃石港，毛澤東視察了黃石鋼廠，他從煉鋼、軋鋼、鍛鋼到實驗室，一道工序一道工序地看。

晚上，軍艦抵九江停泊。毛澤東與江西省委書記楊尚奎、九江地委書記史梓銘等人談到凌晨時分。

20 日下午，毛澤東視察了九江市容。群眾很快認出了毛澤東，潮水般的人流又是不斷湧來。但這次羅瑞卿準備充分，有應對之策，一行人向左一轉，進了一個小胡同，很快乘車匆匆離開。毛澤東此行大飽眼福，非常高興。他迫切地想了解基層的情況，希望直接與老百姓交流，但他只要在哪裡一出現，群眾馬上就會圍上來，歡呼雀躍，口號震天。這讓他也很無奈。

下午四時，軍艦起航，晚九時許停泊於安慶江面。此前毛澤東一直住宿在"長江艦"，這時聽説護航艦"洛陽艦"的官兵也希望見到他，還希望他不要光住在"長江艦"上，也到"洛陽艦"住一住。毛澤東欣然同意，於是搬到"洛陽艦"睡下。

21 日上午，毛澤東與安慶地委、市委負責人在江堤上談話後，軍艦駛向南京。經蕪湖短暫停泊，22 日凌晨一時到達南京，從上海趕來的陳毅、譚震林、柯慶施等人前來迎接。隨後的兩三天，毛澤東與華東局、江蘇、上海等地負責人交談，談到了黨的八大的準備、人民代表大會的籌備、第一個五年計劃等問題，對今後幾年的工作都做了展望。他還遊覽了玄武湖、中山陵、紫金山天文台、朱元璋墓，視察了南昌艦。

24 日下午四時，毛澤東換乘專列北上。經徐州、天津，一路上向江蘇省、天津市以及其他一些城市的負責人著重了解經濟情況。2 月 26 日，毛澤東回到北京。

全國財經會議閉幕的前一天，8 月 12 日，毛澤東發表講話，做了自我批評："在批判薄一波的錯誤中間，周、陳都説要負責任，我説我也要負責任，各有各的賬。"

在毛澤東這次外巡期間，2 月 19 日，周恩來根據毛澤東在年初認為政府工作存在分散主義的指示，主持召開關於加強政府各部門向黨中央請示報告和做好分工的座談會。到 3 月上旬，決定撤銷中央人民政府黨組幹事會，政府各部門黨組直接受中共中央領導。對政務院工交、財貿、政法、文教等各"口"的工作，中央也重新做了分工。

其中，外交工作（包括外貿、僑務等）由周恩來負責；計劃工作及重工業部等八個工業部門由高崗負責；財政、金融、貿易工作，由陳雲、薄一波負責；政法工作，由董必武、彭真、羅瑞卿負責；鐵路、交通、郵電工作，由鄧小平負責；農林、水利等由鄧子恢負責；勞動部由饒漱石負責；文教工作由習仲勳負責。

1952 年 8 月後，在各大區中央局主持工作的東北局高崗、西南局鄧小平、中南局鄧子恢、華東局饒漱石、西北局習仲勳都奉調進京。在計劃經濟體制下進行大規模的經濟建設，國家計委舉足輕重，有"經濟內閣"之稱。高崗以國家副主席兼任計委主任，又分管八個工業部，位高權重，同其他進京的中央局書記相比，有"五馬進京，一馬當先"之説。

據中共中央文獻研究室所編《毛澤東傳（1949—1976）》記載：1953 年 3 月初，中組部副部長安子文未經中央正式授權，草擬了一份政治局委員名單和中央各部主要負責人名單，給高崗看過，又同饒漱石談過。在高崗看來，安子文是劉少奇的人，他認定這個名單是劉少奇授意搞的，便到處散佈政治局委員名單中"有薄無林"（即有薄一波無林彪），連朱總司令也沒有了。高

1952年8月11日，毛澤東、周恩來在北京出席第一屆全軍運動會。

1953年3月4日，毛澤東會見徐向前。中為葉子龍。

崗利用名單問題大做文章，在黨內進行挑撥。[⑩]

　　1953 年 6 月 13 日到 8 月 13 日，在中南海西樓會議室召開了全國財經會議。會議由周恩來、高崗、鄧小平主持，在毛澤東的直接指導下進行。會議的第一項議程是討論財政問題，一開始就集中到對新稅制的討論和批評。7 月 11 日薄一波做第一次檢討以後，會議的氣氛驟然緊張起來，批評的調子越來越高，給薄一波扣了許多不適當的政治帽子，有的還說薄一波犯了路線錯誤，使會議走偏了方向。8 月 1 日，薄一波做第二次檢討，仍不能通過。這樣，會議就很難做結論，也結束不了。

　　據薄一波回憶，會議快要結束的時候，8 月 7 日，高崗做了一個發言。他的發言很特別，沒有像有的發言者那樣聲色俱厲，卻把劉少奇說過的一些話、發表過的一些意見，都安到薄一波頭上加以批評。例如，1947 年土地改革時的一些話，1949 年天津講話中的一些提法，1950 年關於對待東北富

1953年6月28日，毛澤東在北京郊區看農村兒童捉蟬。

農黨員問題的意見，1951 年關於對山西農業合作社問題的觀點。很明顯，這是藉批評薄一波而影射攻擊劉少奇。⑪

據中共中央文獻研究室編《毛澤東傳（1949—1976）》記載：高崗和他的極少數追隨者在會上發表無原則的言論，製造黨內糾紛，在會外散佈流言蜚語，誣衊中央有"圈圈"，劉少奇有一個"圈圈"，周恩來有一個"圈圈"。他特別著重攻擊劉少奇，同時鼓吹他自己。饒漱石也在這個時候同高崗站在一起反對劉少奇。所謂"圈圈"問題就是饒漱石在全國財經會議上提出來的。饒漱石先是在中央組織部內部，向被他認為是劉少奇"圈子"裡的中央組織部副部長安子文發動無理的鬥爭，隨後在 1953 年 9 月、10 月間舉行的第二次全國組織工作會議上又搞了直接反對劉少奇的鬥爭。⑫

8 月 11 日，在懷仁堂召開全體大會，周恩來做結論，引述了毛澤東關於過渡時期總路線的比較完整的表述，過渡時期總路線從此正式載入黨的正式文件。

全國財經會議閉幕的前一天，8 月 12 日，毛澤東發表講話，做了自我批評："在批判薄一波的錯誤中間，周、陳都說要負責任，我說我也要負責任，各有各的賬。"毛澤東認為自己的錯誤，一是對財經工作"抓得少，抓得遲"，"抓了一些，但沒有鑽。我對財經工作生疏，是吃老資格的飯，過去一憑老資格，二憑過去的革命工作較豐富的經驗，現在是建設時期，缺乏知識，未鑽進去，要亡羊補牢"。另外，還總結了自己在統收統支、預算問題、查田定產、掃盲、失業人員登記等方面的錯誤，"我是中央主席，都有我的份。這些錯誤，中央政治局在逐步地糾正中"。

毛澤東最後講到，要提倡謙虛、學習和堅忍的精神。他重申了黨的七屆二中全會做出的幾條規定："七屆二中全會有幾條規定沒有寫在決議裡面。一曰不做壽。做壽不會使人長壽。主要是要把工作做好。二曰不送禮。至少黨內不要送。三曰少敬酒。一定場合可以。四曰少拍掌。不要禁止，出於群眾熱情，也不潑冷水。五曰不以人名作地名。六曰不要把中國同志和馬、恩、列、斯平列。這是學生和先生的關係，應當如此。遵守這些規定，就是謙虛態度。總之，要堅持謙虛、學習和堅忍的精神，堅持集體領導的制度，完成社會主義的改造，達到社會主義的勝利。"

毛澤東説："北京有兩個司令部，一個是以我為首的司令部，就是颳陽風，燒陽火；一個是以別人為司令的司令部，叫做颳陰風，燒陰火，一股地下水。"

　　全國財經會議後，中共中央提出中國最高國家行政機關是否採取部長會議的形式、黨中央是否增設副主席或總書記的問題。毛澤東為了減輕自己擔負的繁重日常工作，加強集體領導，曾提出將中央領導班子分為一線、二線，他退居二線。

　　據中共中央文獻研究室編《毛澤東傳（1949—1976）》記載，在毛澤東提出中央領導班子分為一線二線後，高崗認為謀取黨和國家最高權力的時機已經到來，他的陰謀活動更加肆無忌憚。他打著擁護毛澤東的旗號，把打擊的矛頭首先對準劉少奇。他捏造説毛澤東對劉少奇的工作不滿意。還傳言毛澤東打算讓劉少奇搞"議會"（人大常委會），周恩來當部長會議主席，由高崗搞政治局。在另外一種場合他又主張由林彪擔任部長會議主席。⑬

　　1953 年 10 月，高崗以休假為名，到華東、中南地區，在高級幹部中游説，散佈大量分裂黨、攻擊劉少奇的言論。他大談"槍桿子上出黨"、"黨是軍隊創造出來的"，製造"軍黨論"，去煽動和影響一部分軍隊中的高級幹部，圖謀奪取黨的領導地位。他把中國共產黨分為"根據地和軍隊的黨"與"白區的黨"兩部分，並把自己説成是"根據地和軍隊的黨"的代表人物。他認為，黨中央和國家領導機關現在掌握在"白區的黨"的人手裡，需要徹底改組，由"根據地和軍隊的黨"——也就是由他來掌握。

　　12 月中旬，毛澤東決定外出休息。12 月 15 日，在中央書記處會議上，討論在毛澤東外出休假期間，中央工作由誰主持。劉少奇謙遜地提出，還是由書記處的同志輪流負責為好。與會同志多數同意由劉少奇依照以前的慣例主持中央工作，不輪流；高崗卻表示反對，説："輪流吧，搞輪流好。"

　　會後，鄧小平、陳雲向毛澤東反映了高崗的不正常活動。關於這段歷史，鄧小平做過詳細的敘述，他説："毛澤東同志在 1953 年底提出中央分一

1950年，陳雲、鄧小平在頤和園。

線、二線之後，高崗活動得非常積極。他首先得到林彪的支持，才敢於放手這麼搞。那時東北是他自己，中南是林彪，華東是饒漱石。對西南，他用拉攏的辦法，正式和我談判，說劉少奇同志不成熟，要爭取我和他一起拱倒劉少奇同志。我明確表示態度，說劉少奇同志在黨內的地位是歷史形成的，從總的方面講，劉少奇同志是好的，改變這樣一種歷史形成的地位不適當。高崗也找陳雲同志談判，他說：搞幾個副主席，你一個，我一個。這樣一來，陳雲同志和我才覺得問題嚴重，立即向毛澤東同志反映，引起他的注意。"

1953 年 12 月 17 日，毛澤東與鄧小平、陳雲談話，後來周恩來也參加了。18 日、19 日，毛澤東與周、陳、鄧連續兩次談話。20 日，毛與彭德懷、劉伯承、陳毅、賀龍、葉劍英五人談話；與劉少奇談話；與周恩來談話。22日，毛與朱德談話；再次與陳毅談話。22 日，再次與彭德懷談話。這一系列談話，都是專門談高、饒問題。23 日，毛澤東與高崗談話，對高崗進行了批評。當天晚上，毛澤東召集劉少奇、周恩來、彭德懷、鄧小平開會。

與陳雲談話後，毛澤東派陳雲代表中央到上海、杭州、廣州、武漢等高崗游說過的地方，同有關負責人打招呼。毛澤東特別囑咐陳雲，到杭州向林彪轉告他的話："不要上高崗的當，如果林彪不改變意見，我與他分離，等他改了再與他聯合。"

12 月 24 日，毛澤東主持召開包括高崗、饒漱石在內有二十九人參加的中央政治局擴大會議，揭露高崗的問題。毛澤東指出："北京有兩個司令部，一個是以我為首的司令部，就是颳陽風，燒陽火；一個是以別人為司令的司令部，叫做颳陰風，燒陰火，一股地下水。"中央政治局一致同意毛澤東的建議，並著手起草《關於增強黨的團結的決議》。會議決定，毛澤東休息期間，由劉少奇代理主持中央工作。會議結束的當天，毛澤東離開北京，前往杭州，主持起草中華人民共和國憲法草案。

① 　袁小榮：《建國後毛澤東的 57 次離京》,《黨史博覽》2003 年第 12 期。

② 　《葉子龍回憶錄》,中央文獻出版社 2000 年 10 月第 1 版,第 234—235 頁。

③ 　2003 年 9 月採訪徐肖冰、侯波。

④ 　王鶴濱：《紫雲軒主人——我所接觸的毛澤東》,中共中央黨校出版社 1991 年 5 月第 1 版,第 75 頁。

⑤ 　郭新法：《毛澤東休息的七天》,河南人民出版社 1994 年 11 月第 1 版,第 88—95 頁。

⑥ 　郭新法：《毛澤東休息的七天》,河南人民出版社 1994 年 11 月第 1 版,第 163—197 頁。

⑦ 　薄一波：《若干重大決策與事件的回顧》（修訂本）上卷,人民出版社 1997 年 12 月版,第 234—235 頁。

⑧ 　郭新法：《毛澤東休息的七天》,河南人民出版社 1994 年 11 月第 1 版,第 212 頁。

⑨ 　《葉子龍回憶錄》,中央文獻出版社 2000 年 10 月第 1 版,第 242—243 頁。

⑩ 　《毛澤東傳（1949—1976）》,中央文獻出版社 2003 年 12 月第 1 版,第 278 頁。

⑪ 　《毛澤東傳（1949—1976）》,中央文獻出版社 2003 年 12 月第 1 版,第 258、278 頁。

⑫ 　《毛澤東傳（1949—1976）》,中央文獻出版社 2003 年 12 月第 1 版,第 148 頁。

⑬ 　《毛澤東傳（1949—1976）》,中央文獻出版社 2003 年 12 月第 1 版,第 278 頁。

1954

第六章

治國大法

看到西湖周圍有大大小小許多墳墓，毛澤東不無憂慮："死人與活人爭地不好。要搞一個制度，中央領導人死後都實行火葬，在全黨和全國人民中提倡火葬。"

1953 年 12 月 26 日，是毛澤東的六十歲生日，是在火車開到南京時過的。在火車上，他對陳伯達說："治國，須有一部大法。我們這次去杭州，就是為了能集中精力做好這件立國安邦的大事。"

12 月 27 日凌晨，毛澤東的專列到達上海。毛澤東住在華東局，並同譚震林、張鼎丞、粟裕談了饒漱石的問題。當時，中央已決定張鼎丞任中央組織部第一副部長。"對黨對人民要忠誠老實，這是很好的。對陰謀家、野心家可不能老實呀！對陰謀家、野心家老實是要上當的。"毛澤東這樣叮嚀張鼎丞。①

1953年底，毛澤東與陳伯達在專列上交談。

12月28日凌晨，毛澤東抵達此行的目的地浙江杭州，下榻劉莊一號樓，辦公地選在北山街八十四號。當天下午，他到西湖遊玩，遊覽了靈隱寺、飛來峰、岳飛墳、秋瑾墓、蘇小小墓、武松墓等。這是新中國成立後毛澤東第一次來杭州，上一次到杭州還是在1921年。杭州是毛澤東建國後去外地視察休假去得最多的、待得最久的地方，但遊西湖只有這唯一的一次。

看到西湖周圍有大大小小許多墳墓，毛澤東不無憂慮："死人與活人爭地不

1954年，毛澤東在杭州劉莊一號樓住地。

好。要搞一個制度，中央領導人死後都實行火葬，在全黨和全國人民中提倡火葬。"這個想法早在1950年10月任弼時逝世時，毛澤東就有了。當時他說，任弼時同志對中國革命的貢獻大，對其進行厚葬是必要的，但我們死後如果都這樣葬，是不是有些浪費了。到1956年，在他的一再倡議下，中共中央、國務院及各部委、各民主黨派負責人齊聚中南海懷仁堂，毛澤東在"倡議實行火葬簽名冊"上第一個簽名。黨和國家領導人也都簽了，陳雲當時不在北京，還專門寫信補簽。毛主席是火葬的首倡者。[②]

1954年1月3日，毛澤東在杭州接見了蘇聯部長會議副主席捷沃西和蘇聯駐華大使尤金。捷沃西到中國後剛參加了鞍山鋼鐵廠擴建工程的落成典禮，是高崗作陪的。高崗說了一些不妥當的話。毛澤東知道後，將捷沃西和尤金請到了杭州，向他們透風："我們黨內要出亂子，這個亂子的性質用一句話來說，是有人要打倒我。"他還講了秦滅楚的故事，說秦是陝西，楚是湖

1954年的毛澤東

南。但始終沒點高崗的名，捷沃西和尤金沒有聽懂，幾個月後高、饒被公開批判，他們才弄懂了毛澤東當初那些話的含義。③

11月9日，憲法起草工作正式開始運轉。這次到杭州來，名曰"休假"，其實是要集中精力起草新中國的第一部憲法，為此，毛澤東把他的整個寫作班子都帶到了杭州。

當時負責安排毛澤東一行住所的浙江省委書記譚啟龍回憶："毛主席住在劉莊一號樓。每天午後三點，他便帶領起草小組驅車繞道西山路，穿過岳王廟，來到北山路八十四號的辦公地點。當時北山路八十四號大院三十號是由主樓和平房兩部分組成。主樓先前是譚震林一家居住的，譚震林調到上海後，我家搬進去了。我們讓出後，毛主席就在平房裡辦公，憲法起草小組在主樓辦公，往往一幹就是一個通宵。"④

為甚麼要設國家主席？毛澤東做過這樣的解釋："為保證國家安全起見，設了個主席。我們中國是一個大國，疊床架屋地設個主席，目的是為著使國家更加安全。有議長，有總理，又有個主席，就更安全些，不至於三個地方同時都出毛病。"

新中國建立之初，是以中國人民政治協商會議制定的《共同綱領》作為臨時憲法。《共同綱領》規定，建國後中國將實行人民代表大會制度。1953年1月13日，在中央人民政府委員會第二十次會議上，毛澤東指出：隨著西藏的和平解放，大陸上的軍事行動已經結束了，土地改革已經基本完成，各界人民已經組織起來了，辦全國選舉的條件已經成熟了。只有通過選舉才能保障民主。"中國人民從清朝末年起，五六十年來就是爭這個民主。從中日甲午戰爭到辛亥革命這個期間是一個高潮。那個時候是向清朝政府要民主，以後是向北洋軍閥政府要民主，再以後就是向蔣介石國民黨政府要民主。"

這次會議通過了召開全國人民代表大會和各級人民代表大會的決議，決定成立以毛澤東為主席的中華人民共和國憲法起草委員會、以周恩來為主席的中華人民共和國選舉法起草委員會。憲法起草委員會，由毛澤東任主席，委員有朱德、宋慶齡、李濟深、李維漢、劉少奇、周恩來等三十三人。2月11日，中央人民政府委員會第二十二次會議通過了《中華人民共和國全國人民代表大會及地方各級人民代表大會選舉法》，3月1日公佈施行。

普選，是這部選舉法最重要的原則。為了切實搞好各級普選，中國進行了有史以來第一次全國人口普查。據統計，1953年6月30日24時全國人口為六億零一百九十一萬兩千三百七十一人。在人口普查的基礎上，進行了選民登記工作，在全國基層單位進行選舉，參加投票的選民共兩億七千八百零九萬三千一百人，佔登記選民總數的百分之八十五點八八。1953年12月8日，毛澤東和中共中央其他領導人以普通公民的身份，參加北京市西單區中南海選區的基層選舉，投了自己的莊嚴一票。

普選的成功，為召開全國人民代表大會創造了十分有利的條件。而召開全國人民代表大會，一項核心提議就是要通過新中國的第一部憲法。關於這部憲法的起草經過，毛澤東在1954年6月做過這樣的回顧："憲法的起草，前後差不多七個月。最初第一個稿子是在去年十一、十二月間，那是陳伯達同志一個人寫的。第二稿，是在西湖兩個月，那是一個小組起草的。第三稿是在北京，就是中共中央提出的憲法草案初稿，到現在又修改了許多。每一稿本身都有許多修改。在西湖那一稿，就有七八次稿子。前後總算起來，恐怕有一二十個稿子了。大家盡了很多力量，全國有八千多人討論，提出了五千幾百條意見，採納了百把十條，最後到今天還依靠在座各位討論修改。總之是反覆研究，不厭其詳。將來公佈以後，還要徵求全國人民的意見。憲法是採取徵求廣大人民的意見這樣一個辦法起草的。這個憲法草案，大體上是適合我們國家的情況的。"

陳伯達起草的憲法草稿，沒有被採納。從1954年1月9日起，毛澤東領導的憲法起草小組又重新起草。

為了起草好新中國的憲法，毛澤東和起草小組參考了1936年蘇聯憲法，1918年蘇俄憲法，羅馬尼亞、波蘭、德國、捷克等國憲法，1913年天壇憲法草案，1923年曹錕憲法，1946年蔣介石憲法，1946年法國憲法，博覽群"憲"。

毛澤東特別注意研究和借鑒 1918 年頒佈的《俄羅斯社會主義聯邦蘇維埃共和國憲法（根本法）》，1936 年頒佈的蘇聯憲法"斯大林憲法"，以及斯大林《關於蘇聯憲法草案的報告》。此外，還注意參考東歐一些人民民主國家的憲法。1918 年蘇俄憲法，把列寧寫的《被剝削勞動人民權利宣言》放在前面，作為第一篇。毛澤東從中受到啟發，決定在憲法總綱的前面寫一段序言。

在幾個主要資本主義國家的憲法中，毛澤東比較看重 1946 年《法蘭西共和國憲法》，認為它代表了比較進步、比較完整的資產階級內閣制憲法。

對於中國從清朝末年以來的歷次憲法，他這樣評論："從清末的'十九信條'起，到民國元年的《中華民國臨時約法》，到北洋軍閥政府的幾個憲法和憲法草案，到蔣介石反動政府的《中華民國訓政時期約法》，一直到蔣介石的偽憲法。這裡面有積極的，也有消極的。比如民國元年的《中華民國臨時約法》，在那個時期是一個比較好的東西；當然，是不完全的、有缺點的，是資產階級性的，但它帶有革命性、民主性。這個約法很簡單，據說起草時也很倉卒，從起草到通過只有一個月。其餘的幾個憲法和憲法草案，整個說來都是反動的。"

清朝宣統三年（1911 年）發佈的《十九信條》和孫中山任臨時大總統時期頒佈的《中華民國臨時約法》，有一個共同特點就是條文不多，文字簡明。毛澤東很欣賞這一點，他提出我們的憲法以一百條左右為宜，而且文字要簡單明確，不能有多種解釋。

關於憲法要不要有綱領性的內容，即要不要寫入將來要完成的任務，毛澤東說："一般地說，法律是在事實之後，但在事實之前也有綱領性的。1918年蘇維埃俄羅斯憲法就有綱領性的。後頭 1936 年斯大林說，憲法只能承認事實，而不能搞綱領。我們起草憲法那個時候，喬木稱讚斯大林，我就不贊成，我就贊成列寧。我們這個憲法有兩部分，就是綱領性的。國家機構那些部分是事實，有些東西是將來的，比如三大改造之類。"

為甚麼要設國家主席？毛澤東做過這樣的解釋："為保證國家安全起見，設了個主席。我們中國是一個大國，疊床架屋地設個主席，目的是為著使國家更加安全。有議長，有總理，又有個主席，就更安全些，不至於三個地方同時都出毛病。如果全國人民代表大會出了毛病,那毫無辦法,只好等四年再説。設國家主席,在國務院與全國人民代表大會常務委員會之間有個緩衝作用。”他説:“資本主義國家的總統可以解散國會,我們的主席不能解散全國人民代表大會,相反地,全國人民代表大會倒可以罷免主席。國家主席是由全國人民代表大會選出來的,並服從於它。”全國人民代表大會有權罷免國家主席這一條,是毛澤東提出並再三堅持的。⑤

到 1954 年 3 月中旬,在杭州的起草小組一共進行了四稿,在每一次讀稿上,毛澤東都字斟句酌,改了又改,批語也寫了不少。這其間他還要和北京的黨中央保持聯繫,電話、電報非常頻繁,多是關於高、饒問題。

1 月 21 日晚十時,楊尚昆從北京回到杭州,帶來了一些文件和高崗的一封信。高崗在信中説:完全擁護和贊成關於增強黨的團結的決議,並説他犯了錯誤,擬在四中全會上做自我批評。他提出,希望能到杭州來,見毛澤東一面,當面商量此事。毛澤東給劉少奇回了一封信,表示,“全會開會在即,高崗同志不宜來此,他所要商量的問題,請你和恩來同志或再加小平同志和他商量就可以了。關於四中全會開會的方針,除文件表示者外,對任何同志的自我批評均表歡迎,但應盡可能避免對任何同志展開批評,以便等候犯錯誤同志的覺悟”。

“三上北高峰,杭州一望空。”

1 月 23 日,杭州下起了大雪。當地人説,這是杭州幾十年未遇的一場大雪。24 日,大雪初晴。毛澤東特別喜歡雪,高興得不得了。一早他就起來,到西湖邊看雪景。逢此難得之景,侯波特意以西湖雪景為襯,給毛澤東拍下了經典的傳世留影。

只有美麗的白雪才可以使毛澤東把手頭工作放一放。他帶領工作人員,每人拿一根小棍,小心翼翼地登上住所後面的小山頭,觀望西湖雪景。隨後,他又驅車到郊外,沿著黑黝黝的錢塘江西行。翻過一座山樑,他的眼前閃現出一片銀色的田野。毛澤東急令停下,大家戴上口罩,下了車。衛士們想扶毛澤東,他大手一揮,就往雪地裡快走,也不管哪裡是壟哪裡是畦。

1954年1月24日，毛澤東雪後留影於浙江杭州劉莊一號。

　　快走了一陣，他站住了，抓了一把雪放在手心裡揉搓。衛士們要向前為他探路，卻被他制止。原來，他是不想踩破雪被，驚醒沉睡的田野。他拉下了大口罩，靜靜地望著，深深地吸著被雪過濾了的清新空氣。

　　直到回來的路上，毛澤東仍沉浸在與雪親近的喜悦中。

　　1月25日，楊尚昆坐飛機帶回四中全會的一些起草文件和劉少奇的自我批評稿。毛澤東與楊尚昆、陳伯達等人商改，29日，楊又帶上審定的文件飛回北京。這天，毛澤東決定爬五雲山，一行人陪同而上。侯波緊跟在毛澤東後面，兩人聊起了《紅樓夢》。毛澤東要求侯波好好讀讀此書，要看三遍五遍。侯波説："主席，我一遍還沒看完呢。"毛澤東告訴她："《紅樓夢》是一部社會政治小説，讀懂它，就知道甚麼是封建社會了。"

　　在五雲山上，毛澤東俯瞰江南美景，"蕩胸生層雲，決眥入歸鳥"，他的心情十分舒暢。葉子龍問他甚麼時候回北京，毛澤東卻所答非所問："憲法是一個國家的根本法，從黨的主席、政府主席到一般老百姓都要按照它做，將來我不做黨和政府主席了，誰來當也要按照它做，這個規矩要立好。"

　　在杭州一住就是兩個多月，除了起草憲法，他的最大收穫就是每天堅持爬山，幾乎走遍了西湖附近的大小山峰。

　　在毛澤東的住處劉莊附近，有座不大的山，叫丁家山。初到杭州，他就乘興登上這座小山，告訴跟隨的工作人員自己要每天堅持爬山。從這以後，果然是風雨無阻，天天爬山。天氣好，起得早，就爬大一點的山；遇到下雨，或是起得遲了，就爬小山。這樣堅持不懈，不僅遊覽了西湖名勝，還鍛煉了身體，體重減輕了將近十斤。這對身軀高大偏胖的毛澤東來説，也是一個意外收穫。

　　毛澤東喜歡爬山，每天中午十二時左右起床，吃點東西就去爬山。他宣佈一條：共產黨員上山坐滑竿，開除黨籍。跟著毛澤東爬山，是大家在一塊兒時最愉快的時刻。他不喜歡人攙扶，拿著一根竹竿當手杖，説這是他的"第三條腿"。有一次爬上玉皇頂，用了兩個多鐘頭。以後又上了南高峰、北高峰、雷峰塔、六和塔，還上了鳳凰山。

　　田家英後來回憶，他們就靠主席爬山的時候改憲法稿子。毛澤東有一次問大家："在杭州看風景哪裡最好？"各人有各人的説法。毛澤東則看法獨

1954年1月25日，毛澤東在浙江富陽田野中。

1954年，毛澤東與李訥在杭州五雲山。

1954年，毛澤東在杭州玉皇山。

到："在山頂看，風景最好，杭州全景盡收眼底。西湖是一個鍋，杭州市區
是鍋邊。"他還問大家：哪個朝代在這裡建都？雷峰塔為甚麼建在這裡？美
國的首都為甚麼在華盛頓，不搬到紐約？等等。他邊走邊和周圍人聊天，了
解每個人的學習情況、生活情況，提出很多問題，給人們講一些知識性和趣
味性的問題，古今中外、天南地北都有，引發大家讀書學習的興趣。他談笑
風生，大家也無拘無束。這種時候，他是一位慈愛的長輩，是值得敬重的老
師。通過聊天，隨行人員增長了很多知識。

毛澤東爬山，有毅力，風雨無阻，堅持鍛煉，說得到就做得到，要改變
他的主意很難。說今天下雨，不上山了。他說，去，帶上雨傘。說路滑，他
說拄上竹棍。

保健醫生徐濤回憶："有這麼一天，主席比較早就醒了。他對我說：'我

現在想爬山。'我建議他去爬丁家山。這是劉莊旁邊的一座小山。主席説：'我不爬小山，要爬大山。'我去找葉子龍、汪東興、羅瑞卿、王芳商量，大家覺得還是爬丁家山。主席一聽，這麼多人都不同意他爬大山，只好聽從。丁家山不高，大概有一二百級台階。主席爬的時候，跟走平路似的，一會兒就爬完了，沒有盡興。第二天，主席睡醒以後還要爬山。我們商量後，建議他爬桃花嶺。以後，又爬了寶石山、梯雲嶺、葛嶺、棲霞嶺等。這些山比丁家山高一些，大約是海拔二百米。再以後，還爬了炮台山、鳳凰山、獅峰、天竺山等。在制定憲法的繁重工作中，主席抽時間堅持爬山，充分體現了一位偉人的毅力和胸懷。這是主席在建國以後規模最大、時間最集中，也是最有特殊風格的一次爬山活動。"⑥

毛澤東每每登上山頂，就會即興寫下一些詩作，只是這些詩在他生前沒發表過，所以不像毛主席別的詩詞那樣婦孺皆知。

如一首五律《看山》，很是精緻可人：

三上北高峰，
杭州一望空。
飛鳳亭邊樹，
桃花嶺上風。
熱來尋扇子，
冷去對佳人。
一片飄下，
歡迎有晚鷹。

他在這首作品裡，把"飛鳳亭"、"桃花嶺"、"扇子嶺"、"美人峰"這些北高峰附近的風景名勝都囊括入詩。

又如《莫干山》：

翻身復進七人房，
回首峰巒入莽蒼。

1954年4月，毛澤東和程潛等在北京昌平遊明十三陵長陵時小憩，右側臥者為毛澤東。

1954年4月，毛澤東在北京昌平十三陵。

1954年4月，毛澤東在北京昌平十三陵。

1954年4月21日，毛澤東在河北秦皇島山海關城樓。

四十八盤才走過，

風馳又已到錢塘。

這首詩裡的"七人房"是毛澤東使用的臥車，裡面可以坐七個人，就被他戲稱作"七人房"。

還有七絕《五雲山》：

五雲山上五雲飛，

遠接群峰近拂堤。

若問杭州何處好，

此中聽得野鶯啼。

詩作表現出了傳統文人的雅致。

2月6日到10日，中共中央在北京召開七屆四中全會，揭露了高、饒的問題，通過了毛澤東主持起草的《關於增強黨的團結的決議》。而毛澤東在杭州和小組成員夜以繼日地工作，到2月中旬，拿出了憲法初稿、二讀稿和三讀稿。

2月17日晚，劉少奇打電話通知毛澤東，高崗中午自殺未遂和政治局討論的意見。[7]

2月28日，毛澤東對周恩來在高崗問題座談會上的發言提綱做了修改和批示，其中指出："高崗的這種黑暗面的發展，使他一步一步地變成了資產階級在我們黨內的代理人。高崗在最近時期的反黨行為，就是他的黑暗面發展的必然結果，同時也就是資產階級在過渡時期企圖分裂、破壞和腐化我們黨的一種反映。"

3月9日，憲法起草工作基本結束。3月12日，毛澤東登上玉皇山。14日，他乘專列離開杭州前往無錫。15日凌晨，在陳毅的陪同下，毛澤東來到太湖邊看日出。回來後，他向陳毅忽發感慨："伸手豈止高饒？"[8]

3月17日，毛澤東回到了北京。23日，毛澤東主持召開了憲法起草委員會第一次會議。

1954年3月14日，毛澤東在江蘇無錫太湖邊看日出。

日內瓦會議，是新中國成立以來第一次以大國身份參加的重要國際會議。毛澤東說："在日內瓦，我們抓住了和平這個口號，就是我們要和平。而美國人抓不住這個東西，它就是要打，這樣，它就很說不過去了，沒有道理了。"

4月19日，毛澤東任命政務院總理兼外交部長周恩來為出席日內瓦會議的中國代表團首席代表，外交部副部長張聞天、李克農為代表。當晚，毛澤東與劉少奇、周恩來、陳雲、彭德懷、鄧小平最後一次研究日內瓦問題，謀定而後動。

同抗美援朝相比，建國初期的"援越抗法"有些鮮為人知。1945年9月越南民主共和國成立後，法國在越南南方重新發動殖民戰爭。1950年1月，胡志明主席訪問中國，向中共中央提出了援越抗法的請求。中共中央和毛澤東毅然答應胡志明的要求，派陳賡為中共中央代表協助打通邊界交通；羅貴波為常駐越南的中共代表；同時派遣以韋國清為團長，梅嘉生、鄧逸凡為副團長的軍事顧問團，協助越南人民軍進行軍隊建設和作戰指揮。

1950年以後，越南戰局開始發生有利於越南民主共和國的變化，由於法國遠征軍屢遭失敗，美國想乘機插手，取代法國在印度支那的霸權。1954年1月，蘇、美、英、法外長會議在德國柏林舉行，決定4月間在瑞士日內瓦舉行討論朝鮮問題和印度支那問題的會議，蘇、美、英、法、中五國參加會議的全過程。會議委託蘇聯政府將這個建議轉告中國政府。3月3日，中國政府正式答覆蘇聯政府，接受邀請，派全權代表參加日內瓦會議。

這是新中國成立以來第一次以大國身份參加的重要國際會議。4月26日，日內瓦會議在國聯大廈正式開幕，先是討論朝鮮問題。由於美國沒有達成協議的任何誠意，甚至就是想要達不成任何協議，會開了五十一天一無所獲。但在恢復印度支那和平問題上，日內瓦會議卻取得了突破性成果。5月7日，越南軍隊攻克了包圍三個月又打了三個月的奠邊府，殲滅法軍一萬六

1954年4月11日，毛澤東、楊尚昆等視察北京官廳水庫。（徐肖冰 攝）

千人，沉重打擊了法軍，使法國更加急迫地要在日內瓦達成停火協議。毛澤東根據長期革命鬥爭的經驗，建議越南人民軍抓住這一有利時機，積極擴大戰果，切不可消極等待會議談判的結果。

到 5 月，全國上下共八千多人對憲法草案進行了廣泛討論，提出的意見、疑問共兩千九百多條。6 月 16 日，《人民日報》發表了題為《在全國人民中廣泛地開展討論中華人民共和國憲法草案》的社論，於是，全國範圍的討論普遍展開，有一億五千多萬人討論了三個月。廣大人民群眾熱烈擁護這個憲法草案，同時提出了很多修改和補充意見，憲法起草委員會就這些意見對草案進行了再度修改。

與此同時，全國政協和各省市黨政機關，軍隊領導機關，以及各民主黨派和各人民團體的地方組織，用了兩個多月時間對憲法草案（初稿）進行討論，提出各種修改意見五千九百多條。

在這一段時間裡，毛澤東一直關注著對憲法草案的討論情況，隨時由田家英向他彙報。憲法起草委員會辦公室的工作也特別忙碌。他們要隨時收

1954年，憲法起草委員會籌備會全體代表合影。前排左起：林伯渠、司徒美堂、李濟深、朱德、毛澤東、張瀾、劉少奇、何香凝、高崗。

集、整理和研究從各個方面報來的大量修改意見、建議以及提出的種種疑問，為憲法起草委員會做準備。

　　6月14日，毛澤東主持召開中央人民政府委員會第三十次會議，一致通過了《中華人民共和國憲法草案》和《關於公佈中華人民共和國憲法草案的決議》。

　　表決前，李濟深、宋慶齡、張瀾、黃炎培等二十一人發言。他們認為：中國人民要求立憲行憲已經有五六十年了，但是從來不曾有過真正民主的憲法。如今，中國人民多年來流血奮鬥所尋求的目的，由於中國共產黨和毛主席英明正確的領導，就要如願以償了。這將是中國自有歷史以來第一部人民的憲法，是真正的名副其實的人民憲法，也是領導中國人民走上社會主義大道的憲法。在憲法草案中體現了建設性、和平性、團結性和進步性。張治中在發言中，用三句話概括了這部憲法草案的特點："第一，結構謹嚴而明確；第二，內容完整而充實；第三，措詞簡易而明確。"⑨

最後，毛澤東作了《關於中華人民共和國憲法草案》的講話："這個憲法草案，看樣子是得人心的。""經過討論，證實了憲法草案初稿的基本條文、基本原則，是大家贊成的。草案初稿中一切正確的東西，都保留下來了。少數領導人的意見，得到幾千人的贊成，可見是有道理的，是合用的，是可以實行的。這樣，我們就有信心了。"毛澤東認為，這次起草憲法草案的一個成功經驗，是採取了領導機關的意見和廣大群眾的意見相結合的方法。今後，一切重要的立法都要採用這個方法。

在講話的最後，毛澤東解釋了一個問題："有人說，憲法草案中刪掉個別條文是由於有些人特別謙虛。不能這樣解釋。這不是謙虛，而是因為那樣寫不適當，不合理，不科學。在我們這樣的人民民主國家裡，不應當寫那樣不適當的條文。不是本來應當寫而因為謙虛才不寫。科學沒有甚麼謙虛不謙虛的問題。搞憲法是搞科學。"

在憲法較早的稿子上有一條："中華人民共和國主席為國家之元首。"毛澤東所指的就是這一條。所謂謙虛不謙虛的問題，也是就傅作義發言中關於這個條文的意見而做的說明。傅作義在發言中說："最後，我願意提到，在召集人會議上，大家一致同意寫上一條：中華人民共和國主席是國家元首。可是被毛主席抹去了。但是這並不能抹去億萬人民衷心的愛戴。愈謙遜愈偉大，愈偉大愈謙遜。"⑩

會議結束的當天，《中華人民共和國憲法草案》正式公佈，鄭重地交付全國人民討論並徵求意見。

日內瓦會議談判解決印度支那問題，當時簽訂協議的障礙仍是美國，它想阻撓破壞拖延時間，達到自己捲入戰爭並取代法國殖民地位的目的。6月17日，法國內閣變動，主張和平解決印度支那問題的孟戴斯·弗朗斯上台，對和談起到了有利的作用。法國新政府表示，只要印度支那停戰，一定要跟中華人民共和國、越南民主共和國友好。

日內瓦會議休會後，7月6日，周恩來一行回到北京。當晚，毛澤東在

1954年，毛澤東在人大會議報到處簽到。

1954年，毛澤東、周恩來在人大會議上。

中南海住處召開會議，同劉少奇、朱德、陳雲、鄧小平一起，聽取周恩來關於日內瓦會議進展情況的彙報。毛澤東說："在日內瓦，我們抓住了和平這個口號，就是我們要和平。而美國人抓不住這個東西，它就是要打，這樣，它就很說不過去了，沒有道理了。"對於印度支那，"美國人要藉這個地方做文章，藉這個地方擴大戰爭，繼續打下去。這個問題是牽動很大的，牽動了東南亞，牽動了亞洲、歐洲、美洲（比如加拿大）和澳洲。所以，有很多人就同意和平。"[11]

　　周恩來一行返回日內瓦後，多方協調立場，7月21日，越法交戰雙方司令部代表分別在越南、老撾、柬埔寨三個《停止敵對協定》上簽字，印度

1954年，日內瓦會議休會期間，周恩來返回北京，劉少奇到機場迎接。

支那問題得到了和平解決。美國代表無法阻止會議進程,但拒絕參加會議的最後宣言。但中美之間還是就兩國僑民和留學生問題進行了五次接觸,並在會議後繼續進行了領事級會談,一年後又升格為大使級談判,並持續了十多年,為以後的中美恢復邦交埋下了伏筆。

"蕭瑟秋風今又是,換了人間!"

7月26日凌晨,為了主持全國人大一次會議的籌備工作並審閱憲法草案,毛澤東離開北京去北戴河,在中直療養院一號平房住下。在北戴河,毛澤東每天都會在沙灘上漫步,嘴裡念念有詞:"東臨碣石,以觀滄海。水何澹澹,山島竦峙。樹木叢生,百草豐茂。秋風蕭瑟,洪波湧起。日月之行,若出其中。星漢燦爛,若出其裡。幸甚至哉,歌以詠志。"反覆地念,許多衛士都記住了。

一天晚上,毛澤東與衛士們談起這首詩,說這是曹操的詩:《觀滄海》。曹操統一中國北方,改革了東漢的許多惡政,是個了不起的政治家、軍事家,也是個了不起的詩人。說曹操是白臉奸臣,書上這麼寫,劇裡這麼演,老百姓這麼說,那是封建正統觀念製造的冤案。還有那些反動士族,他們是封建文化的壟斷者,他們寫東西就是維護封建正統。這個案要翻。面對大海,毛澤東有了詩興。

31日,他冒著大風到北戴河海灘游泳,回來後開始構思,最終寫就了《浪淘沙·北戴河》這首名作:

大雨落幽燕,

白浪滔天,

秦皇島外打魚船。

一片汪洋都不見,

知向誰邊?

往事越千年,

1954年7月，毛澤東在河北
省秦皇島市北戴河海濱。

1954年7月，毛澤東與陳雲在河
北省秦皇島市北戴河住地。

魏武揮鞭，

東臨碣石有遺篇。

蕭瑟秋風今又是，

換了人間。

8月4日，中共中央華南局給中央一個電報，說廣東省人民代表大會有代表提出提案，請全國人民代表大會授予毛澤東主席最高榮譽勳章。中共中央秘書長鄧小平接到這份電報，立即送毛澤東。6日，毛澤東在這份電報上批示："請即覆不要通過此項提案。"在全民討論中，還有人提議把這部憲法命名為"毛澤東憲法"，也被毛澤東拒絕了。

每天工作之餘，毛澤東都想去游一次泳。他說："游泳的一大好處就是可以不想事。吃安眠藥做不到，其餘吃飯、散步、看戲、跳舞都做不到。游泳就可以不想事，一想事就會往下沉，就會喝涼水。"

毛澤東游泳喜歡熱鬧，尤其喜歡和年輕小伙子姑娘們成群結夥地游。這時他便會精神抖擻，談笑風生。他側泳仰泳，自然輕鬆，一邊游一邊和年輕人聊天，興致極高。他還喜歡同年輕人比賽，但不比速度，而是比耐力，比持久，比堅持時間長，比游得遠。許多人游不了多久就得上船喘口氣，然後再下水陪毛澤東游。毛澤東每次游泳只下一次水，下去就要游個夠。不夠不上岸，上了岸便不再下水。無論走路游泳，他都是那句話："我這個人不喜歡幹回頭事。"

有一回，毛澤東游得很遠很遠，遇上一條漁船。毛澤東見有漁民，便不再游泳，痛痛快快爬上了船，不等擦乾身體便迫不及待跟老漁民喊話聊天。老漁民沒有認出毛澤東。這不奇怪，他何曾見過毛主席光著身子的形象？於是，那聊天便完全是社會上普通人聊天的氣氛了。大家很難見到毛澤東如那次聊天那麼開心，樂而忘返。從年齡身體聊到吃喝穿戴，從魚鱉蝦蟹聊到五穀雜糧，從小小漁船聊到鍋台炕頭，從老婆孩子聊到國民黨共產黨。你問我答，我問你答。正經話玩笑話都說，又逗又喊又笑。毛澤東高興得手舞足蹈。

老漁民陪不起工夫，要走。毛澤東不放，追著喊多聊聊，並說要把他船

1954年7月，毛澤東在河北省秦皇島市北戴河海濱游泳。

1954年，毛澤東在河北省秦皇島市北戴河海濱散步。

上的螃蟹全買了。老漁民不信，毛澤東讓他跟自己一道走，一手交錢一手交貨。並說，就要聽聽你那個互助組為啥不團結。就這樣一路聊來。上得岸，一手交錢一手交貨，然後同老漁民握手道別。老漁民直嘀咕今天很走運，卻始終不知道讓他走運的人是誰。

毛澤東讓衛士把螃蟹送伙房全蒸了，在第二浴場弄個長桌子，倒滿一桌。毛澤東開心地喊著："來來來，今天我請客，我請客啊！"二三十個工作人員全是泳衣泳褲，來到長桌旁。毛澤東抓起一隻螃蟹，一掰兩半，張嘴就是一口。蟹黃淋淋漓漓沾了滿手滿臉。他一邊大嚼一邊喊："還不動手？別裝正經了！"

大家哄然而笑，立刻圍上去抓螃蟹，學著毛澤東扯開螃蟹便咬，一邊大嚼，一邊互相逗鬧，甭提多麼熱烈開心了。一個個都吃成大花臉，互相你看我，我笑你，你捅他，樂個沒夠。毛澤東心血來潮："嘿，咱們合個影吧？照張相！""噢！"大家一鬨而起，立刻包圍了毛澤東。簇擁著，就那麼光不溜秋，隨隨便便，熱熱鬧鬧地讓侯波給合了一張影。

工作之餘，毛澤東最怕孤寂，希望身邊的工作人員能表現得隨便些，可以開玩笑、起鬨、罵娘，造成一種真正的社會生活的空氣。如果大家規規矩矩、老老實實，他簡直無法忍受。所以工作之餘，身邊工作人員在他面前都表現得很隨便，甚至有時候故意放肆一點，逗他開心。

後來接連幾天大風大雨，大海裡巨浪轟鳴，萬馬奔騰。面對此情此景，毛澤東顯得很激動，要去游泳。但大家擔心他的安全，連說風大浪高，不同意他去游。毛澤東一再要求，大家死死堅守。毛澤東幾乎每天都要"鬧"一次，每次都被大家團結一致地頂住了。

這天，雨終於停了，但風浪依舊非常大！負責測溫的同志報告，水溫不到二十度。毛澤東卻不顧眾人勸阻，赤身向海邊走去。衛士們一起擁到毛澤東身邊，手挽手，身貼身，前呼後擁衝向大海。

"趕浪，我們趕浪。"毛澤東進入海水中，加快步伐。一個一人高的浪頭劈頭蓋臉壓下來。轟然一聲巨響，一群人都歪倒在沙灘上，竟被那浪打出四五米遠。毛澤東在衛士的攙扶下站立起來，召喚大家向海浪繼續發起衝擊，可是每次都被浪潮打了回來。

毛澤東見大家又有些為他擔心，問道："這點浪比劉戡的四個半旅還難闖嗎？""你們是不是覺得跟我走太危險？你們要是害怕，我可以另外組織人。"大家一聽，又游進大海！時而躍上波峰，時而跌下浪谷，都拚盡全力向毛澤東靠攏，要升一起升，要沉一起沉。拿了救生圈的人更是隨時準備應付意外。

"你們不要緊張，現在是漲潮，我們只會被沖上岸，不會被拖進大海回不來。"毛澤東仍是一副輕鬆自在的安閑樣子，隨波起伏，邊游邊說："你們正年輕，要經風雨見世面。不要做溫室裡的花草，要在大風大浪中鍛煉成長。"

8 月 17 日凌晨三時許，高崗在寓所吞服安眠藥自殺。上午，羅瑞卿向正在北戴河休養的毛澤東主席專程做了彙報。[12]

8 月 20 日，毛澤東離開北戴河，回到了北京。

會見英國前首相艾德禮，是毛澤東在新中國成立以來第一次向西方大國的政界要人發表長篇談話，詳細闡明中國的和平外交政策和在重大國際問題上的基本立場。

8 月 24 日下午，毛澤東在中南海勤政殿，會見了前來中國訪問的英國前首相艾德禮率領的工黨代表團，同艾德禮進行了長達三個小時的談話。

艾德禮問："你們能不能與這樣的社會主義（指工黨的社會主義）和平共處和合作？"毛澤東明確地回答："我認為可以和平共處。"並對和平共處做了進一步的引申："這裡發生一個問題，難道只能和這種社會主義共處，不可以和別的事物共處嗎？和非社會主義的事物，像資本主義、帝國主義、封建王國等共處嗎？我認為，回答也是肯定的，只需要一個條件，就是雙方願意共處。為甚麼呢？因為我們認為，不同的制度是可以和平共處的。""我們走的是兩條路。讓我們做朋友吧，不僅在經濟上合作，而且在政治上也合作。在日內瓦會議上，中、蘇、英、法四國，還有越南民主共和國，就能合作，因為我們有共同要求。"

艾德禮又問："你看國際形勢可能怎樣發展？"

毛澤東說："我看現在的國際形勢是好的，日內瓦會議以後有了一些改變。有些人批評說，你們到中國來會上當，主要是美國這樣說。我看你們以不聽他們的話為好。歷史是以若干年為單位來計算的，不能以一時的議論為準，不能聽那麼多。"

接著，毛澤東著重談了共同創造和平的國際環境問題："中國是一個正在開始改變面貌的落後國家，經濟上、文化上都比西方國家落後。但是現在正在開始改變面貌，已經取得了改變的可能性。中國是農業國，要變為工業國需要幾十年，需要各方面幫助，首先需要和平環境。經常打仗不好辦事，養許多兵是會妨礙經濟建設的。如果諸位同意的話，我們要繼續創造一個和平的國際環境。我想，這也是英國、法國所需要的。我們的國家現在還很窮，如果能得到幾十年和平就好了。"又說："有兩個基本條件使我們完全可以合作：一、都要和平，不願意打仗；二、各人搞自己的建設，因此也要做生意。和平、通商，這總是可以取得同意的，對不對？"

毛澤東對美國的亞洲政策及對華政策提出了批評，指出：太平洋不太平，根源主要在美國。他希望英國工黨的朋友們勸勸美國人："一、把第七艦隊拿走，不要管台灣的事，因為台灣是中國的地方；二、不要搞東南亞條約，這也是違反歷史的，要搞就搞集體和平公約；三、不要武裝日本，武裝日本的目的是反對中國和蘇聯，最後會害自己和西南太平洋各國，這是搬石頭打自己的腳，這種可能性是有的；四、不要武裝西德，武裝結果不是好事，也會是搬石頭打自己的腳。""希望美國也採取和平共處的政策。美國這樣的大國如果不要和平，我們就不得安寧，大家也不得安寧。"

這是毛澤東在新中國成立以來第一次向西方大國的政界要人發表長篇談話，詳細闡明中國的和平外交政策和在重大國際問題上的基本立場。

毛澤東對達賴喇嘛說："中央代表、解放軍、漢族幹部到西藏工作的目的，就是為了幫助西藏人民發展經濟文化，如果他們不是按這個原則辦事的話，你們可以直接找我，找周總理談，絲毫不用客氣。你們這次來，一定不能空著手回去……"

　　1954年9月14日，參加第一屆全國人民代表大會的代表都已雲集北京，中央人民政府委員會又召開臨時會議，對草案進行討論修改。在會上，毛澤東又提出兩條修改意見，一是建議把序言裡的"我國的第一個憲法"改

1954年8月下旬，毛澤東在北京中山公園中山堂接見北京市人代會代表，與末代皇帝溥儀的叔父愛新覺羅・載濤握手。

為《中華人民共和國憲法》。他説：過去中國的憲法有九個，從清朝的《憲法大綱》到建國初的《共同綱領》，因此不能説現在這個是"第一個憲法"。

另一個地方，是第三條第五款："各民族⋯⋯都有保持或者改革自己的風俗習慣和宗教信仰的自由。"代表中有人提出説不妥，改革"宗教"可以，改革"信仰"則不妥，而且第八十八條已經規定"中華人民共和國公民有宗教信仰自由"，這裡又説"改革宗教"，容易讓人誤解。於是這一條被改為"都有保持或者改革自己的風俗習慣的自由"。

1954 年 9 月 15 日，中華人民共和國第一屆全國人民代表大會第一次會議在北京中南海懷仁堂正式開幕。在一屆人大開幕時，毛澤東滿懷信心地鼓舞大家："我們的目的一定要達到。我們的目的一定能夠達到。"

9 月 20 日，大會以無記名方式投票，一致通過了《中華人民共和國憲法》。

1954年，毛澤東、彭真、周恩來、劉少奇、朱德走出懷仁堂。

1954年9月23日，周恩來在第一屆全國人民代表大會上發言。

　　這次會議選舉毛澤東為中華人民共和國主席、朱德為副主席，選舉劉少奇為全國人民代表大會常務委員會委員長。

　　西藏的達賴喇嘛和班禪喇嘛也一起到北京，出席第一屆全國人民代表大會，達賴喇嘛後來當選為全國人大常委會副委員長。1954 年 12 月第二屆全國政協召開，班禪當選為全國政協副主席。

　　本來"十七條協議"中規定要成立西藏軍政委員會，但到 1954 年各大行政區的軍政委員會相繼撤銷，而西藏又有人擔心軍政委員會會取代西藏地方政府，毛澤東就向達賴、班禪建議，直接籌備成立西藏自治區籌備委員會。1955 年 3 月 9 日，國務院批准西藏自治區籌備委員會成立，標誌著西藏的民主革命進入了一個新階段。

　　1955 年初，達賴和班禪即將離京回藏，毛澤東再次接見他們。當時是

1954年9月11日，毛澤東在全國人大一屆一次會議上與青海代表、中國佛教協會第一副會長、代理會長喜饒嘉措談話。

晚上十一點多，毛澤東正躺在床上看報，聽說達賴要來辭行，連衣服也沒換就出來接見。他與達賴握手後表示歉意：“實在對不起，讓副委員長久等了。我剛才接到報告，說你要來看我，我説那怎麼行，理當我為你送行。這麼晚了，沒影響你誦經，影響你休息吧？”達賴説：“毛主席，真對不起，打擾您休息了，毛主席這樣關心我，愛護我……”説著説著，他的眼眶都濕潤了。

毛澤東給他鼓勁：“中央代表、解放軍、漢族幹部到西藏工作的目的，就是為了幫助西藏人民發展經濟文化，如果他們不是按這個原則辦事的話，你們可以直接找我，找周總理談，絲毫不用客氣。你們這次來，一定不能空著手回去……”

在他的指示下，中央向達賴和班禪贈送了大批農機具。達賴喇嘛當時非常感動，回到拉薩後以《毛澤東頌》為題，專門寫了歌頌毛澤東的組詩。⑬

正在編制"一五"計劃的毛澤東，當時很關心美國資本主義發展速度比歐洲各國要快的事實。他不僅向林一山，也向許多同志打聽過美國的情況，尤其是體制問題。

　　1954 年 10 月 31 日凌晨三時，毛澤東在中南海頤年堂召集中共中央政治局會議，討論了國民經濟第一個五年計劃的制定和對高、饒事件的決議，並提出在 1956 年召開黨的第八次代表大會。會後，毛澤東、劉少奇、李富春、蔡暢、陳伯達、羅瑞卿等七十七人和隨衛部隊一百八十二人從北京乘專列去廣州。

　　11 月，毛澤東、劉少奇、周恩來基本都在廣州小島賓館，審議修改《中華人民共和國發展國民經濟的第一個五年計劃草案（初稿）》。11 月 24 日，毛澤東、劉少奇、周恩來同乘火車離開廣州，25 日晚到武漢。

　　那時還沒建東湖招待所，武漢市委選了岡村寧次住過的一幢小樓，給毛澤東住。那幢樓裡有個土暖氣，算是額外接待。在這幢樓旁邊有一排平房，劉少奇、周恩來、羅瑞卿每人住一間。這些房子沒有暖氣設備，每間設了一個火盆。

　　聽取了武漢市委的簡單彙報後，晚飯地點在住宅旁邊臨廚房的側室。這是一個長方形不足二十平米的小房，因為還有別的什物，房裡擺不下方桌，便擺了兩張長條桌，條桌的一側放些板凳，便是主客的座位；條桌的另一側，是去廚房的通道，廚師們由這條通道上飯上菜。

　　晚飯的主食是餃子，炒紅菜薹、炒豆腐、紅燒肉等共四五盤菜。外有辣椒，湯就是餃子湯。毛澤東一行對這頓飯看來是滿意的，不但辣椒催汗，廚房裡的蒸汽噴湧而來，也起了催汗作用。毛澤東抹嘴擦汗。劉少奇打趣說："熱氣騰騰，蒸蒸日上！"

　　26 日晚七時，毛澤東一行離開武漢。但長江水利委員會主任林一山忽然接到電話通知，要他馬上趕到漢口車站。

　　上了火車後，毛澤東讓他彙報長江三峽水利樞紐工程的建設問題。當林

1954年10月18日，國防委員會第一次會議全體委員合影。前排左起：龍雲、張治中、葉劍英、徐向前、鄧小平、劉伯承、朱德、毛澤東、彭德懷、賀龍、羅榮桓、聶榮臻、程潛、傅作義。

一山提到"片麻岩"這個詞時，劉少奇問："甚麼是片麻岩？"毛澤東面帶笑容，伸出五個手指向劉少奇晃動著："好了！好了！片麻岩是花崗岩的變質岩，在片麻岩地區選壩址是沒有風化問題的。"林一山感覺到毛澤東了解許多地質情況，掌握了不少地質知識，概念也很清楚。

晚十時，車到湖北廣水車站，周恩來對林一山說："彙報完了，你可以回去了。"林一山表示天氣很冷，又沒有南下的列車，已經回不去了。毛澤東笑道："不要走了，我們聊天吧。"

於是，兩人繼續攀談著，毛澤東問："你看，美國就總的條件和我國相比，怎麼樣？"林一山認為：我國和美國的條件都不錯，各有所長，而我國可能稍微優於美國。毛澤東很有興趣地追問為甚麼，林一山做了比較，著重說明了我國所跨的緯度適合人民居住條件的比美國寬廣，亞熱帶面積也比美

1954年12月21日至25日，政協第二屆全國委員會第一次全體會議在北京舉行。會議推舉毛澤東為政協名譽主席，選舉周恩來為主席。圖為毛澤東、周恩來、李維漢在會議主席台上。

國大。我國的可耕地面積不如美國多，這是由於山多，而山多則礦藏豐富，地下資源得天獨厚。

正在編制"一五"計劃的毛澤東，當時很關心美國資本主義發展速度比歐洲各國要快的事實。他不僅向林一山，也向許多同志打聽過美國的情況，尤其是體制問題。他認為：美國沒有遭受大戰的摧殘，在經濟體制上又沒有西歐國家的許多條條框框，州議會都有獨立的立法權，為資本主義的發展創造了條件。他在考慮中國的體制發展問題，如何發揮社會主義制度的優越性。

11 月 28 日，毛澤東回到北京。他已經將工作重點轉移到了工業化、農業化和贖買資產階級這"三大改造"問題之上。

---

① 《領袖在河北》，中共黨史出版社 1993 年 1 月第 1 版，第 80 頁。

② 《毛澤東之路——畫說毛澤東和他的戰友》，長江文藝出版社 2004 年 12 月第 1 版，第 369 頁。

③ 《楊尚昆日記》（上卷），中央文獻出版社 2001 年 9 月第 1 版，第 89 頁。

④ 《領袖在浙江》，中共黨史出版社 1993 年 11 月第 1 版，第 5 頁。

⑤ 《毛澤東傳（1949—1976）》，中央文獻出版社 2003 年 12 月第 1 版，第 324 頁。

⑥ 《毛澤東傳（1949—1976）》，中央文獻出版社 2003 年 12 月第 1 版，第 328—329 頁。

⑦ 《楊尚昆日記》（上卷），中央文獻出版社 2001 年 9 月第 1 版，第 106 頁。

⑧ 袁德金：《毛澤東與陳毅》，中國青年出版社 2008 年 1 月第 1 版，第 222 頁。

⑨ 《毛澤東傳（1949—1976）》，中央文獻出版社 2003 年 12 月第 1 版，第 332 頁。

⑩ 《毛澤東之路——畫說毛澤東和他的戰友》，長江文藝出版社 2004 年 12 月第 1 版，第 369 頁。

⑪ 《毛澤東傳（1949—1976）》，中央文獻出版社 2003 年 12 月第 1 版，第 559 頁。

⑫ 《高崗傳》，陝西人民出版社 2011 年 7 月第 1 版，第 331 頁。

⑬ 《毛澤東之路——畫說毛澤東和他的戰友》，長江文藝出版社 2004 年 12 月第 1 版，第 396 頁。

第七章

1955

三大改造

趙樹理直言不諱地講："現在農民沒有互助合作的積極性，只有個體生產的積極性。" 毛澤東受到啟發，他指出：既要有農業生產合作社，也要有互助組和單幹戶。既要保護互助合作的積極性，也要保護個體農民單幹的積極性。既要防右，又要防"左"。

1950 年 6 月 28 日，中央人民政府委員會第八次會議通過了《中華人民共和國土地改革法》，土改運動在新解放區全面展開。到 1953 年春，全國有三億（當時共四點五億人）無地少地的農民無償分得了約七億畝土地和大量生產資料，成為土地的主人。

1951 年春夏，圍繞山西發展農業生產互助合作問題，毛澤東和劉少奇等人出現了一場爭論。劉少奇認為，先讓農村個體經濟再發展一段時間，富農也讓他發展，這樣有利於整個農村經濟的發展，等到國家工業化建設能提供大批農業機器的時候，可以依靠政權力量，下個命令剝奪它，一舉實現集體化。他的意見在黨內有相當的代表性。

毛澤東很快知道了這件事，明確表示不贊成劉少奇和華北局的意見。他認為：一家一戶的農村經濟體制極大地阻礙了農業生產力的提高，要想徹底擺脫貧困是很難的。要想實現農業的機械化、半機械化，大量提供農業和農副產品，必須把農民引上集體化的道路，他把這看做是土改之後農民和農業的第二次偉大變革。

中國的農業合作化運動，毛澤東一貫主張從低級到高級，採取自願互利的原則，通過示範試驗，將農民引上社會主義道路。他創造了從互助組到初級社、高級社的形式。

但毛澤東對農民這種小私有者的特點，並非一點都不顧及，多次指出不能忽視和粗暴地挫折農民這種個體經濟的積極性。1951 年 9 月全國第一次互助合作會議召開時，毛澤東讓負責文件起草工作的陳伯達向熟悉農民的作家趙樹理徵求意見。趙樹理直言不諱地講："現在農民沒有互助合作的積極性，只有個體生產的積極性。"毛澤東從這個意見中受到了啟發。他說:"趙樹理的意見很好。草案不能只肯定農民的互助合作積極性,也要肯定農民的個體經濟積極性。我們既要有農業生產合作社,也要有互助組和單幹戶。既要保護互助合作的積極性,也要保護個體農民單幹的積極性。既要防右,又要防'左'。"①

1953 年 1 月初,在武漢主持中南局常務工作的鄧子恢奉調中央任農村工作部部長,他農村工作經驗非常豐富,是毛澤東親自點的將。1 月 17 日,他和杜潤生一起去向毛澤東報到。毛澤東對他說:"子恢同志,調你來作農村'統帥'。中央農村工作部的任務,是在十年到十五年或更長些時間內,完成農業社會化,配合國家的工業化,實現農業集體化,即把農民組織起來,經過互助合作,過渡到集體農莊。"

當時毛澤東給出的時間表,是"十年到十五年或更長些時間",但後來的發展是,只用了兩三年。

1953 年、1954 年,合作化處於普遍試辦階段,到 1954 年秋發展到近十萬個,比 1953 年冬的一點四萬個增加了七倍多。10 月,中央肯定初級社是發展互助合作的主要環節,批准了 1955 年發展到六十萬個,合作化進入大發展階段。由於 1954 年中國部分地區遭受水災減產,國家卻多購了七十億斤糧食,農民有意見,再加上部分地區合作社發展過猛,違反了自願互利原則,在 1955 年春,全國農村不同地區出現了程度不同的緊張情況。

這一情況讓毛澤東很憂慮,他非常迫切地想了解到農村基層的真實情況。怎麼辦呢?他想了個辦法,就是讓自己的衛士們回家探親,同時帶著回鄉搞調查研究的任務。

1955 年 3 月 5 日,毛澤東將衛士長李銀橋從家鄉帶回的一封群眾來信轉給河北省委書記林鐵。信中反映河北安平縣的一個村子,在農業合作化當中,簡單地用"跟共產黨走,還是跟老蔣走"一類的大帽子壓群眾入社。毛澤東對此致信林鐵:"這是我的衛士回他的家鄉安平縣從那裡帶回的一封信。這種情況恐怕不止安平縣一個鄉裡有,很值得注意。"

面對農村緊張情況,毛澤東決定調整農業生產合作社的發展步子,多次聽鄧子恢、陳伯達、廖魯言、杜潤生彙報工作。據杜潤生回憶:"在三

1953年6月28日，毛澤東在北京朝陽區大屯鄉魚池村視察。

1954年冬，毛澤東在北京順義試推農民的水車。

月八日，鄧子恢還跟我說，毛澤東囑咐要重視黨和農民的關係，農民負擔很重；五年實現合作化步子太快，有許多農民入社，並不是真正自願的。五七年以前三分之一的農民和土地入社就可以了，不一定要求達到百分之五十。" ②

中共中央對上述情況，提出"停、縮、發"的方針，解決大發展中出現的問題。1955 年 3、4 月間，全國初級社發展到六十七萬個。經過整頓，全國縮編了兩萬多個合作社，鞏固了六十五萬個，急躁冒進的傾向得到遏制。

羅瑞卿從北京打來緊急電話，向毛澤東彙報"克什米爾公主號"飛機失事的消息。當晚，毛澤東吃了安眠藥也沒有睡著。他取消了所有活動，專候參加亞非會議的代表團出發的消息。直到 4 月 14 日早晨，周恩來一行出發了，毛澤東才放下心來。

4 月 5 日晚，毛澤東在住處召集中共中央政治局會議，周恩來彙報參加亞非會議的準備情況。印度、緬甸、錫蘭（今斯里蘭卡）、印度尼西亞、巴基斯坦五國總理倡議召開亞非會議，並向中國政府發出了邀請，中國表示接受並做出了積極回應。中國代表團首席代表周恩來，代表有陳毅、葉季壯、章漢夫、黃鎮，顧問有廖承志、楊奇清、喬冠華等人。周恩來 3 月份患急性闌尾炎住院開刀，28 日才出院，病體還未恢復就踏上了征程。

4 月 6 日晚，毛澤東在中南海瀛台參觀全國手工業合作總社革新成果展覽。凌晨時分，他和葉子龍、田家英、林克、江青等人登上專列，沿京廣線南下。4 月 7 日，毛澤東在列車上讓剛剛探家歸隊的衛士李家驥向他彙報在老家農村調查研究的情況，李家驥彙報到新富裕中農時，毛澤東表示出極大的興趣。李家驥舉他姑姑家的情況，她兒子當了幹部，本來有糧食，卻把糧食埋起來，在外邊放風說沒有糧。毛澤東很關切，李家驥說，富裕中農有一半是這種情況，一般農民中有一部分維持有餘，一部分缺少農具，還有一部分缺糧。兩人談論了一個多小時。

4月8日在武漢停留後，10日晚，毛澤東到達杭州，住劉莊。杜潤生、袁成隆從杭州發出《關於浙江省農村情況的報告》。當時浙江省委已經採取了一些"下馬"措施，下糧食之馬，下合作之馬。而毛澤東此次南下，鐵路沿途看到麥子長得半人高，他認為不能說農民生產消極，生產消極的只有小部分。

4月11日深夜，羅瑞卿從北京打來緊急電話，向毛澤東彙報"克什米爾公主號"飛機失事的消息。亞非會議的地點定在印尼的萬隆。當時中國民航還沒有遠程飛機，代表團只能向印度航空公司租借一架"克什米爾公主號"飛機。4月7日代表團離開北京，第二天到達昆明，印度飛機不曾來過中國，只能在香港啟德機場等候。在昆明，他們得知國民黨特務準備在這架飛機上放置爆炸物，通知了印度和香港方面，並決定代表團成員改乘另一架飛機前往。

由於香港當局沒有對機場地勤人員進行檢查和監督，國民黨收買了機場檢修人員周駒，在"克什米爾公主號"機翼下放置了從台灣運去的定時炸彈，飛機起飛後五小時爆炸，中越代表團工作人員和中外記者十一人全部遇難。

毛澤東問清情況後，指示在京的領導人召開緊急會議。他說："恩來還在昆明嘛，台北的電台就迫不及待地報道他葬身海底了。真是司馬昭之心，自我暴露得路人皆知。敵人越是要阻撓和破壞，我們越是要去開好這個會。"當晚，毛澤東吃了安眠藥也沒有睡著。他取消了所有活動，專候代表團出發的消息。直到4月14日早晨，周恩來一行出發了，毛澤東才放下心來。③

4月17日，毛澤東離開杭州，18日到上海，主持中共上海局工作的柯慶施向毛澤東反映，他經過調查，縣、區、鄉三級幹部中，有百分之三十的人反映了農民要"自由"的情緒，不願搞社會主義。柯認為，這種情況，上面也有，省裡有，中央機關也有。柯的這個談話，對毛澤東觸動很大。4月19日，毛澤東回到北京。

八三四一部隊每年招收新兵的時候，毛澤東要求各個省都要招一點兒，要有點兒 "代表性"。這樣他們回家探親的時候順便做調查研究工作，範圍就比較廣了。

這次南下視察，毛澤東感覺在外地看到、聽到的情況，和在北京接觸的材料有很大不同，他的思想又悄然發生了變化。而鄧子恢等人在毛澤東外出期間召開了第三次全國農村工作會議，對毛澤東的這一思想變化還渾然不知。

1955 年春季以來農村中出現的緊張情況，主要來自兩方面的原因：一是糧食徵購過多，一是農業合作化的步子過快。對如何解決這個問題，毛澤東和鄧子恢有著不同的思路。毛澤東的主張是，在糧食問題上向農民讓步，減少徵購數量，以緩和同農民的緊張關係，以便在農業合作化方面加快步伐，增加農業生產，從根本上解決糧食問題。用毛澤東的話說，以減少糧食徵購換來個社會主義。毛澤東始終堅持，只有實現農業合作化，才能增加農業生產。

鄧子恢的看法不同，他主張在合作化問題上向農民讓步，以發揮農民的生產積極性，增加生產，解決糧食問題。他認為造成農村緊張，當前最突出的因素是糧食問題，但最根本的因素還是合作化運動中的問題，出亂子主要是在合作化方面。

5 月 1 日 "五一" 勞動節，在天安門城樓觀禮時，毛澤東對譚震林說："合作化還可以搞快點。"這是他釋放出來的第一個信號。5 月 5 日晚，毛澤東在頤年堂再次與鄧子恢談話，發出警告："不要重犯 1953 年大批解散合作社的那種錯誤，否則又要做檢討。"

5 月 9 日晚，毛澤東約見鄧子恢、廖魯言、李先念、陳國棟等人，周恩來在座。毛澤東提出，糧食原定徵購九百億斤，可考慮壓縮到八百七十億斤，為農業合作化打下基礎。他問鄧子恢："到 1957 年化個百分之四十，可不可以？"鄧子恢說："上次說三分之一，還是三分之一比較好。""三分之一也可以。"毛澤東沒再反對。但他還是表示了個人的看法："說農民生產情緒消極，那只是少部分的。我沿路看見，麥子長得半人高，生產消極嗎？！"④

1955 年 5 月 14 日，毛澤東在頤年堂給八三四一部隊一中隊戰士們講話。八三四一部隊每年招收新兵的時候，毛澤東要求各個省都要招一點兒，要有點兒"代表性"。這樣他們回家探親的時候順便做調查研究工作，範圍就比較廣了。他總是親自佈置，親自指導，手把手地教戰士們寫彙報材料，改錯別字。

那天，毛澤東先是講了黨的歷史，又談了當時的三大社會主義改造，言簡意賅，通俗易懂，戰士們聽得津津有味。他說："你們平均二十二三歲，十

1955年5月14日，毛澤東在頤年堂給八三四一部隊一中隊戰士們講話。

個五年計劃五十年，你們不過七十來歲，那時我就‘開會’去了，馬克思、恩格斯召集國際會議，請我去參加。”話音一落，大家都笑了。他能把生死問題談得大家都笑起來，給當時的人們留下了深刻的印象。

毛澤東向大家走進了一步，接著講道：“我想把你們的任務增加三個，不知同意不同意？”大家齊聲回答“同意”。毛主席扳起指頭：“一個是保衛工作，一個是學習，學文化，再加一項調查工作。以看家為名做調查工作，但是可不要説‘我是給毛主席警衛的，是毛主席派我來的’。我們擬了個章程，對人要謙虛，對父母對鄉村老百姓要尊重，要尊重區鄉幹部，別擺架子。調查甚麼？調查生產情況怎麼樣，吃的夠不夠……”

最後，毛澤東説：“我們這個地方代表六億人口，鄉村、城市、東南西北方都有。六億人口的代表非常重要，不要輕視自己，態度要好。你們團結好不好啊？要互相團結，不要打架，要打不要打出了血，打掉了牙……”

毛澤東為調查人員親筆題寫了《出差守則》：“1、保密，不要説這裡的情況。2、態度，不要擺架子。3、宣傳，解釋建設工業和實行社會主義的好處。4、警惕，不要上反革命分子的當。5、調查，生產、徵購、合作社、生活、對工作人員的意見。”

後來，一中隊的戰士們先後組織了六次調查，派出二百多人次，調查了二十三個省的部分農村和七個城市的居民。毛主席要大家勤給家裡寫信，兩個月寫一封，內容是有沒有吃的、生產情況、合作社情況，還要把回信拿給他看。⑤

“到中流擊水，浪遏飛舟！”

6月8日，毛澤東又離開北京去杭州。9日，他為天安門人民英雄紀念碑題了詞。10日，毛澤東到杭州，仍住劉莊招待所。

幾天後，他不顧身邊工作人員的激烈反對，到餘杭農村調查了解當地血吸蟲病發病情況，走進疫區農民家中，親自與農民交談。回杭州後的第二天，他把衛生部的負責同志請到杭州，專門研究消滅血吸蟲病、血絲蟲病，並很快派出血防人員到疫區進行調查，免費為疫區人民治病。

1955年，毛澤東在杭州玉皇山。

在杭州，除了散步、爬山，毛澤東還到南屏俱樂部室內游泳池和玉泉游泳池游泳。但游了幾次後，他發現游泳池門口老掛著"內部整修，暫停開放"的牌子，猜到是因為他來游泳掛出來的，心裡不安，從此再也不肯來游。

6月18日下午，毛澤東告別杭州，乘專列，19日晚到長沙，在大坨鋪機場專線停車休息。20日上午十時，他在羅瑞卿、汪東興、周小舟、省長程潛、語言學家楊樹達等人的陪同下，前往橫渡湘江。當時正值湘江水漲，好多人勸他不要去游了，但他很堅持。

1913年到1918年，毛澤東在湖南第一師範學校讀書的時候，就經常在湘江游泳，他的同學張昆弟在1917年9月25日的日記中寫道："昨日下午與毛潤之游泳，游泳後至嶽麓山蔡和森君居，時近黃昏，遂宿於此，夜談頗久。毛君潤之云：現在國民思想狹隘，安得國人有大哲學革命家、大倫理革命家，如俄之托爾斯泰其人，以洗滌國民之舊思想，開發新思想。"

1925年，毛澤東在長沙橘子洲頭眺望湘江，回憶當年求學的情景，寫下《沁園春·長沙》。

整整三十年後，毛澤東再次來到長沙，他要到湘江中再次找尋"到中流擊水，浪遏飛舟"的豪情。

十時三十分，毛澤東從長沙南郊的猴子石江面走下輪船，他時而側泳，時而仰泳，神態安閑，輕鬆自如，一直游了四十五分鐘。游完後，他上嶽麓山，重遊愛晚亭、雲麓宮、望湘亭，和湖南省教育廳廳長、當年的同學周世釗話舊。下山後，周世釗夜不能寐，作詩一首寄給毛澤東。1955年10月4

日，毛澤東給周世釗回信，附上七律一首：

> 春江浩蕩暫徘徊，
> 又踏層峰望眼開。
> 風起綠洲吹浪去，
> 雨從青野上山來。
> 尊前談笑人依舊，
> 域外雞蟲事可哀。
> 莫歎韶華容易逝，
> 卅年仍到赫曦台。

6月20日午夜，毛澤東離開長沙赴武漢，21日凌晨四時到武昌鮎魚套車站，聽取了湖北省委關於農村合作化情況的彙報。22日上午，到鄭州，聽取了河南省委工作彙報。毛澤東與黃河水利委員會主任王化雲會談時，談及修建三門峽水庫："黃河每年流入三門峽水庫十幾億噸泥沙，泥沙淤積怎麼辦？歷史上治理黃河有堵、疏的爭論，有兩種不同的治理辦法。"

中午在會議室吃飯，四菜一湯，其中有一個河南名產黃河鯉魚。河南省委第二書記吳芝圃向毛澤東介紹黃河鯉魚的特點，黃河鯉魚在三門峽只有一斤多重，肉很細，吃著很嫩，很好吃。毛澤東一邊吃一邊點頭稱讚："黃河鯉魚很香啊！"

鄧子恢一再堅持合作社只能增加到一百萬個，不能增加到一百三十萬個。他的態度引起了毛澤東的強烈不滿，毛澤東告訴鄧小平："鄧子恢的思想很頑固，要用大炮轟。"

6月23日下午，毛澤東回到北京。當晚，毛澤東就約見鄧子恢，提出原計劃1956年春耕前合作社發展到一百萬個，同現有的六十五萬個社比較只增加三十五萬個，似乎少了一點，可能需要增加到一百三十萬個，基本做到全國二十多萬個鄉都有一個社。毛澤東問鄧子恢，你怎麼看。鄧子恢説，回去考慮考慮。顯然，鄧子恢不想同意毛的意見，但看到毛的決心很大，難以説服，他不想硬頂，自己承受著巨大的壓力。他回去同農村合作部的負責同志一談，看法一致，認為還是要堅持一百萬個的原計劃。

第二天，鄧子恢又來見毛澤東，這次兩人談了五個多小時，發生了非常激烈的爭論。鄧子恢仍認為只能堅持一百萬個的原計劃，毛澤東認為應該發展到一百三十萬個。兩人的意見到最後也沒有統一。

鄧子恢為甚麼這麼堅持呢？主要有三條理由：一、整個合作化運動應與工業化的進度相適應；二、現有的六十五萬個社存在的問題很多，鞏固任務很繁重，要打好基礎；三、地區不平衡，幹部領導水平、群眾覺悟水平不同，應逐步推廣。他還認為：我們黨的幹部有這種特點，就是有任務都要超額完成。如果訂計劃超過一百萬個社，下面執行起來就會更多，結果會造成更多的合作社減產。

6月25日，胡志明率越南政府代表團訪華到達北京。一直到7月7日，毛澤東主要忙於外事活動，無暇過問合作社之事。

7月9日，劉少奇打電話給毛澤東的值班秘書，説鄧子恢對農業合作化問題有些意見，跟他説了，他準備向毛澤東談談，並建議召開中央書記處會議，讓鄧子恢參加。7月10日，毛澤東和劉少奇單獨進行了一個小時的交談，對合作化問題交換了意見。

7月11日中午十二時到下午六時許，毛澤東在頤年堂召集鄧子恢、廖魯言、劉建勳、杜潤生、陳伯達、陳正人、譚震林七人談話。鄧子恢做了檢討，同時解釋：“主席啊，我沒有説過‘砍’合作社。”毛澤東説：“你沒有説過‘砍’合作社，那我就放心了。我的話説得挖苦一些，沒有別的意思，就是希望你們今後注意。”會談結束，毛澤東還留大家吃了晚飯。

那次談話給一些當事人留下這樣一種印象：毛澤東與鄧子恢和解了，似乎事情已經過去。但到了7月15日，鄧子恢又找劉少奇反映，還是堅持一百萬為好，不同意一百三十萬。這引起了毛澤東的強烈不滿，他告訴鄧小平：“鄧子恢的思想很頑固，要用大炮轟。”[6]

　　7月18日，毛澤東致信中央農村工作部秘書長杜潤生，調閱四五月間召開的第三次全國農村工作會議的全部材料，其中包括鄧子恢的總結報告。

　　為了摸清農村的情況，毛澤東派他身邊的幾名警衛戰士回到自己的家鄉去做調查，有河南的、廣東的、廣西的、湖南的。7月19日，毛澤東看了他們的報告，而且對每個報告都寫了一些話。例如關於廣西防城縣一個村的調查報告說，該村糧食問題的反映主要是叫苦，而這些叫苦的絕大多數是單幹的中農。據了解，十戶叫苦的中農中沒有一戶是真正的苦。報告又說，與防城相鄰的欽縣，遭受大旱災，糧食恐慌，每人每天只能吃到一兩米，完全靠上山挖野生植物吃。毛澤東批道："中農叫苦是假的。欽縣大旱災。"毛澤東還表揚了一個關於湖南寧鄉縣的調查報告，說："此份報告寫得不錯。有分析，有例證。"

　　7月19、20、22日，毛澤東又連續三天，分三批聽取身邊警衛戰士回鄉探親的調查彙報，同他們座談。每一次彙報都在三個小時以上。毛澤東說："我想的這個辦法實在好，通過你們和廣大農民聯繫起來了，建立了關係。你們見到農村，我看到你們，就間接見到了農民，就離這麼遠（伸著三個指頭）。"

　　毛澤東一面看戰士們寫的調查報告，一面詢問情況，並同他們一起討論。彙報內容集中在三個問題上：糧食問題，合作社問題，基層幹部作風問題。他問一名戰士："你家參加合作社沒有？參加了合作社以後有沒有時間回家幹活？你家是不是比過去好一點？"他說："要分清中農多少，貧農多少，下次要調查他們的態度。"還說："新中農思想起了變化，不願參加合作社，老中農願參加合作社。"彙報會開得生動活潑，戰士們無拘無束地把自己想講的話都講出來了，毛澤東從他們那裡獲得一些關於農村合作化情況的第一手材料。

　　7月31日，中共中央召集的省市自治區黨委書記會議在北京中南海懷仁堂舉行，毛澤東作了《關於農業合作化問題》的報告。當時會議的氣氛是比較平和的，毛澤東作報告時也顯得輕鬆自如，批評"小腳女人"時還連說帶笑。可以想像，毛澤東十分自信地認為，他對農業合作化的形勢估計和指導方針是正確的，對"右傾錯誤"的批判也是正確的，對於指導合作化運動的一套政策和步驟已成竹在胸。⑦

　　會後，鄧子恢曾找劉少奇，仍堅持自己的意見。劉少奇勸他：要正確對待主席的批評。

　　與鄧子恢多次反覆爭論，說明當時毛澤東還是發揚了黨內民主，給了鄧子恢充分的發言權，但這次會議的結果，是將提出不同意見、主張在推進農業合作化的實際步驟和計劃上更穩當一些的鄧子恢等，說成是"站在資產階級、富農或者具有資本主義自發傾向的富裕中農的立場"。這個報告的基本指導思想是批判"右傾"，這樣一來，黨內正常的意見分歧被歸結為方針路線之爭，認識上的不同看法變成階級立場問題。在這樣的政治氣氛下，不同意見就很難再發表，關於用十八年的時間完成農業合作化的進程，實行起來勢必要打亂；關於合作化由互助組到初級社再到高級社這種逐步發展的步驟，也難以保證實施。

毛澤東去北戴河修改《關於農業合作化問題》的報告稿，他感歎道："中國社會主義建設的高潮就要到了，我們要到有潮水的地方去！"

　　8月3日下午，毛澤東與鄧子恢又談了兩個多小時。8月7日，毛澤東去北戴河，一面休息，一面修改《關於農業合作化問題》的報告稿。臨行前，他感歎道："好吧，我們到海邊去。中國社會主義建設的高潮就要到了，我們要到有潮水的地方去！"到北戴河後，他每天下午到海水浴場游泳三四個小時，晚上工作，直至次日凌晨兩三點鐘，有時到六七點鐘。⑧

　　9月5日，毛澤東從北戴河返回北京。6日，毛澤東主持中共中央政治局會議，討論農業合作化問題決議草案和農業生產合作社章程試行草案，直到12日凌晨四時，修改審閱完畢。9月14日，毛澤東再去北戴河。

　　9月中下旬的北戴河，氣候已漸漸進入中秋，秋風陣陣，不時給人幾絲寒意。然而毛澤東游泳的興致很高，每天下海，風雨無阻。有一天，大雨瓢潑，狂風捲起的巨浪一人多高，毛澤東還是下海游了十分鐘。

　　毛澤東再次到北戴河，主要是編輯《怎樣辦農業生產合作社》。他要全國各地送來的關於農村合作化運動的報告，讓廖魯言等農村工作部的同志從中找出一百二十篇典型材料，然後毛澤東親自對這一百二十篇報告進行加工整理，逐篇寫上按語，共寫了一百零四篇按語和兩篇序言，詳盡説明了農業合作化運動的方向、路線、方針、政策和辦法，闡述了農業合作化與文化革命、經濟建設的關係等重大問題。

他關起門，不會客，經常通宵達旦地幹，經過十一天的努力才完成了全部的編輯工作，每天睡眠都在四小時以下。衛士見他太勞累，勸他休息，他笑著説："人民群眾的社會主義熱情如此高漲，步伐如此之迅速，我睡不著覺呀！"

毛澤東非常看重這些來自全國各省、市、自治區的實際材料。他在這本書的序言中寫道："這些材料很有説服力，它們可以使那些對於這個運動到現在還是採取消極態度的人們積極起來，它們可以使那些到現在還不知道怎樣辦合作社的人們找到辦合作社的方法，它們更可以使那些動不動喜歡'砍掉'合作社的人們閉口無言。"

關於這部書的編輯情況，毛澤東自己總結："我用十一天的功夫，關了門，看了一百二十幾篇報告、文章。先是請廖魯言同志同農村工作部的同志他們看了一千幾百篇，選了一百二十幾篇，然後我對這一百二十幾篇搞了十一天，包括改文章寫按語在內。我就是周遊列國，比孔夫子走得快，所有雲南、新疆一概走到了。"⑨

毛澤東給元帥們授銜。之前他被評為大元帥，但他説："評銜是個很大的工作，也是個很不好搞的工作，我這個大元帥就不要了，讓我穿上大元帥的制服，多不舒服啊！到群眾中去講話活動不方便。"

9 月 24 日，毛澤東返回北京。9 月 27 日，在北京隆重舉行了授予元帥軍銜及勳章的典禮。毛澤東主席將"授予中華人民共和國元帥軍銜的命令狀"

授予朱德、彭德懷、林彪、劉伯承、賀龍、陳毅、羅榮桓、徐向前、聶榮臻、葉劍英。同日，周恩來總理把授予大將、上將、中將、少將軍銜的命令狀分別授予粟裕等在京將官。全軍獲得少尉以上軍銜的軍官計五十三點一萬餘人。

在最初評定軍銜的方案中，毛澤東被評為大元帥，但毛澤東說："評銜是個很大的工作，也是個很不好搞的工作，我這個大元帥就不要了，讓我穿上大元帥的制服，多不舒服啊！到群眾中去講話活動不方便。依我看呀，現在在地方工作的同志，都不評軍銜為好。"他又問劉少奇，劉少奇也說不要評了，周恩來、鄧小平同志也說不要評，這樣，凡在地方工作的同志都沒評軍銜。當時已經設計好了大元帥服，但毛澤東從來沒穿過，現在還保存在博物館裡。新中國成立後，有人主張在人民幣的票面上印領袖肖像，毛澤東說："我南征北戰風風雨雨幾十年，如今進城了，還要陪著婆婆媽媽們上街趕

1955年9月27日，毛澤東將一級解放勳章授予老紅軍女戰士李貞少將。

1955年9月27日，毛澤東將中華人民共和國元帥軍銜的命令狀授予羅榮桓。

1955年9月27日，元帥授銜儀式完成後舉行晚宴，劉少奇向朱德敬酒祝賀。

集，划不來，划不來。”有人主張在天安門廣場鑄造毛主席大銅像，毛澤東極力反對，批示此舉“只有諷刺意義”。即使在“文革”時期，他也一貫反對鑄像，曾反感地說：“你們晚上都回去睡覺，把我放在外面站崗，風吹雨淋的多難受。”他多次告誡身邊的工作人員：毛澤東也是個普通的人，他也沒有想到他會做黨和國家的主席。他本來是想當個教書先生，想當個教書先生也不容易……[⑩]

在動員公私合營的座談會上，毛澤東提出怎樣掌握自己命運的問題來鼓勵大家：“人們考慮的，不外是一個飯碗，一張選票，有飯吃不會死人，有選票可以當家作主，說文明點兒就是一個工作崗位和一個政治地位。”

10月4日到11日，在北京中南海懷仁堂舉行了中共七屆六中全會，全會一致擁護毛澤東《關於農業合作化問題的報告》，在農業合作化問題上，全黨思想統一到一起。即使在這次全會上，毛澤東仍然有防“左”的講話。他說：“省（市、區）、地、縣這三級必須時刻掌握運動發展的情況，如果遇到情況不對，立即煞車。省、地、縣都有煞車的權力。必須注意防‘左’。防‘左’是馬克思主義，不是機會主義。”[⑪]

全會結束後，毛澤東的工作重點開始轉向考慮加快工商業社會主義改造的問題。他把公私合營看做改造資本主義工商業的主要環節。具體政策就是在公私合營後，在企業的利潤分配中，資本家獲得百分之二十左右的利潤，用十年時間國家將企業贖買過來。當時，全國工商業聯合會正在北京開會，各地工商界的頭面人物雲集北京。毛澤東利用這個機會，兩次約集一些代表人物座談。

座談會是10月27日下午、10月29日下午在中南海頤年堂召開的，陳叔通、章乃器、李燭塵、黃長水、胡子昂、榮毅仁等應約出席。

毛澤東說：“關於私營工商業改造的時間問題，有人說，現在鑼鼓點子

1955年10月14日，毛澤東、周恩來、廖承志會見日本恢復日中、日蘇邦交國民會議訪華團團長久原房之助。

打得緊，胡琴也拉得緊，擔心搞得太快。我們說，社會主義改造是三個五年計劃基本完成，還有個尾巴要拖到十五年以後，總之是要瓜熟蒂落、水到渠成。""有些事緩點比急要好，但是否現在鑼鼓點子就不要打緊了，戲就不唱了？不是的。現在還是要勸大家走社會主義道路。"

他提出怎樣掌握自己命運的問題來鼓勵大家："人們考慮的，不外是一個飯碗，一張選票，有飯吃不會死人，有選票可以當家作主，說文明點兒就是一個工作崗位和一個政治地位。地主只給飯碗，暫時不給選票，這對地主來說是突然轉變，沒有思想準備的。對資產階級則不同。馬克思說：無產階級要解放自己，就要解放整個人類。如果地主、資產階級、小資產階級不解放，無產階級本身就不能解放，必須全人類都解放，變成一個新制度，無產階級才能最後解放自己。"⑫

1955年10月24日，毛澤東視察官廳水庫。

在毛澤東幾次講話的推動和鼓舞下，全國工商聯執委會一屆二次會議開得很成功。會議結束時，一致通過了《告全國工商界書》。

11月1日晚九時半，毛澤東再次乘專列南下，經江蘇、浙江、天津等地，20日回到北京。他一路調查了解農業合作化和農業生產情況，還調查了解私營工商業的改造問題。他召集華東、中南各省省委書記和北方各省省委書記，在杭州和天津開了兩次會，形成《農業十七條》。他一路走走停停，每到一地，都要找當地負責人談話，聽取彙報，同時也給各地負責人加油打氣。他的行程非常緊密，工作極為勞累，達到了新中國成立後的最高峰。每天都要見好幾撥人，還要下車去視察，去座談，睡眠時間少得可憐。六十二歲的毛澤東為農業合作化和私營工商業改造的形勢歡欣鼓舞，爆發出了極大的激情。

回京後，自12月起，毛澤東動手重編《怎樣辦農業生產合作社》，主要由他的秘書田家英幫助做編輯工作。

在編書的那些日子裡，他全神貫注，仔細地精選材料，認真地修改文字。有的材料文字太差，毛澤東改得密密麻麻，像老師批改作文一樣。他還對大部分材料重擬題目，把一些冗長、累贅、使人看了頭痛的標題，改得鮮明、生動、有力，而又突出文章的主題思想，引人注目。

例如有一篇材料，原來的題目是《天津東郊區莊子鄉民生、民強農業生產合作社如何發動婦女參加田間生產》，共三十一個字，毛澤東改為《婦女走上了勞動戰線》，只用了九個字，簡單明瞭，又抓住了主題，一看就留下印象。又如另一篇材料，原來的題目是《大泉山怎樣由荒涼的土山成為綠樹成蔭、花果滿山》，毛澤東改為《看，大泉山變了樣子！》。類似情況還很多。

毛澤東為這本書共寫了一百零四篇按語，有十九篇是 9 月寫的，未作改動，其他都是 12 月寫的或者 9 月所寫而 12 月又加以修改的。⑬

12 月 20 日，《怎樣辦農業生產合作社》的重編工作全部結束。毛澤東所寫的一百零四篇按語，合起來有四萬多字，可算得上一篇 "大文章"。他一直很喜歡這篇 "大文章"。後來，他在一次中央會議上自謙：建國以後，再沒有寫甚麼文章了，就是寫了《關於農業合作化問題》、《關於正確處理人民內部矛盾的問題》，還為《中國農村的社會主義高潮》寫了一些按語。

① 《毛澤東傳（1949—1976）》，中央文獻出版社 2003 年 12 月第 1 版，第 349 頁。
② 《毛澤東傳（1949—1976）》，中央文獻出版社 2003 年 12 月第 1 版，第 370 頁。
③ 陳敦德：《周恩來飛往萬隆》，中國青年出版社 2002 年 10 月第 1 版，第 162—163 頁。
④ 《毛澤東傳（1949—1976）》，中央文獻出版社 2003 年 12 月第 1 版，第 375 頁。
⑤ 《中央警衛團團長張耀祠回憶毛澤東》，群眾出版社 2001 年 8 月第 1 版，第 75—83 頁。
⑥ 《毛澤東傳（1949—1976）》，中央文獻出版社 2003 年 12 月第 1 版，第 381 頁。
⑦ 《毛澤東傳（1949—1976）》，中央文獻出版社 2003 年 12 月第 1 版，第 386 頁。

⑧　陳晉：《毛澤東之魂》，中央文獻出版社 1997 年 9 月第 1 版，第 62 頁。

⑨　《毛澤東傳（1949—1976）》，中央文獻出版社 2003 年 12 月第 1 版，第 397 頁。

⑩　《毛澤東之路——畫說毛澤東和他的戰友》，長江文藝出版社 2004 年 12 月第 1 版，第 415—416 頁。

⑪　《毛澤東傳（1949—1976）》，中央文獻出版社 2003 年 12 月第 1 版，第 402 頁。

⑫　《毛澤東傳（1949—1976）》，中央文獻出版社 2003 年 12 月第 1 版，第 441 頁。

⑬　《毛澤東傳（1949—1976）》，中央文獻出版社 2003 年 12 月第 1 版，第 409 頁。

第八章

1956

八大前後

談到麻雀，毛澤東説："有人説是害鳥有人説是益鳥，在座的都沒有解剖麻雀，難於説服人，但可以保留意見，真理往往在少數人手裡嘛。"

編完《中國農村的社會主義高潮》後的第二天，也就是 1955 年 12 月 21 日，毛澤東就乘專列南下。臨行前，他起草了徵詢對《農業十七條》的意見的通知。《農業十七條》主要是建立合作社的內容，但也包括"消滅荒山荒地"、"消滅血吸蟲病"、"除四害"，完成"有線廣播網"、"電話網"等內容。"除四害"中包括"麻雀"，還寫有"及其他害鳥，但烏鴉是否宜於消滅，尚待研究"。

23 日晚八時到長沙，專列停在大坨鋪機場專線上。毛澤東接見了湖南省委周小舟、周惠、胡繼宗、譚余保等十幾人。他們坐在長桌的一邊，毛一人在另一邊，長桌上鋪了白布，兩旁是靠背椅。在毛澤東的桌旁，放著一大把削尖了的鉛筆，一沓稿紙，一盤中華香煙，一杯茶水。毛澤東向他們徵求對《農業十七條》的意見，並親自做記錄。湖南省委書記周小舟事先規定，不帶本子，不帶材料，憑心記，憑嘴説，所以大家都暢所欲言。

談到"除四害"，毛澤東問："烏鴉、狗、麻雀要不要消滅？"周小舟認為：狗有兩重性，一是看家，二是咬人，消滅它，群眾會有意見。毛澤東將"狗"字在草稿上勾掉了。對烏鴉，經過激烈爭論，毛澤東最後表態：烏鴉有害有益，可以將功折罪。談到麻雀，毛澤東説："有人説是害鳥有人説是益鳥，在座的都沒有解剖麻雀，難於説服人，但可以保留意見，真理往往在少數人手裡嘛。"談到消滅蚊子，大家表示三年消滅難以實現，是一種幻想，毛澤東在草稿上改為"基本消滅"。[①]

12 月 25 日，毛澤東抵達杭州。此後，毛澤東多次到上海，又返回杭州住宿。1 月 3 日至 9 日，毛澤東在杭州召集這些省委書記及陳伯達共二十五人開會，討論《農業十七條》，到 1 月 9 日上午，形成《農業發展綱要》"四十條"，正式作為草案供政治局審議。

1955年12月23日，毛澤東的專列停靠在湖南大坨鋪機場專線，毛澤東同湖南省委和幾個地委的負責同志座談。左一為湘潭地委書記華國鋒。

　　1月11日清晨，毛澤東抵達南京，視察了紫金山腳下的紅光農業社和棲霞鎮的十月農業社。在紅光農業社，他看到《冬防值班名單》，社員告訴他，社裡養了很多豬，怕夜裡有狼來吃豬。1953年，有一隻狼竄到南京市，吃了一個小孩。毛澤東很驚訝："野狼鬧了南京城，這還得了。你們要搞好預防，保護好人民的生命財產啊！"豬圈裡的小豬沒見過這麼多人圍過來，害怕得擠作一團。"你們看，這豬崽好團結喲！"毛澤東見狀不禁打趣。

　　在十月農業社，毛澤東走進社員吳幫林家。吳幫林老兩口年紀大了，視力不好，沒有認出毛澤東，只知道來了個省裡的大官。毛澤東走到灶邊，看看鍋裡。吳幫林指著牆上的毛澤東像說："託毛主席的福啊，我們一家老的老，小的小，現在不愁吃，不愁穿，年終還分了幾十塊錢。"等毛澤東走後，鄰居告訴他們，剛才來的客人就是毛主席，老兩口急忙追出門外，久久凝望毛澤東離去的方向，熱淚盈眶。

一群下課的小學生來到毛澤東身邊,大喊:"真是毛主席!真是毛主席!"毛澤東拉起孩子們的小手,哈哈大笑:"這可不能是假的喲。"

下午,毛澤東在陳毅、譚震林、羅瑞卿的陪同下視察軍事學院,院長劉伯承率全院領導和各教授會主任迎接。視察完後,毛澤東在學院的一個室內游泳館游泳一小時,他叮嚀劉伯承:"傳達我的命令,大將除外,從上將到少校都要學會游泳,明年和我一起游長江!"

當晚,毛澤東離開南京北上,1月12日,視察天津。在天津第二毛紡廠精紡車間,毛澤東走到正在擦鋼領的女工劉月琴身旁喊道:"同志!你辛苦了!"車間機器轟鳴,劉月琴精神太集中,沒有反應過來。等毛澤東走後,其他工人圍過來問她:"毛主席跟你說話,你怎麼聽不見?"劉月琴急忙奔出車間,順著樓梯追下來,被警衛人員勸阻,她急得直掉眼淚。

毛澤東共聽取國務院三十四個部門的工作彙報,還有國家計委關於第二個五年計劃的彙報,歷時四十一天。用他自己的話來說,幾乎每天都是"床上地下,地下床上"。在調查的基礎上,寫出了《論十大關係》。

1月12日晚九時,毛澤東回到北京。1月15日下午三時至晚七時,他在天安門城樓出席了"北京市慶祝公私合營全部完成、手工業改造全部完成、郊區農民全部轉入高級社的勝利大會"。北京市各界二十萬人在天安門廣場隆重集會,慶祝社會主義改造的勝利,歡呼北京市率先進入了社會主義。同仁堂老闆、北京市副市長樂松生向毛澤東呈送了喜報。

1955年到1956年初,全行業公私合營的改造高潮在全國蓬勃興起。1956年1月1日,北京市的私營工商業者提出了實行全行業公私合營的申請。到1月10日,僅僅十天時間,北京市的私營工商業就全部實現了全行業公私合營。

繼北京之後,在一個多月的時間內,上海、天津、廣州等全國各大城市

1956年1月15日，毛澤東出席"北京市慶祝公私合營全部完成、手工業改造全部完成、郊區農民全部轉入高級社的勝利大會"。同仁堂老闆、北京市副市長樂松生向毛澤東呈送喜報。

和五十多個中等城市，也相繼實現了全部私營工商業的全行業公私合營。

與此同時，個體手工業的社會主義改造也順利完成。在手工業改造過程中，也存在著要求過快、操之過急的偏差和問題，中央也做了一些糾正。1956 年 3 月 4 日，毛澤東在聽取修理、服務行業關於集中生產、撤點過多，群眾不滿意的彙報時很不滿："這就糟糕！提醒你們，手工業中許多好東西，不要搞掉了。王麻子、張小泉的剪刀一萬年也不要搞掉。我們民族好的東西，搞掉了的，一定要來一個恢復，而且要搞得更好一些。"

毛澤東的思想是複雜的，即使在他頭腦很熱的時候，他還會說出"要冷靜"的話。1956 年 1 月 20 日，在中央的知識分子大會上，毛澤東再次提醒：目前高潮已經來了，應該給予支持，但是不可太過，要經常保持清醒的頭腦，努力做那些有根據可以做到的事，不要一味地鼓，不要去做那些沒有根據或者是做不到的事。②

1956 年 1 月中旬，毛澤東從薄一波那裡聽說劉少奇正在聽取國務院一些部委彙報工作，立刻引起他的興趣。他對薄一波說："這很好，我也想聽聽。你能不能替我也組織一些部門彙報？"

毛澤東的調查研究，從 1956 年 2 月 14 日開始，到 4 月 24 日結束。共聽取國務院三十四個部門的工作彙報，還有國家計委關於第二個五年計劃的彙報，歷時四十一天。他在緊張疲勞的狀態下，度過了這難得又十分重要的日日夜夜。用他自己的話來說，幾乎每天都是"床上地下，地下床上"。一起床，就開始聽彙報。每次都是四五個小時。地點在中南海頤年堂。周恩來除個別時候因事請假外，每次都來。劉少奇、陳雲、鄧小平有時也來參加。他們時而插話，發表意見。各部事先把彙報寫成書面材料送給毛澤東。毛澤東聽口頭彙報時，不斷插話，提出問題，發表意見，進行評論。從毛澤東發表的意見和評論中，可以看出《論十大關係》形成的思想軌跡，可以看出他對社會主義建設問題的一些思考和見解。為了聽彙報，毛澤東還不得不改變長期養成的夜間工作的習慣。

到 4 月 11 日，三十四個部門的彙報結束了，整整用了三十五天。為了增加工業建設方面的感性知識，結合聽彙報，從 4 月 12 日到 17 日，毛澤東又連續六天參觀了機械工業展覽。這個展覽設在中南海瀛台。展覽的規模

1956年1月25日，陳雲在第六次最高國務會議上作關於公私合營中應注意的問題及農業生產問題報告。

不算小，幾乎佔滿了瀛台幾個院落的所有平房。展室是古老而陳舊的，但展品則是現代的、代表當時中國一流水平的。內容很充實，使人開眼界，長知識。毛澤東每天下午來到瀛台參觀，少則一兩個小時，多則三個來小時，看得十分認真。有時不滿足於講解員的解說，找來一些有關的圖書和材料進一步鑽研。

　　從 4 月 18 日起，新的一輪彙報又開始了，是李富春向毛澤東彙報第二個五年計劃。劉少奇、周恩來、鄧小平等人參加。24 日結束，共六天。實際上，這是毛澤東向三十四個部門做系統調查的延續。前一階段是專業性的，這一階段是綜合性的，先分析、後綜合。每次彙報，毛澤東都有插話。他的認識在深化，在發展，他在進行歸納和理論概括的工作。《論十大關係》的完整思想已呼之欲出了。

4月24日，調查全部結束。這是毛澤東在建國後乃至在他一生中所做的規模最大、時間最長、周密而系統的經濟工作調查。"調查就像'十月懷胎'，解決問題就像'一朝分娩'。"他對此深有感觸。③

1956年4月25日，毛澤東主持中共中央政治局擴大會議，發表了《論十大關係》的講話。《論十大關係》重點討論經濟問題，同時也包括同經濟建設密切相關的國家政治生活中的一些重大問題。毛澤東把這些問題，概括成十大關係，即：重工業和輕工業、農業的關係；沿海工業和內地工業的關係；經濟建設和國防建設的關係；國家、生產單位和生產者個人的關係；中央和地方的關係；漢族和少數民族的關係；黨和非黨的關係；革命和反革命的關係；是非關係；中國和外國的關係。

《論十大關係》的發表，標誌著毛澤東對中國社會主義建設道路的探索開始形成一個初步的然而又是比較系統的思路。

"百花齊放、百家爭鳴。"

在《論十大關係》發表的同時，毛澤東又提出了"百花齊放、百家爭鳴"的繁榮和發展社會主義科學文化事業的指導方針。

建國後，毛澤東曾在思想文化領域發起過幾場鬥爭。1950年底和1951年初，曾批判電影《武訓傳》。電影《武訓傳》寫的是一個真人的故事。主人公武訓，原是清朝末年山東堂邑縣的一個乞丐。他靠著乞討，籌款興辦義學，想讓更多的窮人家的子弟能夠讀書識字。

毛澤東對武訓很不以為然："向著人民群眾歌頌這種醜惡的行為，甚至打出'為人民服務'的革命旗號來歌頌，甚至用革命的農民鬥爭的失敗作為反襯來歌頌，這難道是我們所能夠容忍的嗎？承認或者容忍這種歌頌，就是承認或者容忍污衊農民革命鬥爭，誣衊中國歷史，誣衊中國民族的反動宣傳，就是把反動宣傳認為正當的宣傳。"

對《武訓傳》的批判，在思想文化界開了用政治批判解決學術爭論的不好的先例。但當時在對人的處理上是比較慎重的。影片的導演孫瑜並沒

1954年5月17日下午，毛澤東在北京故宮參觀設在午門城樓上的"基本建設出土文物展覽"。左一是羅瑞卿。

1954年5月17日下午，毛澤東在故宮參觀設在午門城樓上的"基本建設出土文物展覽"。

1951年夏，毛澤東在北京香山與《人民日報》文藝部主任袁水拍討論文藝方針問題，交流對《武訓傳》的看法，左一為江青。

有因此而停止他的工作。幾年以後，毛澤東還問趙丹："孫瑜沒有安排好吧？""你們兩個合作搞的電影《武訓傳》，曾受到批評，那沒有甚麼，一個作品寫得不好，就再寫嘛，總該寫好它。"④

之後不久，又發生了電影《清宮秘史》的問題，有人認為這部電影是"愛國主義"的，有人則批評它是"賣國主義"的。毛澤東對這部電影基本否定，但對《清宮秘史》沒有像對《武訓傳》那樣大張旗鼓地進行批判。

1954 年 10 月，毛澤東從支持李希凡、藍翎合寫的《關於〈紅樓夢簡論〉及其他》一文開始，發動了一場對胡適資產階級唯心主義的批判運動。毛澤東認為，李希凡、藍翎批評俞平伯有關《紅樓夢》研究的文章，提出了在思想領域裡，用馬克思主義觀點還是資產階級觀點來指導社會科學研究的大問題，而不單單是一個純學術問題。從兩個青年人批評權威受到冷遇這件事，他還認為黨內存在著壓制新生力量的情況，這是不能容許的。

10 月 31 日，中國作家協會主席團和文聯主席團聯合召開了有關《紅樓

1954年5月20日，毛澤東在故宮西北角樓留影，左為故宮保衛科長韓炳文。

夢》事件的六次擴大會議,《文藝報》主編馮雪峰、副主編陳企霞都做了檢查。隨後,由周揚主持,一個大規模的批判胡適的運動也逐步展開。中國科學院、中國作家協會成立了胡適思想批判討論會,由郭沫若掛帥,茅盾、周揚、鄧拓、胡繩等人發動艾思奇、侯外廬、范文瀾、黃藥眠、馮友蘭、何其芳等文史專家,分別召集各學科的國內精英,批判胡適的哲學、政治、歷史觀、文學、哲學史和文學史思想,並在《人民日報》上發表了眾多文章。

1955 年 1 月,毛澤東又發起了對胡風思想的批判。胡風是中國左翼文化陣營的一個代表人物,曾經受到魯迅的肯定。二十世紀三四十年代,他在文藝理論觀點上同黨內一些文藝工作者的意見分歧較大,爭論由來已久,新中國成立後也繼續存在。林默涵、何其芳在《文藝報》上公開批判胡風文藝思想,胡風寫了長達三十萬字的《關於幾年來文藝實踐情況的報告》,予以反駁。其中寫道,按照林默涵和何其芳的觀點,在讀者和作家的頭上都放著五把"理論"刀子:作家要從事創作實踐,非得先有完美無缺的共產主義世界觀不可,單單這一條就足夠把一切作家嚇啞了;只有工農兵的生活才算生活,日常生活不是生活;只有思想改造好了才能創作;只有過去的形式才算民族形式,只有"繼承"和"發揚""優秀的傳統"才能克服新文藝的觀點;題材有重要與否之分,題材能決定作品的價值……

1955 年 1 月 12 日,毛澤東將胡風的文藝思想從"資產階級文藝思想"改為"反黨反人民的文藝思想",為後來的批判胡風運動定了基調。

對胡風的批判展開後,作家舒蕪交出了胡風在四十年代寫給他的一批信,這些信件使用晦澀的暗語,對一些黨和非黨作家不滿。毛澤東對這些材料做了強烈反應,最終將胡風及一些與他關係較近的文藝工作者定性為"反黨集團"。後來,胡風等人又被定性為"反革命集團"。⑤

1955 年 5 月 18 日,胡風被逮捕,1965 年被正式判處有期徒刑十四年,剝奪政治權利六年,在"文革"中又被改判無期徒刑。直到中共十一屆三中全會後,"胡風反革命集團"一案才得到徹底平反。

1956 年 4 月 25 日至 28 日,中央政治局擴大會議討論《論十大關係》的講話。5 月 2 日,毛澤東在最高國務會議上正式宣佈了"百花齊放、百家爭鳴"的方針。提出這一方針有個背景:1954 年,中國科學院哲學社會科學部

1960年7月23日，毛澤東接見全國文學藝術工作者第三次代表大會的代表。右起：巴金、周信芳、陳伯達、陸定一。

要編寫一部中國史教材，他們知道郭沫若和范文瀾對古代史的分期看法不一致。究竟採取哪一位權威的觀點呢？他們就向中宣部請示。陸定一認為，這是學術問題，應當由地下發掘的資料，由專家研究來確定，中宣部不能拍這個板。毛澤東很同意陸定一的觀點，他說："中宣部如果去管這些事，請馬克思來當部長，恩格斯當副部長，再請列寧當副部長，也解決不了。" ⑥

當時在中國講學的一位蘇聯學者不同意毛澤東《新民主主義論》中關於孫中山的世界觀的論點，毛澤東認為這是學術思想上的不同意見，甚麼人都可以談論，無所謂損害威信。這裡明確了在學術問題上可以同任何領導人討論這樣一個重要問題，也就是說，在學術討論中，真理面前人人平等。

"在大的範圍內，讓杜威來爭鳴好不好？那不好嘛。讓胡適來爭鳴好不好呢？也不好。那麼說胡適要回來可以不可以呢？只要他願意回來，是可以回來的，讓我們批評過他以後再回來，就批評不著他了嘛，批評已經過去了嘛。只有反革命議論不讓發表，這是人民民主專政。""在中華人民共和國

1956年5月26日，周恩來在北京出席陸定一向自然科學家、社會科學家、醫學家、文學家和藝術家所作的《百花齊放，百家爭鳴》報告會，並在中南海懷仁堂舉行盛大酒會。圖為周恩來在懷仁堂後院與馬敍倫、馬思聰交談。

憲法範圍之內，各種學術思想，正確的、錯誤的，讓他們去說，不去干涉他們。"毛澤東特意對一些問題做了說明。[⑦]

那段時間，毛澤東還主持起草了《關於無產階級專政的歷史經驗》一文，主要是針對蘇共二十大有關斯大林問題的秘密報告引起的爭議。

1956年2月24日夜至25日晨，在蘇聯共產黨第二十次代表大會召開期間，蘇共領導人赫魯曉夫突然召集與會蘇共代表，作了長達四個半小時的《反對個人崇拜及其後果》的秘密報告，指出斯大林犯了肅反擴大化、違背民主集中制、個人崇拜等嚴重錯誤，造成了極為惡劣的後果，對此進行了集中揭露和批判。6月4日，這份"秘密報告"居然在美國《紐約時報》全文發表，在全世界引起轟動。一些資本主義國家裡，不少共產黨員紛紛退黨，英國共產黨總書記高蘭後來說，這個秘密報告使他們喪失了七千名黨員。

　　毛澤東對"蘇聯過去把斯大林捧得一萬丈高的人，現在一下子把他貶到地下九千丈"，很不贊成。3月底一些會議上，毛澤東強調，赫魯曉夫的秘密報告值得研究，一是揭了蓋子，一是捅了漏子。這個秘密報告表明，蘇聯、蘇共、斯大林並不是一切正確的，這就破除了迷信。赫魯曉夫作的這個秘密報告，無論在內容上或方法上，都有嚴重錯誤。

　　毛澤東認為：在共產主義運動中，不犯錯誤是不可能的，因為我們走的是前無古人的道路。斯大林犯錯誤，是題中應有之義。斯大林犯過嚴重錯誤，但他也有偉大功績。他在某些方面違背了馬克思主義的原則，但他仍然是一位偉大的馬克思主義者。[8]

為了預算指標的問題，周恩來與毛澤東終於發生了面對面的激烈爭執。

　　1956年1月，周恩來在二屆政協第二次會議上提出，我們應該努力去做那些客觀上經過努力可以做到的事情，否則就要犯右傾保守的錯誤；但我們也應該注意避免超越現實條件許可的範圍，不勉強去做那些客觀上做不到的事情，否則就要犯盲目冒進的錯誤。這是他最早提出"反冒進"。

　　當時，經濟建設中的問題逐漸顯露。1956年初，各部專業會議大都要求把十五年遠景規劃和《農業四十條》中規定八年或十二年的任務提前在五年甚至三年內完成。2月份的全國第一次基本建設會議，將"一五"基建項目由原定的六百九十四個增加為七百四十五個，6月又追增為八百個，基建投資由原來的一百一十二點七億元猛增為一百四十七億元，後來更追增為一百七十億，大大增加了國家人力、物力、財力的負擔。

　　到4月上旬，經濟建設急於求成、齊頭並進造成的嚴重後果已經表現出來了：不但財政緊張，而且鋼材、水泥、木材等各種建築材料都嚴重不足，而一些部門仍在盲目地要求追加基本建設投資。面對這種情況，周恩來、陳雲、李先念、薄一波等人著急了，周恩來將自己提出的"反冒進"的主張進行了越來越多的強調。

　　4月，國務院常務會議將基建投資由一百七十多億壓縮到一百四十七億，但周恩來仍然認為是一個冒進的計劃，他和陳雲、薄一波一起制定了增加生產、厲行節約、爭取進口、減少出口、普查庫存、互相調劑等緩和供需矛盾的措施。為了預算指標的問題，周恩來與毛澤東終於發生了面對面的激烈爭執。

1956 年 4 月 28 日，毛澤東在中南海頤年堂的政治局會議上，提出追加1956 年的基建預算二十個億，話音一落，會場裡頓時響起了一片反對聲。多數委員表示反對，周恩來發言最多：追加基建預算將會造成物資供應緊張，增加城市人口，更會帶來一系列困難……

毛澤東很不高興地宣佈散會。會後周恩來來到毛澤東的住地，解釋自己的意見。毛澤東怒氣未消，一支接一支地抽煙，始終堅持己見。他決定離開北京南下視察，5 月 2 日主持完最高國務會議，5 月 3 日就出發了。[9]

暢游長江，毛澤東非常高興："飛流直下三十里，我戰勝了它！""長江，別人都説很大，其實，大，並不可怕。美帝國主義不是很大嗎？我們頂了他一下，也沒有甚麼。""這是多麼好的游泳場所，應該號召人們都到大江大河裡去游泳，可以鍛煉人們的意志。"

5 月 3 日上午八時，毛澤東第一次乘飛機外出視察，從北京飛到廣州。羅瑞卿、葉子龍、汪東興、彭真、譚震林、空軍副司令員劉亞樓等一百二十五人，分乘五架專機。

飛機飛到武漢時，要在武昌南湖機場降落加油。跨越長江時毛澤東將臉緊貼在窗戶玻璃上，半站半蹲目不轉睛地注視著長江上正在修建的中國歷史上第一座跨江大橋，已有橋墩露出水面。他情不自禁地說："多麼好看啊！"

下午六時，飛機降落在廣州白雲機場，毛澤東一行入住小島賓館，按慣例住在一號樓。當時供需矛盾最突出的是鋼材。5 月 15 日，周恩來果斷決定，將消耗鋼材較多而在南方又往往難以使用的雙輪雙鏵犁的產量，從六百萬部減少到一百八十萬部。1955 年毛澤東在杭州期間，曾在杭州市郊外浙江省農業科學研究所裡參觀過該所改進的雙輪雙鏵犁，並親自馭犁耕田，同時提出設立專門的部門來進行農具研究工作。正是他在《農業四十條》裡，提出在三年到五年的時間裡推廣雙輪雙鏵犁六百萬部的。這一決定當然會刺痛毛澤東。[⑩]

身在廣州的毛澤東此時無疑是苦悶的，但他並沒有公開反對周恩來，而是召集陳雲、陶鑄等人開會。離京之前，毛澤東選派了家在不同地區的二十六名警衛戰士回家探親，同時調查各自家鄉農村情況，4 月 23 日出發，限期歸隊彙報。5 月 13 日，戰士們紛紛回到北京，又即刻趕到廣州向毛澤東作彙報。毛澤東利用晚上的時間看戰士們寫的調查報告，有時還把戰士找來細談，經常談到深夜。內心裡，他當然認為自己是經過調查研究真正了解基層實際情況的，是正確的。

5 月 19 日前，廣東省委和廣州市委向毛澤東彙報工作，提出是否可以吸收香港遊資，彌補國內外匯和建設資金的不足。毛澤東毫不猶豫地表示，外國的遊資這麼多，完全可以利用，如果辦一個輕工業廠，不出兩三年就能賺回一個工廠，再把錢還給人家。

5 月 19 日後，湖北、湖南、廣西、江西幾省負責同志先後向毛澤東彙報工作。

毛澤東這次在廣州住了二十七天，召開了二十次會議，聽取了五省工作彙報二十九次，個別談話則沒有統計。他下珠江游泳十二次，到越秀山游泳場游泳七次。

5 月 30 日，毛澤東提出要到武漢游長江。羅瑞卿、汪東興、王任重都來勸阻，還驚動了周恩來。大家向毛澤東陳言：長江水情複雜，主流、側流、流速、旋渦等都潛伏著危險，而且還有傷人的水獸，萬一出了事無法向黨中央和全國人民交代。毛澤東非常憤慨："無非你們就是怕我死在那個地方嘛，你怎麼知道我會淹死？"羅瑞卿壓根兒沒想過毛澤東不在了世界會是甚麼樣子，他連忙解釋："主席，不是那個意思，保護你的安全是黨和人民交給我的任務，我是不同意你冒風險，哪怕是絲毫的風險也不允許有。"毛澤東反駁道："哪裡沒有絲毫的風險，你坐在屋子裡，房子也可能會塌嘛！"隨後，他讓羅瑞卿派人去長江調查，先試試水情。

　　警衛一中隊隊長韓慶余到武漢後沿長江考察，他詢問了許多人，大家都説長江不是游泳的安全場所，韓慶余牢記著這些話回來報告，毛澤東問：“你説了一大些，你下水了嗎？”一下把韓慶余問傻了。毛澤東很惱火：“你到了長江邊為甚麼不下水，不下水怎麼知道不能游？”羅瑞卿只得再派副衛士長孫勇去實地考察，孫勇到長江後下水游了，看到韓慶余捱批，回來就只好報告説：“可以游。”

　　毛澤東這才高興了，事已至此，大家無法阻攔。當時大家希望毛澤東不要坐飛機，改乘專列去長沙，再去武漢，又遭到了毛澤東的反對，他堅持要再坐飛機。王任重急忙飛回武漢，親自組織游泳選手護泳，選地點，探水情。

　　5月30日上午六時，毛澤東從廣州飛長沙。到長沙後，走出機場，乘機場附近的湘江內的一艘汽輪巡視長江，興致勃勃地吟誦起《前赤壁賦》。午飯後，約下午一時許，毛澤東從猴子石下水游湘江。快游到水陸洲時，一個大浪從身後直沖過來，毛澤東躲閃不及，眼看要碰上旁邊的樹枝。護泳的湖南省游泳運動員們趕緊游近毛澤東，擋住蓋頂而來的巨浪。但他們還來不及攙扶毛澤東，毛澤東早已敏捷地抓住樹椿，穩穩地登上了橘子洲附近的牛角洲。

　　當晚，毛澤東住在蓉園賓館，聽取了湖南省委彙報。31日早晨乘飛機離開長沙，不久降落在武漢南湖機場。在機場，毛澤東看到一座他的大型塑像，很不高興，對王任重語氣嚴肅地説：“一定要搬掉，不然唯你是問。”隨後，他登上“武康”號輪，站在船頭，遠觀長江之水浩浩而來。到了長江大橋建設工地，他看到有的工人在潛水作業，有的在二三十米高的架子上操作，鋼樑正在向江中心延伸，異常興奮，向施工工人頻頻招手。

　　在船上，長江大橋工程局局長彙報了中蘇建橋專家共同創造的世界橋樑史上史無前例的大型管柱基礎和管柱鑽孔法。毛澤東聽後，對彙報中提到的“新方法從社會意義上説是社會主義的勞動方法”的説法不以為然。他説：“在勞動方法上，資本主義國家至少比我們的勞動方法還進步，而勞動方法只是科學不科學。”

　　吃過午飯，下午二時，毛澤東就迫不及待地開始第一次暢游長江。

　　毛澤東從武昌漢陽門江面下水，走到齊腰深時就蹲了下去，仰躺在水上，轉了兩圈後忽然翻身潛入水中，三分鐘後才浮出水面，又躺在水上，兩手交叉放在胸前，從容地與周圍人談笑。在飛機上他曾對羅瑞卿等人說，他可以在水裡"立正、稍息、睡覺、坐凳子"，羅瑞卿和警衛戰士表示不太相信，現在毛澤東一一做給他們看，讓他們服氣。"表演"得正帶勁呢，一個浪頭突然打過來，毛澤東喝了一口水，他笑了起來："長江的水很甜呀。"

那時毛澤東早已發胖了，但在水裡一點都不顯得笨，游泳的姿勢也很協調。攝影師侯波很快拍了一捲膠捲，正在換新的膠捲，船突然一晃，侯波身體一抖，裝膠捲的盒子掉到了水裡。侯波驚呼了一聲，船調過頭去，想幫她撈盒子。這時毛澤東游過來了，一把抓住了水中的盒子，還念著上面的英文說明書。他長年堅持學英語，但會的單詞不算多。遺憾的是，毛澤東在水中念說明書的情景，侯波沒能拍下來，錯過了一個絕好機會。

毛澤東的泳技很好，有時很長時間在水中一動不動，有時還在水面上抽煙，遺憾的是他在水面抽煙的鏡頭侯波也沒拍到。這次他游了兩小時，游程達二十多華里。從漢口丹水池上岸後，大家問他累不累，他說："如果給我一個饅頭，我可以再堅持兩個小時。"

6月1日晚，毛澤東視察了武漢國棉一廠，他看到工人的工作條件很艱苦，勞動強度又非常大，很是心疼，一再叮囑有關同志要努力減輕工人的勞動強度。

6月2日上午，毛澤東聽取了武漢重型機床廠黨委書記、廠長史梓銘，副廠長孫毅的彙報。當時這個廠還處在籌備建設的初期，史梓銘表示要提前一年半把工廠建成。毛澤東很高興，提出要去廠區看看。當時廠裡正在搞土建，到處堆放著建築材料、設備器材，道路高低不平，車子進出很顛簸。史梓銘希望毛澤東不要去看了，但毛澤東很堅持："你能進去我就能進去嘛。"

突然，一陣暴雨從天而降，廠區本來高低不平的路，遍地積水，泥花四濺，車子進去很可能陷入泥沼。眾人再勸毛澤東不要再進廠區，毛澤東無奈接受，但還是讓司機開車圍著廠區轉了一圈，把臉貼在玻璃窗上，透過雨幕，朝廠區望著，望著……史梓銘後來無數次地回憶起毛澤東當時的神情，那神情一直激勵著他以後的人生。

下午二時，毛澤東第二次游長江，是從漢陽大橋工地上游下水，穿過大橋橋墩，到武昌八大家江面上船。這次游了兩小時四十分，游程達二十八華里。上岸之後，湖北省一位負責同志告訴他，這次游了三十華里。他高興地説："飛流直下三十里，我戰勝了它！"後來他還説過："長江，別人都説很大，其實，大，並不可怕。美帝國主義不是很大嗎？我們頂了他一下，也沒有甚麼。所以，世界上有些大的東西，其實並不可怕。這是多麼好的游泳場所，應該號召人們都到大江大河裡去游泳，可以鍛煉人們的意志。"

當天晚上，毛澤東發現，王任重請他移居的東湖賓館南山甲所，室內只有高級彈簧床，沒有木板床，而毛澤東是從來只睡硬木板床。於是，毛澤東只好睡在了地板上。但他睡得很沉，一直睡到第二天上午，睡了九個多小時。這是他近幾個月來最香甜的一覺。王任重連夜找人做了一副寬大的木板床，可以睡得下兩個像毛澤東這樣身材魁梧的人，第二天一大早就送了過來。

6月3日上午，毛澤東接見武漢鋼鐵公司總經理李一清、副總經理韓寧夫，聽取他們對籌建武鋼的工作彙報。彙報完畢，毛澤東請他們共進午餐，飯後吃水果，毛澤東拿起一塊西瓜，將芒果推給李一清："楚漢分界，你們吃高貴的，我吃卑賤的。"兩人急忙謙讓，毛澤東説："我吃西瓜，吐出瓜子，你們吃芒果，要吐出鋼鐵。"

下午，毛澤東又暢游長江。這天下著毛毛雨，江面上颳著三四級北風，浪頭很大，但毛澤東上船時氣不喘，腿不虛，神情自若。這次游了一個小時，兩岸幾萬群眾觀看。人潮湧動，隨著毛澤東的游程向前蠕動，非常壯觀。毛澤東向岸上群眾頻頻致意。

入夜，毛澤東寫下了著名的長調詞——《水調歌頭·游泳》：

才飲長沙水，
又食武昌魚。
萬里長江橫渡，
極目楚天舒。
不管風吹浪打，
勝似閑庭信步，
今日得寬餘。
子在川上曰：

逝者如斯夫。

風檣動，
龜蛇靜，
起宏圖。
一橋飛架南北，
天塹變通途。
更立西江石壁，
截斷巫山雲雨，
高峽出平湖。
神女應無恙，
當驚世界殊。

6月4日中午，毛澤東從南湖機場乘飛機離開武漢返京。在飛行途中，飛機遇到雷雨，為了避讓雷雨，遲到了一個多小時。下午五時十六分，飛機安全抵達北京。侯波不會忘記，那次飛行是她跟隨毛澤東多次外出心情最緊張的一次，她的丈夫徐肖冰在北京等候飛機安全降落的消息，也非常緊張。兩人多年後回憶當時的情景，還"嘖嘖"連聲，心有餘悸。[11]

"八大"籌備會上，在談到由鄧小平擔任總書記職務時，毛澤東評價鄧小平："他比較有才幹，比較能辦事。你說他樣樣事情都辦得好呀？不是，他跟我一樣，有許多事情辦錯了，也有的話說錯了；但比較起來，他會辦事。他比較周到，比較公道，是個厚道人，使人不那麼怕。"

五六月間，周恩來多次強調在"反對保守主義的同時，必須同時反對急躁冒進傾向"，決定國家財政預算一律按百分之五繼續削減。6 月 20 日，《人民日報》發表了劉少奇要求中宣部起草的《要反對保守主義，也要反對急躁冒進》的社論。這篇社論稿發表前送給毛澤東審閱，毛澤東批示："我不看了。"可見他對這篇社論非常不滿意，但並沒有阻止發表。

毛澤東回到北京後，召開中國共產黨第八次全國代表大會的籌備工作已經進入緊鑼密鼓的階段。8 月 22 日、9 月 8 日和 13 日，毛澤東先後在中南海勤政殿、懷仁堂主持召開中共七屆七中全會第一、二、三次會議，審議通過提交八大的重要文件，對大會的有關事項做出決定。這次全會，為順利召開八大做了各方面的準備。在 9 月 13 日的第三次會議上，毛澤東著重就設幾個中央副主席和總書記的問題講了話。

"上一次也談過，中央準備設四位副主席，就是少奇同志、恩來同志、朱德同志、陳雲同志。另外，還準備設一個書記處，書記處的名單還沒有定，但總書記準備推舉鄧小平同志。四位副主席和總書記的人選是不是恰當？當然，這是中央委員會的責任，由中央委員會去選舉。但是要使代表們與聞，請你們去徵求徵求意見，好不好？對於我們這樣的大黨，這樣的大國，為了國家的安全、黨的安全，恐怕還是多幾個人好。"

"黨章上現在準備修改，叫做'設副主席若干人'。首先倡議設四位副主席的是少奇同志。一個主席、一個副主席，少奇同志感到孤單，我也感到孤單。一個主席，又有四個副主席，還有一個總書記，我這個'防風林'就有幾道。'天有不測風雲，人有旦夕禍福'，這樣就比較好辦。除非一個原子彈下來，我們幾個恰恰在一堆，那就要另外選舉了。如果只是個別受損害，或者因病，或者因故，要提前見馬克思，那麼總還有人頂著，我們這個國家也不會受影響，不像蘇聯那樣斯大林一死就不得下地了。我們就是要預備那一手。同時，多幾個人，工作上也有好處。設總書記完全有必要。"

毛澤東又談到自己，並建議設立名譽主席的職務："我說我們這些人，包括我一個，總司令一個，少奇同志半個（不包括恩來同志、陳雲同志跟鄧小平同志，他們是少壯派），就是做跑龍套工作的。我們不能登台演主角，沒有那個資格了，只能維持維持，幫助幫助，起這麼一個作用。你們不要以為我現在在打退堂鼓，想不幹事了，的確是身體、年齡、精力各方面都不如別人了。我是屬於現狀維持派，靠老資格吃飯。老資格也有好處，因為他資格老。但是能力就不行了，比如寫文章，登台演說，就不行了。同志們也很關心我們這些人，説工作堆多了恐怕不好，這種輿論是正確的。那麼，甚麼人當主席、副主席呢？就是原來書記處的幾個同志。這並不是説別的同志不可以當主席、副主席，同志們也可以另外提名，但是按照習慣，暫時就是一個主席、四個副主席。我是準備了的，就是到適當的時候就不當主席了，請求同志們委我一個名譽主席。名譽主席是不是不幹事呢？照樣幹事，只要能夠幹的都幹。"

根據毛澤東的建議，八大通過的黨章，增加了一條規定："中央委員會認為有必要的時候，可以設立中央委員會名譽主席一人。"

在談到由鄧小平擔任總書記職務時，鄧小平表示："我還是比較安於擔任秘書長這個職務。"毛澤東説："他願意當中國的秘書長，不願意當外國的總書記。其實，外國的總書記就相當於中國的秘書長，中國的秘書長就相當於外國的總書記。他説不順，我可以宣傳宣傳，大家如果都贊成，就順了。我看鄧小平這個人比較公道，他跟我一樣，不是沒有缺點，但是比較公道。他比較有才幹，比較能辦事。你説他樣樣事情都辦得好呀？不是，他跟我一樣，有許多事情辦錯了，也有的話説錯了；但比較起來，他會辦事。他比較周到，比較公道，是個厚道人，使人不那麼怕。我今天給他宣傳幾句。他説他不行，我看行。順不順要看大家的輿論如何，我觀察是比較順的。不滿意他的人也會有的，像有人不滿意我一樣。有些人是不滿意我的，我是得罪過許多人的，今天這些人選我，是為了顧全大局。你説鄧小平沒有得罪過人？我不相信，但大體説來，這個人比較顧全大局，比較厚道，處理問題比較公正，他犯了錯誤對自己很嚴格。他説他有點誠惶誠恐，他是在黨內經過鬥爭的。"⑫

關於中央委員會的選舉，毛澤東對選舉在歷史上犯過重大錯誤的王明等人為中央委員，做了説明。他説："我們選舉王明路線和立三路線這兩位代表人物是表示甚麼呢？這是表示我們對待這種犯思想錯誤的人，跟對待反革命分子和分裂派（像陳獨秀、張國燾、高崗、饒漱石那些人）有區別。""七次大會的時候，我們説服了那些同志，選舉了王明、李立三。那麼，七大以後這十一年來，我們有甚麼損失沒有？毫無損失，並沒有因為選舉了王明、李立三，我們的革命就不勝利了，或者遲勝利幾個月。"⑬

對待犯錯誤的包括犯過路線錯誤的同志，採取這樣的方針，是毛澤東在延安時期定下來的。八大開會期間，毛澤東曾向羅馬尼亞工人黨代表團團長喬治烏－德治介紹了這個經驗："我們曾和蘇聯同志談過，如果過去對布哈林、季諾維也夫，甚至托洛茨基，不採取趕走他們和槍斃他們的辦法，而仍留他們在黨內，仍選舉他們做中央委員，是否會更好一些。蘇聯同志也認為恐怕會更好一些。"

這裡所說的蘇聯同志，就是米高揚。毛澤東的這些話是在 1949 年 2 月米高揚來華訪問時，對他說的。八大期間，他們兩人再次相會，毛澤東又談起對黨內犯錯誤的人採取甚麼態度的問題。米高揚回顧了七年前的那次談話，他說："您方才講的對待犯錯誤的人應該採取的這種正確的態度，我在一九四九年二月來中國時，就曾經聽您說過。當時給我的印象非常深刻。我回到蘇聯後，曾經一字不掉地對斯大林講過，我當時是想使斯大林懂得您的意思。可是，當我說完了以後，斯大林並不做聲。他的辦法同您的相反，他雖未說話，可是心照不宣。我知道，他是不以為然的。"

9 月 10 日下午，八大預備會議舉行第二次全體會議。毛澤東再次發表講話："我們希望建設中所犯的錯誤，不要像革命中所犯的錯誤那麼多、時間那麼長。我們搞建設，是不是還要經過十四年的曲折，也要栽那麼多跟頭呢？"

毛澤東談到黨對知識分子的政策："舊中國留下來的高級知識分子只有十萬，我們計劃在三個五年計劃之內造就一百萬到一百五十萬高級知識分子（包括大學畢業生和專科畢業生）。""中央委員會中應該有許多工程師，許多科學家。現在的中央委員會，我看還是一個政治中央委員會，還不是一個科學中央委員會。所以，有人懷疑我們黨能領導科學工作、能領導衛生工作，也是有一部分道理的，因為你就是不曉得，你就是不懂。現在我們這個中央的確有這個缺點，沒有多少科學家，沒有多少專家。"⑭

毛澤東談到黨的高級幹部要正確看待自己，正確對待受到的冤屈："對於那些冤枉和委屈，對於那些不適當的處罰和錯誤的處置……一種態度是從此消極，很氣憤，不滿意；另一種態度是把它看作一種有益的教育，當作一種鍛煉。你曉得，這個世界就是這麼個世界，要那麼完全公道是不可能的，現在不可能，永遠也不可能。我是這麼看，也許我比較悲觀。有那麼一些人非常樂觀，說到了共產主義社會一點矛盾也沒有了，我就不相信。有矛盾，就要出主觀主義，就要犯錯誤。那些人並不是跟我們前世有冤，今世有仇，從前都不認識，他為甚麼要整你呢？就是因為思想不同，對問題的看法不一樣。後來證明，政策問題上思想統一了，就完全團結了。"

　　大會前夕，毛澤東還做了一項重要的準備工作，那就是八大開幕詞的起草。毛澤東寫過兩次稿子，但都沒有寫完。也許是對自己寫的稿子不滿意，或許是工作太忙，毛澤東又要陳伯達代為起草。很快，毛澤東收到陳伯達起草的八大開幕詞稿，他不滿意，說寫得太長，扯得太遠。隨後又要田家英起草，並囑咐："不要寫得太長，有個稿子帶在口袋裡，我就放心了。"

　　此時離大會開幕只有幾天時間，十分緊急。當年田家英三十四歲，精力充沛，很快趕寫出一個初稿。毛澤東比較滿意，親筆做了多處重要修改和補充，然後讓楊尚昆送給有關的人審閱修改。這已經是 9 月 14 日清晨四時三十分，離大會開幕只有一天半的時間了。

到中共八大，沒有再提 "毛澤東思想"。做出這一決定的，不是別人，正是毛澤東自己。

　　1956 年 9 月 15 日下午二時，中國共產黨第八次全國代表大會在全國政協禮堂隆重開幕。毛澤東的開幕詞，總共不到三千字，鼓掌達三十二次之多。整個會場，充滿了熱烈、激動的氣氛。

　　劉少奇代表中央委員會作完政治報告後，9 月 16 日，鄧小平作關於修改黨的章程的報告。在修改黨章的報告裡，另一個重要內容，就是強調黨的集體領導原則，反對個人崇拜，反對突出個人，反對對個人歌功頌德。

　　1945 年召開的中共七大，是以確立毛澤東思想在全黨的指導地位而載入中國共產黨史冊、著稱於世的。到中共八大，沒有再提 "毛澤東思想"。做出這一決定的，不是別人，正是毛澤東自己。從 1949 年起，毛澤東在審閱中共一些重要文件時，都把提到"毛澤東思想"的地方刪去，改為"馬克思列寧主義的普遍真理和中國革命的具體實踐相結合"，或者只用"馬克思列寧主義"。

1954 年 12 月，中共中央宣傳部根據毛澤東的指示，專門發出一個通知。通知說："毛澤東同志曾指示今後不要再用'毛澤東思想'這個提法，以免引起誤解。我們認為今後黨內同志寫文章做報告，應照毛澤東同志的指示辦理。"毛澤東在審定這個通知稿時，還加了一句話："在寫文章做演講遇到需要提到毛澤東同志的時候，可用'毛澤東同志的著作'等字樣。"⑮

鄧小平報告後，周恩來作了關於發展國民經濟第二個五年計劃的建議的報告。大會結束前，有一項重要議程，就是通過關於政治報告的決議。這個決議是在毛澤東主持下，由陳伯達、胡喬木負責起草的。決議的核心，是對中國社會主要矛盾的分析和據此而做出的關於黨和國家主要任務的規定。

決議寫道："我們國內的主要矛盾，已經是人民對於建立先進的工業國的要求同落後的農業國的現實之間的矛盾，已經是人民對於經濟文化迅速發展的需要同當前經濟文化不能滿足人民需要的狀況之間的矛盾。"

這一句話，在決議的歷次修改稿上都沒有，9 月 27 日凌晨大會主席團常委會通過的稿子上也沒有，是在大會閉幕式開會前臨時加上的。急急忙忙地送毛澤東看過，就印發大會了。

胡喬木後來回憶："這個問題是陳伯達提出的，陳伯達找了康生，這時大會已經快閉幕了。他們商量了一個修改的意思，把我找去。陳伯達搬出列寧的《落後的歐洲和先進的亞洲》這篇文章的一些話作為依據，說明先進的社會制度和落後的生產力之間的矛盾問題。然後我和陳伯達兩個人去找毛主席，把修改的方案拿給他看，他琢磨了半天以後，同意了。他說，'好，趕快去印。'"

據檔案記載，毛澤東於 1956 年 9 月 27 日下午一時十分至一時五十分在中南海游泳池。陳伯達和胡喬木就是在這個時候將修改後的決議稿送給毛澤東審閱的，這時離大會閉幕式開會只有一個小時。⑯

因為如此倉促，毛澤東後來對這個決議提出了異議。參加決議起草工作的鄧力群有一個回憶："我記得，大概是（八大閉幕）兩個星期以後，毛主席對這個問題提出懷疑。他説列寧講的是亞洲與歐洲比較，你們講的是自己與自己比。陳伯達向我們傳達過毛主席講的這個意思。"

八大期間，毛澤東會見了一批出席大會的兄弟黨代表團，同他們進行了坦誠友好的交談。會見都安排在下午，地點是政協禮堂主席團休息室。每天下午一般是兩次會見，有時是三次。一次會見，少則一個多小時，多則三個小時。會見結束後，又常常接著召開八大主席團常委會和各代表團團長會議，直至深夜。這樣緊張而繁重的工作，對於年過花甲的毛澤東來説，如果沒有充沛精力，是不可想像的。看了當年那些會見記錄，誰都會深深地感到：毛澤東的思想是那樣的敏銳機智，思路是那樣的清晰，知識是那樣的淵博。當他問起對方國家的情況時，你又會看到他是多麼如飢似渴地想知道外部世界的一切。

10月1日晚，毛澤東在天安門城樓興致勃勃地觀看焰火，回到住地，已經十點多鐘了。稍事休息後，又在頤年堂會見了杜克洛率領的法國共產黨代表團，他們一直談到次日凌晨二時三十五分。毛澤東問客人："你看法國政府能否擺脱美國干涉，同中國建立外交關係，在貿易上能把成套設備賣給我們，很久還是不很久，你如何估計？"一番交談後，杜克洛表示："我們在這方面可能做些推動的工作。"毛澤東對此説了三個字："請幫助。"⑰

"請幫助。"簡簡單單的三個字，表明了毛澤東希望能夠引進西方資本主義國家的先進科技、先進裝備的迫切心情。由於美國的阻撓，直到1964年1月中法建交後，毛澤東的這個願望才逐步實現。

周恩來、陳雲仍在按照一五計劃的既定目標穩步推進經濟建設，但毛澤東想加快建設社會主義的心情太急切了。1956年8月30日晚，毛澤東在八大預備會議舉行的第一次全體會議上説，鋼產量今年四百多萬噸，明年突破五百萬噸，第二個五年計劃要超過一千萬噸，第三個五年計劃就可能超過兩千萬噸。

在談到建設一個偉大的社會主義國家的目標時，毛澤東提出要在五六十年內趕上和超過美國的設想："假如我們再有五十年、六十年，就完全應該趕過它，這是一種責任。你有那麼多人，你有那麼一塊大地方，資源那麼豐富，又聽説搞了社會主義，據説有優越性，結果你搞了五六十年還不能超

1956年10月1日，毛澤東、彭真（左二）、陳毅（左一）與印度尼西亞總統蘇加諾（左三）、尼泊爾首相坦卡·普拉薩德·阿查里雅（左四）在天安門城樓參加國慶閱兵和觀看北京五十萬人大遊行。

1956年10月，來華訪問的印度尼西亞總統蘇加諾（左一）向毛澤東贈送禮品。

過美國，你像個甚麼樣子呢？那就要從地球上開除你的球籍！所以，超過美國，不僅有可能，而且完全有必要，完全應該。如果不是這樣，那我們中華民族就對不起全世界各民族，我們對人類的貢獻就不大。"

八大會議後，各部門各地區向國家經委提出的基建投資額高達二百四十三億，周恩來和陳雲最後壓縮為一百一十億。陳雲提出：寧願慢一點，慢個一年兩年，到三個五年計劃，每個五年計劃慢一點。穩當一點，就是說"右傾"一點。"右傾"一點比"左傾"一點好。周恩來說，這個不發生"左傾"、右傾的問題，不像政治方面，"左"了就盲動，右了就投降。

在 11 月八屆二中全會上，劉少奇在作報告時，引用了周恩來、陳雲的話請教毛澤東，究竟是"左"傾一點好還是右傾一點好。毛澤東說："看是甚麼右。"劉少奇說："是快慢的右。"毛澤東說："這種右可以。"劉少奇也很認同："對階級敵人，你右了，人家就進來了，那個右是不許犯的。快一點慢一點不是失掉立場問題。昨天有一位同志講，慢一點，右一點，還有迴旋餘地；過了一點，左了一點，迴旋餘地就很少了。"[18]

在小組會上，周恩來引用毛澤東"既要重工業，又要人民"的話，強調我們搞工業化，搞社會主義，就是為人民謀長遠利益。你不關心人民的利益，讓人民過分地束緊了褲腰帶，重工業搞起來還得停。而毛澤東則說：要保護幹部同人民的積極性，不要往他們頭上潑冷水。顯然，毛澤東雖然沒有反對周恩來、陳雲、劉少奇的意見，但內心裡是不滿意的。

在談到波匈事件時，他進一步指出蘇共二十大全盤否定斯大林造成的嚴重危害。他說："關於蘇共二十次代表大會，我想講一點。我看有兩把'刀子'：一把是列寧，一把是斯大林。現在，斯大林這把刀子，俄國人丟了。"

1956 年被毛澤東稱為"多事之秋"。

1956 年 6 月 8 日，波蘭波茲南采蓋爾斯基機車車輛製造廠一萬六千名工人因提出增加工資和減稅的要求，開始舉行罷工和遊行示威等活動。6 月 28 日，示威群眾遭到軍方鎮壓，發生流血事件，造成七十四人死亡（包括軍警八人），八百人受傷，六百五十八人被拘捕。

這一事件對波蘭的影響極大。擔任過波蘭黨總書記的哥穆爾卡，曾因得罪蘇聯被開除黨籍並入獄服刑。10 月 19 日，波蘭統一工人黨八中全會在華沙召開，增選哥穆爾卡等四人為中央委員。這一事件引起了軒然大波。赫魯曉夫率領的蘇共代表團，在未得到波黨同意的情況下，突然來到華沙，要求兩黨會談。

波共全會決定哥穆爾卡以第一書記候選人的身份參加波共代表團同蘇共代表團會談。蘇共代表團得到解釋，相信波蘭不會有損害蘇聯和整個社會主義陣營的舉動之後，於 20 日返回莫斯科。隨後，哥穆爾卡被選為波蘭統一工人黨第一書記。新改組的黨中央為波茲南事件平反，釋放被捕者。蘇波關係變得非常緊張。

10 月 19 日當天，蘇聯駐華大使尤金向劉少奇遞交了蘇共中央關於波蘭問題給中共中央的通知。21 日，又通知中共中央派代表團到莫斯科去商談。毛澤東主持了兩次政治局擴大會議，討論波蘭問題，希望蘇共能在平等的基礎上跟波蘭黨合作。23 日，劉少奇、鄧小平率中共代表團到達莫斯科，赫魯曉夫告訴他們，波蘭問題已經緩和，蘇共撤退了軍隊，並準備承認波蘭黨新的領導，這也是接受中共建議的結果。

然而，一波未平，一波又起。就在 10 月 23 日，在匈牙利首都布達佩斯，爆發了二十萬人參加的示威遊行。示威者佔領了電台和一些軍事設施，衝擊匈牙利勞動人民黨和政府機構，發生了流血衝突。當晚，匈牙利勞動人民黨中央召開緊急會議，改組中央領導機構，親西方的納吉進入中央政治局，並擔任部長會議主席。在 10 月 25 日的政治局會議上，又選舉卡達爾擔任中央第一書記。

10 月 23 日晚，尚未來得及回國的劉少奇得知匈牙利事件，立即打電話報告毛澤東。從 24 日到 31 日，毛澤東連續召開政治局常委會會議、政治局會議和政治局擴大會議，討論波匈事件，並與劉少奇保持直接的電話聯繫。

29 日，毛澤東與劉少奇通了一次電話，要他跟蘇方商量：蘇聯是不是可

1956年，毛澤東、周恩來與外交部部長陳毅、副部長張聞天在中南海頤年堂討論外交問題。

以對其他社會主義國家在政治上、經濟上放手、放開，讓這些國家獨立。蘇方開始並不接受這個意見，經過雙方長時間的討論，最後接受了這個意見。蘇聯於 10 月 30 日發表《蘇聯政府關於發展和進一步加強蘇聯同其他社會主義國家的友誼和合作的基礎的宣言》。這個宣言採納了中共關於社會主義國家之間也應該遵守和平共處五項原則的意見，對於蘇聯在同其他社會主義國家之間關係上的錯誤，做了自我批評。中國政府立刻在 11 月 1 日發表聲明，支持蘇聯政府這個宣言。

　　然而，匈牙利的形勢越來越緊張，納吉政府已經宣佈退出華沙條約組織，實行多黨制，並把保安隊和保安機關解散，全國處於混亂狀態。針對這種情況，中共代表團經過討論後認為，一個是進攻的方針，即蘇聯軍隊進入匈牙利鎮壓；一個是退讓的方針，即蘇聯從匈牙利撤軍。究竟採取哪個方針？劉少奇打電話請示毛澤東：“我們是不是把這兩個意見都提出來同蘇方商量？”毛澤東同意這樣做，同時提出：暫時不忙做決定，看多少天以後再說。如果採取進攻政策，要等反革命更多地暴露、人民看清楚的時候，這樣比較適當。中共代表團向蘇方提出這些意見，並指出：在還可以挽救的時候，是不是盡最後的力量把它挽救一下，匈牙利問題同波蘭問題性質不同，應該採取兩種不同的方針。這時，蘇共領導對匈牙利已經完全絕望，一致認為匈牙利政變已經完成，反革命已經取得政權，沒有採納中方的意見。[19]

　　31 日晚，赫魯曉夫等人到機場為中共代表團送行的時候，說蘇共主席團已經決定，準備在匈牙利採取進攻的方針。11 月 4 日，以卡達爾為總理的匈牙利工農革命政府宣告成立。同日，蘇軍重新回到布達佩斯。布達佩斯和匈牙利全國各地的暴亂很快被平息下來，卡達爾政府重新穩定了國內局勢。

　　11 月 10 日，中共八屆二中全會在北京舉行。15 日，也就是全會的最後一天，毛澤東作總結性講話。在談到波匈事件時，他進一步指出蘇共二十大全盤否定斯大林造成的嚴重危害。他說：“關於蘇共二十次代表大會，我想講一點。我看有兩把‘刀子’：一把是列寧，一把是斯大林。現在，斯大林這把刀子，俄國人丟了。”“蘇共二十次代表大會赫魯曉夫的報告說，可以經過議會道路去取得政權，這就是說，各國可以不學十月革命了。這個門一開，列寧主義就基本上丟掉了。”

　　毛澤東認為："東歐一些國家的基本問題就是階級鬥爭沒有搞好，那麼多反革命沒有搞掉，沒有在階級鬥爭中訓練無產階級，分清敵我，分清是非，分清唯心論和唯物論。現在呢，自食其果，燒到自己頭上來了。"後來，他對匈牙利事件產生的原因，做了比較全面的歸納："官僚主義，脫離群眾，工業方針錯誤，工人減薪，資本家簡單地被打倒，知識分子未被改造，反革命分子沒有鎮壓。"

　　11 月 11 日，南斯拉夫共產主義者聯盟主席鐵托，在南斯拉夫西部海濱城市普拉發表演說。他提出：波蘭和匈牙利事件的根源，是有人把斯大林主義的傾向強加在他們頭上。而斯大林錯誤的產生，"問題不僅僅是個人崇拜，問題是使得個人崇拜得以產生的制度"，"在於官僚主義組織機構"，等等。

　　11 月 24 日、25 日、27 日、29 日和 30 日，毛澤東在頤年堂連續召集政治局常委擴大會議，討論對國際形勢的估計，分析鐵托的演說和一些共產黨對它的評論。最後決定就目前東歐各國發生的問題寫一篇文章。從 12 月 10 日起，毛澤東主持召開政治局常委會議和政治局會議，討論和修改《再論無產階級專政的歷史經驗》，直到正式發表，共八易其稿。

　　毛澤東在討論時反覆談到，這篇文章中要分清兩種性質的矛盾，一種是敵我性質的矛盾，一種是人民內部的矛盾。上篇文章我們主要講人民內部矛盾。現在在講人民內部矛盾的同時，還要講敵我矛盾。當前世界上帝國主義力量與社會主義力量之間的敵對矛盾是基本矛盾。從此出發，站在社會主義立場上反對帝國主義。這個基本立場在文章開頭就要講清楚，這樣才能夠貫通全局，既解決敵我矛盾，又解決人民內部矛盾。

　　與波匈事件相呼應的是，1956 年下半年，國內經濟出現了生產資料和生活資料供應緊張的情況，一些社會矛盾也表現得比較突出，有些地方甚至發生工人罷工、學生罷課的事件。在半年內，全國各地，大大小小，有一萬多工人罷工、一萬多學生罷課。從 1956 年 10 月起，廣東、河南、安徽、浙江、江西、山西、河北、遼寧等省，還發生了部分農民要求退社的情況。面對新時期出現的新情況和新問題。怎麼辦？需要有新的方針、新的方法、新的理論。

1957年4月15日，毛澤東在北京與來華訪問的蘇聯最高蘇維埃主席團主席伏羅希洛夫會談。

1957年4月，毛澤東陪同伏羅希洛夫觀看梅蘭芳演出的京劇《霸王別姬》，演出結束後，向梅蘭芳祝賀演出成功。

　　毛澤東把工人罷工、學生罷課這一類問題產生的根源，歸結為官僚主義："縣委以上的幹部有幾十萬，國家的命運就掌握在他們手裡。如果搞不好，脫離群眾，不是艱苦奮鬥，那麼，工人、農民、學生就有理由不贊成他們。我們一定要警惕，不要滋長官僚主義作風，不要形成一個脫離人民的貴族階層。誰犯了官僚主義，不去解決群眾的問題，罵群眾，壓群眾，總是不改，群眾就有理由把他革掉。"[20]

　　在中共八屆二中全會上，毛澤東鄭重宣佈："我們準備在明年開展整風運動。整頓三風：一整主觀主義，二整宗派主義，三整官僚主義。"這是他很長時間以來一直特別關心的三個問題。他強調，整風是一種小民主的方法，"以後凡是人民內部的事情，黨內的事情，都要用整風的方法，用批評和自我批評的方法來解決，而不是用武力來解決"。

---

① 《毛澤東回湖南紀實》，湖南出版社 1993 年 12 月第 1 版，第 38—41 頁。

② 《楊尚昆日記》（上卷），中央文獻出版社 2001 年 9 月第 1 版，第 230—231 頁。

③ 《毛澤東傳（1949—1976）》，中央文獻出版社 2003 年 12 月第 1 版，第 471—483 頁。

④ 《毛澤東傳（1949—1976）》，中央文獻出版社 2003 年 12 月第 1 版，第 104—105 頁。

⑤ 《毛澤東傳（1949—1976）》，中央文獻出版社 2003 年 12 月第 1 版，第 299—307 頁。

⑥ 《毛澤東之路——畫說毛澤東和他的戰友》，長江文藝出版社 2004 年 12 月第 1 版，第 459 頁。

⑦ 《毛澤東傳（1949—1976）》，中央文獻出版社 2003 年 12 月第 1 版，第 492 頁。

⑧ 《毛澤東傳（1949—1976）》，中央文獻出版社 2003 年 12 月第 1 版，第 493—499 頁。

⑨ 《周恩來傳》（第三卷），中央文獻出版社 1989 年 11 月第 1 版，第 1216 頁。

⑩ 《毛澤東之路——畫說毛澤東和他的戰友》，長江文藝出版社 2004 年 12 月第 1 版，第 471 頁。

⑪ 2003 年 9 月採訪徐肖冰、侯波。

⑫ 《毛澤東傳（1949—1976）》，中央文獻出版社 2003 年 12 月第 1 版，第 520—521 頁。

⑬ 《毛澤東傳（1949—1976）》，中央文獻出版社 2003 年 12 月第 1 版，第 524 頁。

⑭ 《毛澤東文集》（第七卷），人民出版社 1999 年 6 月版，第 101、102 頁。

⑮ 《毛澤東傳（1949—1976）》，中央文獻出版社 2003 年 12 月第 1 版，第 534—535 頁。

⑯ 《毛澤東傳（1949—1976）》，中央文獻出版社 2003 年 12 月第 1 版，第 537 頁。

⑰ 《毛澤東傳（1949—1976）》，中央文獻出版社 2003 年 12 月第 1 版，第 543 頁。

⑱ 《毛澤東之路——畫說毛澤東和他的戰友》，長江文藝出版社 2004 年 12 月第 1 版，第 474 頁。

⑲ 《毛澤東傳（1949—1976）》，中央文獻出版社 2003 年 12 月第 1 版，第 605 頁。

⑳ 《毛澤東傳（1949—1976）》，中央文獻出版社 2003 年 12 月第 1 版，第 612 頁。

1957

第九章

整風反右

暑假或寒假你如有可能，請到板倉代我看一看開慧的墓。

　　1957 年春節，毛澤東的舊友李淑一給他寫了一封信。由此，引出了一段文壇佳話。李淑一和她的丈夫柳直荀都是毛澤東青年時代的革命同志，他們彼此之間還曾有詩詞的過往。在艱苦的革命鬥爭中，毛澤東的妻子楊開慧和李淑一的丈夫柳直荀均為革命事業獻出了自己的生命。

　　解放後，彼此間多年不通音訊的毛李再次建立了聯繫。這年 1 月，毛澤東的十八首舊體詩詞在《詩刊》創刊號發表並被李淑一讀到，勾起了李淑一對許多往事的回憶。她在信中談及自己閱讀毛澤東詩作的感受，還提到了毛澤東青年時代為妻子楊開慧所寫的一首婉約詞作《虞美人》。時隔太久，李淑一只能依稀記得開頭兩句，為此，她希望毛澤東能將這份早年愛情詞作抄贈於她。同時，李淑一附上了自己在 1933 年夏天悼念丈夫柳直荀

1959年6月27日，毛澤東在湖南長沙蓉園與李淑一相見。

的一首詞作——《菩薩蠻·驚夢》：

　　蘭閨索寞翻身早，夜來觸動離愁了。底事太難堪，驚儂曉夢殘。　　征人何處覓，六載無消息。醒憶別伊時，滿衫清淚滋！

　　毛澤東懂得李淑一的心意。他在 5 月 11 日回信：

淑一同志：

　　惠書收到。過於謙讓了。我們是一輩的人，不是前輩後輩關係，你所取的態度不適當，要改。已指出"巫峽"，讀者已知所指何處，似不必再出現‘三峽’字面。大作讀畢，感慨繫之。開慧所述那一首不好，不要寫了吧。有《遊仙》一首為贈。這種遊仙，作者自己不在內，別於古之遊仙詩。但詞裡有之，如詠七夕之類。

　　我失驕楊君失柳，楊柳輕颺直上重霄九。問訊吳剛何所有，吳剛捧出桂花酒。　　寂寞嫦娥舒廣袖，萬里長空且為忠魂舞。忽報人間曾伏虎，淚飛頓作傾盆雨。

　　暑假或寒假你如有可能，請到板倉代我看一看開慧的墓。此外，你如去看直荀的墓的時候，請為我代致悼意。你如見到柳午亭先生時，請為我代致問候。午亭先生和你有何困難，請告。

　　為國珍攝！

毛澤東
一九五七年五月十一日

　　信中，鑒於時代和身份的變化，毛澤東婉言謝絕了李淑一請他重抄舊作的建議。代以回贈的，則是一首集革命浪漫主義與革命現實主義於一體的、飽含濃情的新詞，後來發表時正式名為《蝶戀花·答李淑一》。舊人舊事，自然也勾起了毛澤東對往事的追憶。臨末，他特地囑咐李淑一代她為自己的妻子楊開慧掃墓，送上他的思念。

　　那首不肯抄給李淑一的《虞美人》，毛澤東一直記在心裡。他對自己早年的這首婉約詞作無比珍視，在他的生前，從未將其公開發表。很少有人知道，這首寫於 1921 年、定稿名為《枕上》的婉約佳作，毛澤東曾多次修改。直到 1961 年，距離寫作這首詞初稿四十多年後，他又一次將其謄寫並贈送衛士張仙鵬，囑其一定妥善保存。1973 年冬天，八十歲高齡的毛澤東最後一次將其交付保健護士吳旭君用毛筆抄清保存，最後修定全文。詞曰：

堆來枕上愁何狀，江海翻波浪。夜長天色總難明，寂寞披衣起坐數寒星。　　曉來百念都灰盡，剩有離人影。一勾殘月向西流，對此不拋眼淚也無由。

傅雷曾在一封家書中十分動情地述及他的感想：“他的馬克思主義是到了化境的，隨手拈來，都成妙諦，出之以極自然的態度，無形中滲透聽眾的心。講話的邏輯都是隱而不露，真是藝術高手。”“他的胸襟博大，思想自由，當然國家大事掌握得好了。毛主席是真正把古今中外的哲理融會貫通了的人。”

1957 年 1 月 18 日至 27 日，中共中央在北京召開省市自治區黨委書記會議，史稱“一月會議”。毛澤東提出：（一）要準備少數人鬧事，搞所謂的大民主。對待大民主的態度應當是：第一不怕，第二要加以分析，看他講甚麼，做甚麼。（二）對知識分子和民主人士要繼續思想改造。現在有一種偏向，就是重安排不重改造，百花齊放、百家爭鳴一來，不敢去改造知識分子了。（三）百花齊放，還是要放。農民需要年年跟田裡的雜草作鬥爭，我們黨的作家、藝術家、評論家、教授，也需要年年跟思想領域的雜草作鬥爭。

1957 年 1 月 7 日，陳其通、陳亞丁、馬寒冰、魯勒四人在《人民日

1956年2月8日，毛澤東在中南海懷仁堂會見（右起）著名報人、通俗小說家張恨水，雕塑藝人張景祜，作家杜鵬程。左一為文化部長沈雁冰（茅盾）。

報》上發表題為《我們對目前文藝工作的幾點意見》一文，對他們認為是違反黨的文藝政策的傾向，發表了批評意見。毛澤東後來多次批評這篇文章，說文章對形勢的估計是錯誤的，思想方法是教條主義、形而上學、片面性的。

作家王蒙當時寫了篇小說《組織部新來的年輕人》，揭露了黨政機關中存在的官僚主義問題，遭到了一些人的圍攻。

2月16日，毛澤東在頤年堂召集中央報刊、作家協會、科學院和青年團的負責人開會，表述了自己的觀點："有些同志批評王蒙，說他寫得不真實，中央附近不該有官僚主義。我認為這個觀點不對。我要反過來問，為甚麼中央附近就不會產生官僚主義呢？中央內部也產生壞人嘛！’’“用教條主義來批評人家的文章，是沒有力量的。”他認為陳其通等人的文章和王蒙的小說被批評，反映出“我們對人民中的錯誤採取如何處理的方針，有大量的人是沒有弄清楚的”。[①]

談及批判胡適的問題，毛澤東指出：開始批判胡適的時候很好，但後來就有點片面性了，把胡適的一切全部抹煞了，以後要寫一兩篇文章補救一下。對康有為、梁啟超也不能抹煞。還說：對思想上有嚴重錯誤的人，有敵對思想的人，也要團結他們，改造他們。

對於香花毒草的爭論，毛澤東認為：片面的打，不能鍛煉出真正好的文學藝術。只允許香花，不允許毒草，這種觀念是不對的。香花是從和毒草作鬥爭中出來的。香花與毒草齊放，“落霞與孤鶩齊飛”。

2月27日至3月1日，最高國務會議第十一次擴大會議在北京中南海懷仁堂召開。毛澤東在27日下午的會上，以“如何處理人民內部的矛盾”為題發表講話，從下午三時一直講到七時。後來《關於正確處理人民內部矛盾的問題》這篇重要文章的雛形，在這次講話中基本得到了體現。

他提出了兩類矛盾：敵我之間的矛盾，人民內部相互之間的矛盾。“這兩類問題的性質不同，解決的方法也不同。敵我矛盾是對抗性矛盾，人民內部的矛盾是非對抗性的矛盾。專政就是對付敵我之間的，解決敵我之間的這個矛盾的就是壓服敵人。只要不是敵人，那麼就是人民，在這個範圍之內就不是專政的問題，不是誰向誰專政的問題。人民自己不能向自己專政，因為這些人有言論自由，有集會自由，有結社自由，有遊行示威自由。所有這些是憲法上寫了的，這是民主的問題。民主是有領導的民主，是集中指導下的民主，不是無政府主義的，無政府主義不是人民的要求。”

毛澤東認為：“在斯大林時期，他在很長的時期內把這兩類矛盾混淆起來了。”“我們在肅反工作中，也曾經並且常常容易把好人當作壞人去整，把本來不是反革命的懷疑他是反革命。”“但是我們有一條，反革命一個不殺。有了這麼一條，就保證在萬一錯了的時候，有挽回的餘地。”

他談到“大民主”：“波蘭事件和匈牙利事件出來，有些人很高興，來一下大民主嘛！”“有一些同志，有一些黨外朋友，他們搞不清楚大民主是對付敵對階級的。”“有人提出早一點取消專政。有人説民主是目的。我們跟他們説，民主是手段，也可以説又是目的又是手段。民主是屬於哪個範圍呢？屬於上層建築，屬於政治這個範疇。”“有人説外國的自由很好，我們這裡自由很少。我説，沒有抽象的自由，只有階級的自由，具體的自由，抽象的、一般的自由，世界上就沒有那個東西。”

關於如何處理罷工、罷課、遊行示威請願這些問題，毛澤東認為：“這些鬧事，不能説主要是因為反革命，而主要是因為我們工作中的缺點，我們不會教育，不會領導。”“關於這個問題，我搞了四條辦法，大家看對不對。第一，克服官僚主義，適當地處理矛盾，使其不鬧；第二，要鬧就讓他鬧；第三，要鬧就讓他鬧夠；第四，除個別人以外，一般不要開除。”

這篇講話內容非常豐富，甚至涉及計劃生育問題。他談道：“我看人類自己最不會管理自己。對於工廠的生產，生產布匹，生產桌椅板凳，生產鋼鐵，他有計劃。對於生產人類自己就是沒有計劃，就是無政府主義，無政府，無組織，無紀律。這個政府可能要設一個部門，設一個生育計劃部好不好？或者設一個委員會吧，節育委員會，作為政府的機關。”這番講話引起了全場大笑。馬寅初正是受了這個講話的啟發，開始研究人口問題。②

2 月 28 日整天和 3 月 1 日上午，全體與會人員分組討論毛澤東的講話，3 月 1 日下午，李濟深、章伯鈞、馬敘倫等十六人做了書面發言。毛澤東又針對發言中的一些疑問做了解釋。比如“大民主和小民主”，毛澤東進一步説：“現在工作方法已經改了，是小民主。但有些地方不實行小民主，任何民主都沒有，橫直是官僚主義。這樣逼出一個大民主來了，於是乎罷工、罷課。我們不提倡罷工、罷課，提倡在人民範圍之內的問題使用批評的方法來解決。如果個別地方官僚主義十分嚴重，在這樣一種範圍內允許罷工、罷課。我們把罷工、罷課、遊行、示威、請願等，看作是克服人民內部矛盾、調整社會秩序的一種補充方法。”

有人提出對“長期共存，互相監督”講得不夠。毛澤東承認：“這講得對，這也是一種批評。前天沒有大講這個問題。甚麼叫‘長期’？就是共產黨的壽命有多長，民主黨派的壽命就有多長。"

他還談到擴大《參考消息》的發行範圍，準備從過去兩千份擴大到三十萬份，並且還贊成出《蔣介石全集》。他說："要見世面，要經風雨，不要藏在暖室裡頭，暖室裡頭長大的東西是不牢固的。"

3月6日至13日，中共中央在北京召開了全國宣傳工作會議，而且破例地邀請黨外人士參加。會議首先聽了"關於正確處理人民內部矛盾的問題"講話錄音，然後分組討論。毛澤東沒有馬上發表講話，而是利用會議期間先後召開了五個座談會，一邊了解情況，一邊發議論。

在3月10日的新聞出版工作者會議上，有人反映，現在報紙編出來群眾不愛看。毛澤東認為："報紙是要有領導的，但是領導要適合客觀情況。群眾愛看，證明領導得好；群眾不愛看，領導就不那麼高明吧！""報上的文章，'短些，短些，再短些'是對的，'軟些，軟些，再軟些'就要考慮一下。不要太硬了，太硬了人家不愛看，可以把軟和硬兩個東西統一起來。"

有人問：魯迅如果活著會怎麼樣？毛澤東回答："我看魯迅活著，他敢寫也不敢寫。在不正常的空氣下面，他也會不寫的，但更多的可能是會寫。現在有些作家不敢寫，有兩種情況：一種情況，是我們沒有為他們創造敢寫的環境，他們怕捱整；還有一種情況，就是他們本身唯物論沒有學通，是徹底的唯物論者就敢寫。"③

關於在報紙上如何開展批評，毛澤東指出："對人民內部問題進行批評，鋒芒也可以尖銳。我也想替報紙寫些文章，但是要把主席這個職務辭了才成。我可以在報上闢一個專欄，當專欄作家。文章要尖銳，刀利才能裁紙，但是尖銳得要是幫了人而不是傷了人。"他又一次強調："現在搞大民主不適合大多數人民的利益。有些人對別人總想用大民主，想整人，到了整自己，民主就越小越好。我看在文學、新聞等方面，解決問題要用小小民主，小民主之上再加上一個'小'字，就是毛毛雨，下個不停。"

3月12日下午，毛澤東在全國宣傳工作會議上發表講話，其中重點談到知識分子問題："我國的知識分子大約有五百萬左右。""百分之九十以上都是愛國主義者，擁護社會主義。""許多人不贊成馬克思主義，不贊成社會主義，但是在外國人面前他就表現為愛國主義者。""同志們都是做宣傳工作的，我們有一個宣傳馬克思主義的任務。"

"國家只存在三部分人，就是：工人，農民，知識分子。知識分子的性質就是為工人、農民服務的。他們是腦力勞動的工人，是用腦子的工人。""知識分子是舊社會留給我們的遺產。這幾百萬知識分子要先受教育。不是已經改造好了，不需要改造了。我看還要改造。大多數人是願意學習的。要在他自己願意的基礎上，有別人的好心幫助，而不是強制地學習。"

毛澤東將要在黨內進行整風的信息透露了出去：中央做出決定，準備今年就開始，先搞試驗，明年比較普遍地進行。黨外人士自願參加。整風的目的，就是要批評幾個東西：一個叫主觀主義，主要是教條主義；第二是宗派主義；還有一個是官僚主義。現在的情況是官僚主義相當嚴重。整風不用大民主，用小民主，在小組會上，是小小民主。要和風細雨，治病救人，反對一棍子打死的辦法。

毛澤東總結道："百家爭鳴，説一百家，其實只有兩家：無產階級一家，資產階級一家。説百家，無非言其多也。馬克思主義裡面也有幾家，修正主義算一家，教條主義是一家。"

毛澤東又針對性地回答了一些問題。諸如就共產黨是否能夠領導科學這一問題，他如此闡述："在現在這個時期，我看是又能領導又不能領導。在自然科學的這門學科、那門學科的具體內容上不懂，沒有法子領導。""共產黨過去忙於階級鬥爭，一直到現在，階級鬥爭基本完結了，但還沒有完全完結，許多政治問題要它來處理。跟別的東西一樣，階級鬥爭也是學會的，我們是花了幾十年的工夫，從一九二一年起到黨的七大，花了二十四年，才使我們對階級鬥爭有一套科學，有一套根據馬克思主義原則、合乎中國情況的戰略、策略。學會自然科學可能也要這樣長的時間。"

參加這次會議，聽了毛澤東講話的著名作家和翻譯家傅雷，曾在一封家書中十分動情地述及他的感想："毛主席的講話，那種口吻，音調，特別親切平易，極富於幽默感；而且沒有教訓口氣，速度恰當，間以適當的 pause

（停頓），筆記無法傳達。他的馬克思主義是到了化境的，隨手拈來，都成妙諦，出之以極自然的態度，無形中滲透聽眾的心。講話的邏輯都是隱而不露，真是藝術高手。""他的胸襟博大，思想自由，當然國家大事掌握得好了。毛主席是真正把古今中外的哲理融會貫通了的人。"④

談到民主黨派、知識分子的入黨問題，毛澤東指出："知識分子應吸收一批進黨內來訓練。爭取三分之一的知識分子入黨，已加入民主黨派的也可以跨黨。只有民主黨派的主要骨幹應勸他不進黨。知識分子入黨條件不能太高。"

3月17日上午，毛澤東離開北京，乘專列南下。中午到達天津。下午在幹部俱樂部游泳池游了泳，當晚，在天津人民禮堂與近千名幹部見面，並以"百花齊放，百家爭鳴"為題作了報告。報告結束後，他乘專列離開天津，趕往濟南，18日凌晨到達濟南。18日晚，毛澤東在山東省府大禮堂，又向省級機關幹部作思想問題的報告。

毛澤東這次講話中，有一個比較突出的內容，就是講大規模的階級鬥爭基本結束了，但階級鬥爭並沒有結束；在意識形態領域，階級鬥爭將長期存在；意識形態領域誰勝誰負的問題還沒有解決，還需要相當長的時間才能解決。這些意思，在2月27日的最高國務會議上和3月12日的宣傳工作會議上，都沒有講到或者沒有明確地指出來。⑤

3月18日深夜，毛澤東離開濟南，前往徐州。19日晨，在專列上接見了徐州地委書記胡宏、市委書記陶有亮、市長張洪範等人，了解了徐州市煤、鐵等礦產開採利用和工業生產、交通水利等方面的情況。座談後，毛澤東請大家共進早餐，主要的兩盤菜是炒雞蛋和炒肉片。

次日上午，毛澤東乘飛機從徐州到南京，在下榻處召集江蘇、安徽兩省和上海市領導座談。20日，毛澤東在南京部隊，江蘇、安徽兩省黨員幹部會上講話。他的開頭第一句話就使得整個會場變得輕鬆活潑："我變成了一個游

1951年"七一"慶祝酒會上，毛澤東與錢三強（右二）等科技工作者交談。

說先生，一路來到處講一點話。"

　　毛澤東指出：今後的中心任務是建設。從現在到二十一世紀中葉，用一百年的時間把中國建設好。關於人民鬧事如何處理，他說："許多同志對於人民跟我們鬧事沒有精神準備。因為過去我們跟人民一道反對敵人，現在敵人不在了，看不見敵人了，就剩下我們跟人民，他有事情，不向你鬧，向誰去鬧呢？對於人民鬧事，有主張用老辦法對付的，就有幾個地方叫警察抓人。我說，學生罷課叫警察抓人，這是國民黨的辦法。也有束手無策的，完全是沒有辦法。不怕帝國主義，不怕蔣介石，就是怕老百姓。過去那一套，他是好手。要講對付人民鬧事，他沒有學好，這一課沒有上過。要跟黨內黨外公開地提出這個問題，展開討論，辦法就出來了。"

　　他再次強調："對這幾百萬知識分子，我們如果看不起他們，如果以為可以不要他們，這種觀點是不妥當的。我們離不開他們。我們離開這幾百萬知識分子，可以說一步都不能走。這幾百萬知識分子，是有用之人，是我們的財產，是人民的教員。對這些人不能搞唯成份論，對他們的進步應該肯定。"

　　對於"收"還是"放"的問題，毛澤東交底：中央的意見是應該堅持"百花齊放，百家爭鳴"的方針，應該"放"，而不是"收"。高壓政策不能解決問題，人民內部的問題不能採取高壓政策。就這樣做會不會"天下大亂"，會不會像匈牙利事件那樣把人民政府打倒等問題，毛澤東的回答是："不會。中國的情形跟匈牙利不同，共產黨有很高的威信，人民政府有很高的威信。馬克思主義是真理，這是批評不倒的。"⑥

　　講話結束，稍事休息，下午，毛澤東乘飛機前往上海。先游了個泳，隨後前往上海中蘇友好大廈，在上海市黨員幹部會議上講話。

1957年3月，毛澤東在上海同各界知名人士座談。

要爭取在"三個五年計劃之內，使整個知識分子在學習馬克思主義、跟工人農民結合的整個問題上進一步。其中大概要有三分之一的知識分子或者入了黨，或者是黨外積極分子。然後再進一步，爭取其餘的知識分子"。"我們跟黨外人士的關係應該比過去進一步。現在是隔著一層。黨與非黨，有一點界限是必要的，應該有區別，這是第一；第二，就是不要有一條深溝。現在的情況就是有許多地方黨內黨外這個溝太深了，應該把這個溝填起來。要跟他們講真心話，這樣，他們會進步得更快些。不要講一半，還留一半在家裡講。"上海是高級知識分子集中的地方，所以講話中毛澤東著重談到知識分子的問題。

短短四天旅途，毛澤東到了五個地方，作了四場報告，可謂緊鑼密鼓。這四場報告也反映出他對兩類矛盾、知識分子等問題的思考在進一步的深入。

3月21日，毛澤東與復旦大學周谷城教授暢談，晚九時許離開上海，子夜到達此行目的地杭州。當時周恩來、陳雲、薄一波、李先念、黃克誠等人都在杭州。剛到杭的一週，毛澤東與他們開會，先後聽取了1957年度國民經濟計劃的彙報、財政收支情況和財政預算的彙報。

4月3日，毛澤東爬將軍山。從4月4日到6日，毛澤東連續三天在南屏游泳池召集會議，聽取上海、江蘇、浙江、福建、安徽四省一市彙報工作。

上海市委宣傳部長石西民談到，少數人說共產黨放長線釣大魚，要看看市委的態度。毛澤東說："現在知識分子像驚弓之鳥，怕得厲害，他們要看一看，他們是一定要看的，可能看上一二十年，二十年以後也還是要看的。""'三反'反出那麼多'老虎'，後來百分之八十都降下來了，一百元以下的就不算貪污了，太多了嘛。一個人搞百把塊錢，一世就完了。'五反'開始也到處是壞人，後來五類一分，打擊面就小了。總之，共產黨的政策要讓大家來考驗，領導者也要受被領導者考驗。"

安徽省委宣傳部副部長李彬談到民主黨派、知識分子的入黨問題，毛澤東指出："知識分子應吸收一批進黨內來訓練。爭取三分之一的知識分子入黨，已加入民主黨派的也可以跨黨。只有民主黨派的主要骨幹應勸

1957年4月3日，毛澤東攀登浙江杭州將軍山。休息期間，保健醫生黃樹則為毛澤東診脈。

他不進黨。知識分子入黨條件不能太高。現在指定譚震林、陸定一、安子文三人負責，最近開一個會，總結一下知識分子入黨的經驗，定出發展要求。"

江蘇省委宣傳部長劉子見談到民主黨派問題，毛澤東説："當民主人士也有一大苦楚，不是願意當的。要看到的看不到，要聽到的聽不到，共產黨的底摸不到，又是有職無權。所以我説黨與非黨要有一條線，不要有一條溝，要打通它。六億人口同舟共濟嘛。開會讓他們一起來聽，他們就放心了，更加靠攏了。"

這次座談，毛澤東談到了以前還沒有談過的很重要的一個問題。八大決議中，有關國內的主要矛盾"已經是人民對於經濟文化迅速發展的需要同當前經濟文化不能滿足人民需要的狀況之間的矛盾"，是陳伯達提出來的，毛澤東在倉促間同意的，當時陳的依據是列寧的《落後的歐洲和先進的亞洲》。到 1957 年 3 月，毛澤東在這個問題上的思考已經有了重大變化。

毛澤東認為，八大決議關於先進生產關係與落後生產力之間的矛盾的説法，是犯了個錯誤，理論上是不正確的。有的同志講，所謂落後的生產力是與外國比較的，是與將來比較的。為甚麼要與外國比呢？與外國比有甚麼意義呢？有矛盾，是指生產力本身由落後到先進。生產力怎能與外國比呢？我們的生產力與蘇聯、美國比是落後。比中國，怎麼能説是落後呢？比蔣介石，比 1950 年，不是先進了嗎？[7]

劉子見問："主席説的一千年、一萬年以後還有革命，這如何解釋？"毛澤東告訴他："生產力與生產關係是有矛盾的。現在的生產關係是集體所有制，是國家所有制。一萬年後生產關係總要改變，最後要以地球為單位，不是國有化，而是'球有化'。"

福建省委宣傳部長許彧青講道，廈門大學校長王亞南批評我們的大學有缺點：行政機構太大；用領導機關工作的辦法來領導學校；黨員幹部水平不高，等等。毛澤東告訴他："大學中原來去的幹部只能留下一部分，留下有用的部分，主要靠重新配備隊伍，辦法是把教授吸收入黨，重新配備隊伍。"

毛澤東提前發動整風運動。對於知識分子，他再次強調："百家者，兩家而已：資產階級一家，無產階級一家。知識分子百分之七八十是處在中間狀態的。爭鳴，就是兩家爭取這中間狀態的知識分子。知識分子不能掌握自己的命運。""現在的知識分子是'身在曹營心在漢'。他們的靈魂依舊在資產階級那方面。"

4月7日下午，毛澤東乘飛機離開杭州回京。在飛機上他俯瞰古越大地，心旌搖動，回京後書寫了柳永的《望海潮》一詞。在這次視察途中，毛澤東發現最高國務會議上他"關於正確處理人民內部矛盾的問題"的講話，《人民日報》不宣傳，只發了兩行字的新聞，沒發社論。反而是民主黨派辦的《光明日報》、《文匯報》大鳴大放。他覺得很有問題，4月7日剛回京，就把胡喬木找去詢問此事。4月10日，又找《人民日報》總編、副總編談話，從中午十二時三十五分到下午五時十分，長達四五個小時。

毛澤東嚴厲地批評陳伯達、胡喬木、周揚、鄧拓、胡績偉等人："你們按兵不動，反而讓非黨的報紙拿去了我們的旗幟整我們。過去我說你們是書生辦報，不是政治家辦報。不對，應當說是死人辦報。你們到底是有動於衷，還是無動於衷？我看是無動於衷。你們多半是對中央的方針唱反調，是抵觸、反對中央的方針，不贊成中央的方針的。""中央開的很多會議你們都參加了，參加了會回去不寫文章，這是白坐板凳。以後誰寫文章，讓誰來開會。"

對於知識分子問題，他再次強調："現在對待知識分子的政策究竟是甚麼？百家者，兩家而已：資產階級一家，無產階級一家。知識分子百分之七八十是處在中間狀態的。爭鳴，就是兩家爭取這中間狀態的知識分子。知識分子不能掌握自己的命運。""知識分子的毛可以附在資產階級的皮上，也可

1957年，毛澤東在飛機上學英文。

1958年1月25日，郭沫若為侯波拍攝的
毛澤東在飛機上工作的照片題詩。

題毛主席在飛机中工作的攝影
　　　　郭沫若

在一万公尺的高空，
在圖104的飞机之上，
難怪阳光是加倍地明亮：
机內和机外有着两个太阳。

不倦的精神呵，崇高的思想，
凝成了交响曲的乐章；
像静穆的崇山峻嶺，
也像浩渺無際的重洋。

　　　（一九五八年一月廿五日）

以附在無產階級的皮上。現在應該附在無產階級的皮上。""現在的知識分子是'身在曹營心在漢'。他們的靈魂依舊在資產階級那方面。"⑧

4月25日凌晨,毛澤東在游泳池同彭真談了對整風指示稿的修改意見。4月27日,中共中央發出《關於整風運動的指示》。5月1日,這個指示在《人民日報》發表。全黨整風開始了。直到3月底,毛澤東還講:整風是今年準備,明年、後年推開。僅僅過了一個月,整風運動就開始了!

這一個月裡,毛澤東的思想是怎樣發生了如此大的變化?《人民日報》不宣傳他的"關於正確處理人民內部矛盾的問題"講話可能是最直接的因素,但僅僅這一件事,恐怕也不至於使他的思想有如此巨大的變化。他的衛士長李銀橋後來回顧這段歷史,認為毛澤東在1956年下半年後,性情明顯變得容易急躁了。當時國際上發生的波匈事件和蘇聯政局陰晴不定,國內發生的一些罷工罷課、遊行示威事件,以及他與黨內一些領導人在"冒進"與"反冒進"問題上的意見分歧,都促使了他的這種變化。

從1954年開始,毛澤東發動八三四一部隊的警衛戰士利用探親回家的機會搞調查研究,再向他彙報,反映出他渴望了解基層真實情況的迫切心情。在"整風"開始前,毛澤東的許多次講話,都表明他當時對國際國內的政治形勢的判斷和認識,準備採取的方針政策是基本正確的,但思想同"八大"時相比,還是有了明顯的變化。

而接下來的政治形勢發展,出乎他的意料,也出乎所有人的意料。

1957年4月30日,毛澤東在北京中南海頤年堂召開最高國務會議第十二次(擴大)會議,議題就是關於全黨的整風運動。出席會議的有黨和國家領導人、各民主黨派負責人、無黨派民主人士,共四十四人。

"凡是涉及到許多人的事情,不搞運動,搞不起來。需要造成空氣,沒有一種空氣是不行的。現在已造成批評的空氣,這種空氣應繼續下去。"他當時的想法,是讓民主黨派先來幫中國共產黨整風,所以提出讓民主人士"有職有權":"過去是共產黨員有職有權有責,民主人士只有職而無權無責。現在應是大家有職有權有責。現在黨內外應改變成平等關係,不是形式上的而是真正的有職有權。以後無論哪個地方,誰當長的就歸他管。"⑨

在這次會議上,毛澤東表示:明年二屆人大,一定辭去國家主席,減少一部分工作，以便集中精力研究一些問題。這是他第一次向黨外人士透露自己即將辭去國家主席的想法，引起了一些震動。第二天，陳叔通、黃炎培就聯名寫信給劉少奇和周恩來，不同意毛澤東辭去國家主席職務。他們還提出修改憲法的問題，建議在國家主席"任期四年"以下，加一句"連選不得超過兩任"。毛澤東在信後寫了一段批語，表示贊同兩位民主人士的意見，並進一步闡明不再繼續擔任國家主席的理由。

毛澤東表示：維繫人心的個人威信不會因不連任國家主席而有所減損；事前可以在人民中展開討論，說明理由；國際間造謠的問題，毛批註："造一陣謠言，真相自明，謠言便息。"他將這封信連同自己的批語一併送劉少奇、周恩來、朱德、陳雲、鄧小平、彭真等同志看，再次表明自己辭去國家主席的決心絕不會動搖。

毛澤東原來估計，由於中國共產黨的崇高威望和治國業績，中國不會發生像匈牙利事件那樣的嚴重情況。但是，對於公開鳴放中會出現這樣一種局面，他是完全沒有料想到的。這使他感到震驚，從而對形勢做出了與原來不同的嚴重估計。

5月8日至6月3日，中共中央統戰部受中央委託，在全國政協禮堂舉行了各民主黨派負責人座談會，徵求對統戰工作的意見。

5月8日，第一天。中國民主同盟副主席章伯鈞在發言中說："在非黨人士擔任領導的地方，實際上是黨組決定一切，都要黨組負責。既然要黨組負責，就不能不要權，這就是形成非黨人士有職無權的根本原因。"民主建國會副主任委員章乃器提出了"黨黨相護"的問題："現在有一部分黨員，黨內一個是非，黨外一個是非，把'黨黨相護'當作黨性。"

第二天，上海《文匯報》刊登了他們的發言，在社會上引起較大反響。

5月9日，第二天。民主建國會副主任委員胡子昂提出了黨群關係"敬而不親，親而不密”的問題；民主建國會副秘書長譚志清和閔剛侯都對統戰部“統上不統下”提出批評；民革中央常委王崑崙認為統戰部“統上不統下”固然是事實，“上”是不是都統夠了，也是個問題。

5月10日，第三天。民革中央常委邵力子批評了“以黨代政”的問題，但對黨組領導制度表示肯定。

5月11日，第四天。農工民主黨中央執行局委員王一帆，民革副主席熊克武，民盟中央副秘書長、民建中央委員千家駒等人在會上發了言。他們的批評，主要集中在“在其位不能謀其政”和對黨員幹部的提拔任用方面，要求對黨組領導和幹部選拔制度做一些改進。致公黨和台盟還對統戰部提出批評，認為統戰部對這兩個黨派重視不夠。

到5月13日，共開了五次座談會。社會上的各種批評意見急劇升溫，言辭越來越激烈。

5月15日，第六次座談會。無黨派民主人士、北京大學校長馬寅初，民革中央常務委員陳銘樞，無黨派民主人士沈雁冰，民盟中央常務委員兼婦委主任劉清揚等人在會上先後發言。

馬寅初等人提出：“目前有些批評不夠實事求是，有否定一切的現象。”“如現在對北京大學的批評，壞的地方説得很詳細，好的地方一點也不説，這是無法令人心服的。”馬寅初以北京大學為例：“單純批評黨委制不好是不對的，黨委制好的地方也要表揚。‘牆’必須從共產黨和民主黨派、無黨派人士兩方面拆，單靠一方面拆是不成的。”有的人則認為，他那個黨派沒有“牆”可拆。主張取消學校中的黨委制。

張奚若最後一個發言。他在發言中批評有四種偏差：第一，好大喜功；第二，急功近利；第三，鄙視既往；第四，迷信將來。這四句話，給毛澤東留下很深的印象。⑩

當時，在報紙上發表的一些發言和報道、評論，越來越給人一種強烈的印象：似乎中國共產黨的各級領導發生了嚴重問題，這些問題不是局部的，而是全局性的，根源就在於黨委（黨組）領導負責制；似乎中國共產黨的領導已經發生危機，快要混不下去了。有些人談到在中國共產黨領導下取得的成績，卻被一些人嘲笑為“歌德派”。有人公開在大學裡演講，攻擊中國共

1957年，周恩來、鄧穎超在中南海會見電影界的女演員後於紫光閣前合影。

產黨，攻擊黨的領導，煽動學生上街、工人罷課。

　　毛澤東原來估計，由於中國共產黨的崇高威望和治國業績，中國不會發生像匈牙利事件那樣的嚴重情況。但是，對於公開鳴放中會出現這樣一種局面，他是完全沒有料想到的。這使他感到震驚，從而對形勢做出了與原來不同的嚴重估計。

　　5月14日晚九時，毛澤東在頤年堂召開中央政治局常委擴大會議，至次日凌晨1時。到會的有：劉少奇、周恩來、朱德、陳雲、鄧小平、彭真、李維漢、康生、陸定一。5月16日，繼續開會，從晚九時到次日一時二十分。參加會議的人，增加了吳冷西。這兩天的會議，沒有留下會議記錄，但顯然同整風鳴放情況有關。黨內經過一番討論，確定了下一步行動的方針。

　　5月14日，中共中央發出《關於報道黨外人士對黨政各方面工作的批評的指示》。指示要求："對於黨外人士的錯誤的批評，特別是對右傾分子的言論，目前不要反駁，以便使他們暢所欲言。"這是從整風鳴放以來，在中共中央的文件裡第一次提出暴露右傾分子面目的問題。文件中雖然還沒有使用右派進攻的提法，但把"右傾分子"、"反共分子"並提，問題的嚴重性已經可以看得很清楚了。

5月15日，毛澤東開始寫一篇文章，題為《走向反面（未定稿）》，署名是"本報評論員"。他在審閱第一次清樣稿時，把文章題目改為《事情正在起變化》，署名變成"中央政治研究室"。在6月12日印發黨內以前，又對文章做過多次修改。這篇文章，用嚴厲的措詞對當時整風鳴放的形勢和黨內外思想政治狀況做出分析，對一些言論進行批駁，最重要的是第一次提出了"右派猖狂進攻"的問題，目的是要黨內對反擊右派進攻在思想上有所準備。他說："幾個月以來，人們都在批判教條主義，卻放過了修正主義。""現在應當開始注意批判修正主義。"

毛澤東又分析了社會上的狀況，認為："最近這個時期，在民主黨派中和高等學校中，右派表現得最堅決最猖狂。"但是"現在右派的進攻還沒有達到頂點"，"我們還要讓他們猖狂一個時期，讓他們走到頂點。他們越猖狂，對於我們越有利益。人們說：怕釣魚，或者說：誘敵深入，聚而殲之。現在大批的魚自己浮到水面上來了，並不要釣"。他估計，社會上的右派，大約佔全體黨外知識分子的百分之一、百分之三、百分之五到百分之十，依情況而不同。⑪

他在文章中提出了鑒別政治上真假善惡的標準："主要看人們是否真正要社會主義和真正接受共產黨的領導這兩條。"

5月16日，毛澤東為中共中央起草了《關於對待當前黨外人士批評的指示》。指出："黨外人士對我們的批評，不管如何尖銳，包括北京大學傅鷹化學教授在內，基本上是誠懇的，正確的。這類批評佔百分之九十以上，對於我黨整風，改正缺點錯誤，大有利益。"另一方面，對如何對待右派言論做了部署："最近一些天以來，社會上有少數帶有反共情緒的人躍躍欲試，發表一些帶有煽動性的言論，企圖將正確解決人民內部矛盾、鞏固人民民主專政、以利社會主義建設的正確方向，引導到錯誤方向去，此點請你們注意，放手讓他們發表，並且暫時（幾個星期內）不要批駁，使右翼分子在人民面前暴露其反動面目，過一個時期再研究反駁的問題。”這就是後來一些人所說的“引蛇出洞”的策略。

這篇文章和這個指示，當時都沒有公佈，並且傳達的範圍非常小，社會上一般都不知道。中央統戰部召開的各民主黨派負責人座談會仍在繼續舉行。從 5 月 16 日到 6 月 3 日，又開了七次會。

盧郁文的匿名信事件發生後，毛澤東決定抓住這個時機，組織對右派的反擊：“這封匿名信好就好在它攻擊的是黨外人士，而且是民革成員；好就好在它是匿名的，不是某個有名有姓的人署名。過去幾天我就一直考慮甚麼時候抓住甚麼機會發動反擊。”不久，《這是為甚麼？》在《人民日報》發表。

5 月 21 日，第八次座談會。章伯鈞首先發言，提出“政治設計院”的主張：“現在工業方面有許多設計院，可是政治上的許多設施，就沒有一個設計院。我看政協、人大、民主黨派、人民團體，應該是政治上的四個設計院。應該多發揮這些設計院的作用。一些政治上的基本建設，要事先交他們討論，三個臭皮匠，合成一個諸葛亮。”

5 月 22 日，第九次座談會。羅隆基在發言中，提出由人民代表大會和政治協商委員會成立一個委員會，這個委員會不但要檢查過去“三反”、“五反”、肅反運動中的偏差，它還將公開聲明，鼓勵大家有甚麼委屈都來申訴。

6 月 1 日，第十二次座談會。各民主黨派機關報《光明日報》總編輯儲安平以“向毛主席和周總理提些意見”為題發言。他從章乃器關於“黨黨相護”的說法講起，提出“黨天下”的問題：“這幾年來黨群關係不好，而且成為目前我國政治生活中亟須調整的一個問題。這個問題的關鍵究竟何在？據我看來，關鍵在‘黨天下’的這個思想問題上。”

1957年，康同璧（康有為之女，中國第一個留美女學生）、馮少山、張之
江、龍雲、陳銘樞（自左至右）在北京中南海懷仁堂合影。

1957年5月25日，毛澤東在北京接見中國新民主主義青年團第三次代表大會
代表。

"我認為，這個'黨天下'的思想問題是一切宗派主義現象的最終根源，是黨和非黨之間矛盾的基本所在。今天宗派主義的突出，黨群關係的不好，是一個全國性的現象。共產黨是一個有高度組織紀律的黨，對於這樣一些全國性的缺點，和黨中央的領導有沒有關係？"

6月2日，上海《文匯報》在頭版全文刊登了儲安平的發言。

與座談會相比，高等學校校園裡鳴放的情緒更為激烈。5月19日，北京大學學生在大飯廳貼出第一張大字報。到22日，北京大學校園裡的大字報由幾十張激增到幾百張。大字報的內容，很多是要求取消黨委負責制，要求言論集會結社絕對自由，徹底開放一切禁書，反對必修政治課等。這些舉動，被一些人稱為"五·一九運動"。《光明日報》和上海《文匯報》還在報道中，用"北京大學'民主牆'"來稱呼。5月23日晚，中國人民大學學生林希翎來到北京大學公開演講，稱現在是"封建的社會主義"。

毛澤東密切關注著整風鳴放的動態，通過各種渠道及時了解各方面的反映。在最緊張的幾天裡，幾乎天天派人到北京大學、清華大學、北京師範大學、中國人民大學等高校看大字報。他問身邊工作人員："你看共產黨的江山能不能坐得穩？"那段時間，他很憂慮。後來回憶時還說過："我這個人就是常常有憂愁，特別是去年五月底右派進攻，我就在床上吃飯，辦公，一天看那些材料，盡是罵我們的。""右派猖狂進攻時，哪個不著急？我看大家都有點著急。我就是一個著急的，著急才想主意。""四個大學沒有底之前，天天派人看大字報。匈牙利事件究竟有多大影響，五月二十號後摸到底了，才真不怕。"⑫

鄧小平在5月23日中央政治局擴大會議上也曾說過："你說共產黨看到那個罵娘的事情心裡不著急呀，我看也難設想，我就有點著急。開始幾天，人心裡面有點急。後來看到那個反動的東西愈多，心裡就安定了，舒服了。有些人擔心是不是會出亂子。總的估計是出不了亂子。"

5月底、6月初出現了高等院校跨地區串聯、準備上街的跡象。6月6日，章伯鈞在北京南河沿全國政協文化俱樂部召開緊急會議，討論當前形勢。章伯鈞等認為，今天學生的問題很多，一觸即發。他們上街，市民就結合起來，問題就鬧大了。目前情況很有點像波蘭統一工人黨八中全會前夕。

沒估計到黨會犯這樣多的錯誤，現在出的問題大大超過了估計，弄得進退失措，收不好，放也不好。現在我們有責任要幫助黨。當時，還有人公開提出要共產黨退出機關、學校，公方代表退出合營企業，說"根本的辦法是改變社會制度"。

就在這天下午，在國務院秘書長習仲勳召集的黨外人士座談會上，民革中央委員、國務院秘書長助理盧郁文當眾宣讀了一封匿名信。這封信成為由整風到"反右"的轉折點。

5月25日，盧郁文在民革中央擴大會議上發言，批評現在一些人提意見有片面性，只許自己提意見，不許人家作說明。會下，他收到一封匿名信。信中說他"為虎作倀"，恫嚇他"及早回頭"，否則"不會饒恕你的"。匿名信還說，"共產黨如果只認你這班人的話"，"總有一天會走向滅亡"。宣讀完匿名信後，他表示："我不理解有人為甚麼只許說反面話不許說正面話，對講了正面話的人就這樣仇視。""我們應當深思，我們對共產黨的批評究竟是從甚麼地方出發？要到甚麼地方去呢？"

毛澤東決心抓住這個時機，組織對右派的反擊。吳冷西回憶了當時的情景。那是6月7日上午，毛澤東約胡喬木和他去，談吳冷西到《人民日報》接替鄧拓工作的問題。兩人剛坐下來，毛澤東興高采烈地談道："今天報上登了盧郁文在座談會上的發言，說他收到匿名信，對他攻擊、辱罵和恫嚇。這就給我們提供了一個發動反擊右派的好機會。"

毛澤東指出："這封匿名信好就好在它攻擊的是黨外人士，而且是民革成員；好就好在它是匿名的，不是某個有名有姓的人署名。過去幾天我就一直考慮甚麼時候抓住甚麼機會發動反擊。現在機會來了，馬上抓住它，用人民日報社論的形式發動反擊右派的鬥爭。社論的題目是《這是為甚麼？》，在讀者面前提出這樣的問題，讓大家來思考。"⑬

毛澤東在那篇《這是為甚麼？》的社論上又改了幾個字，要胡喬木在第二天《人民日報》上發表，要新華社在當天晚上向全國廣播。6月8日，《人民日報》在頭版顯著位置發表了題為《這是為甚麼？》的社論。

社論抓住盧郁文事件進行分析，指出："我們所以認為這封恐嚇信是當前政治生活中的一個重大事件，因為這封信的確是對於廣大人民的一個警告，是某些人利用黨的整風運動進行尖銳的階級鬥爭的信號。這封信告訴我們：國內大規模的階級鬥爭雖然已經過去了，但是階級鬥爭並沒有熄滅，在思想戰線上尤其是如此。"

6月8日和10日，毛澤東接連為中共中央起草了《關於組織力量準備反擊右派分子進攻的指示》和《關於反擊右派分子鬥爭的步驟、策略問題的指示》。前一個指示指出："這是一個偉大的政治鬥爭和思想鬥爭。只有這樣做，我黨才能掌握主動，鍛煉人才，教育群眾，孤立反動派，使反動派陷入被動。""總之，這是一場大戰（戰場既在黨內，又在黨外），不打勝這一仗，社會主義是建不成的，並且有出匈牙利事件的某些危險。現在我們主動地整風，將可能的匈牙利事件主動引出來，使之分割在各個機關各個學校去演習，去處理，分割為許多小匈牙利，而且黨政基本上不潰亂，只潰亂一小部分（這部分潰亂正好，擠出了膿皰），利益極大。"後一個指示，通報了當前反擊的進展情況和當前的部署。再次重申："我們一定要團結大多數，孤立極少數，給掃臉的更是極少數"。⑭

6月14日，毛澤東親自起草的《文匯報在一個時間內的資產階級方向》一文，在《人民日報》發表。

文章批評《文匯報》和《光明日報》"在一個時間內利用百家爭鳴這個口號和共產黨的整風運動，發表了大量表現資產階級觀點而並不準備批判的文章和帶煽動性的報道"，混淆了資本主義國家的報紙和社會主義國家的報紙的原則區別。

這時，全國反右派運動的局面已經形成。6月26日，中共中央發出《關於打擊、孤立資產階級右派分子的指示》，提出："前些日子，向工人階級猖狂進攻的資產階級右派，現在開始潰退了。我們必須認真地組織群眾，組織民主人士中的左派和'中左'分子，趁熱打鐵，乘勢追擊，緊緊地抓住已經暴露出的這夥階級敵人，實行內外夾擊，無情地給他們以殲滅性的打擊。"

6月28日，中共中央發出《關於在一兩個月後吸收一批高級知識分子入黨的通知》。要求在經過"大鳴大放"，在高級知識分子中大致分清左中右的基礎上，積極發展在運動中表現好的高級知識分子入黨。

6月29日，中共中央發出經毛澤東審閱修改的《關於爭取、團結中間分子的指示》，毛澤東在修改這個指示時加了一段話，涉及右派和極右派的人數問題："右派和極右派的人數，以北京三十四個高等學校及幾十個機關中，需要在各種範圍點名批判的，大約有四百人左右，全國大約有四千人左右，你們應當排個隊，使自己心中有數。"這時規定的全國右派人數有四千人，已經不少，但後來又突破了百倍都不止。

7月1日，《人民日報》發表題為《文匯報的資產階級方向應當批判》的社論。這篇社論，是毛澤東起草的，特別點了民主同盟和農工民主黨的名，點了"章羅同盟"的名。文中認為：民主同盟和農工民主黨是"有組織、有計劃、有綱領、有路線，都是自外於人民的，是反共反社會主義的"。這個黨派有一條"反共反人民反社會主義的方針"，"其方針是整垮共產黨，造成天下大亂，以便取而代之"。

毛澤東一拍茶几，質問江蘇省委書記江渭清："你到底反不反右派？！"江渭清說："要反右派也可以，請您老人家下令把我調開，另外派人來。"毛澤東氣反而消了："渭清啊，你是捨得一身剮，敢把皇帝拉下馬。"

1957年7月1日上午五時五十分，毛澤東乘飛機離開北京，九時三十分，到達杭州。

7月5日，蘇聯部長會議主席米高揚秘密來華，到杭州向毛澤東和中共中央通報蘇共馬林科夫、莫洛托夫、卡岡諾維奇"反黨集團"的情況。當晚至次日凌晨，毛澤東、劉少奇、周恩來、陳雲、鄧小平、王稼祥等在杭州會見米高揚，聽取了彙報。毛澤東向米高揚簡單提了中國的反右鬥爭，並談到他第一次訪蘇的問題。

7月6日下午一時，米高揚回國，毛澤東去上海。7月8日晚，毛澤東在上海中蘇友好大廈接見了上海科學、教育、文化、藝術和工商界代表三十六人，同他們談了話。幾個月前的3月19日，毛澤東也是在中蘇友好大廈的同一地點同上海知識界、工商界代表談話，而現在，地點未變，參加的人員有了些變化，座談的氛圍則完全變了。

毛澤東表示："我看七月還是反擊右派緊張的一個月。右派還要挖，不能鬆勁，還是急風暴雨。"他點了上海知識界幾個人的名。

7月8日，毛澤東視察了上海機床廠和黃浦江，晚上在上海幹部會上發表《打退資產階級右派的進攻》的講話。第二天，毛澤東為中共中央起草了《關於增加點名批判的右派骨幹分子人數等問題的通知》，把6月29日指示中提出的右派人數擴大了一倍，全國的右派骨幹名單從四千人增加到八千人，北京從四百人擴大到八百人。

這天，他離開上海來到南京，召集華東各省的省委第一書記開會，研究分析形勢，部署反右派鬥爭。他嚴厲地批評江蘇省委書記江渭清："你們江蘇省委書記、常委裡頭，有沒有右派，為甚麼不反？""江渭清說：主席啊，哪個人沒有幾句錯話呢？你老人家說的嘛，十句話有九句對，就打九十分，八句話講對，就打八十分……"

"你到底反不反右派？！"毛澤東一拍沙發邊的茶几，質問道。

"要反右派也可以，請您老人家下令把我調開，另外派人來。因為是我先右嘛，您先撤了我，讓別人來反。"江渭清如是說。

毛澤東聽了他的話，氣反而消了："那好嘛，你就不反嘛。渭清啊，你是捨得一身剮，敢把皇帝拉下馬。"

江渭清真誠地表示："主席啊！我是捨得一身剮，要為您老人家護駕！"

後來，毛澤東在會上當著各省省委第一書記的面談道："對中央的指示，你們不要一聽就說這是中央的，就完全照辦。正確的，你要執行；不正確的，你要過濾，打壩嘛。"⑮

這是7月，8月，彭真來到南京，坐鎮指揮江蘇的反右派工作，問到江蘇為甚麼不反右派？江蘇有沒有右派？江渭清回答："有右派啊，不過我還沒有發現。"

因為江渭清的作用，江蘇從省委常委起到地市縣委各級主要領導幹部，都沒有被扣右派帽子。

7月12日六時三十分，毛澤東乘專機離開南京，八時三十分到達青島。

1957年7月21日，毛澤東在山東青島海濱與烏蘭夫、舒同、方強、劉瀾濤（從左至右）交談。

　　7月17日到21日，毛澤東主持召開部分省市委書記參加的會議，在會議期間，他找部分省市委書記談話，把談話要點歸納為《一九五七年夏季的形勢》一文。這篇文章中寫道："在我國社會主義革命時期，反共反人民反社會主義的資產階級右派和人民的矛盾，是敵我矛盾，是對抗性的不可調和的和你死我活的矛盾。""向工人階級和共產黨舉行猖狂進攻的資產階級右派是反動派、反革命派。"已經把反右鬥爭明確定性為"你死我活的敵我矛盾"。

　　8月1日，毛澤東為中共中央起草《關於進一步深入開展反右鬥爭的指示》。指示說：在深入揭發右派分子的鬥爭中，"右派分子將繼續發現和挖掘出來，人數將逐步增多。右派中的極右分子，即骨幹分子，登報的人數，也就適當增加。不是百分之幾，也不是百分之十，而是要按情況達到極右派的百分之二十、三十、四十或五十"。反右派鬥爭擴大化進一步升級。

　　青島是海軍部隊比較集中的地方，海軍司令員肖勁光、青島基地政委盧仁燦請毛澤東"看看海軍"，進行一次檢閱。8月1日下午四時，毛澤東突然出現在榮成路海軍交際處，讓肖勁光措手不及。毛澤東提出要在這裡吃飯，肖勁光説："那天準備了你説你有事來不了，今天可沒甚麼好吃的。"毛澤東滿不在乎："你吃甚麼我就吃甚麼，有辣椒，能填飽肚子就行。"

　　肖勁光彙報完工作，上了六個菜，三個時鮮青菜，一個紅燒肉，一個海參，一個魚，外加兩碟小菜，辣椒和醬豆腐。毛澤東連説，好吃，好吃。而這頓飯很有玄機。海軍沒有準備毛澤東的飯，臨時也不知道該做甚麼，就去問毛澤東的隨行人員，而毛澤東那邊的隨行人員説，不知道毛澤東要在肖勁光處吃飯，已經把飯做好了，因為是建軍節，還加了個紅燒肉。兩邊一商量，就把毛澤東隨行人員做好的飯菜給運了過來，給毛澤東吃。毛澤東不知道是自己那邊人做出來的飯菜，還連連稱好。[16]

　　檢閱海軍原定在 8 月 4 日，可 8 月 2 日，毛澤東發燒到三十九攝氏度，只好決定由周恩來赴青代他檢閱海軍。為了彌補未能親自檢閱海軍的遺憾，8 月 5 日下午，他在肖勁光的陪同下接見了青島基地大尉以上軍官，並合影留念。

　　8 月 11 日，毛澤東乘專機返回北京。

　　8 月 18 日到 28 日，毛澤東到北戴河休假，修改農業發展綱要四十條，為即將召開的中共八屆三中全會做準備。

9 月 3 日，毛澤東乘專列南下，9 月 4 日到鄭州，9 月 5 日，他改乘空軍專機到武漢，住東湖招待所。

　　9 月 5 日下午，毛澤東乘坐輪渡十五號在長江大橋五號橋墩處下水，游到漢口四維路附近，歷時三十六分鐘。

　　9 月 6 日，毛澤東視察國棉四廠，觀看了職工反擊右派的大字報。他看到一張標題為《黨能領導一切嗎？》的大字報，內容是：共產黨只能領導打仗，只能搞土改，搞農村鬥爭那一套，搞工業生產不行，還是需要資產階級來領導。看完後他脱口而

1957年9月5日，毛澤東在湖北武漢暢游長江後上船。

出："好傢伙！"毛澤東問陪同的國棉四廠黨委書記張元一、經理尚金修："你們怕不怕,能不能頂得住？"尚金修很自信："有黨和毛主席的領導,有工人群眾的支持,甚麼都不怕,能頂得住。"

　　毛澤東又看到一張題為《繡樓閨閣》的大字報,內容是說廠領導作風不深入,沒有到倉庫去,希望領導能走出"閨閣",深入實際,到群眾中去。了解到內容基本屬實後,毛澤東對尚金修等人表示,當廠長的每天要到群眾中去走一走,全廠範圍內每天要轉一轉,要走出繡樓,深入實際,接觸群眾。⑰

　　傍晚,毛澤東開始對長江大橋工地第三次視察,但是第一次視察大橋公路橋面。工人們都非常激動,毛澤東也非常高興。

　　9月7日,毛澤東召集湖北省委和四個地委的負責同志開會。有人告訴毛澤東,黃岡縣有個幹部,三代當雇工,這次鳴放中放出了一些反動意見,

1957年9月6日,毛澤東在湖北武漢長江大橋上與群眾交談。

被群眾批判，他當雇工、討飯時穿的破爛衣服和他現在用的好東西，都被拿到批判會上展覽，他痛哭流涕地表示，"就是開除我的黨籍，我也要跟共產黨走"。毛澤東説："這個故事好，你們把他的東西買下來，送到北京展覽。"有人問這個幹部怎麼處理，毛澤東説："不處理他，這個人很典型，可以寫小説，拍電影，這是一個很好的教員。"

9 月 7 日，毛澤東離開武漢，飛到長沙，由機場直接去湘江游泳。當時河岸的草很深，裡面有蛇，一條毒蛇將先去探路的湖南省公安廳廳長李強咬了。大家要求他趕緊去醫院，李強卻認為自己肩負保衛重任，不能擅離崗位。毛澤東告訴他隱藏在濕草地的蛇多是劇毒蛇，蛇毒隨血液流動，進入內臟器官，可致命，勸他趕緊去醫院。李強被送走了。但這件事沒有改變毛澤東暢游湘江的決定，甚至連下水的地段他都不肯改變。他説："怕甚麼，蛇不會咬我的，我小時候就與水親，我到江裡游泳，是如魚得水。"⑱

毛澤東在湘江裡游得很痛快，攝影師侯波在河邊忙著找角度。那時南方的河邊一般都有糞池子，侯波光顧搶鏡頭了，一步踏空掉進了糞池裡，弄得滿身都是糞便。等別人把她救上來的時候，毛澤東已經上岸了，看到侯波滿身的糞水，他開懷大笑了。而敬業盡職的侯波來不及將身上洗淨，一直跟在毛澤東身後想多拍幾個鏡頭。⑲

兩小時後，李強返回毛澤東身邊，毛澤東很高興："這麼快好了！要注意，以後不要太緊張太激動了。"

9 月 8 日下午三時，毛澤東在住地蓉園聽取湖南省委和湘潭、常德地委的彙報。四時三十分，彙報結束，毛澤東又去游泳，他乘船從猴子石下水。他沒有甚麼專用的游泳服，還是延安時期穿過的長外褲，剪去半截，就成了游泳褲。

當晚是中秋夜，毛澤東在船上請大家共進晚餐，一起賞月。四菜一湯，外加一盒月餅。常德地委書記孫雲英見人多菜少，又是中秋，進廚房建議多加一個菜，廚師回答：這是主席的用餐制度，不能違背。席間，毛澤東非常高興，微笑著説："江青不要我吃紅燒肉，今天我倒可以多吃一塊。這是地地道道的家鄉菜，湘潭寧鄉人民每逢佳節，少不了紅燒肉。"

9 月 9 日，毛澤東離開長沙去南昌，10 日，又到杭州。11 日上午十時，

1957年9月18日，毛澤東在華東局書記兼上海市委書記柯慶施陪同下到上海第一棉紡織廠看大字報。左一為柯慶施。

他去海寧七星廟觀看了錢塘江大潮，並賦《觀潮》詩一首。

9月17日午後，毛澤東離開杭州到上海。18日下午，在柯慶施的陪同下到上海第一棉紡織廠看大字報，後從上海飛回北京。

毛澤東對中國社會主要矛盾的判斷，在反右派鬥爭前後發生了明顯的變化。中共八屆三中全會上，他以十分肯定的口氣總結："當前我國社會的主要矛盾，是無產階級和資產階級、社會主義道路和資本主義道路的矛盾。"

9月20日到10月9日，中共八屆三中全會在北京中南海懷仁堂召開。

毛澤東對當前中國社會主要矛盾的論斷，在反右派鬥爭前後發生了明顯的變化。1957年2月7日他在最高國務會議上的講話，把正確處理人民內部矛盾作為中國政治生活的主題；3月12日在全國宣傳工作會議上的講話，在回答人民內部鬥爭為主還是階級鬥爭為主這個問題時，他雖然沒有直截了當地回答，但意思還是人民內部鬥爭為主。但經過7、8、9三個月反右派運動以後，特別是反右派鬥爭嚴重擴大化以後，由於對階級鬥爭形勢做出過於嚴重的錯誤判斷，他在黨的中央全會上以十分肯定的口氣總結："當前我國社會的主要矛盾，是無產階級和資產階級、社會主義道路和資本主義道路的矛盾。"這就在實際上改變了八大決議的正確論斷，它標誌著毛澤東在指導思想上向"左"發展的一個轉折，對中國局勢的發展帶來深遠的影響。

7、8、9三個月，反右派運動迅速擴大，急劇升溫，揭發批判的內容又從右派言論聯繫到"歷史劣跡"，在報紙上被點名批判的人越來越多。全國劃成右派分子的人數迅速上升，到10月上旬中共八屆三中全會召開的時候，全國已劃右派分子六萬多人。到了1958年整個運動結束時，竟有五十五萬人被劃為右派分子。

1959年，中共中央發出關於分期分批摘掉右派分子帽子的指示，到1964年，多數右派分子摘掉了右派帽子。1978年4月，中共中央決定全部摘掉其餘右派分子的帽子，9月，又決定對被劃為右派分子的進行復查。到1981年底，被錯劃為右派分子的都得到了改正，還戴右派分子帽子的全國只有七人。

在列寧山舉行的慶祝十月革命四十週年大會上，毛澤東説："赫魯曉夫這朵花比我毛澤東好看。中國有句古話，叫作荷花雖好，還得綠葉扶持。我看赫魯曉夫這朵花是需要綠葉扶持的。"

1957年10月4日，蘇聯成功地發射了世界上第一顆人造地球衛星。這是個讓國際社會主義陣營都很振奮的好消息。11月2日清晨，毛澤東率中國黨政代表團離開北京，乘蘇聯前來迎接的"圖-104"客機，飛往莫斯科。此行是參加十月革命四十週年慶祝活動，同時出席在莫斯科召開的社會主義國家共產黨和工人黨代表會議和六十四國共產黨和工人黨代表會議。這是毛澤東第二次出國，也是最後一次。

1957年6月，蘇聯政壇又起波瀾。馬林科夫、卡岡諾維奇、莫洛托夫等蘇聯領導人不滿赫魯曉夫全面否定斯大林的政策，召開主席團會議以七票對四票免了赫魯曉夫的黨內第一書記職務。但赫魯曉夫表示主席團無權撤銷他的職務，要求召開中央全會表決。關鍵時刻國防部長朱可夫元帥支持了他，利用手中權力調兵遣將，用飛機把中央委員從全國各地迅速接到莫斯科召開中央全會，赫魯曉夫獲得了中央委員的多數支持，終於擊敗了馬林科夫、卡岡諾維奇、莫洛托夫等人。赫魯曉夫重新上台，四個月後撤掉了朱可夫國防部長的職務。重新上台後，赫魯曉夫急需得到中國的支持，所以極力邀請毛澤東訪蘇，並給予了相當的禮遇。

11月2日，毛澤東率中國代表團抵達莫斯科。初冬的莫斯科已是寒氣逼人。事前，毛澤東得知蘇聯方面準備搞大規模歡迎儀式，二百萬人上街歡迎。毛澤東謝絕了。他向蘇方表示：能省的節目最好都省去，最多只能讓三百人歡迎我，再加上儀仗隊。蘇聯方面尊重毛澤東的意願，迎接的禮遇規格很高，但儀式很簡樸。

　　毛澤東和宋慶齡住在克里姆林宮，其他人都被安排在市郊別墅。侯波因為宋慶齡的特意關心與邀請，也被安排住在克里姆林宮裡。為此，她感到非常幸福與幸運！克里姆林宮是只有各國元首或者代表團團長才能居住的地方。毛澤東的那間住室是以前沙皇的寢宮，這是最高規格的待遇了。

　　莫斯科會議本身議題不多，重要的是會前的準備工作，特別是起草宣言。《莫斯科宣言》由中蘇雙方共同起草。中方首席代表是鄧小平，蘇方首席代表是蘇斯洛夫。11 月 3 日晚，毛澤東與赫魯曉夫舉行會談。毛澤東建議在宣言中只提 "反黨集團"，不要提馬林科夫、卡岡諾維奇、莫洛托夫的名

1957年11月，毛澤東、宋慶齡、鄧小平等中國代表團成員在莫斯科克里姆林宮與布爾加寧等蘇聯領導人會談。

字，因為“不提名字，一般幹部和群眾容易接受。就我們黨內來說，許多同志不了解：這樣一個老黨員，幾十年一直為革命鬥爭，怎麼會反黨”？“老黨員”指莫洛托夫。顯然，毛澤東非常委婉地表達了對莫洛托夫等人的同情。赫魯曉夫接受了毛澤東的這一建議。⑳

　　11月5日，毛澤東率中國代表團，拜謁了坐落在莫斯科紅場的列寧和斯大林墓。11月6日，在列寧山舉行慶祝十月革命四十週年大會，當赫魯曉夫講完話後，第一個講話的是毛澤東。他盛讚十月革命的普遍意義，盛讚蘇聯共產黨和蘇聯人民為世界革命所做出的巨大的歷史性貢獻。他即席進行無稿發言，高度讚揚蘇聯發射第二顆人造衛星：“美國吹得神乎其神，為甚麼連一個山藥蛋都沒有拋上去呢？”聽到毛澤東的生動語言，會場上各國代表的氣氛十分活躍。

　　毛澤東還有幾次即席講話，他說：“赫魯曉夫這朵花比我毛澤東好看。中國有句古話，叫作荷花雖好，還得綠葉扶持。我看赫魯曉夫這朵花是需要綠葉扶持的。”大廳裡響起一片熱烈的掌聲，赫魯曉夫也流露出喜悅的感激之情。

　　毛澤東問赫魯曉夫：“你們再加把勁，能不能用十年的時間，在主要經濟指標上超過美國？”赫說：“我們努力，還是可能的。”“你們用十年時間超過美國，我們用十五年時間超過英國。”毛澤東說完，會場上響起掌聲和喧譁聲。

　　毛澤東談及戰爭危險和核武器問題：“要警惕出戰爭狂人，他們可能亂扔原子彈和氫彈。”“即使美國的原子彈威力再大，投到中國來，把地球打穿了，把地球炸毀，對於太陽系來說，還算是一件大事情，但對於整個宇宙來說，也算不了甚麼……他們發動戰爭越早，他們在地球上被消滅得也就越早。”

　　毛澤東講話時，全場多次起立鼓掌。而其他兄弟黨代表講話時，都是只鼓掌沒有起立。在這次會議上，毛澤東在各國共產黨及其領導人心目中的地位由此可見一斑。㉑

　　11月7日，毛澤東參加了莫斯科紅場舉行的閱兵典禮，檢閱了群眾遊行活動。在主席台上，毛澤東的位置極為顯眼，左邊是赫魯曉夫，右邊是主持

1957年11月6日，毛澤東在莫斯科列寧山出席慶祝十月革命四十週年大會上發表講話。

1957年11月6日，毛澤東在莫斯科列寧山出席慶祝十月革命四十週年大會上發表講話。

閱兵典禮的國防部長馬利諾夫斯基。宋慶齡、鄧小平也在檢閱台上，而其他國家的代表團只有團長一人在台上。

在慶典大會上，蘇聯保安看到侯波扛著攝影機，就將她隔離在外面不讓進去。侯波不會說俄語，跟他們那些保安人員也沒甚麼道理好講，他不讓你進，你就乾瞪眼。慶典就要開始了，侯波擔心拍不著重要鏡頭，非常著急。這時突然看見對面的彭德懷和鄧小平，就對他們招手，他們明白了侯波的意思，隨即大使館的人過來與保安交涉。侯波這才被請過去，接近了主會場。

後來在開會的間隙，毛澤東向侯波詢問對蘇聯的印象如何。侯波抱怨："大國的架子擺得十足，可是會務安排得一團亂麻，我們這些客人反倒成了被懷疑的對象，太欺負人了！"毛澤東聽罷笑道："沒想到侯波還這麼大脾氣，來到人家的國家就要聽人家的指揮，客隨主便嘛，等他們到了我們的國家，也要聽我們指揮的。"[22]

當時，蘇聯同波蘭的關係比較緊張，赫魯曉夫希望由毛澤東出面同他們談談。意大利、法國、英國共產黨領導人也都提出想見見毛澤東。毛澤東欣然同意。11月6日中午，他先會見了波蘭統一工人黨中央第一書記哥穆爾卡，打消了波蘭黨擔心這次會議和宣言會使共產國際或情報局復活的顧慮。

赫魯曉夫想與毛澤東探討"和平過渡"的問題，毛澤東寫了封信，表示自己已經睡了，就不談了，由鄧小平去談。他對這類修正主義話題自然是極為反感，但現在還不想與蘇聯黨鬧僵。在11月7日同意大利共產黨總書記陶里亞蒂交談後，毛澤東認為陶里亞蒂的思想就是典型的修正主義，只是當時並未進行駁斥。

在《宣言》起草中，毛澤東強調社會主義陣營以蘇聯為首，赫魯曉夫強調應以蘇、中兩家為首。毛澤東表示："我們沒有資格。"有些外國黨的領袖反對"以蘇聯為首"的提法，毛澤東則勸告："資本主義國家以美國為首，我們社會主義國家也需要有一個頭，這樣才好辦事，比方說今天這個會，沒有蘇聯當頭，我們到哪裡去開？但為首並不等於不平等，各黨各國之間仍然是平等的關係，遇到問題要協商解決，不能搞大國沙文主義。"

在同波蘭共產黨領袖哥穆爾卡會談時，哥穆爾卡不同意毛澤東說"帝國主義是紙老虎"的斷言。毛澤東對他指點："我們講人民的精神狀態，帝國主義天天在那裡張牙舞爪，你怕他，他就老實了？在戰略上蔑視它，它沒有甚麼了不起，是紙老虎；但是在一個個具體問題上，必須認真對待它，不容輕率，這就是在戰術上要重視它。又是紙老虎，又不是紙老虎，這就是辯證法。戰爭要帶來饑荒、瘟疫、搶掠，應該防止它，打不起來再好不過。可是光是怕，這不行，你越怕，它越是要落到你的頭上。我們要著重反對它，但不要怕它。這就是辯證法。"

胡喬木根據毛澤東的口述，整理了一大段關於辯證唯物論的文稿，建議寫進會議文件。蘇斯洛夫卻說這是大家都熟悉的道理，不添進去好像也可以。毛澤東說不見得，有人知道就必然有人不知道，還是添進去好。就這樣你一段，我一段，中蘇協商著把《宣言》寫成了。

在一次宴會中，赫魯曉夫攻擊斯大林，說斯大林根本不會指揮打仗，衛國戰爭的勝利跟他沒關係，他的那些干涉只是使蘇軍遭到一次次的重大損失。斯大林根本不看地圖，他是用地球儀制訂作戰計劃。他還講自己如何正確勇敢，向斯大林一再提出正確建議，卻遭到斯大林的拒絕。

毛澤東感到赫魯曉夫此舉很具有諷刺意義。當年的赫魯曉夫不過是一員中將，在二戰歷史上名不見經傳，卻自吹比蘇軍最高統帥斯大林還高明，而且在指揮過千百次大小戰役的毛澤東面前顯示他個人的軍事才能。

聽著聽著，毛澤東終於忍不住打斷他的話，談到自己準備辭去國家主席的職務。赫魯曉夫問："有人接替嗎？"毛澤東說："我們黨裡有幾位同志，他們都不比我差，完全有條件。"他扳著指頭說，第一是劉少奇，無論能力、經驗還是聲望，都完全具備條件了，他的長處是原則性很強，弱點是靈活性不夠。第二是鄧小平，這個人既有原則性，又有靈活性，是難得的人才。第三是周恩來，這個同志在大的國際活動方面比我強，善於處理各種複雜的矛盾，他是非常精明強幹的人，有弱點能自我批評，是個好人。㉓

這是毛澤東第一次在國際場合談到接班人問題。

十二個社會主義國家共產黨和工人黨的代表會議於 11 月 14 日至 16 日召開，六十四個共產黨和工人黨代表團又於 16 日至 19 日召開會議，會議最後通過了《莫斯科宣言》及《和平宣言》。

慶典結束後舉行《莫斯科宣言》的簽字儀式，那是一個很大的會議廳，中間是橢圓形的會議桌，就在上面簽字。去的人特別多，各個國家的記者都多得不行，侯波個子矮，前面的人一站起來，連主席台上的人頭都看不見了。侯波急了，四處打量，沒有找到中心位置的辦法。

這時一個法國共產黨的代表站起來對侯波招了招手，侯波一下認出了他——原來他曾經到中國參加過黨的代表大會，兩人見過面。他將椅子拉了拉，想讓侯波從桌子下面鑽過去，可是旁邊也正有一個蘇聯的記者無路可走，趁那位法國人起來的時候，他一步搶了先，但他太胖，在桌子底下鑽了半天也沒有露出頭來。

侯波再也不能等了，藉助於法國朋友的一臂之力，一下子跳到桌子上，對準正在簽字的毛澤東按下了快門。這一跳驚動了主席台上的赫魯曉夫，他抬頭看了侯波一眼，發現是拍照片的記者，也沒説甚麼，反而對侯波笑了

1957年11月16日，毛澤東在莫斯科克里姆林宮代表中國共產黨代表團在《莫斯科宣言》上簽字。

笑，表示讚賞。侯波拍完照片後，那位蘇聯記者還在桌子底下沒鑽出來呢。

　　侯波的這一舉動當時很引人注目，毛澤東當時的翻譯李越然後來多次向侯波和徐肖冰提起這件事。侯波徐肖冰夫婦後來去參加毛澤東的孫子毛新宇的婚禮時，見到了閻明復，當時他是跟著毛澤東的翻譯，閻明復對當時的場景還念念不忘："當年侯波真厲害，當著那麼多人，她竟敢跳上桌子去拍照，連赫魯曉夫都佩服她的敬業精神。" ㉔

毛澤東對青年寄予了深切的期望："世界是你們的，也是我們的，但是歸根結底是你們的。你們青年人朝氣蓬勃，正在興旺時期，好像早晨八九點鐘的太陽。希望寄託在你們身上！"

　　11月17日下午六時，毛澤東一行來到列寧山上的莫斯科大學慰問中國留學生和實習生，在容納三千五百人的大學禮堂裡發表了演講。暴風雨般的掌聲和歡呼聲持續了十多分鐘才逐漸停下來。演講中，毛澤東對青年寄予了深切的期望："世界是你們的，也是我們的，但是歸根結底是你們的。你們青年人朝氣蓬勃，正在興旺時期，好像早晨八九點鐘的太陽。希望寄託在你們身上！"

　　毛澤東講的是湖南話，"世界"聽起來很像是"四蓋"。台下一些學生露出了迷茫的表情。毛澤東看出了問題，隨即將兩手比劃成圓球狀，又用英語表達："world！"台下的人們立即鼓掌，表示聽明白了主席的意思。

　　毛澤東希望青年們都學習好，但他認為：不一定每門課都考五分，重點課考五分、四分，非重點課考三分也可以。他進一步解釋：一個人的時間和精力有限，與其門門功課平均使用，不如把力氣花在重點課程上，不學則已，要學就把問題解決得透徹些。至於次要課程，了解個大概，及格就行了。

　　他還希望青年們都身體好。他表示：爬山和游泳是鍛煉身體的好方法。他的青年時期，早已經在一些江湖中游泳，攀登過不少山嶽了。他列舉自己

1957年11月17日，毛澤東來到莫斯科大學慰問中國留學生。

遊歷過的江湖山嶽的名稱，詢問場下的青年是否有來自那些省份的人。他每提到一個地方，台下就有人站起來大聲興奮地回應："有！"會場上下氣氛十分活躍。毛澤東建議青年們在蘇聯留學期間到處走走，看看，增強體質，開拓見聞。

　　毛澤東分析了國際形勢，他告訴青年們："社會主義陣營和資本主義陣營之間的鬥爭，不是西風壓倒東風，就是東風壓倒西風。現在全世界共有二十七億人口，社會主義各國將近十億，獨立了的舊殖民地國家的人口有七億，正在爭取獨立或者爭取完全獨立以及不屬於帝國主義陣營的資本主義國家人口有六億，帝國主義陣營的人口不過四億左右，而且他們的內部是分裂的。那裡會發生地震。現在不是西風壓倒東風，而是東風壓倒西風。"

　　他還提到中國國內，講了整風運動和反右的情況，他説："世界上怕就怕'認真'二字，共產黨就最講'認真'。"最後他對青年們再次表示："世界是屬於你們的，中國的前途是屬於你們的！"

　　那次演講，給在場的所有人都留下了終生難忘的印象。

　　演講完畢，毛澤東來到學生宿舍。他看到宿舍裡有《人民日報》，高興地拿起來翻了翻，向同學們詢問在國外能看到國內哪些報紙。大家積極作答。毛澤東轉身向引領自己進入寢室的一位女學生詢問："你叫甚麼名字？哪裡人？"女孩子爽快地回答："叫蘇紅，江蘇人。"毛澤東笑著緩緩地說："哦，江蘇人，所以姓蘇。"毛澤東又問旁邊一位女學生的姓名，那位學生回答："我叫沈寧。"毛澤東風趣地講了一句英語："Miss 沈。"毛澤東又問："你父親叫甚麼名字？"沈寧回答："叫沈端先（夏衍的原名）。"毛澤東笑道："是沈端先啊，他還有這麼一個漂亮的女兒啊！"一席話，惹得大家都哈哈大笑起來。

　　正笑間，毛澤東忽然指著坐在沈寧旁邊神情嚴肅的彭德懷："你們認識他嗎？"彭總大名鼎鼎，無人不識，大家不禁一愣，不知如何作答。毛澤東見狀，微微一笑，立即轉向緊挨著彭德懷坐下的烏蘭夫介紹道："他叫烏蘭夫，是一位優秀的共產黨員。"接著，他又指著鄧小平說："他叫鄧小平……"大家這時才發現，由於寢室空間小，鄧小平沒有地方坐下，正倚靠著牆壁局促地站立著。蘇紅感到很難為情，立即站起身說："真對不起，小平同志，你請過來坐！"沒想到，她話音剛落，就被毛澤東一把拽回原來的位置。毛澤東風趣地說："鄧小平是黨的總書記，讓他為人民服務，站一會兒！"毛澤東還補充道，"他還是你們的留蘇先後同學哩！"蘇紅禁不住問："小平同志，你是哪一年來蘇聯的？"鄧小平含笑而和氣地回答："1926 年。""這麼早啊！"蘇紅驚歎的同時發現，毛澤東正以讚許的眼光，注視著自己的這位卓越的戰友。

　　晚上近八點，毛澤東才離開學生宿舍，同依依不捨的青年們話別。㉕

　　11 月 20 日，在蘇共主席團為各國共產黨舉行的送別宴會上，毛澤東強調了各國共產黨人的團結："中國有句古詩，兩個泥菩薩，一起都打破，用水調和，再做兩個，我身上有你，你身上有我。"語音剛落，宴會廳裡響起了熱烈的掌聲。

　　這天晚上毛澤東啟程回國，蘇聯政治局全體成員都到機場送行，赫魯曉夫和毛澤東坐在同一輛車上。毛澤東向赫魯曉夫建議："不要在共同辦的刊物上展開兄弟黨之間的爭論，不要一個黨發表文章批評另一個黨。在各

毛澤東在莫斯科大學學生宿舍與中國留學生蘇紅（中）、沈寧交談。

毛澤東、鄧小平在莫斯科大學與中外留蘇學生及蘇聯學生在一起。

個黨自己辦的刊物上，也不要公開批評別的黨。兩個黨之間有不同意見，可以通過內部協商，內部解決問題。"赫魯曉夫對此表示完全贊成。遺憾的是，後來的事實並未能如此，倘若真是這樣，後來的中蘇兩黨大論戰也許就可以避免了。

毛澤東的整個訪問過程是熱烈而成功的，但大家心裡都能覺察到，中蘇兩黨的分歧已經存在，裂痕已經出現；只是誰也沒有想到，這些分歧和裂痕將一步一步發展到公開論戰和完全破裂的局面。

11 月 21 日，毛澤東率中國代表團乘專機回到北京。

---

① 《毛澤東傳（1949—1976）》，中央文獻出版社 2003 年 12 月第 1 版，第 618 頁。

② 《毛澤東傳（1949—1976）》，中央文獻出版社 2003 年 12 月第 1 版，第 622—625 頁。

③ 《毛澤東傳（1949—1976）》，中央文獻出版社 2003 年 12 月第 1 版，第 634 頁。

④ 《傅雷家書》（增補本），三聯書店 1994 年版，第 158 頁。

⑤ 《毛澤東傳（1949—1976）》，中央文獻出版社 2003 年 12 月第 1 版，第 645 頁。

⑥ 《毛澤東傳（1949—1976）》，中央文獻出版社 2003 年 12 月第 1 版，第 650—652 頁。

⑦ 《毛澤東傳（1949—1976）》，中央文獻出版社 2003 年 12 月第 1 版，第 658 頁。

⑧ 《毛澤東傳（1949—1976）》，中央文獻出版社 2003 年 12 月第 1 版，第 638 頁。

⑨ 《毛澤東傳（1949—1976）》，中央文獻出版社 2003 年 12 月第 1 版，第 671 頁。

⑩ 《毛澤東傳（1949—1976）》，中央文獻出版社 2003 年 12 月第 1 版，第 689 頁。

⑪ 《毛澤東傳（1949—1976）》，中央文獻出版社 2003 年 12 月第 1 版，第 691—692 頁。

⑫ 《毛澤東傳（1949—1976）》，中央文獻出版社 2003 年 12 月第 1 版，第 696 頁。

⑬ 吳冷西：《憶毛主席》，新華出版社 1995 年 2 月版，第 39、40、41 頁。

⑭ 《毛澤東傳（1949—1976）》，中央文獻出版社 2003 年 12 月第 1 版，第 705—706 頁。

⑮ 《七十年征程——江渭清回憶錄》，江蘇人民出版社 1996 年 10 月第 1 版，第 410 頁。

⑯ 《毛澤東與海軍將領》，解放軍文藝出版社 1999 年版，第 26—30 頁。

⑰ 《毛澤東在湖北》，中共黨史出版社 1993 年版，第 221—223 頁。

⑱ 《毛澤東回湖南紀實》，湖南出版社 1993 年版，第 48 頁。

⑲ 2003 年 9 月採訪徐肖冰、侯波。

⑳ 《毛澤東傳（1949—1976）》，中央文獻出版社 2003 年 12 月第 1 版，第 728 頁。

㉑ 《毛澤東之路——畫說毛澤東和他的戰友》，長江文藝出版社 2004 年 12 月第 1 版，第 435 頁。

㉒ 2003 年 9 月採訪徐肖冰、侯波。

㉓ 《毛澤東之路——畫說毛澤東和他的戰友》，長江文藝出版社 2004 年 12 月第 1 版，第 435—436 頁。

㉔ 2003 年 9 月採訪徐肖冰、侯波。

㉕ 《毛澤東傳（1949—1976）》，中央文獻出版社 2003 年 12 月第 1 版，第 752—759 頁。《希望寄託在你們身上——憶留蘇歲月》，中國青年出版社 1997 年第 1 版，第 25—32 頁。

1958

第十章

大躍進

一架國民黨飛機由台灣向南寧飛來。空軍部隊緊急起飛攔截，南寧全城熄燈。毛澤東正在閱讀一本線裝《楚辭》，不肯進防空洞，並要警衛人員點起蠟燭。大家勸阻不止，毛澤東火了，命令立即點上蠟燭：“我甚麼時候怕過他們？！”

1957 年 9 月 20 日到 10 月 9 日的八屆三中全會，既是對“反右”運動的總結，同時又對下一步的國家經濟建設進行了探討。毛澤東明確表示反對“反冒進”，他認為，反冒進掃掉了多快好省、農業四十條、促進委員會，這是“右傾”，是“促退”。

到 1957 年，中國工業總產值從 1949 年的一百四十億元增加到七百八十四億元，在“一五”計劃期間保持每年百分之十八點四的增長速度。其中鋼產量從 1949 年的十五點八萬噸，增加到五百三十五萬噸，增長了三十二點九倍。當時，西方資本主義國家的工業增長速度都不是很高。第一強國美國的年平均增長率不過百分之三點七，英國只有百分之二點九。社會主義中國的發展速度的確是很快的。這也給了毛澤東想進一步加快建設速度以充足的信心。

在莫斯科會議期間，毛澤東審閱批發了《發動全民討論四十條綱要，掀起農業生產的新高潮》的社論，在《人民日報》發表。他對這篇社論中用“躍進”一詞代替冒進的提法頗為讚賞，說發明這個詞的人“其功不在禹下”。如果要頒發博士頭銜的話，建議第一號博士贈與發明這個偉大口號的那一位科學家。

1957 年 12 月 8 日下午一時許，毛澤東乘飛機離開北京，下午到濟南，聽取了山東省委第一書記舒同等人的彙報。

9 日中午，毛澤東乘飛機離開濟南去南京。原目的地本來是上海，飛機飛到南京時，毛澤東突然提議，讓飛機在南京機場降落，他準備在南京機場候機室裡與江蘇省委領導一起開個會。隨行的空軍副參謀長何廷一急忙向駕駛人員傳達毛澤東的指令，駕駛人員大吃一驚，認為在這麼短的時間裡編排密碼與南京機場電台聯繫已經不可能。何廷一又去請示毛澤東，回來後傳達了毛澤東的意見：編碼來不及就直接用話講。駕駛人員更是吃驚，直接通話意味著將毛澤東降落在南京並在機場開會的消息泄露給全世界，毛澤東的安全如何保障？

軍令難達，他也只好直接與南京地面電台通話。地面電台一反常規，三四分鐘無人回答，看來他們也很吃驚，以至於不敢回話。駕駛人員只好點名："南京"、"南京"，南京地面才終於回答"南京明白"。

就這樣，毛澤東在南京機場與江蘇省委負責同志開了會。會議內容，至今還沒有進一步的公開材料。[①]

1958 年元旦，《人民日報》發表了《乘風破浪》的元旦社論，號召全國人民掀起"大躍進"運動。1 月 3 日、4 日，毛澤東在杭州西湖邊的大華飯店再次召集華東六省一市黨委第一書記會議，史稱"杭州會議"。這次會議上，毛澤東重點批評"反冒進"，並第一次點了周恩來的名。這次會議形成了《工作方法六十條》的雛形。

1 月 5 日上午，毛澤東參觀杭州的浙江農科所，下午準備離開杭州去長沙。在去機場的途中，他突然提出要去小營巷看看。1958 年全國推行消滅"四害"的運動，杭州推出了一個小營巷無蠅區，浙江省領導向他彙報，杭州市區夏天無蚊子，不掛帳子。毛澤東想去核查一下。此時，警衛人員和其他工作人員已經直奔機場，毛澤東身邊只留下葉子龍、王金山、李銀橋、浙江省公安廳廳長王芳、杭州市委書記王平夷等幾個人，還有攝影師侯波。

到了小營巷，果然名不虛傳，一個蒼蠅也沒見到。毛澤東走進一家院子，見一個小伙子正在吃飯，就與他攀談起來。小伙子問："您是毛主席嗎？"毛澤東笑著反問："你看我像嗎？"毛澤東揭開他家的鍋，只看到一些糯米飯，"就吃這個嗎？"小伙子說："不吃這個吃甚麼？"他見毛澤東和藹可親，膽子大了起來："聽說毛主席想聽真話，那我有幾句真話能不能對您講？"毛澤東當即表示："當然，歡迎。"小伙子於是娓娓道來："這消滅'四害'不是我們不想搞上去，實在是搞得有點太過分。我們這個小營巷

1958年1月5日，毛澤東在浙江杭州浙江農業科學研究所參觀雙輪雙鏵犁。

1958年1月5日，毛澤東參觀浙江杭州小營巷。

是比以前乾淨了，可是我們連大小便都要受到限制，不到一定的點不讓進廁所。再說了，現在這樣搞衛生，不如把精力多花一點在生產上，只要經濟搞上去了，搞衛生不是一件難事……"

他的話對毛澤東很有觸動，毛澤東向小伙子道了謝，回到車上就與杭州的同志討論衛生與生產的問題。②

毛澤東到長沙後，當晚觀看了木偶戲《追魚記》。戲中人物不斷變換著臉譜，當劇中的鯉魚精變成一個美女迷惑書生時，毛澤東對湖南省委書記周小舟說道："看事物，不要被表面現象迷惑，要看它的本質。"演出結束後他到後台見演員，還和木偶打招呼，說起話來。一路上毛澤東的心情是很愉快的，他在長沙只待了一晚，6日上午，他會見程潛，在湖南省委大院接見了幹部代表後，就飛抵南寧。此時的南寧依然溫暖如春。

1月7日，毛澤東提議在邕江游泳。幾名警衛人員去測水溫，回來報告水溫只有十七點五度，不能游。毛澤東鼓勵大家："不要怕，越怕越哆嗦，下去一游就沒事了。"

見勸阻無效，衛士們爭先向江水裡衝去，開始冷得透不過氣，但很快就適應了。再看六十五歲的毛澤東，只見他輕鬆自如，毫無寒冷的感覺，對衛士們直笑："不過如此嘛。"游了三四十分鐘，毛澤東才上岸。衛士們臉色都有些發青，見毛澤東上岸如臨大赦，縮著身子朝岸上跑，牙齒咯咯打戰，手忙腳亂地穿衣服。再看毛澤東，只見他皮膚光潔，面色紅潤，坐在岸上神態自若地曬起了太陽。大家問他冷不冷，他的回答很有意味："下決心就不冷，不下決心就冷。"說罷，還吩咐李銀橋去搞點酒來喝。

1月8日凌晨一時，空軍雷達部隊發現一架國民黨飛機由台灣向南寧飛來。空軍部隊緊急起飛攔截，南寧全城熄燈。警衛人員要毛澤東進防空洞，毛澤東此時正在閱讀一本線裝《楚辭》，他不肯進防空洞，並要警衛人員點起蠟燭。

大家勸阻不止，毛澤東一下火了，命令立即點上蠟燭，語氣中帶著豪氣："我甚麼時候怕過他們？！"③

"南寧會議"上,毛澤東對周恩來説:"你不是反冒進嗎?我是反反冒進的。"

1月11日至22日,中共中央在廣西南寧召開會議,史稱"南寧會議"。在這次會議上,毛澤東指出:不要提反冒進這個名詞,這是政治問題。首先要把指頭認清楚,十個指頭,只有一個長了瘡。"反冒進"沒有搞清楚六億人口的問題,成績主要,還是錯誤主要?最怕的是六億人民沒有勁,抬不起頭來。右派的進攻,把一些同志拋到和右派差不多的邊緣,只剩了五十米。他把"反冒進"提到了政治高度,並與反右掛鈎,一下使會議的氣氛緊張起來。

1958年1月22日,毛澤東在廣西南寧人民公園冒雨接見五千多名各族代表和群眾。

為了特意突出講"攻其一點不及其餘",毛澤東把這個成語的出處、宋玉的《登徒子好色賦》印發給大家看,告訴大家反冒進是只講冒進的缺點,不講冒進的成績。在會議中他還當眾把柯慶施在上海市黨代會作的《乘風破浪,加速建設社會主義的新上海》的報告拿給周恩來看,問周恩來是否寫得出來。周恩來說:"我寫不出來。"毛澤東反問道:"你不是反冒進嗎?我是反反冒進的。"周恩來和在場的副總理們坐臥不安。④

毛澤東以治理淮河為例,六七年花了十二億人民幣,只搞了十二億土方。安徽今年已經搞了八億土方,再搞八億土方,不過花幾千萬元。看是冒進好,還是反冒進好?最怕的是六億人民沒有勁,抬不起頭來。

毛澤東提出要破暮氣,講朝氣:"暮氣,就是官氣,我們都相當地有一些。世界大發明家,往往不是大知識分子,都是青年。王弼二十二歲死,顏回活了三十二歲,'後生可畏'。周瑜二十幾歲、李世民十幾歲當'總司令'。現在我們這一班人,容易壓制新生力量。要講革命朝氣,保持旺盛的鬥志。"

周恩來隨後在大會上做檢討,對"反冒進"問題承擔了責任,承認反冒進是一個"帶方向性的動搖和錯誤"。劉少奇也做了自我批評。薄一波後來回憶:南寧會議在我們黨內是一個轉折,全局性的"左"傾錯誤就是從這個時候迅速發展起來的。

1月18日中午,長江水利委員會主任林一山和水利電力部副部長李銳被專機接到南寧,參加晚上毛澤東主持召開的研究三峽工程的會議。林一山主張修建三峽大壩,李銳表示反對。毛澤東等領導人聽兩人做了口頭彙報,又讓他們各寫一篇文章。

1月21日晚,召開第二次研究三峽工程的會議。毛澤東稱讚李銳文章寫得好,意思清楚,內容具體,論點可以服人。又很不客氣地對林一山提出了批評,說他的文章大而無當,文理不通。他表示中央並沒有要修建三峽大壩的決定,又想讓李銳當他的秘書。李銳以水電業務很忙為由推託。毛澤東笑道:"兼職的嘛。"⑤

1月23日,毛澤東乘飛機離開南京到廣州。26日,回到北京。

第一次視察東北，毛澤東四天跑了四個城市。

1月28日，毛澤東在中南海頤年堂召集最高國務會議第十四次會議，討論 1958 年的預算和經濟計劃，為一屆全國人大五次會議做準備。他的講話中打了個比方："我們這個民族現在好比打破原子核釋放出熱能來。"

1957 年整風座談會上，教育部長張奚若對共產黨的工作提了個批評意見，歸納為四句話："好大喜功，急功近利，輕視過去，迷信將來。"毛澤東接過這四句話，當作正面的東西做了新的解釋。他這樣闡述：不好大喜功不行。但是要革命派的好大喜功，要合乎實際的好大喜功。不急功近利也不行。《易經》上講："君子終日乾乾，夕惕若厲。"曾子也說："夏禹惜寸陰，吾輩當惜分陰。"這都是聖人之言。我們要的是革命的、合乎實際的平均先進定額（指標）。過去的東西不輕視不能活下去。歷史是要的，但對過去不能過於重視。人類歷史是五十萬年。"拿現在來比，倒數上去，總是一代不如一代，這才叫進化，才叫進步。所以，輕視過去，在這一點意義上講完全必要。"還有一個"迷信將來"。人類就是希望有個將來，希望也總是寄託在將來。所以說，"好大喜功，急功近利，輕視過去，迷信將來"這四句話，恰好是正確的。[6]

1958 年 2 月 1 日至 11 日，一屆全國人大五次會議在北京召開。會議批准的 1958 年國民經濟計劃指標，體現出躍進的精神，也還照顧到實際可能性。鋼產量擬定為六百二十四點八萬噸，比 1957 年增長百分之十九點二。

毛澤東此時處於高度興奮狀態。他利用開會間隙，2 月 5 日乘專機到濟南考察，同省委書記、地委書記、縣委書記、農業合作社社長等人開會研究，2 月 6 日飛回北京。會議基本結束後，2 月 12 日傍晚，毛澤東飛到瀋陽，一下飛機就提出去工廠看看。接機的遼寧省委負責人建議："這麼晚了怎麼去工廠，主席旅途疲勞，還是休息吧，工廠事先又沒做準備。"毛澤東沒有同意："沒安排也可以看嘛。"有人說，天黑了，都下班了。毛澤東聽罷有點不高興，反問："工人不是三班倒了？"

沒辦法，遼寧省委、瀋陽市委負責人黃歐東、焦若愚等人只好陪同毛澤東視察機場附近的黎明機械廠。

　　當晚，毛澤東與遼寧省委書記、鞍山市委書記等人談話，直到凌晨一時。13 日七時開始，毛澤東先後視察了瀋陽飛機製造廠總裝配車間、瀋陽小型開關廠和高坎鄉。遇到手上還未擦掉油泥的工人，毛澤東就主動與他們握手。在高坎鄉舊站村，毛澤東命車停下，興致勃勃地去看了社員們在冰天雪地中打出來的第一眼機井。

　　離開高坎鄉，毛澤東直奔撫順。途中發生了一件趣事。撫順市委負責人驅車前來迎接，毛澤東的車隊迎面而來，掠過他的車向前開去。撫順市委的車急忙調頭，趕了上去，又想超到毛澤東的車前面去，為毛澤東帶路。毛澤東的駕駛員出於安全考慮，還偏偏不讓他超，這樣反覆四五次，撫順市委負責人急得把頭伸出車窗外大喊，毛澤東的駕駛員才明白了他的意思，讓他超

1958年2月12日，毛澤東在遼寧瀋陽參觀國產殲擊機。

1958年2月13日，毛澤東在遼寧撫順觀看用煤精製成的藝術品。

1958年2月，毛澤東在長春電影製片廠與小演員交談。

到了前面。等到了目的地，撫順市委負責人下車，喘息未定，滿頭大汗。毛澤東下了車，看到他好奇地問："天不熱，你怎麼出這麼多汗？"

臨近中午，毛澤東視察了撫順西露天煤礦，中午又視察了撫順鋁廠。鋁廠室內外溫差達到三十度，有人提出給毛澤東送件大衣，毛澤東還是不答應："工人同志穿得單薄不是照樣進出車間嗎？"

13日下午，毛澤東離開瀋陽飛到長春，視察了長春第一汽車製造廠。在長春，他喝的茶抽的煙都是自己帶的，頭一頓吃的是大米和小米摻在一起的二米飯，外加一塊紅薯，兩三樣菜和一碗湯。人們特意送來吉林的特產松花江白魚，盛情難卻的毛澤東讓廚師切下一段，加了個菜。

14日，毛澤東視察了長春電影製片廠，當時廠裡正在拍兒童故事片《紅孩子》，毛澤東與小演員們親切交談。拍新聞紀錄片的攝影師搶開了鏡頭，毛澤東抬頭發現，急忙用手擋住，風趣地說，不要把我當戲拍進去啊。另一攝影棚裡在拍一個醫生給一個青年漁民看病的戲，漁民的老母親憂愁無比。結果毛澤東一來，醫生忘了給病人看病，憂愁的老母親也笑逐顏開，漁民從床上跳下來說："毛主席來了，我的病好了！"毛澤東笑道："噢！我還有這麼大的本領！"

14日下午，毛澤東從長春回到北京。四天跑了四個城市，建國後毛澤東的第一次東北視察，非常緊湊。⑦

"成都會議"上，毛澤東提出講真話的"六不怕"："不敢講話無非是：一怕封為機會主義，二怕撤職，三怕開除黨籍，四怕老婆離婚，五怕坐班房，六怕殺頭。""我看只要準備好這幾條，看破紅塵，甚麼都不怕了。難道可以犧牲真理，封住我們的嘴巴嗎？"

2月18日農曆春節，毛澤東在北京中南海頤年堂主持中共中央政治局擴大會議，他說這次會議就叫"團拜會"。除了繼續反冒進外，談到中央和地

1958年2月25日，毛澤東、周恩來在中南海懷仁堂門口。

方的關係，毛澤東提出"虛君共和"："我是歷來主張虛君共和的，中央要辦一些事，但是不要辦多了，大批的事放在省同市去辦，他們比我們辦得好，要相信他們。現在的情況是下面比較活潑，中央部門中的官氣、暮氣、驕氣、嬌氣就多些。我就有這麼個企圖，在南寧會議上，覺得要把這些氣革一下，要老百姓化，要以一個普通勞動者的資格出現。"

1958年3月4日上午，毛澤東乘坐"伊爾-14"飛機飛往成都，參加中央工作會議。經停西安加油，下午到達成都上空，只見樹上、房頂上、牆頭上站滿了人，有的揮舞麻袋，有的搖晃竹竿，有的嗷嗷亂叫，有的敲鑼打鼓，熱鬧得不得了。原來他們正響應中央的號召在趕麻雀。

毛澤東下榻成都金牛壩招待所。這次他隨身攜帶了幾大箱子書籍，到成都後，又叫秘書從省、市圖書館借來了許多有關四川的志書，如《華陽國志》、《四川省志》、《蜀本紀》，研究四川的歷史和文化。

5日下午，毛澤東坐車察看成都市容，在經過西城和南城的城牆外圍，看到靠馬路和城牆有不少破爛的棚戶，毛澤東的神情嚴肅起來："你們這裡解放這麼些年了，還不能給群眾修些瓦房嗎？群眾住在這裡怎麼能休息？又怎麼能講衛生，消除'四害'？"

汽車在城牆邊走了很長一段時間，毛澤東問："這個城牆為甚麼不拆除？"陪同人員答道："在人民代表大會上議論過，有人提議拆，有人說這是文化，不能拆，要保留。"毛澤東表示："為甚麼不能拆除，北京的城牆都拆了嘛。這城牆既不好看又妨礙交通，群眾進出城很不方便。城牆是落後的東西，拆了後群眾方便交通，土可以作肥料，磚可以修房子，拆掉是先進，不拆是落後。"

7日，他參觀了杜甫草堂，毛澤東走進杜詩版本展覽室，看完明清和近世刻印的各種版本的杜詩後，他若有所思地說："是政治詩。"參觀回來後，8日，他派人去杜甫草堂借閱了各種版本的杜甫詩集十二部一百零八本和楹聯五十餘種。在成都，他看了許多古人詩詞，包括好多明清詩人的作品，多有評註，興致益然。

3月9日至26日，中共中央工作會議在成都召開，史稱"成都會議"。

這次會議上，毛澤東提出關於兩種個人崇拜的論點："有些人對反個人崇

1958年3月7日，毛澤東在四川成都遊覽杜甫草堂。

1958年3月7日，毛澤東在四川成都杜甫草堂觀看壁上大字書法。

1958年3月8日，成都會議合影。畫面外四川省委書記李井泉正在謙讓，不肯貿然坐在毛澤東身邊，後來還是坐下了。

1958年3月16日，毛澤東在四川郫縣合興鄉紅光農業社視察。

拜很感興趣。個人崇拜有兩種，一種是正確的崇拜，如對馬克思、恩格斯、列寧、斯大林正確的東西，我們必須崇拜，永遠崇拜，不崇拜不得了。真理在他們手裡，為甚麼不崇拜呢？我們相信真理，真理是客觀存在的反映。另一種是不正確的崇拜，不加分析，盲目服從，這就不對了。反個人崇拜的目的也有兩種，一種是反對不正確的崇拜，一種是反對崇拜別人，要求崇拜自己。"⑧

　　毛澤東提出，十年或稍多一點時間趕上英國，二十年或稍多一點時間趕上美國，那就自由了，主動了。本來，提出十五年在鋼的產量上趕上英國，是有根據的，經過努力可以做到的。薄一波曾經總結："十五年趕上英國，就鋼的總產量來說，也不能算是冒進。""如果我們按 1956 年八大確定的指標和在綜合平衡中穩步前進的方針辦事，不搞甚麼'大躍進'，那麼，我國 1972 年的鋼產量超過英國是綽有餘裕的。"⑨ 訪蘇時毛澤東對外宣稱的還是

1958年3月16日，毛澤東在四川郫縣合興鄉紅光農業社視察期間，與農村大娘交談。中為中南局書記、四川省委書記李井泉。

1958年3月21日，毛澤東在四川灌縣新城鄉蓮花一社苕菜田裡摘苕菜。

"十五年"趕上英國,而三四個月後,已經被壓縮為"十年"。

這次會議上,一些地方提出了比較離譜的高指標,毛澤東有所顧慮,並未輕易相信。此時的毛澤東的頭腦,不能說很冷靜,但也並非多麼狂熱。只是,他稍微的不冷靜,就可能導致下面的狂熱,他鼓幹勁的話有市場,他讓大家冷靜的話,往往沒市場。而毛澤東又很擔心人民群眾的幹勁鼓不起來,重點還是講了很多鼓勁的話。

毛澤東說:"我們的同志有精神不振的現象,是奴隸狀態的表現,像京劇《法門寺》裡的賈桂一樣,站慣了不敢坐。對於馬克思主義經典著作要尊重,但不要迷信,馬克思主義本身就是創造出來的,不能抄書照搬。一有迷信就把我們腦子鎮壓住了,不敢跳出圈子想問題。"

毛澤東談到許多歷史人物,指出:不要怕教授。自古以來,創新思想、新學派的人,都是學問不足的青年人。孔子不是二三十歲的時候就搞起來?耶穌開始有甚麼學問?釋迦牟尼十九歲創佛教,學問是後來慢慢學來的。孫中山年輕時有甚麼學問,不過高中程度。馬克思開始創立辯證唯物論,年紀也很輕,他的學問也是後來學的。馬克思開始著書的時候,只有二十歲,寫《共產黨宣言》時,不過三十歲左右,學派已經形成了。那時馬克思所批判的人,都是一些當時資產階級博學家,如李嘉圖、亞當·斯密、黑格爾等。"歷史上總是學問少的人,推翻學問多的人。"章太炎青年時代寫的東西,是比較生動活潑的,充滿民主革命精神,以反清為目的。康有為亦如此。劉師培成名時不過二十歲,死時也才三十歲。王弼註《老子》的時候,不過十幾歲,死時才二十二歲。顏淵死時只三十二歲。青年人抓住一個真理,就所向披靡,所以老年人是比不過他們的。梁啟超青年時也是所向披靡。

在開會間隙,毛澤東還到四川各地視察。視察途中,他聽紅光農業社社長周桂林講,社裡用"打破碗花花"來消滅蚊蠅。"打破碗花花"是一種野生的毒草,把它或它的漿汁放在糞坑裡,就能殺死蛆蟲和蚊子的幼蟲子了。毛澤東很是好奇:"它為甚麼叫'打破碗花花'?"有人解釋:"以前為了防止孩子們去摘這種花,農民們就對孩子們說,摘了這種花,就要打破碗,打破了碗,就吃不成飯,這名字就是這麼得的。"

毛澤東認為這是一個重大的發現,是群眾的一個創造,好辦法,要推廣。並讓人在田坎邊拔來一株，要帶回去，明天開會給大家看看。三天後，即 3 月 19 日，《四川農民日報》刊登了介紹這種野草的一份材料，還附有它的樣本圖。後來，《人民日報》以《讓毒草為人類服務》為題向全國農村介紹這種植物及其用途。⑩

　　3 月 21 日，陳雲在大組會上做了較長的發言，檢討了反冒進中的"錯誤"。毛澤東隨後講道：反冒進的問題不要再談了，不要再做檢討了。那天，毛澤東去灌縣觀看了都江堰。

　　3 月 22 日，毛澤東在會上講：歷史上講真話的人，如比干、屈原、朱雲、賈誼這些人，都是不得志的，為原則而鬥爭。他提出"六不怕"："不

1958年3月21日，毛澤東視察四川成都都江堰水利工程。毛澤東的左邊為李井泉。

1958年3月21日，毛澤東視察四川成都都江堰水利工程，於懷古亭留影。

敢講話無非是：一怕封為機會主義，二怕撤職，三怕開除黨籍，四怕老婆離婚，五怕坐班房，六怕殺頭。"他的語言帶著對未來的憧憬："我看只要準備好這幾條，看破紅塵，甚麼都不怕了。難道可以犧牲真理，封住我們的嘴巴嗎？我們應當造成一種環境，使人敢於說話。我的企圖是要人們敢說，精神振作，勢如破竹，把顧慮解除，把沉悶的空氣衝破。"⑪

　　開會期間，毛澤東選了一些有關四川的古詩詞，印出來發給大家。他從古詩詞談到民歌，要各地負責同志回去收集一點民歌，搞幾個試點。在毛澤東的號召下，"大躍進"興起了一個寫作和收集民歌的群眾運動。

　　在成都會議上，地方領導人和一些中央領導人，都對毛澤東說了一些讚揚的話。有的説：我們的水平與主席差一截，應當相信主席比我們高明得多，要力求在自覺的基礎上跟上。有的説，主席有些地方我們是難以趕上的，像他那樣豐富的歷史知識、那樣豐富的理論知識、那樣豐富的革命經驗，記憶力那樣強，這些不是甚麼人都可以學到的。有的提出：要宣傳毛主席的領袖作用，宣傳和學習毛主席的思想。有的説：毛主席的思想具有國際普遍真理的意義。

黨中央的一些最重要的領導人如此集中地頌揚毛澤東個人，這是在新中國成立以來從未有過的。周恩來説："主席是從戰略上看問題的，而我往往從戰術上看問題。"他可能從多次歷史經驗中，覺得毛澤東比他站得高、看得遠，這一次也不例外。他總結現在的形勢是"一天等於二十年，半年超過幾千年"，但他的內心是非常矛盾的。

這次會議討論通過了國家計委提出的《關於一九五八年計劃和預算第二本賬的意見》。同 2 月一屆全國人大五次會議通過的 1958 年計劃指標相比，做了大幅度的調整。鋼產指標從六百二十四點八萬噸提高到七百萬噸，糧食指標從三千九百二十億斤提高到四千三百一十六億斤。基建投資從一百四十五點七億元增加到一百七十五億元。

在會議快結束時，毛澤東提醒全黨，要準備發生預料不到的事情："我看要把過高的指標壓縮一下，要確實可靠。過高的指標不要登報。""我們一些同志在熱潮下面被衝昏了頭腦，提出一些辦不到的口號。我並不是想消滅空氣，而只是要求壓縮空氣，把膨脹的腦筋壓縮一下，冷靜一些；不是想下馬，而是要搞措施。"

成都會議期間，毛澤東經常每天只睡四五個小時，一個小時游泳散步，其他時間都在工作、閱讀。吃飯只要兩菜一湯，稍稍做多了就要批評。他要炊事員在米飯裡加包穀、豆類等雜糧，還要每天送一塊烤紅苕在飯桌上，説這樣既節約又有營養。

會議結束時，一部 69 嘎斯車將他借閱的圖書分別歸還給省圖書館、杜甫草堂圖書館、四川大學圖書館、省委機關圖書館和成都市圖書館。毛澤東常常在晚上十時以後甚至深夜提出要某一部書，省圖書館古書部為此確定了夜間值班人員，保證二十四小時可以借閱圖書。

毛澤東說："中國六億人口的顯著特點是一窮二
白。這些看起來是壞事，其實是好事。窮則思
變，要幹，要革命。一張白紙，沒有負擔，好
寫最新最美的文字，好畫最新最美的畫圖。"

　　會議結束後，毛澤東繼續在四川視察。3 月 27 日中午十二時許，毛澤東乘
坐的專列離開成都，往自貢方向駛去。到達內江後，原來預定去自貢的計劃因
種種原因取消了，但毛澤東對四川省委書記李井泉表示："天然氣我沒有見過，
讓我看看行不行？"李井泉臨時提議："前面隆昌有炭黑廠，也有天然氣。"

　　列車開到隆昌車站，車站站長報告，隆昌縣一個負責人也找不到，他們

1958年3月27日，毛澤東在四川隆昌炭黑廠視察。

都不在家。李井泉也沒辦法。從隆昌車站到氣礦還有二十多華里，急需用車，怎麼辦？湊巧，從內江方面開來一輛小汽車，原來是一位省公安廳的同志因在內江漏乘，臨時找一輛車趕到隆昌，準備補乘火車的。這輛車既小又難看，破舊不堪，但也只好讓毛澤東將就了。還有炭黑廠到火車站運煤的一輛卡車，讓柯慶施等人坐了。

這時陰雲密佈，眼看要下雨，毛澤東在小汽車裡尚能避雨，柯慶施等人在敞篷卡車上，且是剛運過煤的車，這可怎麼辦？好在炭黑廠領導、隆昌縣委領導得到了毛澤東要去視察的消息，急忙派了幾輛吉普趕來，在途中遇到毛澤東的車隊，解決了乘車問題。

雨越下越大，廠子在山上，車輛爬行很危險。有人勸毛澤東不要去了，他執意要去看看。到了工廠裡，工人們聽說毛澤東不顧雨大山陡路滑來看望他們，都感動得說不出話來，熱淚滾滾。毛澤東蹲在爐火熊熊的氧礦爐前，聽礦長劉選武介紹生產情況，爐子裡是怎樣提煉出炭黑的。當劉選武講到天然氣中的硫化氫通過脫硫塔被脫出時，毛澤東問脫出來的硫化氫到甚麼地方去了，有人回答隨空氣跑掉了，本來可以回收硫黃，現在還沒有回收設備。毛澤東表示："這不僅浪費而且污染環境，要盡快解決回收處理問題。"⑫

3月28日，專列抵達重慶。毛澤東參觀了重慶鋼鐵廠和二九六工廠。3月29日，毛澤東乘"江峽輪"沿長江而下，向武漢駛去。深夜抵達白帝城，那裡已是夜色蒼茫，但聞隱隱濤聲。毛澤東同船長談起三峽："長江中航行最危險的一段，如果讓我開船，我就喜歡走這險要的地方開。一潭死水好，還是不盡長江滾滾來好？我看還是不盡長江滾滾來好，人的生活平平淡淡沒有甚麼意思。"

30日早飯後，船進入瞿塘峽。快到巫峽時，毛澤東披著睡衣來到駕駛室，一面欣賞三峽風光，一面同船長和領航員談及有關三峽的神話和傳說。毛主席還從船長手中接過望遠鏡，留意從幾個側面觀看了神女峰。直至快過完西陵峽，毛主席才回到艙內客廳，同田家英、吳冷西等人閑談。他從田家英的同鄉革命軍中馬前卒鄒容談起，縱論"蘇報案"中的章太炎、章士釗等人，進而泛論中國資產階級民主派也曾經是生氣勃勃勇於革命的壯士。

4月1日凌晨二時，毛澤東到達武漢，入住東湖賓館。4月1日至9

1958年3月29日，毛澤東乘船視察長江三峽。

1958年3月29日，毛澤東乘“江峽輪”從重慶到武漢途中，與四川省委書記李井泉（左一）、湖北省委書記王任重（左二）一起看長江航道圖。

日，毛澤東在武漢召集河南、安徽、山東、江蘇、湖南、廣西、福建、江西、浙江九省省委第一書記開會，還有李先念、譚震林、吳冷西、田家英等人參加，史稱"武漢會議"。

　　武漢會議上，各省紛紛拿出更高的指標，相互攀比，都不甘落後。而毛澤東則不斷地勸大家要冷靜，要壓縮空氣。但對周小舟、葉飛等人，毛澤東也講了一些"鼓勁"的話。5日下午，對湖南周小舟，毛澤東建議："一年要實現幾'化'，不要說是'過火'了，只是某些口號要調節，登報時要小心。空氣還是那麼多，一點不少，不過是壓縮一下。反冒進把空氣砍掉了一半。我們不要砍，只是把空氣壓縮一下。現在擔心會不會再來一個反冒進。如果今年得不到豐收，群眾會泄氣，到那時又要颳颱風的。此事要向地、縣委書

1958年4月11日，毛澤東在湖北武漢東湖翠柳村參觀武漢地方工業品展覽會，觀看沼氣燈和沼氣爐。右三為王任重。

記講清楚，如果收成不好，計劃完不成怎麼辦？要有精神準備。要看結果，吹牛不算。不要浮而不深，粗而不細，華而不實。"

　　4月12日，毛澤東乘專機離開武漢，來到長沙。下午五時，毛澤東到坡子街火宮殿吃飯，這是他當年在湖南一師當窮學生時經常來吃油餅和臭豆腐的地方。當晚，他觀看了湖南木偶戲、皮影戲《鶴與龜》、《兩朋友》等民間文藝節目，觀看後同演員見面。

　　4月13日晚六時，毛澤東從長沙飛到廣州，入住小島賓館一號樓。4月15日，他寫了一篇短文《介紹一個合作社》。此前，3月20日，中共河南封丘縣委給毛澤東寫了一個報告，介紹該縣應舉農業生產合作社依靠集體力量，戰勝自然災害，改變落後面貌的事跡。毛澤東看後異常興奮，欣然命筆。他寫道："六億人口是一個決定的因素。人多議論多，熱氣高，幹勁大。""中國六億人口的顯著特點是一窮二白。這些看起來是壞事，其實是好事。窮則思變，要幹，要革命。一張白紙，沒有負擔，好寫最新最美的文

1958年4月12日，毛澤東在湖南長沙觀看木偶戲後與演員交談。

1958年4月30日，毛澤東在廣州下棠農業社。

字，好畫最新最美的畫圖。""中國勞動人民還有過去那一副奴才相嗎？沒有了，他們做了主人了。中華人民共和國九百六十萬平方公里上面的勞動人民，現在真正開始統治這塊地方了。"

　　在廣州，毛澤東召集討論了八大二次會議的報告稿、進行了一系列參觀考察後，5月1日，毛澤東乘機北返，經停武漢，5月2日回到北京。

6月19日，毛澤東做出了鋼產量翻一番的重大決策，即從1957年的五百三十五萬噸增加到1958年的一千一百萬噸。

　　5月5日，中共八大二次會議在北京中南海懷仁堂開幕，中共中央正式提出了"鼓足幹勁,力爭上游,多快好省地建設社會主義"的總路線。會議確定的"二五"計劃指標,比八大一次會議建議的指標普遍提高百分之五十甚至一倍。

關於十五年趕英的口號,按照毛澤東和中共中央的意見,在黨內小範圍裡頭,掌握的口徑是,七年趕英,十五年趕美,但公開講,還是十五年趕英。"趕英"的時間在一個月內又壓縮了三年。

5月18日,毛澤東提議將關於安東機器廠試製成功三十馬力拖拉機的報告印發大會,還親自寫了一段批語,題為《卑賤者最聰明,高貴者最愚蠢》。

這次大會上,口頭發言一百一十七人,書面發言一百四十人,多是充滿激情的豪言壯語。對毛澤東的個人評價,也越來越高,比如有的中央領導人說"擁護和相信毛主席就是擁護和相信真理","毛主席是真理的代表"。中央宣傳部門的負責人還提出,由毛澤東倡導、在全國各地開展的聲勢浩大的大規模收集民歌的運動,開拓了民歌發展的新世紀。

5月23日會議結束時,毛澤東宣佈"反冒進解決了,現在中央是團結的,全黨是團結的",國家經濟建設還得"靠這些人辦事,此外沒有人"。會後,周恩來還向中央提出自己繼續擔任總理是否合適的問題,毛澤東認為還是要由他擔任。

會議後,"大躍進"運動在全國迅速發展,主要標誌是片面追求工農業生產的高速度,不斷提高和修改計劃指標。"大躍進"首先從農村開始,各地農村大規模地開展農田基本建設,其中興修水利是一項重要內容。十三陵水庫、懷柔水庫、密雲水庫相繼開工。

5月25日,在八屆五中全會召開前,毛澤東、劉少奇、朱德、鄧小平率中央政治局委員、候補委員和書記處書記,以及全體中央委員和候補委員,來到十三陵水庫。十三陵水庫是發動群眾用義務勞動的方式建成的。那時,每天都有十萬人參加勞動,運五萬方土到大壩上。毛澤東向勞動群眾揮手的場面非常壯觀,可惜受當時攝影條件所限,攝影師侯波沒法把主席和群眾都拍上,只好拍了一張毛澤東揮手的,又拍了一張下面群眾歡呼的,兩張放在一起,就反映出當時的壯觀場面了。[13]

從5月31日到6月19日的二十天內,毛澤東先後同主持工農業工作的

1958年5月25日，毛澤東來到北京郊區十三陵水庫工地視察，向群眾揮手。群眾向毛澤東歡呼。

1958年5月25日，毛澤東來到北京郊區十三陵水庫工地視察，參加勞動。

負責人單獨談話共九次，包括冶金工業部部長王鶴壽、第一機械工業部部長趙爾陸、第二機械工業部部長宋任窮、中共中央書記處分管農業的書記譚震林。

6月6日，王鶴壽報告說，他與華北協作區主任林鐵商談結果，認為華北地區鋼的生產能力，1959年底達到八百萬噸是可能的。毛澤東將這個報告批給鄧小平。這個數字，比剛剛閉幕的八大二次會議上冶金部報告的計劃數又翻了一番。

6月16日，國務院副總理兼計委主任李富春向中共中央政治局報送"二五"計劃要點，提出建成基本上完整的工業體系，五年超過英國，十年趕上美國。這個報告使毛澤東"大開眼界"。

6月17日薄一波向中共中央政治局報送的報告，其中說，1959年中國主要工業產品的產量，除電力外，都將超過英國的生產水平。6月22日，毛澤東將這個報告批給正在召開的軍委擴大會議，改成一個十分醒目的標題《兩年超過英國》，並批示："超過英國，不是十五年，也不是七年，只需要兩年到三年，兩年是可能的。"不到一個月，超英的時間由七年又改為兩年。

6月19日，在中南海游泳池，毛澤東做出了鋼產量翻一番的重大決策，即從1957年的五百三十五萬噸增加到1958年的一千一百萬噸。關於當時的具體情況，毛澤東後來回憶："開始是六百萬噸，第二本賬是七百萬噸，第三本賬是八百萬噸，爭取九百萬噸。我說你索性翻一番，那麼拖拖拉拉的幹甚麼？王鶴壽同志就很有勁，佈置了。"⑭

歷史彷彿又回到了1955年農業合作化時的類似情景：毛澤東首先提出反右傾保守的指導思想。在這個指導思想下，同樣對領導工業生產缺乏經驗的各級領導幹部層層加碼，紛紛提出比毛澤東更高的指標，又反過來影響毛澤東；根據這些不實的情況，毛澤東再進一步提出更高的要求，並且深信這是能實現的……但發展合作社只是改變生產關係，通過各級幹部層層加碼還有可能完成，而增加鋼產量則是發展生產力，這就不是靠層層加碼就能輕易完成的了。

6月30日，毛澤東讀了《人民日報》上關於江西餘江縣消滅了血吸蟲病的報道以後，興奮不已。7月1日黨的生日這一天的早晨，寫就完成了《七律二首‧送瘟神》：

讀六月三十日人民日報，餘江縣消滅了血吸蟲。浮想聯翩，夜不能寐，微風拂煦，旭日臨窗。遙望南天，欣然命筆。

綠水青山枉自多，
華佗無奈小蟲何！
千村薜荔人遺矢，
萬戶蕭疏鬼唱歌。
坐地日行八萬里，
巡天遙看一千河。
牛郎欲問瘟神事，
一樣悲歡逐逝波。

春風楊柳萬千條，
六億神州盡舜堯。
紅雨隨心翻作浪，
青山著意化為橋。
天連五嶺銀鋤落，
地動三河鐵臂搖。
借問瘟君欲何往，
紙船明燭照天燒。

毛澤東邊戲水邊告訴赫魯曉夫："中國人是最難同化的,過去有多少個國家想打進中國,到我們中國來,結果呢?那麼多打進中國的人,最後都站不住。"

正當國內大躍進形勢如火如荼之時,中蘇關係出現波折。1958 年 7 月底,赫魯曉夫提出在中國建立中蘇聯合艦隊和長波電台的建議,激怒了毛澤東。尤金大使將建議轉告毛澤東時,毛澤東非常惱火,要求讓赫魯曉夫自己來談。7 月 31 日,赫魯曉夫來了。

雙方寒暄幾句後開始了會談,赫魯曉夫埋怨尤金沒有說清楚蘇聯領導的意思,現在美國第七艦隊已經在台灣海峽活動猖狂,蘇聯艦隊進入太平洋活動是為了對付美國的第七艦隊,需要在中國建一個長波電台,蘇聯的飛機也可以在中國的機場停留加油……他含糊其辭地講了十幾分鐘還沒講清楚,加上翻譯有半個多小時,毛澤東很不耐煩,打斷他的話直接問:"'聯合艦隊'是甚麼意思?"赫魯曉夫支支吾吾,改口說是"共同艦隊"。毛澤東又連連追問,赫魯曉夫解釋:"共同艦隊"就是"共同"商量商量的意思。"⑮

毛澤東越聽越惱火,憤然站起身指著赫魯曉夫的鼻子指責道:"甚麼叫共同商量,我們還有沒有主權了?你們是不是想把我們的沿海地區都拿去?你們都拿去算了!"赫魯曉夫很是尷尬:"毛澤東同志,我們沒這個意思,不要誤解,我們是與你們商量,加強共同防禦的力量。"毛澤東坦言:"打起仗來,蘇聯軍隊可以到中國來,中國軍隊可以到蘇聯去,蘇軍可以到中國的任何一個地方,但兩支軍隊絕沒有甚麼聯合可言。"赫魯曉夫見狀,希望退而求其次:"能不能達成某個協議,讓我們的潛水艇在你們國家有個基地,以便加油、修理、短期停留?"毛澤東斷然拒絕,並表示以後再也不想聽到這件事。

赫魯曉夫聽罷也惱火了:"大西洋公約組織國家還在互相合作,可是我們這裡卻連這樣一件事都達不成協議!"還提出:"你們的潛艇也可以使用我們的摩爾曼斯克基地。"毛澤東的態度絲毫沒有改變:"我們不要,也不想去那裡搞甚麼名堂,也不希望你們來我們這裡搞甚麼名堂。英國人、日本人,還有許多別的外國人已經在我們國土上待得太久了，現在已被我們趕走了，我們再也不能讓任何人用我們的國土來達到他們自己的目的。"

這次會談不歡而散，赫魯曉夫終於明白，毛澤東對中國的主權問題畢生都格外珍重，在這方面絕沒有任何商量的餘地。

第二天，8月1日，毛澤東在中南海游泳池等候赫魯曉夫，劉少奇、周恩來、鄧小平等人都衣著整齊，毛澤東隨便穿一件浴衣，光腳踩拖鞋，同赫魯曉夫握手後，請他也下來游泳。赫魯曉夫還真答應了，換了衣服就進了泳池，但他只會一種"狗刨式"，在水裡亂撲騰。毛澤東卻一會兒在水裡"睡覺"（全身平躺），一會兒在水裡"立正"，瀟灑自如地表演著各種泳技。

他邊戲水邊告訴赫魯曉夫："中國人是最難同化的，過去有多少個國家想打進中國，到我們中國來，結果呢？那麼多打進中國的人，最後都站不住。"

這次事件是中蘇關係的轉折點，中共中央和毛澤東認為赫魯曉夫所謂"聯合艦隊"的主張，就是想在中國推行蘇聯的大國沙文主義和霸權主義，這是中國絕不能答應的。而赫魯曉夫在1958年後，覺得自己的政治地位已經穩固，也不再奢求爭取中國共產黨和毛澤東對他的支持；同時，由於蘇聯製造出了洲際導彈，也不必過多顧慮中國及毛澤東的態度。他開始尋求同美國緩和關係。

毛澤東忽然看到《人民日報》將他在七里營說"人民公社好"的話登了出來，吃了一驚，失聲叫了起來："哎呀！糟糕，給捅出去了，事先還沒經過討論，政治局還沒有討論呢……"

八大二次會議後，全國各地掀起虛報高產、競放"衛星"的高潮。報紙上公開宣傳"人有多大膽，地有多大產"。7月以後，各地的"衛星"越放越高，河南遂平縣放了第一個小麥單產兩千一百五十斤的衛星，河北安國縣婁底鄉創下畝產五千一百三十斤的全國紀錄，再後來，衛星一放就是上萬斤，十幾萬斤，乃至幾十萬斤。

但毛澤東不相信這些數字，他說：“我是種田出身，這種事想瞞我也難。”他多次批評某些地區報告糧食產量不夠實事求是，但一到外地視察，看到群眾熱火朝天搞生產的場面，他的頭腦又發熱起來，有時相信了虛假的彙報，有時半信半疑，但也有許多時候是一點都不相信的。他意識到了浮誇風的問題，但覺得這還是一個指頭，是小事，重要的是六億人民的勞動熱情可鼓不可泄。

1958 年 7 月 31 日到 8 月 3 日，赫魯曉夫訪問北京期間，毛澤東對他說：“1949 年中國解放我是高興的，但是覺得中國的問題還沒有解決，因為中國很落後，很窮，一窮二白。以後對工商業的改造、抗美援朝的勝利，又愉快又不愉快。只有這次大躍進，我才完全愉快了！按照這個速度發展下去，中國人民的幸福生活完全有指望了！”

送走赫魯曉夫，毛澤東決定中共中央政治局擴大會議在北戴河召開前，利用一週的時間，到河北、河南、山東農村視察，了解農業發展情況。8 月 4 日下午，毛澤東的專列到達河北徐水縣，毛澤東到梨園鄉大寺名莊視察。據報上說，這個縣的糧食產量遙遙領先，全國不少調查團來取經。來取經的人走到農民家裡，問糧食產量，農民們說，我們家的糧食不在屋裡，在會計的賬上。

毛澤東這次來，農民們卻不敢說實話了。他聽了縣委書記張國忠的彙報。張國忠說全縣能打十二億多斤糧食，平均畝產兩千斤。毛澤東吃了一驚：“你們有那麼多糧食吃不完，怎麼辦啊！糧食多了，以後就少種一些，一天做半天的活兒，另外半天搞文化，學科學，鬧文化娛樂，辦大學、中學。你們看麼！世界上的事情是不辦就不辦，一辦就辦得很多！”

這段帶有浪漫色彩的話，居然被當作最高指示，登在 8 月 10 日的《人民日報》上，在全國造成了很大影響。北京市在“大躍進”的規劃中就提出三分之一的地種糧食，三分之一的地種菜、三分之一的地種花，怕糧食、蔬菜種多了吃不完。

河北省委書記處書記解學恭、副省長張明河介紹了徐水縣“組織軍事化、行動戰鬥化、生活集體化”的做法，全縣搞了九十多個團、二百多個營。毛澤東肯定了他們的做法，這與毛澤東幾年來一直在思考的“取消工資

1958年8月4日，毛澤東在河北徐水視察時與採棉姑娘交談。

制、恢復供給制"的想法很合拍。[16]

　　視察完河北後，毛澤東又乘車到了河南。河南是中國四大烤煙基地之一，毛澤東在襄城縣看到連綿浩瀚的煙葉地時，情不自禁地表揚大家"幹得好"。8月6日，他頭戴草帽，身著白襯衣，來到新鄉縣七里營人民公社視察。七里營在剛剛興起的人民公社運動中，率先將二十七個高級農業社九千六百三十六個農戶合併，走在了全國的前面。毛澤東在棉田裡邊視察，聽取彙報，不斷稱讚人民公社好："有希望啊！你們河南都像這樣就好了，有了這樣一個社就會有好多社！"

　　8月6日晚，毛澤東離開新鄉，專列停靠在京廣鐵路許昌段岔道長店路段上。深夜，河南省委書記處分管農業的書記史向生趕來，要專門向毛澤東彙報河南省遂平縣嵖岈山人民公社的情況和公社章程。

1958年8月6日，毛澤東視察河南新鄉七里營
人民公社，圖為在棉田中的毛澤東。

1958年8月6日，毛澤東視察河南新鄉七里營人民公社，與農民交談。

　　據薄一波《若干重大決策與事件的回顧》一書回憶，劉少奇曾在 1958 年 11 月初的第一次鄭州會議上提到："公社這個名詞，我記得，在這裡（鄭州火車站），跟吳芝圃（時任河南省委第一書記）同志談過。"也就是說，"公社"的這個提法，最先出自劉少奇。1958 年 4 月底，在去參加"廣州會議"的火車上，周恩來、薄一波、陸定一、鄧力群四人談到辦"託兒所，集體化，生活集體化，還吹工廠辦學校，學校辦工廠，半工半讀"，下車時與吳芝圃聊過，吳芝圃道："那個時候，託兒所也有了，食堂也有了，大社也有了，還不叫公社。"工農商學也有了，就是不叫公社。鄉社合併老早就有的。

　　1958 年 7 月 1 日，《紅旗》雜誌第三期發表了陳伯達寫的《全新的社會、全新的人》的文章，提出"把合作社辦成一個既有農業合作，又有工業合作的基層組織單位，實際上是農業和工業相結合的人民公社”。這篇文章透露了毛主席和劉少奇的一次談話精神。接著第四期《紅旗》雜誌又發表了陳伯達寫的《在毛澤東同志的旗幟下》的文章，明確引證了毛主席的指示：“毛澤東同志說，我們的方向應該逐步地有次序地把‘工（工業）、農（農業）、商（交換）、學（文化教育）、兵（民兵，即全民武裝）’組成為一個大公社，從而構成為我國社會的基層單位。”

7月初，一向緊跟中央形勢的河南省委、信陽地委經過努力工作，在遂平縣建立了第一個人民公社——嵖岈山人民公社。7月中旬，史向生和《紅旗》雜誌常務編輯李友九、信陽地委書記路憲文專程到嵖岈山公社，幫助群眾初步制定了《嵖岈山衛星人民公社試行章程（草稿）》。規定各農業社的一切生產資料和公共財產轉為公社所有，由公社統一核算，統一分配；社員分配實行工資制和口糧供給制相結合；總結了青年隊集體吃食堂的好處，推廣了公共食堂；同時成立了託兒所、幼兒園、敬老院、縫紉組；公社設立了農業、林業、畜牧、工交、糧食、供銷、衛生、武裝保衛等若干部或委員會，下設生產大隊和生產隊，實行統一領導，分級管理和組織軍事化、生產戰鬥化、生活集體化。

到7月底，整個信陽地區農村實現了人民公社化，並向全省推廣。8月7日凌晨四時，毛澤東睡覺醒來，聽說史向生正在專列上等著向他彙報，立即穿上睡衣出來見史向生，臉都沒有洗一把。史向生向毛澤東彙報了嵖岈山衛星人民公社的情況。當談到嵖岈山公社試行簡章時，毛主席聚精會神，邊聽邊道：“這是個好東西，給我！”他如獲至寶，極為高興。

看完《章程》後，毛澤東評述：“這在古代，就是一個諸侯國了。這帶政權性質，既是經濟組織，又是政權組織，實際上是基層政權，這叫政社合一。人民公社這個名字好，包括工、農、商、學、兵，管理生產，管理生活，管理政權。”⑰

8月7日上午，毛澤東在河南省委負責人陪同下視察了襄城縣雙廟鄉、十里鋪鄉的煙田。他不顧勸阻，進入溫度達到六十多度的烤煙的爐房炕房內觀看，出來時臉被烤得紅撲撲的，還興致勃勃地詢問烤煙的技術細節。

下午，他先是在長葛縣視察，後離開長葛，經鄭州開往蘭封東壩頭，毛

1958年8月7日，毛澤東視察河南襄城縣煙田，與農民交談。

澤東提出要橫渡黃河，因保衛人員不同意作罷。

　　8日下午三時到達商丘，毛澤東在商丘縣委書記劉學勤等人的陪同下，視察了道口鄉黃樓村"七一"試驗站，當聽到紅薯畝產一萬三千斤的彙報時，懷疑地表示："秋後我再來看。"返回車站的路上，他問劉學勤："你相信他那畝產一萬三千多斤試驗田嗎？"劉學勤表示不相信。毛澤東接了句："腦子太熱，沒有科學根據，不符合實際。"

　　下午五時許，毛澤東返回專列，經停江蘇徐州，山東兗州、泰安，於9日凌晨到達濟南。這一夜，毛澤東連續與四地黨政負責人和幾級幹部交談，直到聽完彙報後才休息。

　　8月9日上午，毛澤東在聊城、壽張視察，下午到歷城縣視察。山東省委書記處書記譚啟龍等彙報，當提到歷城縣北園鄉準備辦大農場時，毛主席說："還是辦人民公社好，它的好處是，可以把工、農、商、學、兵結合在一起，便於領導。"

在歷城視察間隙，毛澤東忽然看到《人民日報》將他在七里營說的話登了出來，吃了一驚，失聲叫了起來："哎呀！糟糕，給捅出去了，事先還沒經過討論，政治局還沒有討論呢……"當初在河南七里營視察時，他只是隨口誇讚七里營人民公社好，沒想到《人民日報》的記者當時就在旁邊，一下子就捅到了報紙上。他告訴秘書，以後再也不能讓新聞記者跟著了。後來在政治局會議上，他又在小範圍內解釋說："這個話是我講的，但那是參觀中針對七里營人民公社講的。是我不慎重，也不能全怪記者同志，現在已經捅出去了，怎麼辦呢？"⑱

8月10日，毛澤東來到天津視察，聽取了河北省省長劉子厚、天津市市長李耕濤、主管農業的省委書記（當時設第一書記）閻達開的彙報。一下火車，他就到天津市東郊四合莊鄉新立村公社視察。

1958年8月10日，毛澤東視察天津四合莊新立村人民公社，看農民種的蔬菜。

1958年8月10日，毛澤東視察天津四合莊新立村人民公社。

　　新立村有一塊掛牌畝產十萬斤的"衛星田"，稻棵密得連手都插不進去，田畝上空，電燈通明，像燈光球場一樣，據説是為了加強光照，旁邊用鼓風機通風，其實不管是誰一看就知道，這實際上是把幾十畝快成熟的稻子移到一畝田裡。

　　毛澤東看後搖頭説道："不可能！"他對身旁的一位領導同志説："你沒種過地，這不是放衛星，是放大炮！"彙報的人急了，解釋半天，毛澤東仍然苦笑著搖頭："吹牛，靠不住。我是種過地的。畝產十萬斤？堆也堆不起來，就是稻棵本身也承受不了十萬斤的重量。"有的同志聽了這句話，為了證明自己沒有欺騙毛澤東，就找來一個孩子往水稻上站，毛澤東勸阻道："娃娃，不要上去，站得越高摔得越重啊！"⑲

　　13日，毛澤東參觀了南開大學、天津大學的科技展覽和校辦工廠。回到火車上，他對天津市委的同志們説："一個糧食，一個鋼鐵，有了這兩個東

1958年8月13日，毛澤東視察天津大學校辦工廠。

西，就甚麼都好辦了。"這是他第一次提到鋼鐵問題，這次北戴河會議正好要解決鋼鐵產量的規劃問題。

13日中午，毛澤東在天津正陽春飯莊吃飯，飯廳在二樓上。他胃口不佳，吃了一點兒就走到窗前，推開窗戶看熙熙攘攘的街景。這一下捅了漏子，對面樓上有位婦女在晾衣服，看到毛澤東後大喊起來："毛主席！毛主席萬歲！毛主席萬歲！"她的嗓子非常尖厲，一下子吸引住了滿街的人，都朝樓上窗戶處仰望。葉子龍連忙去關窗戶，毛澤東很是反感："莫關嘛，我毛澤東不怕群眾看。"

外面的呼喊聲越來越大，毛澤東每每回到桌前吃兩口，聽到群眾的歡呼聲，又起身來到窗前。連續六次，他走到窗前向群眾揮手，也高喊"人民萬歲"回應群眾。他的每次出現，又讓更多的群眾向這裡擁來，樓下頓時擠了上千人，大批群眾還在往這裡聚集。飯是吃不下去了，幾十名戰士護送毛澤東走出飯店，好不容易上了汽車。但汽車根本開不動，人們把汽車圍在中間，鼓掌，歡呼，跳躍，流淚。汽車緩緩挪動，很長時間才開了出去。

聯想起 1953 年在武漢登上蛇山黃鶴樓遺址後被認出的那次經歷，毛澤東道：“真是下不來的黃鶴樓，出不去的正陽春啊！”後來提到這兩件事，毛澤東多次感慨地說：“老百姓是支持我們，擁護我們的，我們絕不能讓他們失望啊！”⑳

當天深夜，他回到北京中南海。

北戴河會議做出了兩項對中國歷史進程產生重大影響的舉世矚目的決定：一是 1958 年鋼產量一千零七十萬噸，比 1957 年翻一番；二是在農村建立人民公社。

8 月 16 日中午，毛澤東在中南海游泳池會見完柬埔寨國王西哈努克後，即乘飛機來到北戴河。8 月 17 日，中央政治局擴大會議在北戴河中直療養院禮堂召開，經過討論，正式通過了《中共中央關於在農村建立人民公社問題的決議》。要求各地在秋收前後，先把公社的架子搭起來。北戴河會議結束後，中央報刊相繼發表了《迎接人民公社化的高潮》等社論。這樣，人民公社運動很快被推向了高潮。

在成都會議期間，毛澤東對人民公社如何搞法何時搞還是心有疑慮的，覺得初級社、高級社剛搞兩三年，應該鞏固好了再擴大到人民公社。而在河南視察時被一下捅到報紙上，他只好很被動地繼續為人民公社叫好了。這些話很快又見諸報端，全國農村出現了由小社直接轉辦到人民公社的高潮，只一個多月的時間，幾乎全國的農村基本實現了公社化。

關於人民公社的特點，毛澤東概括為“一大二公”。“大”就是把原來幾十戶上百戶的合作社合併為幾千戶甚至上萬戶的人民公社，“公”就是在公社成立後，一切財產上交，在全社範圍內統一核算，統一分配，實行供給制。各家各戶不開火做飯，公社辦大食堂，吃飯不要錢。男人、女人、老

1958年8月，毛澤東在北戴河會議上。

人、孩子分類集中在一起睡覺，將所有勞動力編組成如同軍隊一樣的班排連營，採用大兵團作戰的方法進行生產。

在這次會議上，毛澤東提出，要考慮取消薪水制，恢復供給制，同時又提出，不要馬上廢除工資制度，將來再取消。柯慶施率先建議"公社實行吃飯不要錢"，有不少人贊成。劉少奇表示："吃飯不要錢，今天不做決定。"而毛澤東後來表明了態度："吃飯不要錢的辦法，可以逐步實行，暫時不定，明年是否實行，到時候再看。"

在北戴河會議上，毛澤東對能否完成 1958 年的鋼產量達到一千零七十萬噸的高指標，已經很擔心。到 7 月底，全國鋼產量累計才三百八十萬噸，而到年底只有一百五十三天了，在這麼短的時間內要生產七百萬噸鋼，談何容易？但他仍想再努一把力，把它完成。他認為，一旦今年一千零七十萬噸的任務完不成，明年兩千七百萬噸的任務也就無法保證。

8 月 16 日下午剛到北戴河，毛澤東對前來彙報工作的各省省委書記説："少一噸都不行，少一噸就失敗了。" 8 月 19 日的會上，他要求第一書記親自抓工業。後來也多次強調：明年是帶決戰性的一年，不論工業、農業都是這樣，特別是鋼鐵、機械，還有糧食。從 8 月 21 日算起，今年還有四個月，鋼鐵生產任務能否完成，相當危險。為甚麼我們在這裡開會？就是要緊急動員，要搞到那麼一點鋼。能不能搞到，我總是懷疑，十五個吊桶，七上八下。請同志們努力奮鬥，以期貫徹。鋼鐵尚未成功，同志仍需努力！

在他的一再要求下，陳雲在工業書記會議上不得不反覆強調抓鋼鐵生產計劃的落實，甚至説出"土爐子是關鍵"的話。薄一波在這次會議的總結發言中，傳達了毛澤東一個驚人的想法：要破除迷信，美國算不了甚麼，用不了一二十年，蘇聯可以變為兩個美國，我們可以變為四個美國。[21]

8 月 30 日，歷時十四天的北戴河會議，在緊張熱烈的氣氛中結束了。會議做出了兩項對中國歷史進程產生重大影響的舉世矚目的決定：一是 1958 年鋼產量一千零七十萬噸，比 1957 年翻一番；二是在農村建立人民公社。

9 月 1 日，一千零七十萬噸鋼的高指標在《人民日報》公開發表，《人民日報》發表社論《立即行動起來，完成把鋼產翻一番的偉大任務》，指出這是"全黨全民當前最重要的政治任務"。一個前所未有的全民大煉鋼鐵運動，在

1958年9月15日，毛澤東視察湖北大冶礦山。

毛澤東在中南海煉鋼爐邊。與毛講話者為中央警衛局副局長王敬先。

1958年9月24日，毛澤東在安慶一中。

全國各地轟轟烈烈地開展起來了，在各級領導幹部帶領下，幾千萬人上山大煉鋼鐵，成為“大躍進”中最突出、最顯眼的一個舉動。漫山遍野的小土高爐，一到夜晚，幾乎到處可以看到一片一片的火光。大煉鋼鐵運動，造成的嚴重浪費，影響了正常的生產秩序，引起國民經濟比例的嚴重失調，破壞了大量林木，大批勞動力從農業戰線上調出來煉鋼鐵，嚴重影響了農業收穫，搞得豐產不豐收。

　　與此同時，各地立即掀起了建立人民公社的高潮，到 9 月底，百分之九十以上的農戶加入了人民公社。全國成立了兩萬三千多個公社，平均每社近四千八百戶，還出現了以縣為單位的人民公社或縣聯社。“大躍進”、人民公社和社會主義建設總路線，合起來被稱為“三面紅旗”。

①　李克菲、彭東海：《秘密專機上的領袖們》，中共中央黨校出版社 1997 年 1 月第 1 版，第 116—117 頁。

②　2003 年 9 月採訪徐肖冰、侯波。

③　《毛澤東之路——畫說毛澤東和他的戰友》，長江文藝出版社 2004 年 12 月第 1 版，第 531 頁。

④　《毛澤東傳（1949—1976）》，中央文獻出版社 2003 年 12 月第 1 版，第 771 頁。

⑤　李銳：《大躍進親歷記——毛澤東秘書手記》，南方出版社 1999 年第 1 版，第 21—28 頁。

⑥　《毛澤東傳（1949—1976）》，中央文獻出版社 2003 年 12 月第 1 版，第 782 頁。

⑦　吳曉梅、劉蓬：《毛澤東走出紅牆》，中共中央黨校出版社 1993 年 10 月第 1 版，第 32—51 頁。

⑧　《毛澤東傳（1949—1976）》，中央文獻出版社 2003 年 12 月第 1 版，第 793 頁。

⑨　薄一波：《若干重大決策與事件的回顧》（修訂本）下卷，人民出版社 1997 年 12 月版，第 718—719 頁。

⑩　吳曉梅、劉蓬：《毛澤東走出紅牆》，中共中央黨校出版社 1993 年 10 月第 1 版，第 58—63 頁。

⑪　《毛澤東傳（1949—1976）》，中央文獻出版社 2003 年 12 月第 1 版，第 798 頁。

⑫　2003 年 9 月採訪徐肖冰、侯波。

⑬ 2003 年 9 月採訪徐肖冰、侯波。

⑭ 《毛澤東傳（1949—1976）》，中央文獻出版社 2003 年 12 月第 1 版，第 161 頁。

⑮ 《毛澤東之路——畫說毛澤東和他的戰友》，長江文藝出版社 2004 年 12 月第 1 版，第 439 頁。

⑯ 吳曉梅、劉蓬：《毛澤東走出紅牆》，中共中央黨校出版社 1993 年 10 月第 1 版，第 119—125 頁。

⑰ 《毛澤東在河南》，河南人民出版社 1993 年 9 月版，第 61—63 頁。

⑱ 《毛澤東之路——畫說毛澤東和他的戰友》，長江文藝出版社 2004 年 12 月第 1 版，第 488—489 頁。

⑲ 《毛澤東之路——畫說毛澤東和他的戰友》，長江文藝出版社 2004 年 12 月第 1 版，第 491 頁。

⑳ 吳曉梅、劉蓬：《毛澤東走出紅牆》，中共中央黨校出版社 1993 年 10 月第 1 版，第 58—63 頁。

㉑ 李銳：《大躍進親歷記——毛澤東秘書手記》，南方出版社 1999 年第 1 版，第 21—28 頁。

1958

第十一章

炮擊金門

毛澤東問："你們用這麼多的炮打，會不會把美國人打死啊？"葉飛說："那是打得到的。"十多分鐘後，毛澤東又問："能不能避免不打到美國人？"葉飛說："避免不了。"第二天，毛澤東說："那好，照計劃打。"

在北戴河會議召開的同時，1958 年 8 月 23 日下午五時三十分，近三萬發炮彈從福建前線猛轟金門國民黨軍陣地，震動了全世界。

1958 年 7 月 14 日，在中東，伊拉克軍隊起義，反對親美的國王費薩爾。第二天，美國海軍陸戰隊在黎巴嫩首都貝魯特附近登陸，美國同時宣佈在遠東的陸海空軍進入戒備狀態。7 月 17 日，台灣當局宣佈國民黨軍處於特別戒備狀態，同時加緊軍事演習和空中偵察。毛澤東和中共中央從 7 月 15 日到 18 日連續四個下午召集會議，抓住了這個有利時機，果斷地做出炮擊金門的決策。

1958年的毛澤東

金門列島位於福建南部廈門以東，距大陸約五點五海里，分為大金門和小金門兩島，附近還有大擔、二擔兩個小島被蔣軍困守，至 1958 年夏季，金、馬兩地的兵力已達十萬之眾。他們不斷出動飛機深入祖國大陸內地，在雲南、貴州、青海、四川等地空投特務、散發傳單，甚至對福建沿海地區進行轟炸。

1958 年 5 月，美國在台灣成立"美軍聯合協防軍援司令部"，美台軍事關係進一步升級。6 月 16 日，毛澤東在北京中南海游泳池召開會議，討論外交問題。他指出：＂和美國接觸的問題，在日內瓦會議時我也說過，可以有所接觸。事實上美國也不一定願意接觸。同美國鬧成僵局二十年，對我們有利。一定要美國梳妝打扮後送上門來，使他們對中國感到出乎意外。你不承認，總有一天你會承認的。一百年不承認，一百零一年你一定會承認的。＂他提出，對美鬥爭應採取＂針鋒相對，以文對文，以武對武，先禮後兵＂的做法。

1958 年 6 月 30 日，中國政府發表聲明，限定美國政府在 15 日內恢復中美大使級會談，＂否則，中國政府就不能不認為美國已經決心破裂中美大使級會談＂。次日，杜勒斯回應，如果中國政府同意更改會談地點，美國政府將派它的駐波蘭大使參加會談。但是，杜勒斯還表示，美國不會向中國限定舉行大使級會談的＂最後通牒＂低頭。

7 月 15 日，就在中國政府為中美重開大使級會談限定的最後期限到達之時，新中國領導人非但沒有等到美國人重開談判的答覆，相反，卻得到了美國出兵黎巴嫩、干涉伊拉克革命的消息。美國出兵中東雖然在一定程度上加劇了台灣海峽的緊張局勢，但也在一定程度上降低了它後來對台灣局勢的反應能力。據說，美國曾考慮讓台灣國民黨軍隊到中東去充當僱傭軍，而蔣介石不願出兵，此時大陸如果炮擊金門，可以牽制美國和台灣當局，使美國的這一圖謀破產。

7 月 20 日，毛澤東在北京中南海游泳池召開中央政治局擴大會議，經中央軍委批准，組成以葉飛為首的福州軍區前線指揮所，還分別組成以福州軍區空軍司令員聶鳳智為首的空軍前線指揮所和以東海艦隊副司令員彭德清為首的艦隊前方指揮所。7 月 24 日，中央軍委命令組建福州軍區空軍司令部，由原志願軍空軍司令員聶鳳智擔任福州軍區空軍司令員。

7 月 27 日上午，毛澤東做出了暫緩金門炮擊的決定，他寫信給彭德懷、黃克誠：＂睡不著覺，想了一下。打金門停止若干天似較適宜。目前不打，看一看形勢。＂＂中東解決，要有時間，我們是有時間的，何必急呢？暫時不打，總有打之一日。彼方如攻漳、汕、福州、杭州，那就最妙了。這個主意，你看如何？找幾個同志議一議如何？政治掛帥，反覆推敲，極為有益。一鼓作氣，往往想得不周，我就往往如此，有時難免失算。你意如何？如彼來攻，等幾天，考慮明白，再作攻擊。以上種種，是不是算得運籌帷幄之中，制敵千里之外，我戰則克，較有把握呢？不打無把握之仗這個原則，必須堅持。如你同意，將此信電告葉飛，過細考慮一下，以其意見見告。"①

促使毛澤東推遲炮擊金門，有各種因素。其中一個因素，是赫魯曉夫挑起的"長波電台"和"共同核潛艇艦隊"的事件。毛澤東和其他中共領導人不得不分出精力，來處理中蘇關係中的這一重大事件。

毛澤東在和赫魯曉夫會談期間，隻字未提炮擊金門的計劃。不過，赫魯曉夫秘密訪華，引起了美國的種種猜測。8月6日，美國總統艾森豪威爾得到確切情報，中共想對沿海島嶼再次發起攻擊。他很自然地把這一情況同赫魯曉夫秘密訪華聯繫在一起。也正在這一天，台灣當局宣佈，台澎金馬進入緊急備戰狀態。台灣海峽的緊張局勢大有一觸即發之勢。

在這種情況下，美國決定採取"戰爭邊緣"政策，企圖用恐嚇的辦法迫使中國政府改變炮擊金門的決心。8月8日和22日，美國國務院兩次召開會議，研究台灣海峽局勢，做出三項決定：一、增派航空母艦和戰鬥機，向台灣提供登陸艇、響尾蛇導彈、火炮和軍需。這是"武"的一手。二、通過杜勒斯覆函美國眾議院外委會主席摩根，向中國施壓。這是"文"的一手。三、授權駐台大使對美台《共同防禦條約》的換文加以"澄清"，如中國大舉進攻外島，可以進行報復，但小型攻擊不在其列。

然而，外交恐嚇也好，"戰爭邊緣"政策也罷，都不可能動搖毛澤東發起炮擊金門的決心。8月17日至30日，毛澤東在北戴河主持召開中央政治局擴大會議。在這其間，做出炮擊金門的最後決定。

8月20日下午，毛澤東在北戴河住處召集周恩來、鄧小平、林彪、黃克誠、葉飛、蕭勁光、陳錫聯、王秉璋、王尚榮、陶勇開會，具體部署炮擊金門作戰。毛澤東決定，暫時不打馬祖，集中火力炮擊金門。當時調入福建前線參戰的陸海空部隊，共有四百五十九門大炮、八十多艘艦艇和二百多架飛機。一聲令下，各路部隊在8月21日晚全部進入陣地或指定位置。

8月21日下午三時許，毛澤東約集彭德懷、林彪、葉飛、王尚榮等人到自己的住所，研究炮擊金門的一些問題。地圖是攤在地毯上的。毛澤東認真聽完葉飛等人的彙報，提出這麼一個問題："你們用這麼多的炮打，會不會把美國人打死啊？"那個時候，國民黨軍中的美國顧問一直配備到營一級。葉飛說："那是打得到的。"毛澤東又考慮了十多分鐘，沒有說話。後來又問："能不能避免不打到美國人？"葉飛說："避免不了。"毛澤東聽後，不再問其他問題，也不做指示，宣佈休息。

　　第二天，8月22日，繼續開會。毛澤東說："那好，照計劃打。"②

蔣介石請求美國軍艦護航。毛澤東下令："只准打蔣艦，不准打美艦。""如果美艦開炮，不准還炮。"我軍炮聲一響，美艦不但沒有還擊，反而掉轉頭就跑，大出洋相！毛澤東摸到了美國人的底，表面上氣勢洶洶，原來是隻紙老虎，一打起來就跑。

　　8月23日下午五時三十分，炮擊金門作戰正式開始。大規模的炮擊持續了兩個多小時，發射炮彈近三萬發，擊斃擊傷國民黨軍中將以下官兵六百餘人，兩名美軍顧問也在炮擊中喪生。島上的大批軍用設施被摧毀，通信系統被嚴重破壞。第二天，又進行了炮兵和海軍的聯合打擊，重創國民黨軍"中海"號大型運輸艦，擊沉由大型坦克登陸艦改裝的"台生"號貨輪。

　　這兩次打擊，對金門地區形成了嚴密封鎖，金門島的軍需補給只相當於炮擊前的百分之五點五。儲存在金門地區的軍需物資，只能維持三十天。國民黨守軍情緒低落。隨後幾天的炮擊，鞏固了"萬炮轟金門"的戰果，基本上實現了對金門的封鎖。美國急忙調太平洋第七艦隊主力和第六艦隊一部前往台灣海峽。

　　8月23日晚，中共中央政治局常委會召開，毛澤東說："美國人在中東燒了一把火，我們在遠東燒一把火，看他怎麼辦。我們的要求是美軍從台灣撤退，蔣軍從金門、馬祖撤退。你不撤我就打。台灣太遠打不到，我就打金、馬。這肯定會引起國際震動，不僅美國人震動，亞洲人震動，歐洲人也震動。”

　　8月25日下午，毛澤東在北戴河海灘游泳場的休息室召開政治局常委會。他剛游完泳，身上還穿著睡衣。他推測：“從這幾天的反應看，美國人很怕我們不僅要登陸金門、馬祖，而且準備解放台灣。其實，我們向金門打了幾萬發炮彈，是火力偵察。我們不說一定登陸金門，也不說不登陸。我們相機行事，慎之又慎，三思而行。因為登陸金門不是一件小事，而是關係重大。問題不在於那裡有九萬五千蔣軍，這個好辦，而在於美國政府的態度。”“打炮的主要目的不是要偵察蔣軍的防禦，而是偵察美國人的決心，考驗美國人的決心。”

　　毛澤東責成中央軍委起草了《對台灣和沿海蔣佔島嶼軍事鬥爭的指示》稿，9月3日經他審閱修改後下發。指出：“解放台灣和沿海蔣佔島嶼雖然屬於我國內政問題，但實際上已變成一種複雜嚴重的國際鬥爭，我們不要把這個鬥爭簡單化，而要把它看做是包括軍事、政治、外交、經濟、宣傳上的錯綜複雜的鬥爭。台灣和沿海蔣佔島嶼問題的全部、徹底解決，不是短時間的事，而是一種持久的鬥爭，我們必須有長期的打算。”

　　《指示》對包括炮擊金門在內的沿海鬥爭的方針做了四點規定：一、繼續炮擊封鎖金門，但目前不宜進行登陸作戰。二、炮擊封鎖金門的活動，必須有節奏，打打看看，看看打打。三、海軍、空軍不得進入公海作戰。蔣機不轟炸大陸，我也不轟炸金、馬；蔣軍轟炸大陸，我轟炸金、馬，但不轟炸台灣。四、我軍不准主動攻擊美軍。如果美軍侵入我領海、領空，我必須堅決打擊。

　　繼續開展炮擊金門的鬥爭，遇到一個重要問題，是如何對付護航的美國軍艦。在指導炮擊金門的鬥爭中，毛澤東親自掌握著鬥爭的策略和分寸。

　　葉飛回憶：“金門向台灣告急，蔣介石便請求美國軍艦護航。這樣，事情就攪複雜了。怎麼樣對付美國人護航呢？美國的軍艦左右配置，國民黨軍的艦隻夾在中間，而且間隔只有二海里。毛主席下令，‘只准打蔣艦，不准打美艦。'要我們避開美艦護航，等蔣艦到港口後才能開炮，還要我們每半小時向北京報告一次。這個指示可難執行了，不好掌握。我們又請示一個問題：如果護航的美艦向我們開炮怎麼辦？毛主席馬上答覆：'如果美艦開炮，不准還炮。'我怕是電話裡沒有傳清楚，又重複問了三遍，答覆是'不准還擊'。於是，我向各炮群下達主席的命令。這個時候，蔣艦已進至港口卸貨，再不打不行了。我馬上請示北京，才下令開炮。我們一頓密集的炮擊，一下子擊沉了一艘蔣艦。我們的炮聲一響，美艦不但沒有還擊，反而掉轉頭就跑，大出洋相！美艦一跑，蔣艦孤孤單單的，完全暴露在我炮火之下，向台灣告急。台灣方面問：朋友呢？蔣艦說：甚麼朋友不朋友，早就逃跑了。他們互相指責，罵美國人混蛋。事後我才明白，毛主席這個動作很高明。主席的意圖是要摸美國人的底。美國人表面上氣勢洶洶，究竟敢不敢和我們打？原來美國是隻紙老虎，一打起來就跑了。金門炮戰，是我們與美國互相摸底的一齣戲，一齣很緊張很有意思的戲。"③

　　金門炮戰後，美國在台灣海峽擺出了架勢，向中國施加軍事壓力。到9月初，共集結各種類型飛機四百三十多架，艦艇六十餘艘。9月4日，中國政府發表《關於領海的聲明》，宣佈中國的領海寬度為十二海里。"一切外國飛機和軍用船舶，未經中華人民共和國政府的許可，不得進入中國的領海和領海上空。"聲明重申："台灣和澎湖地區現在仍然被美國武力侵佔，這是侵犯中華人民共和國領土完整和主權的非法行為。台灣和澎湖等地尚待收復，中華人民共和國政府有權採取一切適當的方法在適當的時候，收復這些地區，這是中國的內政，不容外國干涉。"

　　在中國發表聲明的當天，杜勒斯發表語調強硬的聲明，終於亮出了底牌。這個聲明一方面重申"美國負有條約義務來幫助保衛台灣（福摩薩）不受武裝進攻，國會的聯合決議授權總統使用美國的武裝部隊來確保和保護像金門和馬祖等有關陣地"，給蔣介石吃了一顆定心丸；另一方面，又向中國政府發出了和談的信號，暗示美國並沒有放棄通過中美大使級會談解決台灣問題的希望。

毛澤東提出了著名的"絞索政策":"它要把金門這一套包括進去,那它的頭更接近我們。我們哪一天踢它一腳,它走不掉,因為它被一根索子絞住了。"

9月3日,毛澤東從北戴河返回北京。9月5日,他在最高國務會議第十五次會議上講話,著重分析炮擊金門以來的國際形勢。在講話裡,他提出了著名的"絞索政策":"美國現在在我們這裡來了個'大包乾'制度,索性把金門、馬祖,還有些甚麼大擔島、二擔島、東碇島一切包過去,我看它就舒服了。它上了我們的絞索,美國的頸吊在我們中國的鐵的絞索上面。台灣也是個絞索,不過要隔得遠一點。它要把金門這一套包括進去,那它的頭更接近我們。我們哪一天踢它一腳,它走不掉,因為它被一根索子絞住了。""我們並不要登那個甚麼金門、馬祖。你登它幹甚麼?它的工事相當堅固。就是嚇它一下。但是,金門、馬祖並不是一定不打,一有機會,我們就機鑽上去,相機而行。"④

9月6日,最高國務會議第十五次會議繼續舉行。在這次會上,討論並通過了周恩來總理針對4日杜勒斯聲明發表的《關於台灣海峽地區局勢的聲明》。《聲明》稱:第一,申明中國人民解放自己的領土台灣和澎湖列島的決心是不可動搖的。第二,鑒於美國政府表示願意通過和平談判解決中美兩國在中國台灣地區的爭端,中國政府準備恢復兩國大使級會談。第三,中國和美國在台灣海峽地區的國際爭端和中國人民解放自己領土的內政問題,是性質完全不同的兩件事。

9月7日,北京舉行百萬人遊行,各民主黨派負責人紛紛發表談話,支持周恩來總理的聲明。

9月8日,最高國務會議第十五次會議繼續舉行。毛澤東在會上再次講話:"我們前天發表了聲明,美國跳起來歡迎。""跳起來歡迎,可見如獲至寶,就是說可以不打了。""艾森豪威爾馬上回華盛頓,開了個'五三'會議,實際上是最高國務會議,他叫做國防安全委員會會議,發表一個聲明,

1958年9月，毛澤東和朱德、周恩來、李富春、薄一波、彭真、萬里等一起觀看天安門廣場遠景規劃模型。

立即恢復談判（我們叫準備恢復談判）。你看他之急。"

　　講到這裡，毛澤東突然停下來問："今天我們總是要打幾萬發炮彈吧？"周恩來答："三萬發，二十分鐘就解決了。"他又問："二十分鐘打三萬發炮彈。甚麼時候打？"周回覆："十二點。"毛澤東看了一下錶："現在是十一點半，快到了。"

　　原來，毛澤東曾提議，從9月4日起暫停炮擊三天，以觀各方動態。美國卻趁機恢復為國民黨軍護航。因此，中央軍委決定9月8日對金門再次實行大規模炮擊。

　　毛澤東提議把"絞索政策"發表一下："講清楚這個問題，對人民有益處，對世界各國也有益處，對美國人也有益處。我說過，美國軍隊在黎巴嫩、約旦，早一點退好，還是遲一點退好呢？它把軍隊退了，一身乾淨，又是好人了。它不退，還不是侵略者？眾矢之的。金門、馬祖這十一萬人，你不退，我就有文章可做。今天打一炮，明天打一炮，有時打幾萬發，總是使得你不安寧就是了。”

　　根據毛澤東的意見，《人民日報》於 9 月 9 日以 “毛主席在最高國務會議上論目前形勢，美國侵略者把絞索套在自己脖子上” 為題，摘要發表了毛澤東的講話。

毛澤東對張治中説：“我從來沒有滿意高興過，要説真的感到有些滿意高興的話，還是從今年開始，看到今年全國工農業生產和各方面都在大躍進才開始的。”

　　9 月 9 日，毛澤東將台灣海峽的戰事委託周恩來等人處理，決定第二天離開北京去外地視察。10 日上午八時，他邀請張治中一同登機，十一時到達武昌。下飛機後直接從機場坐車來到長江邊，上了輪船。毛澤東本來告訴大家：“這次甚麼事都不做，甚麼東西都不看，就是游泳休息。” 可話剛說完，就同湖北省委書記王任重研究起農業豐產情況和小土高爐發展問題。

　　中午，毛澤東等人在船上吃飯。一碟青菜，一碟炒小雞，一碗冬瓜湯。飯後，毛澤東暢游長江。11 日下午三時，他視察了武漢市第一紡織廠的小高爐。看到工人們緊張地操作後，僅幾分鐘就出鐵了。陪同的安徽省委書記曾希聖反映，有的專家對小高爐懷疑反對，說是走了彎路。

1958年9月，毛澤東視察武漢大學。

要搞就搞大的現代化的，不要搞小的土爐，小的土爐將來還是要淘汰的。毛澤東反問："我們活到今天，誰不經過青年少年時代？"當時他對小土爐寄了了很大希望。[⑤]

這天，他又下水游了四十華里。12 日上午，他在東湖住所同李達就人的主觀能動性發生爭論。他說："孔子說過，六十而耳順，我今年六十五，但耳不順。聽了鶴鳴（李達字鶴鳴）的話很逆耳。這是我的過錯。過去我寫文章提倡洗刷唯心精神，可是這次我自己就沒能洗刷唯心精神。"下午，他再次暢游長江。

9 月 13 日中午，他此行第四次暢游長江。下午，毛澤東視察了武漢鋼鐵公司，親眼看到了第一號高爐的投入生產，第一爐鐵水奔騰而出的情景。這個日產生鐵兩千噸的高爐的投產，是武鋼幾萬職工全力奮戰的成果，從此，中國開始形成了以武鋼為中心的華中鋼鐵基地。17 時，毛澤東回到住地，又到東湖游泳。

1958年9月13日，毛澤東視察武漢鋼鐵公司，與工人交談。

14 日下雨，毛澤東沒有外出，與林一山等人談了三峽工程的設計問題，傍晚第五次暢游長江。15 日上午，視察武漢重型機床廠後，驅車來到黃石，下午一時視察大冶鋼廠。工人蜂擁歡呼，王任重、張平化等人都被衝散，費了很大勁才突出重圍，毛澤東從容微笑，與工人群眾揮手作別。

下午三時，毛澤東登上江峽輪，駛往華東，在大雨滂沱中，他下船第六次暢游長江。江邊站滿了群眾，毛澤東從江中游完泳回到船上，看到了群眾，表示要把打了不少補丁的毛巾浴衣換掉，這件浴衣是他從陝北時穿起的。毛澤東對穿著浴衣見群眾並不避諱，但這件打了補丁的衣服，他還是堅持換了，才去見群眾。

9 月 15 日，中斷了九個月的中美大使級會談重新恢復。鬥爭從福建前線轉移到了談判桌前。會談地點由日內瓦改為波蘭首都華沙。中方的代表沒有變，仍然是駐波蘭大使王炳南，美方的代表換為駐波蘭大使雅各布·比姆。

毛澤東對中美重開談判十分重視，外出視察前，在 9 月 8 日、9 日的會議上，曾聽取過王炳南關於前一段會談的情況彙報。毛澤東親自指導王炳南應如何談判："在同美國人的會談中，要多用一種勸說的方法，譬如說，你們美國是一個大國，我們中國也不小，你們何必為了僅僅不到一千萬人口的台灣島嶼與六億中國人民為敵呢？你們現在的做法究竟對美國有甚麼好處呢？"他還指出："在會談中要多用腦子，謙虛謹慎，說話時不要對美國人使用像板門店談判那樣過分刺激的語言，不要傷害美國民族的感情。中國人民和美國人民都是偉大的民族，應該和好。"

談判開始後，由於美方誤以為中國政府急於解放金門、馬祖，便想趁機抬高要價，態度強硬，談判再一次陷入僵局。周恩來做了一系列外交部署，力圖得到國際社會多數成員對中國的理解和支持，孤立美國，起到了很好的作用。與此同時，福建前線部隊再次猛烈炮擊金門、馬祖，加大了對國民黨的軍事壓力。這些都是在毛澤東的領導之下進行的，他不管在哪裡視察，都可以及時發電報與周恩來等人聯繫，仍然密切關注著台海局勢。

經桐城、舒城、肥西等地時，毛澤東都下車視察。他看到沿途不少群眾有的推著小車，有的背著行李，走幾十里甚至幾百里路到山上去找礦，為鋼鐵而戰。此情此景，讓毛澤東萬分感慨："人民，只有人民，才能改變一切，

1958年9月15日，毛澤東在乘汽車去湖北黃石視察大冶鐵礦山途中停車休息，與農民交談。

1958年9月15日，毛澤東在湖北黃石視察
大冶鐵礦山。

創造一切，人民真正地行動起來了。"毛澤東的車經常被群眾擋住，一旦發現吉普車內坐的是毛主席，群眾就會爆發出震天動地的歡呼聲，圍過來看個夠，問個夠。為此，司機盡量把車開得快一些，以免被群眾圍住。而毛澤東卻十分高興，他感到自己又回到了人民中間。

下午七時，毛澤東到達合肥，出席了安徽省組織的晚會。張治中希望毛澤東能抽空去遊一次黃山。毛澤東沒答應，他滿腦子裝的都是工作，對遊覽風景不感興趣。張治中談到，1949年開始，過去的苦悶逐漸轉變為越來越愉快。毛澤東則說："我從來沒有滿意高興過，要說真的感到有些滿意高興的話，還是從今年開始，看到今年全國工農業生產和各方面都在大躍進才開始的。"當晚，他給省委書記曾希聖寫信，信中有言："沿途一望，生氣勃勃，肯定是有希望的，是大有希望的。"

9月19日，毛澤東離開合肥，從沿途到火車站的十里長街上，馬路兩旁站了三十萬群眾，密密麻麻。毛澤東在曾希聖的陪同下，在微雨中乘坐敞篷

1958年9月17日，毛澤東在安徽省農業展覽館參觀。右一為曾希聖。

車，緩緩前進，他頻頻揮手，回應群眾的熱烈歡呼。那天直到深夜，合肥郵局也下不了班，人們的信件雪片般地飛向全國各地，他們在向親朋好友告訴同一個消息：我見到了毛主席！

9月22日，周恩來致信毛澤東，對金門作戰方針提出建議，特別重申了"打而不登，斷而不死"。毛澤東當天回覆："你九月二十二日三時對金門作戰方針問題上的批語是很對的，即照此辦理，使我們完全立於不敗之地，完全立於主動地位。"

在視察了馬鞍山、南京、杭州、上海等地後，9月29日，毛澤東回到了北京。

1958年9月28日，毛澤東在上海鋼鐵廠視察。

毛澤東起草了《告台灣同胞書》："台、澎、金、馬是中國的一部分，不是另一個國家。世界上只有一個中國，沒有兩個中國。這一點，也是你們同意的，見之於你們領導人的文告。"

美國人見中國政府態度十分強硬，便又想主動擺脫僵局。9月30日，杜勒斯在記者招待會上表示，如果在台灣地區"有了可靠的停火"，在金門、馬祖保持大量部隊就是"愚蠢的"，"不明智的"，"也是不慎重的"。他還說，美國"沒有保衛沿海島嶼的任何法律義務"。10月1日，美國總統艾森豪威爾也提出："我認為所有這些軍隊駐在那裡並不是一件好事情。"這些跡象表明，美國開始總結前一段的教訓，調整對台政策，企圖在中國沿海島嶼地區從"戰爭邊緣"政策轉變為"脫身"政策。

就在杜勒斯發表談話的第三天，10月2日，蔣介石在對美聯社記者的談話中宣佈：杜勒斯的講話只是"美國單方面的聲明"，國民黨當局"沒有任何義務來遵守它"。這也反映出美蔣之間在防衛金馬問題上的矛盾。

毛澤東敏銳地看出這個變化，決定發表《告台灣同胞書》，這有利於進一步加深美蔣之間的矛盾。他在10月2日會見保加利亞、阿爾巴尼亞、羅馬尼亞、蒙古、蘇聯、波蘭六國代表團時說："杜勒斯現在很不好辦，他搞得很被動。""我們還要繼續使他難辦，使他繼續處於困難地位。不要輕易饒他！不要輕易讓他溜掉！在這個地方大概他一時也相當難溜。"

10月5日早上八時，毛澤東給彭德懷和黃克誠寫了一封信，要求福建前線部隊暫停炮擊，觀察兩天："不管有無美機美艦護航，十月六、七兩日，我軍一炮不發；敵方向我炮擊，我也一炮不還。偃旗息鼓，觀察兩天，再作道理。"

6日凌晨一時，毛澤東起草完成了《告台灣同胞書》，凌晨二時，毛澤東又給彭德懷、黃克誠等寫了一封信："昨天我說不發聲明，看兩天再說。隨後想了一下，還是先作聲明為好，所以有告台灣同胞書。此件即將發出，請福建前線廣播電台多播幾次，為盼！"

　　當天，《告台灣同胞書》以國防部長彭德懷的名義發表在《人民日報》上，並通過福建前線廣播電台向外廣播。

　　《告台灣同胞書》一開頭就是："我們都是中國人。三十六計，和為上計。""台、澎、金、馬是中國領土，這一點你們是同意的，見之於你們領導人的文告，確實不是美國人的領土。台、澎、金、馬是中國的一部分，不是另一個國家。世界上只有一個中國，沒有兩個中國。這一點，也是你們同意的，見之於你們領導人的文告。""美國人總有一天肯定要拋棄你們的。你們不信嗎？歷史巨人會要出來作證明的。杜勒斯九月三十日的談話，端倪已見。站在你們的地位，能不寒心？歸根結底，美帝國主義是我們的共同敵人。"

　　《告台灣同胞書》宣佈："從十月六日起，暫以七天為期，停止炮擊，你們可以充分地自由地輸送供應品，但以沒有美國人護航為條件。如有護航，不在此例。"

　　根據中共中央的分析，在台灣問題上，美國手裡有三張牌。一張是保衛金、馬，另一張是搞"兩個中國"，第三張是凍結台灣海峽。經過前一段的鬥爭，美國人收回了第一張牌。對第二張牌，中國政府堅決反對，蔣介石也不接受。至於第三張牌，由於蔣介石的強烈不滿，美國人還不會馬上打出來。中央原先的方針是準備分兩步走：先收復包括金門、馬祖在內的沿海島嶼，再爭取解放台灣。現根據目前的局勢變化，決定還是把蔣介石繼續留在金門、馬祖沿海島嶼上，暫時不收回，今後爭取一下子收回這些沿海島嶼、澎湖列島和台灣。從"兩步走"改變為"一攬子"解決，這是對台灣海峽關係產生長遠影響的重大決策。

　　10月13日，毛澤東又起草了一項命令，金門炮擊，再停兩個星期。這個命令是以國防部長彭德懷的名義發給福建前線部隊的，公開登載在當天的《人民日報》上。

　　同一天，毛澤東會見了定居香港的新加坡《南洋商報》撰稿人曹聚仁，告訴他："只要蔣氏父子能抵制美國，我們可以同他合作。我們贊成蔣介石保住金、馬的方針，如蔣撤退金、馬，大勢已去，人心動搖，很可能垮。只要不同美國搞在一起，台、澎、金、馬都可由蔣管，可管多少年，但要讓通航，不要來大陸搞特務活動。台、澎、金、馬要整個回來。"

"我們的方針是孤立美國。他只有走路一條，不走只有被動。要告訴台灣，我們在華沙根本不談台灣問題，只談要美國人走路。蔣不要怕我們同美國人一起整他。""他們同美國的連理枝解散，同大陸連起來，枝連起來，根還是你的，可以活下去，可以搞你的一套。"章士釗插話："這樣，美援會斷絕。"毛澤東表態："我們全部供應。他的軍隊可以保存，我不壓迫他裁兵，不要他簡政，讓他搞三民主義，反共在他那裡反，但不要派飛機、派特務來搗亂。他不來白色特務，我也不去紅色特務。"曹聚仁問："台灣有人問生活方式怎樣？"毛澤東答道："照他們自己的生活方式。"

毛澤東這次談話，是對和平解決台灣問題基本方針的重要補充。後來被周恩來概括成為"一綱四目"，於 1963 年初通過張治中致陳誠的信轉達給台灣當局。"一綱"是："只要台灣回歸祖國，其他一切問題悉尊重總裁（指蔣介石）與兄意見妥善處理。""四目"包括："台灣回歸祖國後，除外交必須統一於中央外，所有軍政大權人事安排等悉由總裁與兄全權處理；所有軍政及建設費用，不足之數，悉由中央撥付；台灣之社會改革，可以從緩，必俟條件成熟，並尊重總裁與兄意見協商決定，然後進行；雙方互約不派人進行破壞對方團結之事。"

停止炮擊以後，1958 年 10 月 19 日夜，美國軍艦又恢復了金門海域的護航行動。這是對中國主權的挑釁。10 月 20 日下午四時，解放軍再次給金門國民黨守軍以懲罰性炮擊。10 月 21 日至 23 日，杜勒斯到台灣訪問，同蔣介石多次舉行會談。杜蔣會談公報宣稱："在目前情況下，金門連同馬祖的防務，是同台灣和澎湖的防務密切相關的。"美國的脫身計劃就此破產。

10 月 21 日下午，毛澤東在政治局常委會上指出：美國人力圖把蔣介石的"中華民國"變成附庸國甚至託管地，蔣介石拚死也要保持自己的半獨立性，這就發生矛盾。我們不登陸金門，但又不答應美國人的所謂"停火"，這更可以使美蔣吵起架來。

在這種情況下，毛澤東和中共中央做出了隔日炮擊的決定。

10 月 25 日，毛澤東以國防部長彭德懷的名義又起草了一個《再告台灣同胞書》，公開發表。

《再告台灣同胞書》著重揭露美國政府搞"兩個中國"的企圖，指出："中國人的事只能由我們中國人自己解決。一時難於解決，可以從長商議。美國的政治掮客杜勒斯，愛管閑事，想從國共兩黨的歷史糾紛這件事情中間插進一隻手來，命令中國人做這樣，做那樣，損害中國人的利益，適合美國人的利益。就是説，第一步，孤立台灣；第二步，託管台灣。如不遂意，最毒辣的手段，都可以拿出來。""同胞們，我勸你們當心一點兒。我勸你們不要過於依人籬下，讓人家把一切權柄都拿了去。"

《再告台灣同胞書》重申："世界上只有一個中國，沒有兩個中國。這一點我們是一致的。美國人強迫製造兩個中國的伎倆，全中國人民，包括你們和海外僑胞在內，是絕對不容許其實現的。"

《再告台灣同胞書》宣佈對四種軍事目標實行隔日炮擊的做法："我已命令福建前線，逢雙日不打金門的飛機場、料羅灣的碼頭、海灘和船隻，使大金門、小金門、大擔、二擔大小島嶼上的軍民同胞都得到充分的供應，包括糧食、蔬菜、食油、燃料和軍事裝備在內，以利你們長期固守。""打打停停，半打半停，不是詭計，而是當前具體情況下的正常產物。不打飛機場、碼頭、海灘、船隻，仍以不引進美國人護航為條件。如有護航，不在此例。"

總之，隔日炮擊的用意，在於擊破美國搞"兩個中國"的陰謀。這樣，逢單日炮擊就有了雙重意義：一方面，它使金門繼續成為美國的絞索；另一方面，使蔣介石有充分理由拒絕從金門、馬祖等外島撤軍，以利於反對美國搞"兩個中國"的陰謀。

炮擊金門，是毛澤東純熟地運用政治鬥爭、軍事鬥爭、外交鬥爭和輿論宣傳攻勢，並將它們交融於一體的一次重大行動。當時他的工作重心，其實是在工農業方面，炮擊金門只是一個工作側面，但運籌帷幄之間，談笑間檣櫓灰飛煙滅。作為政治家，此時毛澤東的表現可謂從容鎮定，遊刃有餘，俯瞰世界，難逢敵手。

---

① 《毛澤東傳（1949—1976）》，中央文獻出版社 2003 年 12 月第 1 版，第 854 頁。

② 《毛澤東傳（1949—1976）》，中央文獻出版社 2003 年 12 月第 1 版，第 857 頁。

③ 《毛澤東傳（1949—1976）》，中央文獻出版社 2003 年 12 月第 1 版，第 860—861 頁。

④ 《毛澤東傳（1949—1976）》，中央文獻出版社 2003 年 12 月第 1 版，第 862—863 頁。

⑤ 《張治中與毛澤東——隨從毛主席視察大江南北日記》，陝西人民出版社 1995 年版，第 4—5 頁。

1959

第十二章

回韶山

10 月 2 日，一封群眾來信首先給毛澤東敲起了警鐘，安徽省靈璧縣餓死不下五百人。毛澤東震驚之餘，批示安徽省委立即派人調查。

1958 年 9 月 29 日凌晨三時，毛澤東從外地回到北京，到達北京車站。這天，他對新華社記者發表了內容廣泛的談話，其中談到，此次旅行，看到了人民群眾很大的幹勁，在這個基礎上各項任務是可以完成的。首先應當完成鋼鐵戰線上的任務。在鋼鐵戰線上，廣大人民群眾已經發動起來了……到現在，我們還有一些同志不願意在工業方面搞大規模的群眾運動，他們把在工業戰線上搞群眾運動，說成是“不正規”，貶之為“農村作風”、“遊擊習氣”。這顯然是不對的。[1]

看來，此時的毛澤東同視察前相比，對大躍進、大煉鋼鐵充滿著必勝的信心，完全打消了疑慮。

這次談話的公開發表，也使得國慶節以後的大躍進運動進入了最緊張，也是最關鍵的時刻。10 月 1 日，《人民日報》發表社論，提出要求全國日產鋼六萬噸。10 月 15 日到 21 日，全國鋼的日產量達到了十萬多噸，生鐵的日產量達到三十七萬噸。

10 月 2 日，一封群眾來信首先給毛澤東敲起了警鐘。這封信反映安徽省靈璧縣幾個鄉謊報產量，強迫群眾旱田改水稻，再加上自然災害，致使群眾斷糧，餓死不下五百人。毛澤東震驚之餘，批示安徽省委立即派人調查。[2]

從 10 月 3 日到 13 日，正是金門炮戰最後的關鍵時刻，毛澤東幾乎天天召開中共中央政治局常委會議，分析國際國內形勢，討論戰略和策略。這十天，他常常是徹夜不眠，密切關注著台海前線戰事的發展，也為已經展開的大煉鋼鐵運動殫精竭慮。10 月 13 日，隨著《再告台灣同胞書》的發表和對曹聚仁的接見，金門戰事稍稍緩和。此時，毛澤東又決定外出視察了解情況了，他在北京不下去看看，根本就坐不住。

10 月 14 日，專列到達天津。毛澤東約河北、天津以及東北三省的省委第一書記黃火青、黃歐東、吳德、林鐵、萬曉塘等人在專列上談話。對當時鋼鐵生產和農業生產爭勞力，造成勞動力緊張，毛澤東表示擔心。他還認為，交換問題不能輕視，有些人過早地鄙視交換是不對的。鄙視商品生產，對當前經濟發展是不利的。這些提法與 9 月份視察時的提法已經完全不同，說明毛澤東在當時已經對即將面臨的嚴峻形勢有了最初的察覺。

10 月 16 日下午，當徐水縣委書記張國忠彙報他們的 "全民所有制" 時，毛澤東明確表示，徐水的全民所有制和鞍鋼的全民所有制有區別，不能混為一談。對於徐水縣三年過渡到共產主義，畝產達到八千斤甚至上萬斤，糧食多得沒地方放，要大辦集體食堂，吃飯不要錢，全縣統一分配，統一發衣服，統一分配工作，毛澤東都置之一笑。他問河北省長劉子厚到徐水去過沒有，讓他到徐水做些調查，21 日向他彙報。17 日下午六時，毛澤東回到北京。

10 月 19 日清晨，毛澤東寫信給陳伯達，要他和張春橋、李友九立即去河南遂平縣嵖岈山衛星人民公社做調查。張春橋當時是上海市委宣傳部長，在 "大躍進" 期間寫了《破除資產階級的法權思想》一文，毛澤東看了十分欣賞，建議《人民日報》轉載，並為轉載這篇文章寫了 "人民日報編者按"。張春橋因此來到北京，還隨同毛澤東到河北調查。[3]

10 月 21 日下午，毛澤東在中南海頤年堂聽劉子厚彙報。劉子厚彙報了調查情況，表明發現了一些問題。一畝白薯產量不過兩千斤，卻虛報成八千斤；把幾個村的肥豬集中起來，讓人參觀，弄虛作假；在宣佈全民所有制的同時，所有個人財產和私人債務統統 "共了產"，分配上實行完全的供給制。

聽到這些，毛澤東明確表示反對。關於浮誇風，毛澤東認為要實事求是。把豬都並到一起，就不實事求是了。對虛報的人要進行教育，進行辯論，不要講假話，是多少就是多少。關於 "共產風"，他說："對私人間的債務問題，一風吹，又一次'共產'哩。這是勞動人民的勞動所得，把你的拿過來，這不是租借是侵略了。" 聽到一些基層幹部捆人、打人的情況時有發生，毛澤東十分生氣：有捆人打人，就是還有封建殘餘。一捆、二打、三罵、四鬥，不是解決人民內部矛盾的方法。[4]

10 月 26 日，毛澤東決定派吳冷西、田家英去河南調查兩個地方：新鄉地區的修武縣和七里營公社。他交代二人，下去調查時不要各級領導作陪，

1958年10月27日，毛澤東參觀中國科學院自然科學展覽會期間，由郭沫若（右二）陪同，觀看人體經絡穴位模型。

要找生產隊長就只找生產隊長，要找縣委書記也只請他本人來談，要找群眾談話就不要找幹部參加，助手可以選一兩位女同志，同農村婦女談話比較方便。他還兩次給陳伯達寫信，要求他深入調查。

10月31日下午，毛澤東主持完金門炮戰的一個會議，立即準備出發，傍晚就登上火車南下。沿途經停石家莊、邯鄲，11月1日晚七時到達新鄉。在新鄉，毛澤東聽彙報說工地上群眾的情緒很高，幹勁很大，苦幹實幹拚命幹，連覺都不睡，立即批評道：“你們腦子熱得很，不睡覺怎麼行？要下命令讓群眾睡覺，成年人每天要睡八小時，至少六小時，青年人每天要睡十小時，至少八小時。”他又說：“以後天氣冷了，要動員人員下山，搞不好會死人的。”

聽彙報說，一畝麥田下了一百二十斤種子，像層種，像樓梯一樣。“啊，麥子在樓梯上站著？太密了出來也要擠死。種地不能蠻幹，要講科學。”毛澤東很是驚訝。

11月2日凌晨一時多，專列到鄭州，田家英、吳冷西前來彙報。吳冷西問：“如果公社實行同國營工廠一樣的全民所有制，遇到災年能否跟平年一樣撥給公社所需的生產資料和生活資料，遇到豐年能否全部收購公社的產品？”田家英說：“七里營的十六‘包’，是新鄉地區包得最多的，但標準仍然很低。”當聽到他們彙報有些公社搞集體住宿，把各家各戶按男女老少分開睡時，毛澤東很生氣地說：“那種搞法不是給國民黨對我們的污衊幫了忙嗎？凡是這樣胡搞的地方我都支持群眾起來造反。這些幹部頭腦發昏了，怎麼共產黨不要家庭呢？”

當談到群眾大煉鋼鐵的幹勁很大，地裡莊稼沒人收時，毛澤東憂心忡忡：“一千零七十萬噸鋼的指標可能鬧得天下大亂，從北戴河會議到年底只有四個月，幾千萬人上山，農業可能豐產不豐收，食堂又放開肚皮吃，這怎麼得了？這次鄭州會議要叫大家冷靜下來。”

毛澤東批評了陳伯達：“這次派陳伯達到鄭州去，回來向我宣傳要取消商品交換，實行產品調撥。他過去到過壽張，很欣賞那裡苦戰三年向共產主義過渡。我們有些同志讀了不少馬列主義的書，但臨到實際問題，馬列主義就不知道哪裡去了。”⑤

在"第一次鄭州會議"上，毛澤東指出：商品交換、價值法則不能取消，要利用商品經濟為發展社會主義計劃經濟服務。在社會主義時期廢除商品是違背經濟規律的，實質上是剝奪農民。

11 月 2 日下午，毛澤東在鄭州主持召開了有部分中央領導、大區負責人、部分省市委書記參加的中央工作會議，史稱"第一次鄭州會議"。會議上，毛澤東對商品、貨幣等問題做了比較明確的表態，認為，生產總是分工的。大的分工就是工業、農業。既有分工，搞工業的就不能生產糧食、棉花、油料，他就沒有吃的，沒有穿的，只好交換。

事實證明，當時的土法煉鋼不能煉出真正的鋼鐵，但就是這樣煉不出真正的鐵的小土爐，卻花了大量的人力、物力、財力。各級黨委第一書記掛帥，動員了幾千萬人，上山，砍樹，挖煤，找礦，建成小高爐、土高爐上百萬座。農村的青壯年勞動力都上了山，結果成熟的莊稼沒人收割，爛在了田地裡，也因為人民公社一切歸公，沒人用心去收割，大煉鋼鐵對農業的破壞非常嚴重。砍伐樹木使山林變得光禿禿的，青山綠水被弄得煙熏火燎，對環境的破壞也相當嚴重。

11 月 5 日，柯慶施反映城市裡有些混亂，搶購商品，提銀行存款，購置高檔商品，怕廢除票子。毛澤東說："陳伯達就有這個傾向。""綱要裡要寫這個問題，有個安定人心的問題。"後來，毛澤東對城市辦人民公社，一直採取謹慎的態度。⑥

11 月 10 日，會議結束。毛澤東說："現在，我們有些人大有要消滅商品生產之勢。""這是不承認客觀法則的表現，是不認識五億農民的問題。""商品生產不能與資本主義混為一談。為甚麼怕商品生產？無非是怕資本主義。現在是國家同人民公社做生意，早已排除資本主義，怕商品生產做甚麼？不要怕，我看要大大發展商品生產。"

毛澤東要求大家分清社會主義和共產主義，提出建成社會主義應當有個標準，從社會主義過渡到共產主義是個很長的歷史過程，主要靠生產力發展水平，而不是人的思想覺悟，更不能先進入共產主義再搞建設。現在的人民公社是集體所有制，不等於全民所有制，將來達到全民所有制，也不等於實現了共產主義。

毛澤東指出：商品交換、價值法則不能取消，要利用商品經濟為發展社會主義計劃經濟服務。在社會主義時期廢除商品是違背經濟規律的，實質上是剝奪農民。公共食堂一定要堅持群眾自願加入的原則，辦得不好可以解散，但也不必一鬨而散。

他的這些論述，使與會同志大吃一驚，耳目一新，由此開始在全國剎住了"左"傾"共產風"。應該說，毛澤東是當時最早公開反"左"傾的領導人，別人要麼沒意識到，要麼意識到了也不敢這樣公開說。雖然他已是一位老人，但在認識社會問題上並不固執己見，而是"不斷地作檢討"。當然，他不願全盤否定過去的工作。這次會議上，他仍然堅持"人民公社好"的論斷。

送走官木生、晏桃香這些基層幹部和勞模，毛澤東內心沉重："多好的人民啊！我們對不起人民。""唐代詩人韋應物說，'邑有流亡愧俸錢'，我現在的心情是國有流亡愧此生。"

鄭州會議結束後，劉少奇、陳雲、鄧小平等返回北京，毛澤東在鄭州停留了三天，參加了一些活動，11月13日下午，離開鄭州前往武昌。

一路上，毛澤東專列經停遂平、信陽、廣水。在廣水，他收到一份新華社內參，報告河北邯鄲地區傷害疫病普遍流行，全區二十一個縣市七十多個村莊受波及，患病人數之多、蔓延之快是歷年來所未有的。毛澤東看後沉痛地說："原因是抓了工作，忘了生活。"

14日下午二時，專列到孝感車站，王任重、梅白、孝感地委書記王家吉、孝感縣委書記王振明、長風公社書記朱明啟和全國勞動模範晏桃香等到專列上與毛澤東座談。

　　王任重彙報：有個司機三天三夜未上床睡覺，當汽車開得抵到了電線杆才醒。王家吉彙報：有人為了放衛星，幾天幾夜連著幹，結果倒在平爐上睡著了。梅白說，孝感縣長風公社某復員軍人創造了"萬斤田"。毛澤東聽後搖了搖頭："我不相信。"王任重告訴他，是農村工作部部長王良來驗收的。"靠不住，誰驗收的也靠不住，除非派解放軍站崗放哨，單打單收，才能算數。"毛澤東沒有相信。

　　晏桃香昨夜開通宵夜車鋤棉埂，天亮被通知來開座談會，一直打噴嚏，來之前還吃了藥。毛澤東知道後說：婦女和男人不能一樣啊，要關心她們，執行三期（月經期、懷孕期、分娩期）照顧。他問晏桃香："你所在的生產隊糧食能達到指標嗎？""差十萬八千里。"晏桃香沒有隱瞞。

　　官木生反映，現在的生產指標不造假不見報。省委書記都有責任。省壓地區，地區壓縣，縣壓我們。我解放以來是勞模，都帶頭幹，但是糧食產量我不敢帶頭，帶這個頭是無良心，老百姓要餓飯。事實上，有的已經開始餓飯了，老百姓擔心，算盤一響，眼淚一淌！

　　毛澤東感到很是痛心，當著同志們的面深深地自責道："我不該同意給湖北六百億斤的意見。六百億斤是主觀主義、官僚主義，不好。這個責任不怪任重，不怪你們。怪我。怪我這個中央主席。"

　　送走這些基層幹部和勞模，毛澤東內心沉重，依舊自責不已："多好的人民啊！我們對不起人民。""唐代詩人韋應物說，'邑有流亡愧俸錢'，我現在的心情是國有流亡愧此生。"⑦

　　11月15日凌晨，毛澤東到達武昌，住東湖賓館甲所。當晚，他找李富春、趙爾陸、薄一波談明年鋼產量的指標問題，憂心忡忡，夜不能寐。

　　從15日到20日，毛澤東讓王任重、張平化組織座談會，繼續調查研究。毛澤東連續聽取了王任重關於全省情況的彙報，和恩施、孝感、沔陽、襄陽、麻城、鄂城、黃岡、棗陽等縣情況的彙報，對湖北的情況完全摸了底。反映的情況包括：辦大社中富隊和窮隊的矛盾，群眾對"軍事化"、"食堂化"抵觸很大；大煉鋼鐵中好鋼只有兩三成；幹部作風浮誇粗暴等。

　　11月21日到27日，中共中央政治局擴大會議在武昌舉行，史稱"武昌會議"。毛澤東在會議期間多次談到在工作各個方面的糾"左"問題。

　　11月28日，中共中央八屆六中全會在武昌召開，毛澤東的糾"左"思想得到了進一步貫徹和執行，剎住了"共產風"。但全會通過了《關於人民公社若干問題的決議（草案）》，這就使全黨的"左"傾錯誤很難根本消除。到1958年底，鋼鐵指標的數字雖然完成了，但全年生產出來的合格的鋼只有八百萬噸，而造成直接經濟損失卻達幾百億元，給國民經濟帶來了嚴重的後果。

　　毛澤東提出，他不再作國家主席的候選人。他的建議經八屆六中全會同意，並由《人民日報》公佈。

　　12月10日，八屆六中全會結束，毛澤東在武漢停留了兩日，12月12日飛長沙，視察一天，13日飛到廣州，住小島賓館1號樓。這次飛赴廣州，江青是反對的。為此，中央做了決定：此後毛澤東外出不要乘坐飛機。從此以後，只有在1967年7月20日發生"武漢事件"那種非常特殊的情況

1958年12月，毛澤東視察武漢時與湖北省委書記王任重、省長張體學交談。

1958年12月，毛澤東與彭真在
湖北武漢東湖賓館住地散步。

1958年12月，毛澤東在湖北武漢東湖賓館與負責安全工作的湖北警衛處處長、獨臂英雄
朱漢雄（左一）、衛士張仙朋（右一）合影。

下，毛澤東乘飛機離開武漢飛到上海，除此以外，毛澤東再也沒有乘坐過飛機。[8]

12月26日，毛澤東在廣州度過了六十五歲的生日後離開，經停武漢、鄭州、邯鄲、石家莊，於12月30日返回北京。

"第二次鄭州會議" 糾正 "一平、二調、三收款" 的 "共產風"，確定以生產隊即原來的高級農業生產合作社為基礎，在公社內部實行等價交換原則，取消一縣一社的體制等等，在糾 "左" 的問題上邁出更大的步子。

1959年初，毛澤東了解到，1958年農業大豐收，各省市上報的糧食數字都很大，但不少省市的糧食收購任務卻完不成。1月下旬，毛澤東從一份新華社內參了解到，一些地方在發放第一次工資後，出勤率、勞動效率普遍下降。香港的副食品本來絕大部分靠內地供應，一個月以來，供應香港的副食品銳減，在各階層引起很大波動。毛澤東了解到，國內供應，副食品沒有了，豬肉買不到，蔬菜每人每天只配給一兩，而合作社每人兩斤。其原因何在？毛澤東 "百思不得其解"。

1959年1月26日至2月2日，根據毛澤東提議，中共中央在北京召開各省市自治區黨委第一書記會議。陳雲提出，武漢會議（中共八屆六中全會）定的指標難於完成。據薄一波回憶當時的情況："陳雲同志表示今年的生產計劃難於完成。毛主席說，那就拉倒，甚至於這個總路線究竟正確不正確，我還得觀察。那時，一些同志對降低指標有抵觸，認為陳雲同志'右傾'。而毛主席是有心改變高指標的，他賞識陳雲同志的見解，要陳雲同志講話。陳雲同志那時還不摸底，以為毛主席要他檢討。"陳雲在會上就壓低鋼指標問題做了自我批評。

2月2日，原定會議結束，來開會的同志都將打道回府。毛澤東卻在那天清晨寫了一封信，信中說："你們今日走，我想留下你們一天，談一點哲學問題。""昨天我講了一些觀點，含意未申，不深不暢，未能暢所欲言，覺得餘事未竟，心裡過不去，老是想，不能入睡。""你們雖然歸心似箭，也不會了不起吧。一定留下。我現在睡。下午三、四、五時開會。"可見他當時憂心忡忡。

2月中旬，毛澤東收到廣東省委轉發的省委書記處書記趙紫陽關於雷南縣幹部大會解決糧食問題的一份報告。報告說，雷南縣去年晚稻生產有很大躍進，年底卻出現了糧食緊張的不正常現象，結果查出瞞產私分的糧食七千萬斤。雷南縣的經驗證明，目前農村有大量糧食，糧食緊張完全是假象，是生產隊和分隊進行瞞產私分造成的。

毛澤東看了報告，非常興奮，認為找到了問題的癥結所在。2月22日，中共中央把這個報告批轉各省、市、自治區黨委，毛澤東寫了一個批語，其中寫道："瞞產私分是公社成立後，廣大基層幹部和農民懼怕集體所有制馬上變為國有制，'拿走他們的糧食'，所造成的一種不正常的現象。"⑨

2月23日，為了了解情況解決問題，毛澤東離開北京到華東視察，先到天津，24日晚到濟南，在專列上召集了省、地、縣、公社、大隊幹部，再加上毛澤東自己，被他稱為"六級幹部會"。山東的同志彙報了一個在呂鴻賓合作社裡發生的故事，給他留下了很深的印象。呂鴻賓社是一個有名的合作社，也是搞"共產"，開條子，調這個調那個。後來條子不靈了，就派人拿著秤去稱糧食，翻箱倒櫃，統統受到群眾抵制，也不靈。最後便是扣帽子，叫本位主義，還是不靈。這樣，才教育了呂鴻賓他們轉變過來，一做思想工作；二講明政策；三使人"下樓梯"，不戴帽子。

毛澤東指出：現在的公社，是"聯邦政府"，人民公社的集體所有制是要逐步形成的。窮隊挖富隊不好，人為的抽肥補瘦，就是無償地剝奪一部分勞動者的

1959年，毛澤東在專列上沉思。

1959年2月13日，毛澤東、劉少奇、朱德、鄧小平在中南海豐澤園。

勞動產品給窮隊。瞞產是有原因的，怕"共產"，怕外調。農民拚命瞞產是個所有制問題。本位主義是怕調，這種本位基本上是對的。

看來，毛澤東當時已經在認真思考公社所有制問題，他認識到，在人民公社內，由隊的小集體所有制到社的大集體所有制，也需要一個過程。

2月26日上午10時，毛澤東的專列從濟南來到鄭州。他已經明確提出，一平、二調、三收款，引起廣大農民的很大恐慌，否認價值法則，否認等價交換。因此，他們在公社範圍內，實行貧富拉平，平均分配，對生產隊的某些財產無代價地上調，銀行方面也把許多農村中的貸款一律收回。這些做法都是錯誤的。

他的講法對河南省委的同志來說非常突然，一下子接受不了。毛澤東打起了比方："你史向生是個高個子，而楊蔚平是個矮個子，現在把你的個子截給他一截行不行？不行！再如，你手中有一支煙，我可以向你借用，但我未經你同意，就拿走，據為己有，你們不願意，就叫本位主義行不行？不行。這就是所有制問題。"⑩

2月27日晚到3月5日下午，毛澤東在專列上主持召開中共中央政治局擴大會議，史稱"第二次鄭州會議"。他的話越說越重。他談到，現在的公社是聯邦政府，變秦始皇就危險，十三年亡國。這樣下去公社非垮台不可，非搞翻農民不可。有脫離太陽系的危險。公社倒有修正主義，是向"左"的修正主義。

毛澤東主張，要承認隊與隊、社員與社員之間的收入要有合理的差別；公社應當實行權力下放，三級管理，三級核算，並且要以隊的核算為基礎；在公社與生產隊、生產隊與生產隊之間要實行等價交換；必須堅決克服公社管理中的浪費現象。他強調一定要按照群眾意見辦事，無論甚麼辦法，只有適合群眾要求，才行得通，否則終究是行不通的。

面對"一平二調三收款"這股猛烈的"共產風"，毛澤東很著急和擔心，怕出現更大的破壞。現在又是春耕在即，他要迅速扭轉這個局面。他認為這是可能的，根據河南的經驗，就是各省立即召開六級幹部會議，一竿子到底，做出統一決定，貫徹實施。⑪

他的話讓許多同志思想上沒有準備，一時轉不過彎來。王任重在他的日

1959年3月3日，毛澤東與鄧小平、王稼祥在河南鄭州。

記中寫道："二十八日下午到了鄭州，晚上主席找我們七個人去談話，柯慶施、陶鑄、曾希聖、江渭清、周小舟和我，還有李井泉。主席的談話像丟了一個炸彈，使人一驚，思想一時轉不過彎來。""看來大家還有相當大的抵觸情緒，怕變來變去影響生產。當天下午主席又找大家一起去談，從下午四時談到晚上九點多鐘。就在這一天的午飯後，我睡了一覺起來，思想就開朗了，覺悟到主席抓住了根本問題、關鍵問題，而我們是直線，抓的是枝節問題，是改良主義的修修補補的辦法，不能徹底解決問題。""二號晚上主席又找大家去，當面宣佈幾項結論，徵求大家意見。大家都同意了，是真同意了。他為了察言觀色，讓我們坐在他的對面。"⑫

在會議結束的時候，毛澤東批評"大躍進"中要幾億農民都要寫詩這件事："有詩意的人才寫詩，沒有詩意也要他寫，這不是冤枉？"

第二次鄭州會議非常重要，糾正"一平、二調、三收款"的"共產風"，確定以生產隊即原來的高級農業生產合作社為基礎，在公社內部實行等價交換原則，取消一縣一社的體制等等，這一系列決策產生了深遠的影響，是對原先設想的那個「一大二公」的大公社在一定程度上的否定。在糾「左」的問題上，第二次鄭州會議比前兩次會議邁出更大的步子。後來薄一波回憶：「如果不是毛主席從紛繁的事物中，找出人民公社問題的癥結所在，我們的事業就可能被『共產風』所葬送。」

毛澤東坦言：「中國共產黨並沒有關死門，說達賴是被挾持走的，又發表了他的三封信。這次人民代表大會，周總理的報告裡頭要講這件事。我們希望達賴回來，還建議這次選舉不僅選班禪，而且要選達賴……」

　　第二次鄭州會議結束後不久，3月10日，西藏上層反動集團發動了大規模武裝叛亂。毛澤東不得不分出精力，指導平定叛亂及相關的宣傳輿論工作。

　　自1951年西藏和平解放後，西藏貴族階層中的分裂分子一直在暗地活動，先是拉攏達賴，想和中央政府和駐藏部隊較量，陰謀組織過多次「請願」活動都被平息，後秘密成立了名為「曲細崗珠」的叛亂組織和「衛教軍」。藏軍人數從1951年的一千四百多人發展到三千多人。

　　1959年3月10日，達賴喇嘛原定要到西藏軍區機關駐地觀看軍區文工團演出。西藏上層分裂分子乘機煽動僧眾趕往達賴喇嘛的駐地羅布林卡，阻攔達賴喇嘛如約前往。叛亂分子打傷了西藏軍區副司令員桑頗·才旺仁增，殺害了西藏自治區籌備委員會官員堪窮·索朗降錯，還拖屍示眾。他們高呼「西藏獨立萬歲」等口號，在羅布林卡集會，宣稱「同中央決裂，為爭取西藏獨立而幹到底」。他們糾集叛亂武裝七千多人，在藥王山、羅布林卡、布達拉宮等地構築工事，包圍了西藏軍區司令部和中央人民政府駐藏代表機關。

　　3月12日，正在武昌的毛澤東指示西藏工委：「目前策略，應是軍事上採守勢，政治上採攻勢。目的是分化上層，爭取盡可能多的人站在我們一邊，包括一部分活佛、喇嘛在內，使他們兩派決裂；教育下層，準備群眾條件。""如果達賴及其一群逃走，我軍一概不要阻攔，無論去山南、去印度，讓他們去。"同時提出兩種處置辦法："（一）宣佈為叛國者，以後只有在他悔過認罪之後，才可以回來；（二）宣佈為被人挾持者，仍然希望他設法脫離叛眾，早日回來，羅布林卡位置及人大位置，仍給他留著。"

3月15日，西藏軍區政治委員譚冠三致信達賴喇嘛，規勸他"改變錯誤態度，立即負起責任，平息叛亂，嚴懲叛亂分子"。15日下午，毛澤東致電中央，稱這封覆信"很好，政治上使我處於主動"。他同時提出："要準備一封信歷述幾年以來中央對諸大事件寬大、忍耐的目的，無非等待叛國分子、分裂分子悔悟回頭，希望達賴本著十七條及歷次諸言，與中央同心，平息叛亂，杜絕分裂分子，歸於全民族團結，則西藏便有光明前途，否則將貽害西藏人民，終遭人民棄絕。"

3月17日，達賴喇嘛暗自離開拉薩逃往印度。3月20日凌晨，叛亂分子向駐藏部隊和中央人民政府駐藏代表機關發起武裝進攻。西藏軍區召開緊急會議，決定不待增援，立即組織拉薩市內現有兵力進行反擊。上午十時，人民解放軍一舉攻下藥王山，控制了市內制高點，隨即又攻佔羅布林卡。21日清晨對叛亂武裝形成合圍。22日拂曉，大昭寺和布達拉宮的叛亂武裝繳械投降。拉薩市的武裝叛亂基本平息。

3月28日，國務院發佈命令，宣佈解散西藏地方政府，解散藏軍，由西藏自治區籌備委員會行使西藏地方政府職權，任命班禪額爾德尼·確吉堅贊代理自治區籌備委員會主任委員。這樣的安排，實際上給達賴喇嘛留下了一個悔過自新的機會，希望他能夠回心轉意。4月9日，班禪額爾德尼·確吉堅贊、阿沛·阿旺晉美和詹東·計晉美前往北京，一同出席二屆全國人大一次會議。

4月15日，毛澤東在最高國務會議上講話，專門談了西藏平叛問題。在談到對達賴喇嘛的政策時坦言："中國共產黨並沒有關死門，說達賴是被挾持走的，又發表了他的三封信。這次人民代表大會，周總理的報告裡頭要講這件事。我們希望達賴回來，還建議這次選舉不僅選班禪，而且要選達賴。他

1959年，毛澤東與阿沛·阿旺晉美握手。

是個年輕人，現在還只有二十五歲。假如他活到八十五歲，從現在算起還有六十年，那個時候二十一世紀了，世界會怎麼樣呀？要變的。那個時候，我相信他會回來的。他五十九年不回來，第六十年他有可能回來。那時候世界都變了。這裡是他的父母之邦，生於斯，長於斯，現在到外國，仰人鼻息，幾根槍都繳了。我們採取這個態度比較主動，不做絕了。"⑬

　　4月18日，達賴喇嘛到達印度的提斯普爾，發表了背叛祖國的"達賴喇嘛聲明"。

　　此後，毛澤東密切關注西方國家和印度等國對中國平息西藏叛亂的動態，並對《人民日報》等新聞單位的報道給予指導。4月25日，他給胡喬木、吳冷西、彭真寫了一個批語，指出："'帝國主義、蔣匪幫及外國反動派策動西藏叛亂，干涉中國內政'，這個説法，講了很久，全不適當，要立即收過來，改為'英國帝國主義分子與印度擴張主義分子，狼狽為奸，公開干涉中國內政，妄圖把西藏拿了過去'。直指英印，不要躲閃，全國一律照十八日政治記者評論的路線説話。""請注意：不要直接臭罵尼赫魯，一定要留有餘地，千萬千萬。"毛澤東的對策可謂有理有力有節。

自 5 月 22 日起，平叛部隊揮師向藏北青藏公路以西地區挺進。至 9 月中旬，基本殲滅了青藏、川藏公路兩側的叛亂武裝，後方補給線的安全有了保障。1960 年 7 月，平叛部隊殲滅了整個西藏地區的大股叛亂武裝，取得了平叛鬥爭的決定性勝利。毛澤東在處理西藏叛亂時，無論是在政治、軍事還是外交的戰略指導上，都表現得遊刃有餘，成熟老到。

1959年9月30日，毛澤東、劉少奇、宋慶齡、朱德、周恩來、鄧小平、林彪等黨和國家領導人會見參加國慶祝活動的少數民族代表。前排左二為全國人大常委會副委員長班禪額爾德尼·確吉堅贊。

毛澤東連續發出多封《黨內通信》，反覆強調："總之，要按照群眾意見辦事。無論甚麼辦法，只有適合群眾的要求，才行得通，否則終久是行不通的。"

　　第二次鄭州會議結束的第四天，也就是 1959 年 3 月 9 日凌晨，毛澤東提筆給各省市自治區黨委第一書記寫信，催促他們盡快召開本地區的六級幹部會議。他要求各地召開的六級幹部會議都應通過一個關於人民公社管理體制和若干具體政策問題的決議，第一書記還要作一個總結性的講話，"以便又深又透地解釋人民公社當前遇到的主要矛盾和諸項政策問題"。這是他在 1959 年發出的第一封《黨內通信》，這封信的落款時間是"上午四時"。9 日中午十二時、下午一時，及 10 日凌晨四時，他分別批轉了安徽、湖南、廣東三省的報告，都表達了"六級幹部大會召開宜早不宜遲"的意思。

1959年3月13日，毛澤東在湖北武漢東湖賓館會見美國著名黑人學者、世界和平理事會理事杜波依斯。

　　3 月 10 日夜，毛澤東離開鄭州，11 日到武漢。13 日，他在武漢東湖賓館住地設宴招待了美國著名黑人學者、世界和平理事會理事杜波依斯和美國作家斯特朗。14 日、15 日，他兩次聽取王任重等湖北省委同志的彙報，在基本核算單位究竟放在哪一級的問題上，河南吳芝圃、湖南周小舟是主張以生產大隊為基本核算單位，湖北、廣東則主張以生產隊為基本核算單位。

　　這個問題，毛澤東此前一

直是主張以生產大隊為基本核算單位，即同意河南、湖南兩個省委的主張。但此時他並沒有固執己見，3月15日，他又擬了一個《黨內通信》，其中寫道："我感覺這個問題關係重大，關係到三千多萬生產隊長小隊長等基層幹部和幾億農民的直接利益問題，採取河南、湖南的辦法，一定要得到基層幹部的真正同意，如果他們覺得勉強，則寧可採用生產隊即原高級社為基本核算單位，不致使我們脫離群眾。"

在這第二封《黨內通信》裡，毛澤東明確表示："總之，要按照群眾意見辦事。無論甚麼辦法，只有適合群眾的要求，才行得通，否則終久是行不通的。"這就是毛澤東一貫倡導的"實事求是"的"群眾路線"。

3月17日，毛澤東寫了第三封《黨內通信》，進一步提出生產小隊的部分所有制問題。他情深意切地囑咐全國的公社黨委書記同志們："一定要每日每時關心群眾利益，時刻想到自己的政策措施一定要適合當前群眾的覺悟水平和當前群眾的迫切要求。凡是違背這兩條的，一定行不通，一定要失敗。"

3月19日，毛澤東乘專列離開武昌到長沙。與湖南省委同志座談時，毛澤東真誠地談道："我們就是吃了不從實際出發的虧。'始作俑者，其無後乎'，我提了一千零七十萬噸鋼，結果九千萬人上陣，大搞人海戰術，造成很大浪費。我要承擔主要責任，但各級也有責任。各有各的賬。"

當晚，他看了一齣湖南花鼓戲，劇中的父女二人夜晚不睡覺，爭先恐後大躍進，毛澤東觀後明確表示不贊同。隨

1959年3月18日，毛澤東在湖北武漢東湖賓館會見日本社會黨訪華親善使節團團長淺沼稻次郎。

後，他又看了湘劇《生死牌》，戲尾出現了海瑞的形象。對海瑞，毛澤東很感興趣，並認真查閱了《明史·海瑞傳》。

3月20日，毛澤東離開長沙，經停南昌、杭州，於3月24日下午到達上海。3月25日下午三時，在錦江飯店新禮堂召開中共中央政治局擴大會議。1959年的經濟計劃指標，主要是工業指標，是這次會議最主要的議題，毛澤東主張進一步壓縮，與會多數同志思想上還轉不過彎來。一直爭論到4月2日到5日召開的八屆七中全會。在毛澤東的說服下，各項指標又被壓縮。

楊尚昆後來回憶："這幾天因常委提倡計劃必須落實，鋼已減為一千六百四十，生鐵為兩千三百七十。""東北、華東各同志還不大死心，還想多搞一些。中央各部，除冶金部心已虛了之外，其餘各部均有意見，均紛紛議論，情緒不安；而事實上如果不採取堅決步驟，實現全國一盤棋，集中力量，保證重點，則武漢會議訂的一千八百萬噸計劃，肯定是無法實現的。今年計劃已經搞了第四次了，看來今後還會有相當的調整。"

3月29日，毛澤東再寫《黨內通信》："凡屬大政方針的制定和執行，一定要徵求基層幹部（支部書記、車間主任、工段長），群眾中的積極分子的意見。一定要有他們佔壓倒多數的人到會發表意見，對立面才能樹立，矛盾才能揭露，真理才能找到，運動才能展開。"他建議每年一定要召開兩次五級，或者六級，或者七級的幹部大會，"上層基層，夾攻中層"，中層幹部的錯誤觀點才能改正，他們的僵化頭腦才能鬆動，他們才有可能進步，否則是毫無辦法的。[14]

4月5日，八屆七中全會的最後一天，毛澤東肯定了陳雲，舉了陳雲多次提出很好的建議而沒有被採納的例子。毛澤東還講了海瑞批評嘉靖皇帝的故事。他說："海瑞寫給皇帝的那封信，那麼尖銳，非常不客氣。海瑞比包文正公不知道高明多少。我們的同志哪有海瑞那樣勇敢。"

那次，毛澤東還饒有興致地提出：將來要騎馬考察黃河。從黃河入海口沿河而上，一直往崑崙山，然後到豬八戒的通天河，翻過長江上游，然後沿江而下，從金沙江到崇明島為止。有這個志向，現在開這個支票，但哪年兌現不曉得。

4月5日下午，毛澤東到杭州。6日到10日，他在杭州主持了政治局擴

1959年4月13日，毛澤東從上海返回北京途經山東時，下車在田野間散步。中為衛士馮桂松，右為衛士長李銀橋。

大會議。4 月 12 日，離開杭州，經停上海、兗州、天津楊村，於 14 日回到北京。

4 月 18 日到 28 日，二屆全國人大一次會議在北京舉行，選舉劉少奇為中華人民共和國主席，宋慶齡、董必武為副主席。

4 月 15 日，在二屆人大一次會議召開前夕，毛澤東主持召開了第十六次最高國務會議。這是他最後一次以國家主席的身份主持最高國務會議。毛澤東對國家機構主要領導人員候選人做了說明。他說："為甚麼國家主席候選人是劉少奇同志，而不是朱德同志？朱德同志是很有威望的，劉少奇同志

1959年4月15日，毛澤東最後一次主持最高國務會議。

也是很有威望的。為甚麼是這個，不是那個？因為我們共產黨主持工作，我算一個，但是我是不管日常事務的。有時候管一點，有時候不管。經常管的是誰呢？是少奇同志。我一離開北京，都是他代理我的工作。這已經是多年了。在延安開始就是如此，現在到北京已經又十年了。在延安，比如我到重慶去，代理我的工作就是少奇同志。以他擔任主席比較適合。同時，朱德同志極力推薦少奇同志。我說，你們對調一下，把少奇同志過去的工作（委員長）請你做，他很高興。"⑮

　　4月17日，毛澤東看了兩個材料，是國務院秘書廳整理的，反映山東、江蘇、河南、河北、安徽五省的缺糧情況。這五個省，都是產糧大省，這不能不引起毛澤東的分外關切。同時送來的，還有中央救災委員會辦公室關於十五個省春荒情況統計表。毛澤東立即做了批示給周恩來，請他將這兩個材料，"在三日內，用飛機送到十五省委第一書記手收，請他們迅即處理，以救兩千五百一十七萬人的暫時（兩個月）緊急危機"；同時，"由你找人大代表中十五省在京開會代表談一次（著重五省），每人分發文件一份"。毛澤東為這兩個文件起了一個很警醒的題目：《十五省二千五百一十七萬人無飯吃大問題》。⑯

4月18日到28日，二屆全國人大一次會議在北京舉行，選舉劉少奇為中華人民共和國主席，宋慶齡、董必武為副主席；選舉朱德為全國人大常委會委員長，林伯渠、李濟深等十六人為副委員長；決定周恩來繼續擔任國務院總理。毛澤東從1956年起多次提出的不再擔任國家主席的願望，至此終於得以實現。

4月29日，毛澤東又提筆寫了一封《黨內通信》。這封信很特別，寫給省、地、縣、社、隊、小隊六級幹部，一直通到最基層。他在信裡講了包產、密植、節約糧食、播種面積、機械化、講真話等六個問題。

關於包產問題，他說："根本不要管上級規定的那一套指標。不管這些，只管現實可能性。例如，去年畝產實際只有三百斤的，今年能增產一百斤、二百斤，也就很好了。吹上八百斤、一千斤、一千二百斤，甚至更多，吹牛而已，實在辦不到，有何益處呢？"可以看出，毛澤東已經不怎麼相信那些浮誇數字了。

關於講真話，他談道："包產能包多少，就講能包多少，不講經過努力實在做不到而又勉強講做得到的假話。""愛講假話的人，一害人民，二害自己，總是吃虧。應當說，有許多假話是上面壓出來的。上面'一吹二壓三許願'，使下面很難辦。因此，幹勁一定要有，假話一定不可講。"

毛澤東這封通信一傳播開來，立刻在全國農村中引起強烈反響。儘管在某些地方，受到過某些領導人或領導機關一時的封鎖，但終究還是被公之於天下。⑰

繼毛澤東這幾封《黨內通信》之後，5月7日，中共中央發出兩個重要文件，一是《關於農業的五條緊急指示》，一是《關於分配私人自留地以利發展豬雞鵝鴨問題的指示》。毛澤東在審定《關於農業的五條緊急指示》稿時，加寫了一句話，強調恢復自留地的必要性："沒有自留地不能大量發展私人喂養的豬雞鵝鴨，不能實行公養私養兩條腿走路的方針。"

與此同時，中央財經小組在陳雲主持下，連續聽取冶金部的六次彙報，

1959年5月6日，毛澤東、劉少奇、賀龍、陸定一（二排右二）、蔡暢（二排左三）、胡喬木（二排左一）、榮高棠（二排右一）等在北京中南海觀看乒乓球表演後，同乒乓球、游泳、舉重、田徑等項目的優秀運動員合影。

最後得出的結論是：「鋼材的可靠指標可以初步定為九百萬噸，鋼的生產指標就是一千三百萬噸。」

6月13日，毛澤東在中南海頤年堂召開中央政治局會議，正式決定將1959年的鋼產指標降到一千三百萬噸，對基本建設項目也做了較大幅度的壓縮。

6月20日，政治局會議結束，毛澤東於21日凌晨乘專列離開北京，經停鄭州、廣水，23日下午到達武漢。

當時武漢缺糧到了最緊張的時候，全市糧店的糧食只夠銷三天，糧庫告罄。王任重無奈之下，將在長江中航行的一條從重慶開往上海的運糧大船扣下，船上約有一億斤大米，解了燃眉之急。但這批糧食是出口貨物，不能按期運到上海交付外商，將被罰以重金，損失大筆外匯。周恩來表示要嚴厲查處此事，鄧小平甚至提出要撤王任重的職。最後，中央從江西借糧，才還了扣下的糧食。[18]

王任重是從廣水站登上毛澤東專列的，毛澤東在武漢游過長江後，邀請他一起去湖南。一路上同王任重談話，其間毛澤東講到春秋時期秦穆公的一個故事。秦穆公用大將孟明伐鄭失敗，他主動承擔責任，繼續重用孟明，後

1959年5月15日，毛澤東在北京中南海紫光閣接見來自亞洲、非洲、拉丁美洲十六個國家和地區的青年朋友。

在討伐晉國的戰爭中取得勝利。"決策錯了，領導人要承擔責任，不能片面地責備下面，領導者替被領導者承擔責任，這是取得下級信任的一個很重要的條件。"毛澤東的話給王任重減輕了壓力。他還說："國亂思良將，家貧思賢妻。陳雲同志對經濟工作是比較有研究的，讓陳雲同志來主管計劃工作、財經工作比較好。我們有的同志思想方法比較固執，辛辛苦苦的事務主義，不大用腦子想大問題。"

6 月 24 日上午，專列到達長沙。一到長沙，毛澤東又提出要去湘江游泳。當時正值汛期，水漲浪高，湖南的同志予以勸阻，但毛澤東很堅持，一定要去游。

下午二時，毛澤東從湘江邊登上八二零一號輪船，稍事休息，即更衣下水游泳。暢游了一個多小時，約六公里，在橘子洲頭分水處水流最急的地方上岸。

1959年6月24日，毛澤東在湖南長沙湘江中游泳後，在岸邊休息。

1959年6月24日，毛澤東在湖南長沙湘江游泳後回到船上休息。

1959年6月24日，毛澤東在湖南長沙湘江中游泳後，與群眾交談。

　　上岸後，他身披一件藍條毛巾睡衣，坐到了一戶農家院落門前，兩腳都是泥巴。衛士們給他點了一支煙，他大口吸了起來。正好旁邊過來幾個小孩，大概不知道這個大胖子是誰，就走過去看他抽煙。毛澤東逗一個身邊的小孩子："你吃的甚麼？能不能拿出來，大家都吃一點嘛。"小孩子說："你猜，你猜著了我就給你吃。"毛澤東笑了："我猜不著，你給我跳個舞吧。"小孩子大方地蹦跳了起來。毛澤東笑得很是開心。此時，身在一側的攝影師侯波，早已神不知鬼不覺地將這個頗具意味的場景拍攝了下來。[19]

　　游完泳，毛澤東回到停靠在大坨鋪的專列上，與湖南省委書記周小舟、湘潭地委書記王治國等人座談，周小舟彙報湖南形勢：形勢大好，問題不少，前途光明。毛澤東聽罷很讚賞這個評價。

　　當晚，毛澤東睡不著覺，突然提出第二天要去韶山。本來準備 7 月在鄭州召開中央政治局會議，毛澤東也決定改在江西廬山召開。他想在開會前進一步了解農村的真實情況，在他的意識裡，韶山的鄉親們是敢對他講真話的。因此，他特意告訴羅瑞卿："不要派部隊去，特別不要派公安人員去；給我行動自由；我要廣泛接見群眾。"

毛澤東祭掃父母墓地。當時墳頭中央塌了一個洞眼。有人建議要不要簡單修一下，毛澤東說："不要修了，把洞眼填一下，保持原樣好。"

　　1959 年 6 月 25 日上午，專列從長沙抵達湘潭，毛澤東下車後換乘一輛灰白色的吉姆轎車，在羅瑞卿、王任重、周小舟等人的陪同下，向他闊別了三十二年的故鄉開去。

　　1910 年，十六歲的毛澤東離開韶山到湘鄉東山高等小學堂求學，臨行前他留給了父親毛順生一首自己改作的詩：

　　　孩兒立志出鄉關，
　　　學不成名誓不還。

埋骨何須桑梓地，

人生無處不青山！

　　1925 年 2 月到 8 月，毛澤東藉回韶山"養病"之機，開展農民運動，並
成立了韶山第一個黨支部。1927 年 1 月，毛澤東又一次回到韶山考察農民運
動，在毛震公祠堂的歡迎儀式上，他發下誓言："三十年後革命不成功，我毛
潤之決不回來見父老鄉親！"

　　一路上，毛澤東對陪同人員談起 1922 年在長沙做工人運動的經歷，談
起他指導的安源路礦工人罷工的情形。下午五時四十四分，毛澤東回到韶
山，入住韶山招待所"松山一號"寓所。他在住地院子裡，又談起發動秋收
起義、組建人民軍隊、創建井岡山根據地的情景。"開始創建井岡山根據地
的時候，政策很'左'。我自己就親手燒過一家地主的房子，以為農民會鼓

1956年11月，毛澤東在中南海頤年堂接見家鄉的親屬。

掌贊成。但是農民不但沒有鼓掌，反而低頭而散。革命才開始的時候，沒有經驗是難免要犯錯誤的。去年颳'共產風'，也是一種'左'的錯誤。沒有經驗，會犯錯誤，碰釘子。不要碰得頭破血流還不肯回頭。"

毛澤東要村支書毛偉昂找來了韶山公社書記毛繼生，風趣地稱他為"山神爺"："離開韶山幾十年了，邀請你們五十多歲左右的、講起都熟悉的人來吃餐便飯，會會面，'打打講'。"他講出了準備邀請的人員名單：一是他的叔伯兄弟，二是韶山沖的烈軍屬，三是老地下黨員，四是農民協會老自衛隊員，還有堂兄兼幼年的塾師毛宇居，外婆家的表兄文澗泉，堂弟毛澤連、毛澤嶸以及老同學、老朋友等等，共四五十人。

毛澤東對韶山故鄉有很深厚的感情，對故鄉人民是很尊重的。1950年，他派長子毛岸英回韶山省親。他要毛岸英在他身邊學習了兩個月的韶山話，以免語言不通，讓鄉親們有隔閡感。他還囑咐毛岸英，不要有架子，要走路回去，打赤腳回去，到銀田就下馬，代表我回去看望家鄉的親人和革命前輩。毛岸英按照父親的教導去做了。

解放後，毛澤東對他的親屬在生活上是很關心的，鄉親們有困難，他總從自己的稿費裡開支，寄幾百塊錢。哪個到北京來，他都熱情接待，沒有任何架子，而所有的開支都從他的工資和稿費裡支付，不肯花公家一分錢。他對親屬的要求也很嚴格，從不為親屬徇私情。他不肯為親屬說情安排工作，多次表示這樣做"人民是會說話的"。有些確有一定才華能力者，他也最多為其推薦一次與本人才幹相當的工作；如果推薦單位沒有接收，他就再也不肯推薦了。

毛澤東的表兄文運昌是他1910年就讀縣立高小學堂的引薦人和擔保人，還向他推薦《盛世危言》、《新民叢報》等進步書刊。毛澤東與斯諾談話時，說文運昌在引導他接觸新思想上"起了關鍵作用"。但1950年5月12日，他給表兄文南松的信中特意表明，"運昌兄的工作，不宜由我推薦，宜由他自己在人民中有所表現，取得信任，使有機會參加工作……"楊開慧的哥哥楊開智寫信希望被推薦安排工作，他一樣回信："不要有任何奢望，不要來。一切按正常規矩辦理。"

解放初期，毛澤東得知他外祖父家有些親戚從北京回湖南後，不把當地政府放在眼裡。他在 1954 年 4 月 29 日給湘鄉縣石城鄉黨支部、鄉政府寫信："我的親戚唐家和文家，過去幾年常有人來北京看我。回去之後，有些人驕傲起來，不大服政府管，這是不對的。文家任何人，都要同鄉裡眾人一樣，服從黨和政府的領導，勤耕守法，不應特殊。請你們不要因為文家是我的親戚，覺得不好放手管理。如有落後行為，應受批評。"

　　1959 年時的韶山沖還是很窮困的，連照明線路都沒有架設。夜裡毛澤東閱讀剛從長沙借來的線裝本《袖珍詩韻》，公社幹部只好用四台柴油機發電，供毛澤東閱讀之用。此時，毛澤東已經思緒萬千，開始構思詩作了。沒想到，半夜柴油機壞掉，毛澤東只好放下書，早早上床休息。

　　1959 年 6 月 26 日清晨，毛澤東一反平時的作息規律，天剛亮就起床，身著米白色襯衫和灰色長褲，腳著棕黃皮鞋，腰裡繫著一根寬大的牛皮腰

1959年6月26日，毛澤東在湖南韶山祭掃父母墓地。

帶，出來散步。他的面容有些憔悴憂鬱，似乎沒有睡好。誰也沒有想到，他正盤算著要去祭掃父母的墓地。當時只有李銀橋和衛士封耀松陪同，他就過了招待所大坪沿小路向故居方向走去。

大家知道毛澤東起床了，趕緊都起來追上。羅瑞卿、王任重、周小舟、徐啟文、李強，還有侯波，都尾隨其後。來到楠竹坨，前面出現了幾座墳墓，毛澤東走到墳前一一仔細辨認，搖搖頭，又向前走。又走了四五十米，他停了下來，仔細端詳著。有人問是這裡嗎，毛澤東說是的。這時，周圍人才恍然大悟——原來主席是來自己父母的墳前祭掃。

由於事先完全沒有準備，沒有帶花圈。中央警衛局副處長沈同連忙弄來了幾根松枝，捆成一束，又有人摘來了幾朵紫杜鵑紮在上面，遞給毛澤東。毛澤東接過松枝，輕輕地放在了墳堆上，恭恭敬敬地行了三鞠躬禮，隨行人員也都跟著鞠躬默哀。

毛澤東對父母有很深厚的感情，1919 年 10 月母親去世時，他寫了《祭母文》悼念，其中寫道："吾母高風，首推博愛。遠近親疏，一皆覆載。愷惻慈祥，感動庶匯。"他還做了一副輓聯："疾革尚呼兒，無限關懷，萬端遺恨皆須補；長生新學佛，不能住世，一掬慈容何處尋？"祭文和輓聯，都表達了毛澤東對母親深切的哀悼和無限的懷念。

當時毛澤東父母的墳頭上，中央塌了一個洞眼。有人建議要不要簡單修一下，毛澤東說："不要修了，把洞眼填一下，保持原樣好。"他託付毛繼生："每年清明請你們代我來培培土就行了。"

那天直到中午，毛澤東的表情還是很凝重的，他對羅瑞卿講道："我們共產黨人是徹底的唯物主義者，不相信甚麼鬼神、迷信；但生我者父母，教我者黨、同志、朋友也，還得承認！我下次回來還要去看看他們。"

祭掃完父母墓地後，毛澤東在韶山的田野間散步，同鄉親們交談。他看到山上的樹都砍了，田裡卻長著草，不禁感歎："山上沒有綠化，田裡卻綠化了，難怪不餓肚子啊！"他問周小舟："你們湖南提出了甚麼口號？"周小舟說："苦戰三年改變湖南面貌。"毛澤東反駁："如果像現在這個樣子，莫說三年，三十年也改變不了。"他對鄉親們吃不飽飯表示了擔憂："現在糧食到戶，要閑時少吃，忙時多吃，年老的吃稀點，壯年的吃硬點。"

1959年6月26日，毛澤東在湖南韶山湯瑞仁家與農民交談。

毛澤東走到了謝家屋場的對面，那是一棟半新半舊、茅瓦結合的土磚房。男主人毛凱清參軍在外，只有妻子湯瑞仁在家忙碌著，她抱著孩子出來迎接。毛澤東問湯瑞仁姓甚麼，毛繼生介紹說是四道師的媳婦，韶山第一個互助組的成員，男人參軍去了。毛澤東問："我怎麼沒見過你？"湯瑞仁笑著說："您老人家1927年就離開韶山了，我那時還沒有出生，所以沒見過呀。"

就在湯瑞仁家，社員鄒長衛來找毛澤東告狀，說公社"大食堂"的伙食吃不飽，每餐只能吃四兩米。毛澤東說了句："現在餐餐有四兩米，就比過去吃百家飯好。"鄒長衛聽罷不做聲了。

這時，鄰居毛霞生知道毛主席來了，也從田間趕來。他穿著短褲，打著赤腳，腳上還沾滿了泥巴。毛霞生的父親是大革命時期"雪恥會"的成員、毛澤東少年時的朋友，毛澤東對毛霞生說："你小的時候我還抱過你呢。"現在，毛霞生是生產隊長和食堂管理員。

毛澤東又詢問現在畝產多少斤，毛霞生說是八百斤。毛澤東又問是一稻八百斤還是兩稻八百斤，毛霞生開始說一稻，毛澤東要他講真話。毛霞生紅著臉只好講實話："是兩稻，一稻只有四百斤。""那怎麼要講八百斤呢？"毛澤東刨根問底。毛霞生指著在場的公社、大隊幹部："是他們要我這樣講的。我要是講真話，你走了，他們會批評我的。"

毛澤東臉上的表情嚴肅起來："你們這些幹部要實事求是，才能受到人民的尊重。講假話，不僅欺騙了國家，欺騙了人民，也欺騙了自己，人民會埋怨我們的，也會埋怨你們的。"

毛澤東又問起糧食，毛霞生說每天的糧食一餐吃了還不夠。毛澤東問毛繼生公社是怎麼管的，毛繼生告訴他，集體管糧，分月發糧，以人定量，節餘歸己。毛澤東說："像你們這樣管，農民沒有一點權，就跟瓜瓢一樣，'把'全是你們抓了。一個人從娘肚子裡出來就要吃飯，吃飯是要抓緊的大事，沒有飯吃人不要餓死了？"

他又問辦食堂是不是社員自願。有人答是自願的，毛澤東隨即嚴厲地說："自願？總是你們強迫的！"

從謝家屋出來，過了池塘，毛澤東來到他的舊居上屋場。進門之後就看見靠裡端的板壁上供著神龕子，毛澤東對神龕作了個揖講解道："這是我小時候初一、十五工作的地方。"他走到堂屋後的退堂屋，見裡面放著水缸、水桶、腳盆等什物，還寫著"原物"二字。他非常吃驚，問這些是怎麼保存的？毛乾吉回答："有些是韶山人民冒著生命危險保存下來的，有些是鄉親們送的，有些是複製的。"

毛澤東來到雙親的臥室，看到牆壁上掛著的父母遺像，他深情地說了句："母親，你的兒子回來了！"他看著父親的遺像，話語中帶著歎息："過去醫術不高，如果是現在，他們都不會死的。"牆上還有一幅合影，那是母親和毛澤東兄弟三人的照片。毛澤東說："這是我二十六歲時在長沙的留影，是我最早的照片。"

在這間房子裡，毛澤東回憶起自己一家犧牲的六位親人：夫人楊開慧1930年就義於長沙，年僅二十九歲；大弟毛澤民1943年被新疆軍閥盛世才殺害，時年四十七歲；小弟毛澤覃1935年陣亡於江西瑞金和福建長汀交界地區，年僅三十歲；過繼來的堂妹毛澤健1929年犧牲於湖南衡山，年僅二十四歲；長子毛岸英1950年犧牲於抗美援朝前線，年僅二十八歲……

離開上屋場舊居，毛澤東又到韶山學校視察，然後回到韶山寓所。下午2時許，毛澤東來到毛氏宗祠和毛震公祠。他對毛宇居回憶起1927年回來考察農民運動時鄉親們在祠堂歡迎他的情景。隨後，他到韶山水庫游泳，之後，他回到松山一號寓所。工作人員發現，他的右手已經紅腫，是跟鄉親們頻繁握手造成的。

1959年6月26日，毛澤東來到湖南韶山中學，中學生給毛澤東佩戴紅領巾。

1959年6月26日，毛澤東在韶山水庫游泳。

1959年6月26日，毛澤東在湖南韶山中學與師生合影。

當晚，毛澤東在招待所設宴招待各位父老鄉
親。聽了大家的反映，毛澤東對一旁在座的負
責同志説："你們向黨中央彙假報，欺騙黨，對
人民不負責任，這是人民告你們的狀！"

　　當晚，毛澤東在招待所設宴招待各位父老鄉親。席間，毛澤東端起酒杯
走向堂兄、兒時塾師毛宇居身邊，白髮飄逸的老人顫巍巍地站起來："主席敬
酒，豈敢豈敢！"毛澤東扶他坐下："敬老尊賢，應該應該！"他悄悄提醒老
人，"我過去是個調皮學生，還造過你的反咧，你還記得嗎？"毛宇居説：
"記得記得，你是個高材生，你那時很愛看書，我還故意給你點《左傳》等，
你都能應付自如哩。"

　　人們在歡笑中暢飲佳釀，飽嚐佳餚。有些人吃得很快，狼吞虎嚥，看來
平時餓壞了。毛澤東笑著勸大家慢點吃，但他心裡不是個滋味。解放也有十
年了，家鄉的父老鄉親依舊是皂布粗衣，一臉菜色，廳堂裡依舊是粗瓷舊木
凳。看了這一切，他的心情很是沉重。

　　吃完飯，毛澤東召開座談會，讓大家提點意見。老人們面面相覷，都不
發言。有的勉強開口，也是説這也好，那也好，食堂辦得蠻好，三菜一湯。
毛澤東不高興了："我不回，你們盼我回，我回來了，你們又不同我講真
話！"這個"激將法"還算靈，終於有人開口了："意見是有，如今講不得，
講了要捱批評，捱鬥爭。""我保險，哪個敢？！"毛澤東話音一落，大家這
才打開話匣子，吐出了心裡的話——

　　有的談到密植問題，説："原先犁田要過鐵板，踩田要過腳板，如今插
板板寸，腳都進不得，產量反而降低了。聽説是您老人家要搞的，我們沒得
法。"毛澤東表示："我沒有要這樣搞，我是主張合理密植。老年人反對密
植，青年人支持，還有中年人，老中青要三結合。"

　　有的談到政策執行問題，説："您老人家的政策到下面就變了卦。"毛澤
東笑道："下面變卦，你們就往上告嘛。"

　　有的談到糧食問題，説："韶山過去糧食比較足，山上種玉米、紅薯，

1959年6月26日，毛澤東在湖南韶山與堂兄、少時塾師毛宇居握手而行。

1959年6月26日，毛澤東在湖南韶山與鄉親們暢談。

種經濟作物，可現在不種了，為甚麼不種呀？讓農民餓肚子！農民糧食不夠吃，還要交各種各樣的糧食，甚麼徵糧、購糧、愛國糧……要是您不回來，我們都快餓死了呀！"毛澤東逐漸收斂了笑容，示意大家繼續講。

有的談到食堂問題，説："現在吃食堂，搞集中，男男女女要分開住。歷來是各家各戶，夫妻一起居住，互相照顧，現在分開住，是甚麼世道？到底是主席要搞的還是誰要搞的？"毛澤東表態："要讓夫妻住在一起，使群眾滿意。"

有的反映浮誇風問題："説畝產幾萬斤，十幾萬斤，深耕要翻幾尺，我們不同意，就説甚麼是老保守，就要捱批評，捱鬥爭。"毛澤東有點兒生氣了，轉向坐在一旁的負責同志："你們向黨中央彙假報，欺騙黨，對人民不負責任，這是人民告你們的狀！"

最後，毛澤東對大家敞開了心扉："你們講得好，像這樣的話，只有在家鄉、在韶山才能聽到，在中央、在其他地方是聽不到的。講真話是對黨的熱愛，對政府的支持，希望你們今後多提意見。"他表示中央要開會向全國下文，統一解決食堂問題。現在出的問題，中央要負責任，特別是他個人要負責任。

6 月 27 日上午，毛澤東在寓所裡召開座談會，接見當地幹部群眾，聽取對韶山生產、生活情況的彙報及群眾的意見。當天下午，毛澤東離開韶山，臨行前他與松山一號寓所的服務人員合影。他問大家説人民公社好不好，大家都説好。他感到滿意："我們共產黨做事就是這樣，一旦把問題糾正後，人民公社好得很。"[20]

在韶山期間，毛澤東寫下了《七律·到韶山》：

別夢依稀咒逝川，
故園三十二年前。
紅旗捲起農奴戟，
黑手高懸霸主鞭。
為有犧牲多壯志，
敢教日月換新天。

喜看稻菽千重浪，

遍地英雄下夕煙。

在詩作之前，他還寫了一段小序：“一九五九年六月二十五日到韶山。離別這個地方已有三十二週年了。” 一段話，道出了他對故鄉的深深眷念。

---

① 《建國以來毛澤東文稿》（第七卷），中央文獻出版社 1992 年版，第 431 頁。

② 《建國以來毛澤東文稿》（第七卷），中央文獻出版社 1992 年版，第 426 頁。

③ 《毛澤東傳（1949—1976）》，中央文獻出版社 2003 年 12 月第 1 版，第 886 頁。

④ 《毛澤東傳（1949—1976）》，中央文獻出版社 2003 年 12 月第 1 版，第 886 頁。

⑤ 吳冷西：《憶毛主席》，新華出版社 1995 年第 1 版，第 100—104 頁。

⑥ 《毛澤東傳（1949—1976）》，中央文獻出版社 2003 年 12 月第 1 版，第 891 頁。

⑦ 章重：《梅嶺——毛澤東在東湖客舍》，中央文獻出版社 2003 年 7 月版，第 303—307 頁。

⑧ 《真實的毛澤東：毛澤東身邊工作人員的回憶》，中央文獻出版社 2009 年 6 月版，第 557 頁。

⑨ 《毛澤東傳（1949—1976）》，中央文獻出版社 2003 年 12 月第 1 版，第 911—912 頁。

⑩ 《毛澤東在河南》，河南人民出版社 1993 年版，第 67—68 頁。

⑪ 《毛澤東傳（1949—1976）》，中央文獻出版社 2003 年 12 月第 1 版，第 915 頁。

⑫ 《毛澤東傳（1949—1976）》，中央文獻出版社 2003 年 12 月第 1 版，第 921 頁。

⑬ 《毛澤東文集》（第八卷），人民出版社 1999 年 6 月版，第 44—45 頁。

⑭ 《建國以來毛澤東文稿》（第八卷），中央文獻出版社 1993 年 1 月版，第 167 頁。

⑮ 《毛澤東傳（1949—1976）》，中央文獻出版社 2003 年 12 月第 1 版，第 943 頁。

⑯ 《建國以來毛澤東文稿》（第八卷），中央文獻出版社 1993 年 1 月版，第 209 頁。

⑰ 《毛澤東文集》（第八卷），人民出版社 1999 年 6 月版，第 248—250 頁。

⑱ 趙發生：《我為共和國經管糧倉 24 年》，《炎黃春秋》2003 年第 3 期。

⑲ 2003 年 9 月採訪徐肖冰、侯波。

⑳ 夏遠生、馬娜：《毛澤東的三湘情結》，中央文獻出版社 2002 年 11 月版，第 469—489 頁。

1959

第十三章

盧山會議

7月2日當晚，毛澤東又加了一項——團結問題，變成了十九個問題。後來他回憶："因為7月2日那次常委會上，彭德懷同志所表示的那種態度，我就看出這個苗頭，是要颳點甚麼風嘛。所以我那天晚上加個團結問題，變成十九個問題。"

1959 年 6 月 27 日，毛澤東從韶山回到長沙，當晚，接見了省長程潛和長沙的地、縣委書記。同時，他要華國鋒接來楊開智、李崇德、李淑一等革命烈士的遺屬，共進晚餐。這天，通過工作人員反映，毛澤東了解到未經他的允許，專列上安裝了錄音設備，配備了錄音人員，不分場合地搞錄音。對此，他立即進行了批評和制止。[①]

6 月 28 日午後，在王任重、周小舟、周惠等人的陪同下，毛澤東乘專列於 29 日凌晨到達武昌。29 日下午，他登上"東方紅"號輪船，駛向盧山，並在長江中游泳，在船上開會。

彭德懷於 6 月 29 日乘火車來到武漢，30 日晚到漢口，換輪船赴盧山。

6 月 30 日夜，毛澤東乘船到達盧山，當晚沒有上山，在已到達盧山的專列上休息。7 月 1 日，他才上山，下榻美盧一號。這天，他寫下了《七律·登盧山》：

> 一山飛峙大江邊，
> 躍上蔥蘢四百旋。
> 冷眼向洋看世界，
> 熱風吹雨灑江天。
> 雲橫九派浮黃鶴，
> 浪下三吳起白煙。
> 陶令不知何處去，
> 桃花源裡可耕田？

1959年7月1日，毛澤東上廬山。

　　7月2日下午，中央政治局會議開幕。毛澤東發表講話。他召開廬山會議的意圖，是為了清算"左"傾錯誤，解決工業上的高指標和人民公社內部的"共產風"問題。他把"成績偉大，問題不少，前途光明"作為對國內形勢的基本概括，認為去年的基本問題有綜合平衡、群眾路線、統一領導、注重質量四個方面。毛澤東看到了不少問題，如破壞了工業平衡，只抓鋼鐵工業，農村基層幹部脫離群眾瞎指揮、盲目追求產量搞浮誇等，但還沒有認識到"大躍進"對國民經濟發展所起的破壞作用，對人民公社始終是肯定的。

　　之前在6月29日下午，毛澤東在輪船上召集柯慶施、李井泉、王任重、張德生等人開過一個協作區主任的小會，初步擬定了廬山會議要討論的十四個題目，包括讀書、形勢、今年的工作任務、明年的工作任務、四年的任務、當前的宣傳問題、食堂問題、綜合平衡等等。7月2日下午，經過大家討論，又補充了四個：農村初級市場的恢復問題、體制問題、協作關係問題、加強工業管理和提高產品質量問題。

7月2日當晚，毛澤東又加了一項——團結問題，變成了十九個問題。後來在8月11日的常委會上，毛澤東回憶：「因為7月2日那次常委會上，彭德懷同志所表示的那種態度，我就看出這個苗頭，是要颳點甚麼風嘛。所以我那天晚上加個團結問題，變成十九個問題。」由此可見，彭德懷與毛澤東的交鋒，在剛上廬山的7月2日就開始了。[②]

從7月3日到10日，全體與會人員按六大行政區編成小組進行討論，各抒己見。大家同意「成績偉大，問題不少，前途光明」三句話。議論的問題，主要集中在形勢問題、農業特別是糧食問題、綜合平衡問題等。有人建議不提「以鋼為綱」，還是提有計劃按比例；有人則不同意，仍然主張「以鋼為綱」。有人主張不提「大搞群眾運動」，有些人則認為否定大搞群眾運動的看法是不對的。朱德在小組會上講了一個比較尖銳的意見：「食堂即使全部都垮了，也不一定是壞事」，與毛澤東說的「積極辦好，不要一鬨而散」的意見不同，但當時也沒有引起多麼大的反應。

連著十多天，白天開會、讀書、看文件，彼此交談；晚上看戲、跳舞。毛澤東提議：這次會議不準備形成文件，開到差不多就結束，各奔各地，抓各項工作就是了。他請江西省委書記楊尚奎和夫人水靜幫他的衛士封耀松介紹對象，詩意盎然之際，他還將自己剛寫就的《到韶山》、《登廬山》兩首詩作謄寫出來，人們競相傳抄、吟誦。起初，會議的氣氛輕鬆活潑，被戲稱為「神仙會」。

7月14日，彭德懷給毛澤東寫了一封約四千字的信，將過去一個時期黨的思想方法和工作作風方面的錯誤，概括為：一、浮誇風氣較普遍地滋長起來；二、小資產階級的狂熱性，使我們容易犯「左」的錯誤。毛澤東認為，這是在向他「下戰書」。

但交鋒的潛流正在湧動。1959年7月8日上午，周恩來召集李富春、李先念、譚震林、康生、陳伯達、陸定一、胡喬木等開會，商量為會議準備文件的問題，並且確定這次會議以盡快結束為好；而最後的文件，也應以討論成熟了的問題才作決定為原則，不宜太多。

對當時的"左"傾錯誤，劉少奇、朱德、王任重、周小舟、譚震林等人都有分量頗重的發言，而以彭德懷在西北組八天內的七次發言和插話火藥味最濃。1958年底，彭德懷回到故鄉湘潭縣烏石寨以及他當年領導"平江起義"的平江縣搞調查，還去過韶山。他對大躍進帶來的一片淒涼景象非常痛心，共產風、浮誇風和強迫命令、瞎指揮給國家和人民帶來的災難，使他憂心忡忡，決心在黨的會議上大聲疾呼。

彭德懷說：1957年反右以來，政治經濟上有一連串的勝利，黨的威信提高了，腦子熱一點。去年忽視了《工作方法六十條》中的一切經過試驗的原則。吃飯不要錢，那麼大的事，沒有經過試驗。他批評大煉鋼鐵和人民公社

1955年10月1日，國防部長彭德懷在天安門城樓致辭。

化運動：從北戴河會議後，搞了個"左"的東西，全民辦鋼鐵，這個口號究竟對不對？人民公社辦早了，高級社的優越性剛剛發揮，還沒有充分發揮，就公社化，而且未經過試驗，如果試上一年再搞就好了。他批評黨內民主生活不正常，指出：現在不是黨委的集體領導，而是個人決定問題，第一書記說了算，黨內總是"左"的東西難於糾正，右的東西比較好糾正。"左"的一來，壓倒一切，許多人不敢講話，各種帽子壓下來，對廣開言路有影響。他強調應認真總結經驗教訓，不要埋怨，不要追究責任，要追責任，人人有一份。他還說：黨的威信高了，得意忘形。毛主席與黨在中國人民中的威信之高，在全世界是找不到的，但濫用這種威信是不行的。

對於彭德懷的這些發言，毛澤東是不滿的。應該說，他從 1958 年 10 月後，特別是在韶山，了解到的基層農村情況，與彭德懷在烏石寨和平江了解到的差不多，並不見得他了解的就少。但從他在韶山和廬山寫的兩首詩也可以看出，他與彭德懷對"左"傾錯誤的看法、評價有很大的不同。

從 1958 年 10 月後，幾乎每次開會，毛澤東都要說自己的錯誤和責任，認為中央的錯誤他要負主要責任，"中央的錯誤直接的歸我負責，間接的我也有份，因為我是中央主席"。但他不能容忍彭德懷企圖系統地糾正大躍進、人民公社和大煉鋼鐵中的"左"的錯誤，他認為這樣全盤地否定過去就是"右傾"。他始終認為，"左"的錯誤是存在的，但只是一個指頭，不能攻其一點不及其餘，六億人民的幹勁可鼓不可泄。

1959 年 7 月 10 日下午，毛澤東在全體會議上再次講話，他先講了一下會議最後階段的安排，說這次會議初步安排到 15 日，延長不延長到那時再定。接著，他著重講對形勢的看法，對黨內越來越多地提出的不同意見已表現出不滿，並且同右派進攻聯繫起來。他談道：有的同志對形勢缺乏全面分析，有人要從根本上否定大躍進和總路線。所謂總路線，無非是多快好省，根本不會錯。去年有四件事：鋼翻一番，基建一千九百多項，糧食翻一番，辦公社，沒有綜合平衡，引起各方面的不滿。這些錯誤都承認。但有這樣一些人，認為美國一切都好，月亮也好。無將軍不打敗仗，打三仗其中二勝一敗，仍有威信。要承認缺點錯誤，從一個局部來講，從一個問題來講，可能缺點錯誤是十個指頭、九個指頭、七個指頭，但從全局來講，只是一個指頭的問題。

1959年7月，毛澤東在廬山仙人洞。左起：毛澤東、田家英、陳伯達。

我們對建設是沒有經驗的，至少還要十年才有經驗。從具體事實說來，確實有得不償失的，但總的說，不能說得不償失，取得經驗總要付學費的。③

從這次談話看，毛澤東給彭德懷等人敲了警鐘。他認為總路線、大躍進、人民公社都是原則問題，在原則問題上是不能讓步的。

會後，毛澤東指定楊尚昆、胡喬木、陳伯達、吳冷西、田家英組成了一個起草小組，負責起草《廬山會議諸問題的議定紀錄》。以後的幾天裡，各組討論與起草文件同時進行，但文件起草工作進展並不理想。

13日清晨五時，毛澤東寫信給楊尚昆，希望加快文件的起草進度。他建議起草小組從五人增加到十一人，增加陸定一、譚震林、陶魯笳、李銳、曾希聖、周小舟六人，並對起草工作列出時間表，15日討論修改後夜裡付印，16日印發所有同志再會談修改缺點，並規定全文不超過五千字。很顯然，毛澤東是想盡快把《廬山會議諸問題的議定紀錄》搞出來，以利於統一大家的認識，並早一點結束這次會議。

1959年7月，毛澤東在江西廬山。

7月14日，《議定紀錄》寫出第一稿，並印發會議，總的精神還是糾"左"。但這一天，彭德懷給毛澤東寫了一封約四千字的信，先肯定了大躍進、人民公社和大煉鋼鐵的正確和成績，繼而著重指出了其中的缺點和失誤，以及解決的辦法。他將過去一個時期黨的思想方法和工作作風方面的錯誤，概括為：一、浮誇風氣較普遍地滋長起來；二、小資產階級的狂熱性，使我們容易犯"左"的錯誤。他指出：政治掛帥不可能代替經濟法則，更不能代替經濟工作中的具體措施。政治掛帥與經濟工作中的有效措施，兩者必須並重，不可偏重偏廢。

毛澤東覺得，彭德懷在他7月10日講話後還寫這樣的信，顯然是在向他"下戰書"。對彭德懷信中一些措詞比較尖銳的話，諸如："由於比例失調引起各方面的緊張"，"小資產階級的狂熱性，使我們容易犯'左'的錯誤"；"總想一步跨進共產主義，搶先思想一度佔了上風"；"為大躍進的成績和群眾運動的熱情所迷惑"；大煉鋼鐵"有失有得"——將"失"字擺在前頭等等，明顯表示了難以接受的態度。加上彭德懷在西北組發言中說了些用詞不當、情緒偏激的話，更使毛澤東不滿。

客觀地看，彭德懷的信不可能是完美無缺的，他還是有把經濟同政治簡單聯繫起來的思維定式，非要給工作作風問題、思想意識問題找個階級不可，把大躍進的錯誤歸為"小資產階級的狂熱性"，也並不恰當。不管哪個階級，搞建設都要實事求是，循序漸進，忽視客觀經濟規律，狂熱地搞經濟建設都不行。但這些都是那個時代的局限性，當然不能求全責備。

張聞天的長篇尖銳的發言比彭德懷更有說服力。柯慶施、李井泉等人說："現在很需要毛主席出來講話，頂住這股風，不然隊伍就散了。"毛澤東認為，不反擊這樣的右傾言論，黨就要分裂了。

7月16日，毛澤東將這封信加上《彭德懷同志的意見書》的標題和"印發各同志參考"的批語，發給參加政治局擴大會議的同志。此後，毛澤東召集政治局常委開會，提出"評論這封信的性質"的要求。常委會隨即做出決定，從 7 月 16 日起用一週的時間重新劃分小組，主要討論彭德懷的上書。

對於彭德懷的信，毛澤東沒有表態，小組討論中，兩種截然不同的意見很快就表現出來。不少人贊成，認為彭德懷的精神值得學習，赤膽忠心。信中提出的缺點錯誤，實際是存在的，提出來有好處，只是有些問題的提法和分寸需要斟酌。也有不少人提出批評，主要集中在這幾個觀點上："由於比例失調引起各方面的緊張，是具有政治性的"、"小資產階級狂熱性"、"有失有得"、"群眾路線和實事求是作風置諸腦後"、"浮誇風吹遍各地區各部門"、"糾'左'比糾右難"等。有的人說，彭德懷的信，不在個別措辭用字不當，而在於總的看法上有問題。

7 月 19 日，彭德懷根據大家的意見，在小組會上對 7 月 14 日的信做了解釋。大意是：意見書是倉促寫成，提供主席參考的，文字上難免有不正確的地方。對總路線的正確性他是一點也不懷疑的，大家不要誤會他認為我們的黨是小資產階級的黨，他是就過去一個時期的思想方法和工作方法的來源提出這個問題的。關於"小資產階級狂熱性"，他解釋：去年下半年，黨內一些"左"的傾向確實有所發展，如浮誇風氣的滋長，以熱情代替科學，一下子全國吃飯不要錢，有的地方幾天內便拆了很多房子，三五天內要消滅文盲，等等。這些"左"的傾向的滋長，是有其社會原因的，這就是小資產階級的狂熱性。

黃克誠、周小舟等人在小組會上發言，或多或少地支持了彭德懷的一些觀點。7 月 21 日，張聞天在小組會上做了三個小時的長篇發言，在肯定成績的偉大、總路線的正確之後，系統論述了"大躍進"以來的缺點和錯誤，並從理論上進行了分析。他談到大躍進的成績、缺點，產生缺點的原因，主觀主義和片面性，政治和經濟，民主和集中，缺點講透很有必要，關於彭德懷同志的意見書等十三個方面。張聞天發言前，毛澤東的秘書田家英等人多次打電話給他，勸他不要講，尤其不要講鋼鐵問題，但張聞天還是講了。

張聞天發言時，組長柯慶施和好幾個人不斷插話，表示不同的意見。他毫不讓步，按照自己的提綱，侃侃而談，直抒己見。後來批鬥他時，說他的發言對彭德懷的信做了"全面系統的發揮"，是"進攻總路線、大躍進和人民公社的反黨綱領"。全文八千多字,而講成績只有二百七十餘字。用了三十九個"但"字,"'但'字以前虛晃一槍,以後便大做缺點的文章",十三個"比例失調",十二個"生產緊張",一百零八個"很大損失"(或損失),以及"太高"、"太急"、"太快"、"太多"等一大批"太"字。《發言》的最後,才提到彭德懷的信,認為信的中心內容是希望總結經驗,本意是很好的。

張聞天的這個長篇尖銳的發言,引起了毛澤東的特別注意。張聞天是個懂經濟的大理論家,講話沒有彭德懷的鋒芒,但比彭德懷更有說服力。他在長征、延安時期還曾經擔任過黨的主要負責人。他的講話促使毛澤東更加感到——不反擊這樣的右傾言論,黨就要分裂了。

7月20日,毛澤東找幾個人談話。柯慶施、李井泉對糾"左"不滿。柯慶施說:"現在很需要毛主席出來講話,頂住這股風,不然隊伍就散了。"他認為,彭德懷的信是對著總路線,對著毛主席的。7月22日晚上,毛澤東與劉少奇、周恩來商量準備第二天開大會。④

如果說,彭德懷的信觸動了毛澤東,對改變毛澤東著力糾"左"的初衷起了主要作用;張聞天的發言進一步影響了這個變化;那麼,柯慶施等人對毛澤東的進言,則直接促使毛澤東下了"反右傾"的決心。

> 毛澤東拉拉雜雜地講了兩個多小時,與會的同志都能聽明白的是,他把彭德懷等人的問題提到了極嚴重的地步。他說:"他們不是右派,可是自己把自己拋到右派邊緣去了,距右派還有三十公里,因為右派很歡迎這種論調。"

在7月23日政治局擴大會議的全體會議上,毛澤東發表了講話。他的講話是聊天式的,天南地北、古今中外熔於一爐,歷史典故隨時引用,拉拉雜雜地講了兩個多小時。他談到了許多問題,沒有一定的水平並不容易聽出他講話的傾向性。但與會的同志都能聽明白的是,毛澤東把彭德懷等人的問題提到了極嚴重的地步。

1959年7月，毛澤東在江西廬山水庫游泳。

"你們講了那麼多，允許我講點把鐘，可不可以？吃了三次安眠藥，睡不著。""我看了同志們的發言記錄、文件，和一部分同志談了話，我感覺到有兩種傾向，在這裡講講。""一種是觸不得，大有一觸即跳之勢，因之有一部分同志感到有壓力，即不讓人家講壞話，只願人家講好話，不願聽壞話。我勸這些同志要聽。好壞話都是話，都要聽。話有三種：一是正確的；二是基本正確或不甚正確的；三是基本不正確或不正確的。"

"現在黨內黨外夾攻我們。右派講，秦始皇為甚麼倒台了，就是因為修長城，現在我們修天安門，要垮台了。這是右派講的。江西黨校的反映是黨內的代表，有些人就是右派；動搖分子，他們看得不完全，做點工作可以轉變過來。有些人歷史上有問題，捱過批評，也認為一塌糊塗，如廣東軍區的材料所反映的。

"不論甚麼話都讓講，無非是講一塌糊塗。這很好，越講得一塌糊塗越好，越要聽。我和這些同志講過，要頂住，硬著頭皮頂住。為甚麼不讓人家講呢？神州不會陸沉，天不會掉下來。因為我們做了些好事，腰桿子硬。我們多數派同志們腰桿子要硬起來。為甚麼不硬？無非是一個時期蔬菜太少，沒有頭髮夾子，沒有肥皂，比例失調，市場緊張，甚麼都緊張，以致搞得人心緊張。我也緊張，說不緊張是假的。"

看來，毛澤東對當時形勢的估計還比較樂觀，認為彭德懷、張聞天等人誇大了形勢的緊張，在利用目前的緊張形勢向黨進攻。

"說我們脫離群眾，我看是暫時的，就是兩三個月，春節前後。群眾還是擁護我們的。我看現在群眾和我們結合得很好。小資產階級狂熱性，有一點，並不那麼多。我同意同志們的意見。問題是公社運動。我到遂平詳細談了兩個鐘頭，嶂岈山公社黨委書記告訴我，七、八、九三個月，平均每天三千人參觀，三個月三十萬人。徐水、七里營聽說也有這麼多人參觀。這些人都是縣、社、隊幹部，也有地、省幹部。他們的想法是河南人和河北人創造了真理，打破了羅斯福'免於貧困的自由'。搞共產主義，這股熱情怎麼看法？小資產階級狂熱性嗎？我看不能那麼說，無非是想多一點、快一點。三個月當中，三個三十萬，九十萬人朝山進香，對這種廣泛的群眾運動，不能潑冷水，只能勸說。……這些幹部，率領幾億人民，他們要辦公社，辦食堂，搞大協作，非常積極，你說這是小資產階級狂熱性？這不是小資產階級，是貧農、下中農，無產階級、半無產階級。"

"小資產階級的狂熱情緒"這種提法，是毛澤東在 1958 年 12 月 9 日的八屆六中全會上最先提出來的，彭德懷很可能是引申發展了他的說法。但彭德懷的這種定"性"，在毛澤東看來，它將傷害六億人民群眾建設社會主義的無產階級熱情，是不能夠容忍的。

"到春節前後，他們不高興了，變了。幹部下鄉，不講話了，請吃紅薯、稀飯，面無笑容。這叫颳'共產風'，也要有分析，其中有小資產階級狂熱性。這是甚麼人？'共產風'主要是縣、社兩級，特別是公社一部分幹部，颳生產隊和生產小隊的。這是不好的，群眾不歡迎。用了一個多月工夫，三、四兩月間把風壓下去了，該退的退，社與隊的賬算清楚了。這一個多月的教育、算賬有好處，在極短的時間裡，使他們懂得了平均主義不行，'一平、二調、三收款'是不行的。"

　　"他們（指省和省以下地方各級幹部）不曉得做了多少次檢討了，從去年鄭州會議以來，大做特做，省六級幹部會上、縣五級幹部會上都要檢討。北京來的人哇啦哇啦，他們就聽不進去：我們檢討多次，你們沒有聽到？我就勸這些同志：人家有嘴巴嘛，要人家講嘛，要聽聽人家的意見。……我說就是硬著頭皮聽，無非是罵祖宗三代。這也難。我少年中年時，也是聽到壞話就一股火。人不犯我，我不犯人；人若犯我，我必犯人；人先犯我，我後犯人。這個原則，我現在也不放棄。

　　"第二方面，我勸另一部分同志，在這樣緊急關頭，不要動搖。據我觀察，有一部分同志是動搖的。也說大躍進、總路線、人民公社是正確的，但要看講話的思想、方向站在哪一邊，向哪個方面講的。這一部分人是第二種人，'基本正確，部分不正確'的這一類人，但有些動搖。有些人在關鍵時刻就是動搖的，在歷史上大風浪中就是不堅定的。歷史上四條路線，立三路線，第一第二兩次王明路線，高饒路線。現在又是總路線。站不穩，扭秧歌。他們憂心如焚，想把國家搞好，這是好的。……這次他們不講冒了，可是有反冒進的味道。比如說'有失有得'，'得'放在後邊，是經過斟酌的。如果戴帽子，這是資產階級的動搖性。"

　　點出"資產階級的動搖性"，明顯的是針對彭德懷所說"小資產階級狂熱性"做出的反應。點到歷史上的四次路線，點到"有失有得"，更顯然是指彭德懷，只是沒有說出名字。

　　毛澤東接著談道："假如辦十件事，九件是壞的，一定滅亡，應當滅亡。那我就走，到農村去。你解放軍不跟我走，我就組織紅軍去，另外組織解放軍。我看解放軍會跟我走。"講到這裡，會場氣氛緊張起來。

　　"我勸一部分同志講話的方向要注意。講話的內容基本正確，部分不妥。……這些同志，據我看不是右派，是中間派，不是左派。一些人碰了一些釘子，頭破血流，憂心如焚，站不住腳，動搖了，站到中間去了。究竟中間偏左偏右，還要分析。重複了 1956 年下半年、1957 年上半年犯錯誤的同志的道路。他們不是右派，可是自己把自己拋到右派邊緣去了，距右派還有三十公里，因為右派很歡迎這種論調。……這種同志採取邊緣政策，相當危險。不相信，將來看。"

“距右派還有三十公里”，這是全篇講話中最厲害的一句話，意味著對彭德懷的定性。

“食堂是好事，未可厚非。我贊成積極辦好，自願參加，糧食到戶，節約歸己。如果在全國範圍內能保持三分之一，我就滿意了。第二個希望，一半左右。食堂並不是我們發明的，是群眾創造的，河北 1956 年公社之前就有辦的。……可是科學院昌黎調查組，說食堂沒有一點好處，攻其一點，不及其餘。……食堂可以多辦一點，再試試看，試他一年、二年，估計可以辦成。”

毛澤東提到的科學院昌黎調查組，指的是 1959 年中國科學院經濟研究所研究員董謙領導的赴河北昌黎調查人民公社問題的調查組。根據中國科學院保存的檔案，在“反右傾”運動中，董謙被劃為右傾機會主義分子。1961 年平反。在 1961 年中共中央工作會議期間，5 月 27 日，中國科學院黨組書記張勁夫在黨組擴大會議上講話時指出：“科學院有一個具體事例，就是董謙為食堂問題被批判為右傾機會主義分子，現在主席、少奇同志指示要平反。”1964 年 4 月 3 日，毛澤東在同王任重談話時曾指出：“在 1959 年春，只有科學院的昌黎調查組是正確的。”

肯定了食堂後，毛澤東接著說：“有許多事根本料不到。不是說黨不管黨嘛，一個時期計劃機關不管計劃。計劃機關不只是計委，還有各部，還有地方。地方可以原諒。所謂不管計劃，就是不搞綜合平衡。根本不去計算，要多少煤、多少鐵，就要多少運力。……去年八月以前，主要精力放在革命方面，對建設根本外行。在西樓開會時講過，不要寫‘英明領導’，管都沒管，還說甚麼英明？但是，同志們，1958 年、1959 年主要責任在我身上，應該說我。過去說恩來、陳雲，現在應該說我。……大辦鋼鐵的發明權是柯慶施還是我？我說是我。我和柯慶施談過一次話。他說華東搞六百萬噸。以後我找大家談話，有王鶴壽，也覺得可行。我六月講一〇七〇萬噸，後來去做，北戴河會議上有同志建議搞到公報上，也覺得可以。從此闖下大禍，九千萬人上陣，搞了小土群，補貼四十億，今年二十億，明年十五億，後年五億，共八十億。去年是小土群，今年是小洋群，‘得不償失’、‘得失相等’等說法，即由此而來。”

“我有兩條罪狀：一個是一〇七〇萬噸鋼，是我下的決心，始作俑者是我，主要責任在我。一個是人民公社，人民公社我無發明之權，有推廣之權。北戴河會議決議是我建議寫的。」

「我們現在的經濟工作，是否會像 1927 年那麼失敗？像二萬五千里長征時那樣，蘇區縮小到十分之一？不能這樣講。也不是大部分失敗，是一部分失敗。如果講責任，李富春、王鶴壽，有點責任，農業部、譚震林有責任，第一個責任是我。柯老，你有沒有責任？（柯慶施：有）華東一個地區你就要六百萬噸，我是全國一○七○萬噸。同志們自己的責任都要分析一下。」⑤

毛澤東的這番談話，使盧山會議從反「左」一下子轉到了反右，而且反右的聲浪不斷升級。黃克誠後來回憶：「主席的講話對我們是當頭一棒，大家都十分震驚。……我對主席的講話，思想不通，心情沉重；彭德懷負擔更重，我們兩人都吃不下晚飯；雖然住在同一棟房子裡，但卻避免交談。我不明白主席為甚麼忽然來一個大轉彎，把糾『左』的會議，變成了反『右』；反覆思索，不得其解。」⑥

會散了。毛澤東走出會場，彭德懷迎上前去，說：「主席，那封信是我寫給你作參考的，為甚麼把它印發了？」毛澤東愣了一下，說：「你也沒有講不要印發嘛。」事後，彭德懷在筆記中寫道：「我當時盡量抑制了激動的感情，避免爭吵，離開他到總理處開會去了。」

當天夜裡，黃克誠和周小舟、李銳、周惠等人在一起發牢騷。他們懷疑毛澤東的這篇講話是否經過常委討論；按照講話精神發展下去，很像斯大林晚年，沒有真正的集體領導，只有個人獨斷專行，這樣終將導致黨的分裂。大家覺得毛澤東對一些問題的決定反覆變化太快，「翻雲覆雨」，「一百八十度轉變」，使人轉不過彎，多年來的順境，毛澤東確實驕傲起來了。還說，袁世凱稱帝前，圍著袁的那些人，專門印一種報紙給袁看，意謂毛澤東受了蒙蔽。毛澤東不應該在第一線指揮經濟建設，應退到第二線等等。

這些話後來在小組討論會上許多人的一再催逼下，被黃克誠等人交代了出來，更激怒了毛澤東和與會的許多同志。彭德懷、黃克誠、張聞天等人在隨後的會議上多次違心地做檢討，但也無法過關。毛澤東決定在盧山接著開八屆八中全會，把中央委員全都請上山來，解決彭德懷等人的問題。有的中央委員一時趕不到，即命部隊用飛機送上山來。林彪就在此時被當作「救兵"搬上了山,他在常委會上大罵彭德懷是"野心家,陰謀家,偽君子",並說在中國只有毛澤東是大英雄,誰也不要想當英雄。7 月 31 日,8 月 1 日,兩個晚上都開政治局常委擴大會,聯繫彭德懷的歷史問題,對他進行了批判。⑦

毛澤東説:"彭德懷和他共事三十多年,是三分合作,七分不合作。北戴河會議不講,鄭州會議不講,上海會議不講,盧山會議快結束了,怕沒有機會了,就下戰書了。彭德懷他們是要瓦解黨,是有計劃、有組織、有準備,從右面向正確路線進攻。"但他也沒有把彭德懷一棍子打死,也表示:"彭德懷出身勞動人民,感情站在革命方面,對群眾有感情。問題是經驗主義。"

1959 年 8 月 2 日到 8 月 16 日,中共八屆八中全會在盧山舉行,做出了《關於以彭德懷同志為首的反黨集團的錯誤的決議》,把彭德懷、黃克誠、張聞天、周小舟分別調離國防、外交、省委第一書記等工作崗位,但仍保留了他們的中央委員會委員、中央政治局委員、中央政治局候補委員等職務。

8 月 16 日下午,八屆八中全會閉幕。毛澤東再次講話,又講到海瑞:"現在聽説海瑞出在你們那個裡頭,海瑞搬了家了。明朝的海瑞是個左派,他代表富裕中農、富農、城市市民,向著大地主大官僚作鬥爭。現在海瑞搬家,搬到右傾司令部去了,向著馬克思主義作鬥爭。這樣的海瑞,是右派海瑞。我不是在上海提倡了一番海瑞嗎?有人講,我這個人又提倡海瑞,又不喜歡出現海瑞。那有一半是真的。海瑞變了右派我就不高興呀,我就要跟這種海瑞作鬥爭。"

毛澤東又一次表示,這樣長久的歷史,比如彭德懷同志,我説三十一年就這麼散了啊?毛澤東借用孔夫子的一句話,"狂者進取,狷者有所不為也",表達他希望彭德懷等人改正錯誤的心情。最後,毛澤東用林彪發言中的兩句話,結束了他的講話:盧山會議"避免了一個大馬鞍形,避免了一次黨的分裂"。

盧山會議結束後,在全國掀起了"反右傾"運動的高潮。彭、黃、張、周等人雖然被保留了黨內職務,但對幾十萬所謂"右傾機會主義分子"的處理,一般都開除黨籍,撤銷黨內外一切職務,勞動改造,長期下放。

盧山會議打亂了黨中央和毛澤東剛剛開始的糾"左"工作,使大躍進中

周恩來、彭德懷在中南海瀛台與工作人員交談。

的一些"左"傾錯誤政策得到了進一步發展，導致了 1949 年底、1960 年全國經濟形勢的進一步惡化，全國工農業生產大幅度下降，人民生活水平日益降低，市場供應緊張，商品嚴重缺乏，中國進入了三年困難時期。

廬山會議後，毛澤東到各地視察。在濟南，山東省委書記舒同彙報封山造林時，毛澤東問："你們年年談造了多少林，封了多少山，我怎麼從北京到上海，在飛機上看不到？"

　　8 月 20 日，毛澤東離開廬山，乘專列從九江出發，經停南昌、上饒、諸暨、蕭山新塘，22 日晚六時到達杭州。

　　在上饒，他聽彙報說常山縣今年"五子登科"，很有興趣，聽到是"麥子、稻子、菜籽、橘子、桐籽"長勢不錯有望豐收，高興地記在本子上。

在蕭山新塘車站，他請蕭山縣委書記牛樹楨、縣長劉志民一起吃飯，飯菜是炒青椒、炒辣椒、番茄炒蛋和一碗有幾片海參的清湯，還有大米飯和幾個饅頭。車到縣城，他到一片水稻田裡實地考察，走得很慢，時而俯下身子撫摸一叢叢綠油油的水稻，時而叉著腰向遠處眺望。

8月24日，毛澤東就分期分批為右派分子摘帽和赦免一批罪犯問題給劉少奇寫信，認為全國四十五萬右派分子中"積以時日，至少可以爭取百分之七十的右派分子改變過來。例如說，在今後七年中（或更多時間），每年爭取轉變和摘掉帽子百分之十左右，是有可能的。"他認為，在今年國慶節之前，可以考慮給第一批四萬五千人即百分之十的確有改變的右派摘掉帽子。還想到，今年國慶十週年，是否可以赦免一批確實改惡從善的戰犯及一般正在服刑的刑事罪犯。⑧

8月25日，毛澤東離開杭州，經上海、南京、徐州、濟南、天津，於8月27日回到北京。當天，印度軍隊第一次挑起中印邊界武裝衝突。

9月3日，河北省委報告，鋼、鐵、煤的生產急劇上升，農業生產競賽運動已進入一個新的階段。9月9日，毛澤東乘專列視察了密雲水庫。在密雲水庫白河大壩，他認真看了當天的《密雲水庫報》，工地民工火熱的工作熱情和掌聲、歡呼聲，讓毛澤東意氣風發，邁著大步向人群頻頻揮手。密雲水庫的施工工期在國外需要七八年，在中國，一年攔洪蓄水，兩年完工。聽到這些，毛澤東很高興。當時水庫水溫在二十度以下，毛澤東下水暢游了四十五分鐘。

9月11日，甘肅省委報告：目前全省夏田普遍豐收，秋田生長很好，豐收在望。9月24日，石油工業部報告：石油工業在1959年仍然是一個大躍進的形勢。浙江、四川等地也報告了好消息。毛澤東都仔細閱讀並批轉各地參考，還寫了一些給予肯定的話。但他並不滿足於書面報告。形勢究竟如何，他還要到實際中去親眼看一看，心裡才踏實。從9月18日起，毛澤東開始了為期一週的河北、山東、河南三省視察。

9月21日在濟南，山東省委書記舒同彙報封山造林時，毛澤東問："你們年年談造了多少林，封了多少山，我怎麼從北京到上海，在飛機上看不

1959年9月10日，毛澤東在北京郊區密雲水庫看工地小報。

到？”舒同沒有回答。接著彙報全省計劃組織九百萬勞動力上陣搞山水林田，毛澤東又問：“能組織這麼多人嗎？一定要實事求是，從實際出發，統籌安排，要注意群眾的生活問題。”⑨

　　毛澤東還提出要橫渡黃河：“全國的大江大河我都渡了，還沒有渡黃河，我明年夏天到濟南來橫渡黃河。”大家告訴他：“黃河的漩渦很大很多。”他不這麼看：“漩渦不可怕，你們可以事先勘查一下嘛。”而且不容別人分說，“就這樣定了，我明年7月下旬8月上旬來，你們先找人作點準備。”

　　9月24日，毛澤東在河北磁縣成安鎮，主要視察了棉花高產田。他看到一塊牌子上寫著“畝產三千斤”，就問陪同的邯鄲地委書記龐均：“三千斤能收到嗎？”龐均急忙糾正：“一千斤，一千斤。”另一塊牌子上寫著：“大棉桃，不簡單，個個大得像鴨蛋。全國產量要列類，爭取主席來看看。”毛澤東笑著說：“爭取我來，我來了嘛。”

1959年9月9月15日零時十分到二時二十分，毛澤東在時任北京市市長彭真、
鐵道部部長呂正操、副部長武竟天等的陪同下視察新北京站。

　　毛澤東看到一個小山一樣的棉花垛，於是沿著一塊搭在棉花垛上的木板，向垛頂走去。木板是懸空的，旁邊人急忙去攙扶，毛澤東說不用，幾步走到了垛頂，對河北省委書記林鐵等人喊道："上來呀，快上來呀。"

　　這時攝影師侯波鬧了個笑話。她跟著毛澤東搶鏡頭，怎麼也找不到角度。情急之中，侯波也爬到棉花垛頂上去了，從上往下俯拍。誰知棉花垛看著很高，其實很軟很虛，人一上去就往下陷。侯波急得大叫起來："救人啊！救人！"毛澤東聽到了喊聲，急忙說："侯波陷進去了，趕緊去救她！"等幾個人把侯波拉出來的時候，她已是全身白花花，像個半化的雪人兒，連相機上都掛滿了棉花，甭提多狼狽了。[10]

　　9 月 25 日，毛澤東回到北京。一路所見所聞，似乎都是糧棉高產，一片豐收在望的景象。其實，由於各地事先安排，他所看到的，不是農業研究所的試驗田，就是很少數辦得特別好的人民公社的幾片豐產田。這些雖然是第一手材料，也沒有根據說都是虛假的，但是它們在全國並沒有多大代表性。而這些不全面的情況，卻被毛澤東看做判斷形勢、做出決策的重要依據，對他產生了重要影響。

赫魯曉夫訪華，就中印邊境衝突、金門炮擊等問題質問中國，毛澤東說："我聽了半天，你給我們扣了好些頂帽子，那麼我也送你一頂帽子，就是右傾機會主義。"

　　回北京後，很快到了"十一"國慶節，毛澤東和其他領導人要參加天安門的活動，中共中央邀請蘇聯等十一個社會主義國家領導人率領的黨政代表團和日本、印度等六十個國家的共產黨代表團參加中國國慶活動。在這其間，毛澤東、劉少奇、周恩來、朱德、林彪、彭真、陳毅等中共領導人同一些代表團進行了會談或談話。

　　10 月 2 日，毛澤東與蘇共中央第一書記、部長會議主席赫魯曉夫在頤年堂舉行會談。赫魯曉夫剛剛同美國總統艾森豪威爾舉行戴維營會談回國不

1959年10月1日，羅榮桓、賀龍、聶榮臻在天安門城樓交談。

1959年10月12日，毛澤東與國慶觀禮團成員合影。

1959年10月1日，毛澤東等黨和國家領導人在天安門城樓與解放軍高級將領合影。前排左起：譚政大將、羅瑞卿大將、朱德元帥、董必武、劉少奇、毛澤東、宋慶齡、周恩來、賀龍元帥、陳毅元帥、彭真、林彪元帥、羅榮桓元帥；第二排左起：葉劍英元帥、徐向前元帥、聶榮臻元帥、徐海東大將、肖勁光海軍大將、黃永勝上將、楊成武、劉亞樓空軍上將、王樹聲大將、周士第上將、李聚奎上將、甘泗淇上將、楊至誠上將、陳世榘上將、周純全上將、張宗遜上將、張愛萍上將、傅鍾上將、陳伯鈞上將、郭天民上將、許光達大將、肖華上將、李志民上將、陳明仁上將、賀炳炎上將、董其武上將、朱良才上將；後排左起：肖向榮中將、陶峙岳上將、楊勇上將、傅秋濤上將、劉震空軍上將、黃火星中將、王新亭上將、王建安上將、蘇振華海軍上將、陳錫聯上將、宋時輪上將、王尚榮中將、王宏坤海軍上將、彭紹輝上將、楊得志上將。

久，又來到北京。會談時，他應艾森豪威爾的要求，向中國領導人提出在中國監禁的五名美國犯人的問題。毛澤東和周恩來對他説明：這五個人都是特務，他們的刑期還沒有滿，放是要放的，但現在不能放。

赫魯曉夫又提出中印邊界衝突問題。1959 年 8 月，中印邊界發生了一次武裝衝突，9 月 9 日，蘇聯塔斯社發表了一個偏袒印度的聲明，把中蘇兩黨的爭論公開化。在這次會談中，赫魯曉夫問：“中印邊界衝突，中國為甚麼開槍？”毛澤東、周恩來、林彪、彭真、陳毅反覆地向他闡明事實真相：第一，他們越境；第二，他們先開槍；第三，他們打了十二小時之久，中國士兵才開槍的。毛澤東還指出：“這是局部的糾紛，是雙方士兵打的，不是雙方政府下命令打的。事先不僅我們不知道，就連我們西藏軍區也不知道。尼赫魯也是事後才知道的，現在他們知道了，是他們佔了我們的地方，所以才撤出了兩個地方。”

可是赫魯曉夫不顧這些事實，只咬定被打死的是印度人這一點，以此責備中國。毛澤東告訴赫魯曉夫：“在中印邊境問題上，你們做的不對，不公平，你們公開地表明了我們兩黨的分歧。”彭真接著反問：“我們不知道你們蘇聯是甚麼原則，難道別人越境，先開槍達十二小時之久，還不還槍嗎？”

赫魯曉夫表示：“你們為了那麼塊不毛之地跟尼赫魯衝突，很不值得。”外交部長陳毅嚴詞駁斥他的謬論。他竟然反駁説，西藏與印度毗鄰，西藏本身不能對印度構成威脅，而中國卻為西藏去同印度衝突。陳毅氣壞了，問道：“你是不是讓中國放棄西藏的領土主權？”

赫魯曉夫這才發覺自己走了嘴，又開始咒罵各國共產黨的領導人，説東歐國家拿了蘇聯的錢，又罵蘇聯，還説中國炮擊金門沒有和他打招呼，不符合兄弟國家相處的準則。陳毅駁斥他：“炮擊前通知了蘇聯，炮擊金門也是中國的內政，那裡是中國領土，你難道要替美帝國主義和蔣介石指責我們？”赫魯曉夫又説中國的大躍進和人民公社犯了超越階段的錯誤，毛澤東隨即做出反應：“我聽了半天，你給我們扣了好些頂帽子，那麼我也送你一頂帽子，就是右傾機會主義。”⑪

這次會談，雙方最後都表示了團結的願望，但中蘇兩黨之間的裂痕顯然在進一步擴大。

中印邊境發生武裝衝突，毛澤東提議："為避免邊界糾紛，按照習慣的邊界，整個全線各退十公里，印度也退十公里，中國也退十公里，有二十公里的距離，因為邊界沒有定，以待談判解決。"這是一個誰也沒想到的高招，堅持和平解決中印邊界問題，這是毛澤東和中共中央的"盤子"。

10月23日，毛澤東離京南下，到天津後，當晚住在火車上。10月24日，他在河北省委、天津市委同志的陪同下，參觀了天津工業展覽會。他看得極為仔細，幾乎看遍了所有的展品。他說，不要聽叫好聲，聽不進群眾的意見。"大躍進"違反了經濟發展規律，是我黨歷史上一個慘重教訓。

當晚，專列啟動，繼續南行，經停濟南、徐州、蚌埠、合肥、馬鞍山，10月29日，毛澤東來到南京。入秋以來，巢湖地區出現大旱，河塘乾涸，大片農田呈現密如蛛網的龜裂。但農民社員們仍在農田裡忙碌，有的挖地，有的拾糞，有的挑水澆地。當毛澤東出現在他們面前時，他們都圍攏過來，歡呼，歡笑。"多好的場面，多好的人民！"面對此情此景，毛澤東感動萬分。

毛澤東向江蘇省委書記江渭清打聽"反右傾"的情況，江渭清坦言：我們有"右傾"思想，但是沒有"右傾"分子。毛澤東聽了，不再說話。1957年"反右"時，江渭清也公開硬頂毛澤東，不肯在省委機關劃右派。後來，毛澤東也沒有把他怎麼樣。

安徽省委書記曾希聖向他彙報，八九月份正是水稻抽穗、揚花、灌漿期，由於持續無雨，造成水稻減產嚴重，全省有三分之二的地區受旱。毛澤東聽後，心情很沉重。午飯時，擺在桌子上的是象牙筷子。毛澤東讓換成竹筷，服務員說只準備了象牙筷子，沒有竹筷。衛士報告後，毛澤東還是讓他去找。服務員無奈，找了一雙自己用的已經用舊的竹筷子。毛澤東接過筷子，一邊吃，一邊道："象牙筷子太重，我不喜歡，還是竹筷子好。"[12]

毛澤東問江蘇負責人:"你們今年糧食有沒有希望多少增一點產呢?"負責人答:"糧食情況今年比較好。""今年的好處是大面積的高產,這一點比去年好。無論如何明年春天的問題不會再是今年春天那個樣子了。"毛澤東緊跟著問了一句:"明年春天會比今年春天更好一些?"負責人答:"恐怕好得多。"

10月30日晚六時,火車到達上海,上海市負責人柯慶施、陳丕顯上車迎接毛澤東。柯慶施詢問毛澤東:"現在是不是下去一下?"毛澤東表示:"不下去。"柯又建議:"他們有個晚會。""甚麼晚會也不看。"毛澤東還是沒有興味。陳丕顯又提出:"游泳吧!""現在怕游水。現在我有腸子病,昨天晚上吃了八片磺胺劑,把它壓了一下,同時又把窗戶開開,大吹其風,溫度降了,一睡就睡十個鐘頭,直到今天下午四點。已經有兩個月沒有游水了,怕下水,身體搞得不行了。"毛澤東婉言推辭。

此時,儘管聽到的有不少好消息,但毛澤東對全國經濟形勢尤其是農業形勢並不樂觀,擔心吃飯問題,心情頗為沉重。

10月31日,毛澤東乘專列來到杭州。

10月21日,在中印邊境西段空喀山口發生了武裝衝突,為此,周恩來、彭真、王稼祥、胡喬木11月3日飛抵杭州,向毛澤東請示對這個問題怎樣處理。

"你們還沒有來,早兩天我就在車上想這個問題。這回你們想來談,我說是不是這麼個方案。""為避免邊界糾紛,按照習慣的邊界,整個全線各退十公里,印度也退十公里,中國也退十公里,有二十公里的距離,因為邊界沒有定,以待談判解決。""尼赫魯不是主張在朗久雙方後撤嗎?這二十公里的距離內,由不帶武裝的民政人員照舊管理。武裝不要存在,以免引起衝突。不是無人地帶,而是無槍地帶。如果説十公里不夠,那麼還可以研究一下,可以更長一點。如果説雙方各退二十公里,就是四十公里的距離。"毛澤東總是顯得高屋建瓴。[13]

大家一致稱讚毛澤東的這個意見,説他們誰也沒有想到這一招,認為這樣做是很主動的。毛澤東對中印邊界衝突的戰略思想,有兩點值得重視,都是屬於涉外重大方針的:一、堅持和平解決中印邊界問題,這是毛澤東和中共中央的"盤子"。二、中國的威脅主要來自東方，這個判斷決定著中國長期以來主要的戰略防禦方向。

談完中印衝突，又談工農業，尤其是農業和糧食問題。胡喬木講了他在河北的見聞，都在興修水利，就像打仗一樣，白天晚上，來來去去，都是上水庫的同從水庫回來的，他們輪班。大車和背上一大堆行李，另外，還有送給養的，完全像支前一樣，比支前緊張得多。邯鄲農村勞動力的半數以上到水庫了，村子裡剩下的只有婦女。邯鄲全地區不過六百萬人，不過二百萬勞動力，就有一百六十萬人上水庫。周恩來談到，因為旱災，河南有一千多萬畝重新種了，種出來又乾死了。

11 月 30 日至 12 月 4 日，毛澤東在杭州南屏游泳池主持召開中央政治局常委擴大會議，討論國際問題和國內經濟問題。毛澤東發表了兩次講話。談到鋼，他說：1960 年鋼產指標一千萬噸，無論如何要超過，兩千二百萬噸不要去打算，搞到兩千萬噸就了不起了。三千萬噸鋼真正搞到手，我們國家的局面就轉變過來了。可以看出，毛澤東對鋼產量還是希望能盡可能多一點兒，總覺得中國的鋼太少，嚴重限制了工業發展。

對國內經濟，毛澤東說，盧山會議估計，副食品今年下半年好轉，看來不靈了。那麼明年下半年如何？人要吃飯，豬也要吃糧的。如果去年只有一億五千萬頭豬，今年達到一億八千萬到兩億頭，這樣可以，關鍵是從現在起就要抓緊節約用糧。

12 月 3 日起，杭州會議討論國際問題。4 日晚，毛澤東專就國際形勢問題發表講話。這次講話沒有正式記錄，但有毛澤東親筆寫的一份講話提綱。其中他對赫魯曉夫的分析，是這樣寫的："赫魯曉夫們很幼稚。他不懂馬列主義，易受帝國主義的騙。他不懂中國達於極點，又不研究，相信一大堆不正確的情報，信口開河。他如果不改正，幾年後他將完全破產（八年之後）。他對中國極為恐慌，恐慌之至。他有兩大怕：一怕帝國主義，二怕中國的共產主義。他怕東歐各黨和世界各共產黨不相信他們而相信我們。他的宇宙觀是實用主義，這是一種極端的主觀唯心主義。他缺乏章法，只要有利，隨遇而變。"⑭

當時，毛澤東對赫魯曉夫的政策如何發展沒有說死，還在看。

毛澤東讀《政治經濟學教科書》談話，首次提出社會主義發展階段論："社會主義這個階段，又可分為兩個階段，第一個階段是不發達的社會主義，第二個階段是比較發達的社會主義。後一階段可能比前一階段需要更長的時間。"

　　杭州會議一結束，毛澤東開始了他的一段特殊的讀書生活。這一次集中時間所讀的書，是蘇聯《政治經濟學教科書》社會主義部分，並指定陳伯達、胡繩、鄧力群、田家英同他一起讀。從 1959 年 12 月 10 日起，到 1960 年 2 月 9 日結束，歷時兩個月。

　　毛澤東讀《政治經濟學教科書》的情況，鄧力群有一個比較詳細的回憶："毛澤東對這次讀書活動親自安排，規定每天下午一起讀書，並吩咐胡繩、田家英和我輪流誦念，邊讀邊議。我們三個人又商量了一下，作了分工：他們倆輪流朗讀，我作記錄。12 月 10 日讀書開始，邊讀邊議，聽毛主席談話，大家也插幾句話。毛主席起初未注意我們的分工，問我：你怎麼不讀？我說：我的口音不標準。毛主席看看我，知道我在作記錄，就沒說甚麼。

　　"在杭州前後二十五天，除去三個星期日和 1960 年元旦，實際讀書的時間是二十一天。每天下午讀，一般從四時左右起到九時左右吃晚飯止；也有時從二時、五時、六時開始讀，到七時、七時半、十時結束。

　　"26 日，是毛主席六十六歲生日，也沒有中斷讀書。只是毛主席要我們讀書小組的幾位同志同他一起吃晚飯。客人只請了當時在浙江工作的江華及其夫人吳仲廉兩位。江華是井岡山時期的老同志。飯後，毛主席贈給每人一冊線裝本《毛澤東詩詞集》和他當時寫的兩首詞作為紀念。"⑮

　　毛澤東讀《政治經濟學教科書》談話，經鄧力群等人進行整理，形成一個比較完整的近十萬字的談話記錄。在讀教科書的談話中，毛澤東首次提出社會主義發展階段論："社會主義這個階段，又可分為兩個階段，第一個階段是不發達的社會主義，第二個階段是比較發達的社會主義。後一階段可能比前一階段需要更長的時間。"

　　在讀書期間，毛澤東對"四個現代化"的提法，從 1954 年的《政府工作報告》、1957 年《關於正確處理人民內部矛盾的問題》，發展到"要加上國防現代化"，形成了比較完整的表述，指"工業現代化、農業現代化、科學技術現代化、國防現代化"。

　　讀書期間，毛澤東還寫了一首打油詩，諷刺赫魯曉夫訪美，送給田家英看。這首打油之作從未公開發表，因而鮮為人知："西海如今出聖人，塗脂抹粉上豪門。一輛汽車幾間屋，三頭黃犢半盤銀。舉世勞民同主子，萬年宇宙絕紛爭。列寧火焰成灰燼，人類從此入大同。"⑯

①　《毛澤東回湖南紀實》，湖南出版社 1999 年第 3 版，第 7—8 頁。

②　李銳：《廬山會議實錄》（增訂第三版），河南人民出版社 1999 年 1 月第 3 版，第 295—296 頁。

③　《毛澤東傳（1949—1976）》，中央文獻出版社 2003 年 12 月第 1 版，第 972—973 頁。

④　《毛澤東傳（1949—1976）》，中央文獻出版社 2003 年 12 月第 1 版，第 983 頁。

⑤　《毛澤東傳（1949—1976）》，中央文獻出版社 2003 年 12 月第 1 版，第 983—988 頁。

⑥　《黃克誠自述》，人民出版社 1994 年 10 月版，第 252—253 頁。

⑦　李銳：《廬山會議實錄》（增訂第三版），河南人民出版社 1999 年 1 月第 3 版，第 181—213 頁。

⑧　《建國以來毛澤東文稿》（第八卷），中央文獻出版社 1993 年 1 月版，第 475—476 頁。

⑨　《毛澤東與山東》，中央文獻出版社 2003 年 11 月第 1 版，第 114 頁。

⑩　2003 年 9 月採訪徐肖冰、侯波。

⑪　《毛澤東之路——畫說毛澤東和他的戰友》，長江文藝出版社 2004 年 12 月第 1 版，第 442 頁。

⑫　《毛澤東在安徽》，安徽人民出版社 1993 年版，第 84—91 頁。

⑬　《毛澤東傳（1949—1976）》，中央文獻出版社 2003 年 12 月第 1 版，第 1023—1024 頁。

⑭　《建國以來毛澤東文稿》（第八卷），中央文獻出版社 1993 年 1 月版，第 599—602 頁。

⑮　《毛澤東傳（1949—1976）》，中央文獻出版社 2003 年 12 月第 1 版，第 1037—1039 頁。

⑯　《毛澤東之路——畫說毛澤東和他的戰友》，長江文藝出版社 2004 年 12 月第 1 版，第 442 頁。

1960

第十四章

抗爭論戰

江渭清談到食堂問題，大家都説有道理。毛澤東説："調查以後，中央開會討論食堂問題。如果渭清講得對，就'一風吹'。不對再作別論。"

1960 年 1 月 7 日至 17 日，毛澤東在上海主持了中央政治局擴大會議，17 日閉會那天，他發表了講話，談到國內形勢：鋼產指標向全國人民代表大會提出的是一千八百三十五萬噸，爭取兩千萬噸或者還稍多一點。國內我們團結了大多數人，包括了富裕中農中間的百分之九十五的人。廬山會議以後很靈，生產月月高漲，看來今年至少不弱於去年，可能比去年更好一些。

由此看來，毛澤東當時對經濟形勢是比較樂觀的。

這次會議還確定 1960 年糧食產量計劃為六千億斤，還要求本年內大辦公共食堂，試辦和推廣城市人民公社。會後，全國又開始大辦縣社工業，大辦水利，大辦食堂，大辦養豬場等，一些原來確定減縮的基本建設項目重新上馬，高指標、浮誇風、命令風和"共產風"又嚴重地氾濫起來。1959 年冬與 1960 年春，"左"傾蠻幹遠遠超過了廬山會議前，是廬山會議"反右傾"帶來的惡果。

上海會議結束後，1960 年 1 月 18 日，毛澤東回到杭州。1 月 24 日，他離開杭州，經江西向塘，湖南株洲、衡陽，27 日到達廣州。在廣州，毛澤東住在白雲山梅花園雞頸坑賓館，出席了中央軍委擴大會議。2 月 1 日，毛澤東給赫魯曉夫回信，通知他中共中央決定派康生、劉曉、伍修權為代表，以觀察員的身份出席華沙條約締約國政治協商委員會例會。2 月 4 日，赫魯曉夫在莫斯科召開的華沙條約國首腦會議上，放肆攻擊中國和毛澤東，並要求所有社會主義國家支持他將在巴黎召開美、蘇、英、法四國首腦會議和艾森豪威爾夏天訪蘇的計劃。

2 月 22 日下午，毛澤東召開中共中央政治局常委會，討論赫魯曉夫在華沙條約國首腦會議上對我們的攻擊。他認為，這是一個很重要的標誌，赫魯曉夫要以反對中國來討好西方，同時，要在社會主義國家陣營中把中國的威信打下去，使中國不能夠反對他準備對西方所做的讓步。常委會確定，對赫魯曉夫反華要準備必要的反擊。

1960年2月12日，毛澤東出席在廣州召開的軍隊政治工作會議。左起：聶榮臻，林彪，賀龍，周恩來，羅瑞卿，彭真，毛澤東，鄧小平。

在廣州期間，毛澤東進行了《毛澤東選集》第四卷正文的審讀工作。3月9日晚，毛澤東離開廣州，乘專列經停郴州、衡陽，10日到達長沙。3月12日，毛澤東離開長沙，帶著湖南省委第一書記張平化，專列向東，在江西向塘停留時將江西省委書記楊尚奎夫婦接上車，然後經停浙江金華，3月14日晚到達杭州。毛澤東不下火車，事先應召而來的中央政治局委員、書記處書記譚震林，上海柯慶施、安徽曾希聖、福建葉飛、浙江江華、江蘇江渭清等省委第一書記相繼上了專列。

3月15日下午，毛澤東帶著一行省委書記從杭州出發，途經蕭山，到紹興。在蕭山到紹興的路上，毛澤東與省委書記們一起開會，討論公共食堂問題。

省委書記們大多講吃食堂有多少多少好處，只有江渭清一言不發。毛澤

1960年3月14日，毛澤東在去浙江金華視察雙龍水電站的路上，停車走到田間仔細地觀看油菜花和紫雲英的生長情況。

東點他的名："渭清，他們都發表意見，唯獨你不發表意見，是甚麼道理？"江渭清說："我不好發言。""有甚麼意見都可以講。不抓辮子，不打棍子，不戴帽子。"毛澤東給他打氣。"不少同志認為辦公共食堂怎麼好，怎麼好，我了解到的情況卻是怎麼不好，怎麼不好。"

"那你就講怎麼不好嘛！"毛澤東點燃一支煙。

"食堂耗量特別大。本來一家一戶過日子，再窮也有個糠菜半年糧，您老人家說，忙時吃乾，閑時吃稀，全勞力吃乾，半勞力吃稀，是因為糧食不夠。現在男女老少都在一起吃，半年吃了一年的糧，全年口糧幾個月就吃光了，吃不起。"

毛澤東認真聽著："這是一，二呢？"

"農民一家以戶過日子，每戶挖點野菜，餵點剩湯剩飯甚麼的就能養一頭豬，全國一億多戶農民就是一億多頭，現在辦公共食堂，不許養雞、養鴨、養豬、養羊，結果沒有蛋吃，沒有肉吃。”

“這是二，那麼三呢？”毛澤東豎起了他的中指。

江渭清繼續了下去：“主席，辦公共食堂的損失，是很難計算的。食堂裡的碗，天天打，筷子天天丟，這還算小，您再到公路上看看，樹都砍得差不多了，都用來燒飯，原來一家一戶做飯，小孩去摟一摟，弄點樹葉子，爛柴草，就可以了。現在都給你燒木柴，毀了多少木材啊！剛才大家講食堂怎麼好，有的還講公共食堂給社員吃‘四菜一湯’。我在江蘇沒見過。要我來講，如果這樣搞下去，連‘一湯’都要喝不上了。”

毛澤東調頭問大家，渭清意見對不對。其他人說他講得有道理。“調查以後，中央開會討論食堂問題。如果渭清講得對，就‘一風吹’。不對再作別論。渭清同志，你回去後，先把江蘇的食堂解散。”毛澤東說。

“主席，馬上解散還不行，群眾沒有鍋，碗筷也要準備。”

“照你看，該怎麼辦？”

江渭清想得很細：“要停辦食堂，不光要確保口糧定量到人，分發到戶，還必須解決一家一戶用的鍋碗燒柴等問題。不能辦食堂一鬨而起，停食堂一鬨而散，如果馬上解散，勢必給群眾帶來新的困難。”[①]

毛澤東讓江渭清根據江蘇實際情況，具體研究辦理。但此後，各地食堂仍然呈快速發展的態勢。

毛澤東的這趟專列，經上海、南京、徐州、濟南，於 3 月 22 日到達天津，毛澤東沿途與當地的省、市委負責人和一些地委負責人談話，還開了幾次會。

到天津的當天，毛澤東在中國駐巴基斯坦大使館的一份報告上，寫了一個很長的批語，題為《關於反華問題》：“對於西方國家的帝國主義分子，其他國家的反動分子半反動分子，國際共產主義運動中的修正主義分子半修正主義分子，對於所有這三類分子，要有分析。第一，他們人數極少。第二，他們反華，損傷不了我們一根毫毛。第三，他們反華，可以激發我們全黨全民團結起來，樹立雄心壯志，一定要在經濟上和文化上趕上並超過最發達的西方國家。第四，他們勢必搬起石頭打到他們自己的腳上，即是說，在百分之九十以上的善良人民面前，暴露了他們自己的醜惡面目。”[②]

這時，"共產風"、浮誇風、貪污浪費的情況引起了毛澤東的憤怒。3月23日，他在批轉山東省的一個情況簡報時，以極嚴厲的口氣為中央起草了一個批語，其中說："山東發現的問題，肯定各省、各市、各自治區都有，不過大同小異而已。問題嚴重，不處理不行。在一些縣、社中，去年三月鄭州決議忘記了，去年四月上海會議十八個問題的規定也忘記了，共產風、浮誇風、命令風又都颳起來了。一些公社工作人員很狂妄，毫無紀律觀點，敢於不得上級批准，一平二調。另外還有三風：貪污、浪費、官僚主義，又大發作，危害人民。""對於那些最胡鬧的，堅決撤掉，換上新人。平調方面的處理，一定要算賬，全部退還，不許不退。對於大貪污犯，一定要法辦。一些縣委為甚麼沒有注意這些問題呢？他們嚴重地喪失了職守，以後務要注意改正。"③

3月24日、25日，毛澤東在天津召開了中央政治局常委擴大會，通稱"天津會議"。在第一天的會議上，毛澤東提出十七個問題，要大家討論。彙報工業問題時，講到1960年鋼材分配情況，毛澤東看到地方分到的數量很少，不由得感歎起來："現在我們這個國家很可憐。為甚麼人家輕視我們呢？你看，就這麼一點。"毛澤東希望中國能夠多搞一點鋼鐵的緊迫心情，總是不時地要流露出來。

鄧小平彙報時，提出一個托拉斯的問題："目標就是速度加快，更節約，綜合經營，綜合利用。我們研究，恐怕要走托拉斯道路。就是主席提過的，一行為主，搞其他多行，搞托拉斯。"毛澤東認同鄧小平的看法："資產階級發明這個托拉斯，是一個進步的方法。托拉斯制度實際上是個進步的制度，問題是個所有制，資本主義國家是資本家所有，我們是國有。"④

天津會議基本上還是"大躍進"、人民公社的路線，但反對一平二調，反對颳"共產風"；提出不要破壞社會原有的經濟秩序；發展小洋群煉鋼鐵，必須在有煤、鐵資源的地方；不要把"敢想、敢說、敢做"的口號絕對化，等等。又有從鄭州會議以來的糾"左"工作中後退的地方，比如，要求城鄉食堂普遍化，要求城市人民公社普遍化等。

天津會議期間，還談到要加快準備紀念列寧誕辰的反修文章。會後，加快了文章的起草工作。共三篇文章，《列寧主義萬歲》、《沿著偉大列寧的道路前進》和《在列寧的旗幟下團結起來》，4月20日到23日在《紅旗》雜誌

1960年3月24日，毛澤東在天津專列上主持華北區省委書記會議。

和《人民日報》發表。三篇文章雖然沒有點赫魯曉夫的名，但中共與蘇共之間的分歧已公開化。

　　天津會議結束後，3月26日，毛澤東回到北京，出席二屆全國人大二次會議。

毛澤東一聽"瞞產私分"，立即做出反應："哪個要瞞產私分？是地委，還是縣委，還是公社黨委？現在那些人還在那裡辦事嗎？這種書記就不要讓他當了，要他吃飯完了。"

　　毛澤東在北京住了一段時間，4月28日凌晨二時許，他登上專列外出視察，到達天津後沒有下車住宿，在車上辦公。這次陪他外出的是中央辦公廳主任楊尚昆。

1960年4月26日，毛澤東在北京中南海家中主持中央政治局常委擴大會議。左起：陳毅、彭真、鄧小平、陳雲、朱德、劉少奇、毛澤東、周恩來、林彪。

　　4月30日，他在專列上同譚震林、廖魯言、劉子厚、萬曉塘談話，一上來就問："國內國際比較一月上海會議時的形勢是不是好一點？" 譚震林表示："好得多。" "怎麼好得多？" 譚答："今年工業的產值可能翻一番。糧食形勢也是好的。我們派了十幾個考察團到安徽阜陽專區，考察的結果，他們反映的材料，事實上，那個死人是個別的，多數人治好了，外流的人數也不多，而且糧食吃得相當多。……他們這裡（指河北省）的大名縣也叫做有糧食問題的，我們也派了一個組去摸，一摸，實際並不是甚麼每天八兩、十二兩，而是吃一斤，人的臉都紅光滿面，不像吃八兩糧食的樣子。"

　　其實，當時國內有些地方已開始出現大量非正常死亡的情況。但是毛澤東聽不到，並不知道；連分管農業的中央書記處書記譚震林，也了解不到真實情況。

　　5月1日，毛澤東在天津中心廣場出席了"五一"慶祝大會，看了文藝表演。主席台是臨時搭建的，不太結實，劉子厚急出了一身冷汗。他一面佈置警衛人員勸阻群眾不要擁擠，一面向毛澤東彙報。"以後搭結實不就行了。"毛澤東不以為然。下午五時，他登上專列，5月2日清晨到達濟南。

山東省委在濟南市南郊建了一處高標準賓館，為中央幾位主要領導人設計了專用房間。毛澤東到濟南後，省委領導請毛澤東去住，毛澤東堅定地揮了揮手不願去。楊尚昆去看了看，回來告訴毛澤東搞得不錯，也勸毛澤東去看看。毛澤東還是那句話："我不去。"直到逝世，他也沒踏進過為他專建的南郊七號樓一步。⑤

當天下午，毛澤東在專列上同山東省負責人舒同、白如冰、裴孟飛等人談話。因為山東遭受了嚴重乾旱，毛澤東第一句話就問山東的旱情。舒同彙報："全省受旱面積九千萬畝，嚴重的三千萬畝。"毛澤東問："今年會不會鬧糧荒？"舒同直言："有些問題，現在正在抓這件事。有一部分縣的領導，馬馬虎虎，看來是有問題，他們卻說沒有問題；有些縣，原來認為沒有問題，現在暴露出了問題；有個地區還搞了瞞產私分。"

毛澤東一聽"瞞產私分"，立即做出反應："哪個要瞞產私分？是地委，還是縣委，還是公社黨委？現在那些人還在那裡辦事嗎？這種書記就不要讓他當了，要他吃飯完了。"毛澤東知道山東糧食困難，就向舒同建議："是不是要中央調點糧食給你們呢？"舒同說："中央答應一億。我們今年調出去三億五。"毛澤東又問："今年的麥子比去年是不是多一點？"舒同說："今年的麥子原來一百四十億斤是有把握的。現在全省大旱，多則一百億，少則九十幾億，去年是八十億。"⑥

毛澤東在濟南住了三四天，會見了正在中國參觀訪問的來自拉丁美洲和非洲十四個國家和地區的工會、婦女代表團代表後，5月6日到達鄭州。四五月間，正是冬小麥生長的關鍵時期，毛澤東一路上在行進的專列裡，不時地向窗外眺望，觀看田裡的麥子生長情況。當河南省委負責人吳芝圃、楊蔚屏、史向生、趙文甫登上專列時，毛澤東的第一句話就是："我在火車上，在鄭州附近看了你們的麥子很好，差不多一人高，有水澆沒有？"楊蔚屏回答："有的有水，是城裡的污水和黃河水。偃師是全省第一，麥田管理得好。"毛問："單位產量呢？"楊答："有一個豐產單位，去年搞到八百多斤。"

毛澤東詳細地詢問了河南的旱情。吳芝圃告知："全省有四分之一地區一直旱到現在,這個情形跟光緒三年連旱三年的情形一樣。光緒三年河南大旱,1942年河南大旱。最怕夏旱、秋旱。不過今年的麥子還算不錯。去年工作上也有毛病,搞基本建設公用糧食太多,抗旱也多吃了糧食。所以,今年浮腫病多,主要是信陽專區,旁的專區也都有一點,不怎麼嚴重。信陽專區說病了十來萬人。正常死亡與浮腫病死亡也很難分,死亡率是增加的,信陽專區可能增加好幾萬人。"

其實,大量出現浮腫病和非正常死亡,顯然不是因為搞基本建設和抗旱多用了糧食而造成的,主要原因還是"五風"氾濫,徵購了過頭糧。

當年毛澤東提出"沒有調查沒有發言權"那個著名口號,並親自到最基層去做大量的系統的調查研究,而現在,毛澤東了解情況的渠道越來越狹窄,已經很難得到基層的真實情況。由於受到年齡以及其他客觀條件的限制,他沒有再做當年那種深入基層、深入群眾的調查研究。他所看到的來自下面的有些書面報告,不只是存在粗枝大葉的問題,而且有很多虛假的東西。比如這次外出,從天津到鄭州一路下來,耳聞目睹,都是好聽的和好看的,不是讓他看小塊豐產田裡長得差不多有一人高的麥子,就是看展覽館的展品。他也聽到一些地區問題嚴重的反映,但總認為這只是少數地方或者個別地方,經過工作,困難局面一定可以轉變過來。

在天津、濟南、武漢三地如此大規模地接見亞非拉外賓並高調宣傳,顯然與當時赫魯曉夫準備召開四國首腦會議和邀請美國總統訪蘇有關,是毛澤東在顯示自己與赫魯曉夫的不同。

5月7日上午,楊尚昆來到河南省委招待所,告知省委同志,毛澤東要連續三天接待外賓,今天下午接待非洲朋友,十二個國家五十四位;明天下午接待拉丁美洲朋友,八個國家二十五位;後天下午接待亞洲朋友,三個國家二十三位。中午,楊尚昆又傳達毛澤東指示,對弱小國家的朋友要特別尊重,不允許犯大國沙文主義錯誤,不搞神秘主義,不搞突然襲擊,事先將會見時間通知,就說毛澤東請朋友們來談談,生病的不要來,身體不好的不要來，不想來的不要來，不要有絲毫勉強，不想來的，不要有任何歧視。

　　下午五時，毛澤東到河南省委招待所接見非洲朋友。毛澤東一出現，一位外賓用英語高呼“毛澤東”，其他外賓也振臂高呼“毛——澤——東”、“毛——澤——東”，人群開始激動起來。毛澤東微笑著走過去，依次和他們握手。

　　握完手，毛澤東發表講話：“歡迎朋友們，我沒有去過非洲，今天請朋友們當老師，給我上一課，講講非洲的主要情況，講講非洲人民最關心的問題。”說著就坐下來，準備好了紙筆。

　　非洲朋友們開始愣住了，但很快就都舉起了手，想發言。後來有十二位外賓代表各自國家和地區發言，毛澤東都認真聆聽，記錄在案。談話談了將近四個小時，賓主仍然意猶未盡。一直到外賓所乘車輛駛離很遠後，毛澤東才回到二樓休息室，讓中共中央對外聯絡部將今天他會見非洲朋友的消息發出去。

　　此時毛澤東收到消息，美國一架 U-2 型飛機 5 月 1 日入侵蘇聯領空，進行間諜活動，被蘇聯打下來了。毛澤東讓楊尚昆通知北京，幫赫魯曉夫一把，公開表示我們支持蘇聯打下美國的飛機，讓《人民日報》發表社論。[7]

　　隨後的兩天，毛澤東分別會見了拉丁美洲和亞洲的外賓，取得了很大的外交成果。11 日，毛澤東離開鄭州，12 日抵達武漢。

　　14 日下午，毛澤東在武漢接見日本、古巴、巴西幾個代表團和新聞記者，他表示關心日本人民反對日美軍事同盟條約的鬥爭。對於 5 月 1 日美國派 U-2 型飛機侵入蘇聯領空，進行間諜活動，被蘇聯擊落的事件，毛澤東肯定蘇聯做得很正確。

　　在天津、濟南、武漢三地如此大規模地接見亞非拉外賓並高調宣傳，顯然與當時赫魯曉夫準備召開四國首腦會議和邀請美國總統訪蘇有關，是毛澤東在顯示自己與赫魯曉夫的不同，肯定蘇聯擊落美國入侵飛機，也有想拉住赫魯曉夫不讓他倒向西方的意思。

　　在武漢，發生了對毛澤東身邊工作人員後來影響重大的“肥皂事件”。毛澤東的秘書高智這次隨毛澤東來到武昌。快到武漢時，生活管理員張國興跑來對高智說，主席灶上沒有肥皂了，你能不能到武漢跟當地同志聯繫一下，買點兒肥皂。當時市場供應相當緊張，一個人一季度才有一塊肥皂的定量，還要憑票購買，有時憑票也買不到。到了毛澤東下榻的東湖客舍，高智將此事與負責接待的湖北省公安廳的同志説了，省公安廳的同志一口答應。

就是這麼一件事，回到北京被毛澤東發現後，受到了嚴厲的批評，並責成身邊工作人員搞"小整風"。他一直對身邊工作人員非常和藹可親，但不允許他的工作人員違反紀律和規章制度。他經常叮嚀："我們感情很深，可是，如果你們腐化了，就不要怪我翻臉不認你們。""你們在我身邊，職務不高地位可是不低，容易搞特殊化。"

經過認真檢查，找出了不少類似問題。在天津吃過大麻花，在鄭州吃過冰棒和西瓜，在山東接受過"大公雞"牌香煙，每人一兩包，上海把螃蟹送上車，每個工作人員分到幾隻。出差在外，每人每天四毛錢一斤糧票，但四毛錢的伙食吃得過分了，有雞鴨魚肉。地方上的同志們認為，讓毛主席身邊的同志吃得好一點兒，也是讓他們更好地照顧好主席，這是地方同志對毛主席的一片愛。

為了挽回影響，毛澤東拿出自己的稿費派人專程一路退賠，共退了兩萬多元。"小整風"結束後，毛澤東堅持從思想教育出發，對有缺點的同志感情依然如故。但他也考慮，身邊的這些同志跟著自己久了，脫離了基層，甚至脫離了社會，對他們本人不利，甚至對他們本人的前途發展都不利。毛澤東開始考慮調整，表示："我的內閣要改組了。"⑧

5月16日，赫魯曉夫仍然按原計劃從莫斯科到巴黎，準備參加四國首腦會議。但他在到達巴黎後發表聲明，要美國對 U-2 型飛機入侵蘇聯領空公開道歉。5月17日遭到美國拒絕後，赫魯曉夫退出會議，四國首腦會議宣告流產。對赫魯曉夫的強硬態度，毛澤東認為是好的，説在這件事情上，赫魯曉夫做對了。

5月17日，毛澤東離開武漢，於18日凌晨到達長沙。他曾計劃去韶山，為此四百七十名電工冒著八級大風架通了三十餘華里的電線，安裝好了電燈，但最終未能成行。在長沙，毛澤東決定在全國各地舉行群眾集會，支持蘇聯對四國首腦會議的立場。5月20日，北京天安門廣場舉行了有二百餘萬人參加的示威遊行和群眾大會。

5月19日,毛澤東離開長沙,經停株洲、南昌、向塘、金華,21日下午到達杭州。當晚,毛澤東在杭州南屏游泳池住地會見秘密來華訪問的金日成,交換了對四國首腦會議流產及對赫魯曉夫的看法,在座的有劉少奇、周恩來、鄧小平、柯慶施、康生等人。四國首腦會議的流產,在世界上引起震動,時局驟然緊張起來,國際共運內部也出現一些思想混亂,甚至有人說這是"大戰前夜"。金日成特地想來聽聽中共中央的意見。

在談到赫魯曉夫的對美政策時,金日成講了這樣一個情況:赫魯曉夫1955年就叫他們不要反對美帝國主義。毛澤東向他坦露心跡:"美國在巴基斯坦、土耳其、西德、英國、法國、意大利、希臘都有軍事基地。去年10月3日,赫魯曉夫在中國放了一炮,說我們不應該拿武器去試驗資本主義政權是否穩固。他在匈牙利黨代表大會上罵我們不戰不和是托洛茨基。5月1日蘇聯打下美國間諜飛機,5月2日艾森豪威爾就說U-2飛機是他派的,而且說今後還要派,逼得赫魯曉夫再無考慮餘地,這才下決心。我們開群眾大會支持蘇聯,這樣可以迫使美國規矩點。""意大利共產黨說,大戰就要爆發了,陶里亞蒂他們悲觀起來了。當然,也有可能打起來,但是,英、法不願意打,西德、日本還沒有武裝好,此外,還有拉丁美洲和非洲人民的鬥爭。我看不必悲觀,自然也要警惕。"

5月22日,金日成離開杭州返回北京。當天下午,毛澤東在杭州主持召開政治局常委擴大會議,主要討論四國首腦會議流產後的時局問題、中蘇關係問題,以及對赫魯曉夫的看法。

大家認為,在一些根本問題上,不能指望赫魯曉夫會改變。這一次他是被逼的,一是美國逼得厲害,二是國內對美國群情激憤。四國首腦會議流產之後,已不是西方同他搞得很好的時候、他神氣得很的時候。現在兩黨之間有一點共同點,利用這個關頭可以把赫魯曉夫拉住一下。毛澤東說:"同蘇共鬥爭的形式用文章,方法叫指桑罵槐。現在對蘇共,也是拖時間的,不宜於破裂。"他還談到赫魯曉夫:"這個人一直沒有個章程,像游離層一樣,他是十二變,跟他相處,怎麼個處法呀?這個人,艾森豪威爾形容過,說他是一個鐘頭之內瞬息萬變的。赫魯曉夫何必那麼蠢,把美國人捧得那麼上天,也不想下一著棋。從戴維營回來,那麼吹,他不想想,美國人可能變嘛。"⑨

蒙哥馬利寫道："毛澤東是一個十分有吸引力的人，非常有才智，處理問題很講實際，對西方世界情況的了解是驚人的……"

與此同時，英國的蒙哥馬利元帥應邀來中國訪問，5 月 27 日到上海。蒙哥馬利在二戰中指揮過北非戰役，參加過諾曼第登陸戰役，雖已退休，但在國際政界軍界仍有很大影響。毛澤東專程從杭州到上海，在錦江飯店同他長談。

"現在的局勢我看不是熱戰破裂，也不是和平共處，而是第三種：冷戰共處。"他問蒙哥馬利：有沒有這種可能，英、法、蘇、中在某些重大國際問題上取得一致意見？美國在全世界有二百五十個軍事基地，三百萬軍隊的一半在海外。它不顧一切，不跟別人商量辦事。蒙哥馬利對毛澤東這個想法很感興趣，並表示願意從事使四國能在一起的工作。蒙哥馬利向毛澤東提出這樣一個問題："五十年以後中國的命運怎麼樣？那時中國會是世界上最強大的國家了。""你的看法是，那個時候我們會侵略，是不是？"毛澤東敏銳地看出蒙哥馬利的心思："五十年以後，中國的命運還是九百六十萬平方公里。……如果我們佔人家一寸土地，我們就是侵略者。實際上，我們是被侵略者，美國還佔著我們的台灣。"

這次會見，給蒙哥馬利留下了深刻的印象。他回國後，在英國《星期日泰晤士報》上發表了一篇訪華觀感，題名《我同毛的會談》。《會談》寫道："毛澤東是一個十分有吸引力的人，非常有才智，處理問題很講實際，對西方世界情況的了解是驚人的，對一些政界領袖的評論非常準確。毛澤東的基本哲學非常簡單，就是人民起決定作用，因此要求幹部每年下基層一個月，保持和人民的聯繫，贏得人民的信任。中國需要和平，從事長期而艱巨的建設，因此不會對外侵略，也不試圖迫使其他國家接受它的共產主義思想。毛澤東建設了一個統一的、人人獻身和有目的感的國家。"⑪

與蒙哥馬利的會見結束後，5 月 30 日上午，毛澤東回到杭州，一面審閱《毛選》第四卷註釋；一面審閱第二個五年計劃後三年的計劃報告。在《毛選》四卷的題解和註釋中，很多地方涉及彭德懷。彭在解放戰爭時期任西北野戰

1960年，毛澤東、劉少奇、周恩來、鄧小平、彭真、陳毅在一起。

軍（後改稱第一野戰軍）司令員兼政治委員，指揮過許多重要戰役。為此，田家英專門向毛澤東請示如何處理，毛澤東明確回答："應該寫，過去那一段應該承認。"

6月4日晚，北京電話傳來蘇聯大使通知，蘇共6月2日致信中共中央，建議利用6月間羅馬尼亞工人黨第三次代表大會舉行的機會，在布加勒斯特召開社會主義國家共產黨和工人黨代表會議，就美國破壞四國首腦會議後的國際形勢交換意見。

毛澤東召集常委會決定，由彭真率中國共產黨代表團出席羅馬尼亞工人黨代表大會。6月10日，毛澤東把彭真叫到上海，參加政治局常委會。毛澤東給彭真六句話："堅持團結，堅持原則，摸清情況，後發制人，據理辯論，留有餘地。"並讓彭真和代表團的同志同別的兄弟黨廣泛接觸，弄清蘇共的意圖。彭真、王稼祥率代表團於 6 月 16 日離開北京，經莫斯科赴布加勒斯特。

　　6 月 10 日至 18 日，毛澤東在上海錦江飯店主持召開政治局擴大會議，毛澤東就計劃問題發表講話，中心內容就是降低計劃指標，把質量問題提到第一位。這次會議，指標一壓再壓，會議的過程成了壓指標的過程，用鄧小平的話説："我們這幾天都是搞的改良主義。"

　　自鄭州會議、武昌會議開始的糾"左"過程被盧山會議打斷後，隨著全黨"反右傾"鬥爭的開展，從上到下，大講 1960 年要持續大躍進，生產指標越提越高，工業規模擴大過快，基本建設項目上得過多，大量農村勞動力流入城市，需要提供的商品糧數量猛增，糧食徵購任務一再加碼，仍不能滿足需要，農村和城市的缺糧狀況日趨嚴重。這些問題在 1960 年春其實已開始暴露，到四五月間局勢已很緊張。到 4 月開人代會的時候，上海告急，紗廠停工，因為已經沒有棉花可以供應了，這是新中國成立十年來從沒有過的，也是中共中央和毛澤東在年初沒有料到的。毛澤東感到十分被動，作為總理的周恩來更是感到焦慮。毛澤東提出，要轉入主動，改變被動局面，決心降低計劃指標。

　　上海會議結束後不久，在布加勒斯特會議上，赫魯曉夫和蘇共中央對中國共產黨發起了全面攻擊。6 月 22 日，中共代表團與赫魯曉夫會見，持續六個小時，大部分時間是赫魯曉夫對中共進行猛烈指責。

　　6 月 24 日至 26 日，十二個社會主義國家共產黨和工人黨代表團舉行會議，一開始就是對中共代表團的圍攻。赫魯曉夫又一次對中共進行激烈的攻擊，涉及中國內政、外交各個方面。彭真給予反擊，著重批評赫魯曉夫説帝國主義跟過去不一樣，批評赫魯曉夫違背了馬克思列寧主義。蘇共提出會議要發表聯合公報，並拿出已經準備好的公報要求中共簽字。彭真指出：原先蘇共給我們的來信，只講"會晤"，沒有講發表公報的事，我們對公報有些意見，請考慮修改。赫魯曉夫立刻表示，不能修改，而要中共代表團簽字。彭真表示要請示中共中央。

　　6 月 23 日，中共中央收到彭真來電。毛澤東等四位常委，加上柯慶施，有時劉曉也參加，在上海文化俱樂部連續開會五天，討論布加勒斯特會議問題。

　　毛澤東講道："我們現在跟蘇共的共同點不是越來越多，而是越來越少。依我看，彼此都不想破裂。破裂也不要怕，也要做這個準備。只有你不怕，才能爭取到不破裂。立場是要堅持的，但在甚麼場合講甚麼話，要注意方法，態度要誠懇。人家不同意的，我們也不要強加於人，讓歷史來裁判。"

　　經中共中央同意，中共代表團在公報上簽了字，同時發表了一個聲明。這個聲明嚴厲批評了蘇共，並指名道姓地批評了赫魯曉夫，但對其他兄弟黨一概沒有提及。布加勒斯特會議標誌著國際共運陣營分裂的升級，中蘇兩黨之間在一系列重大原則問題上的分歧完全公開化了，中蘇兩黨關係急劇惡化。

　　彭真率領中共代表團於 6 月 28 日回到北京。6 月 29 日，毛澤東離開上海，第二天到達北戴河，準備在這裡主持召開中央工作會議。

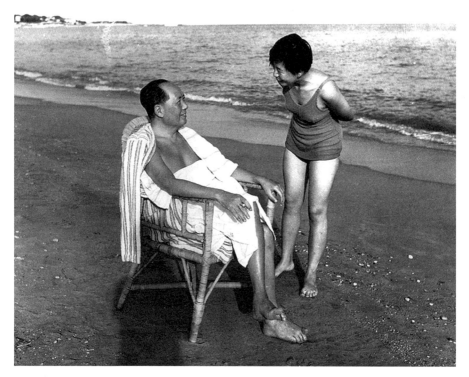

1960年7月，毛澤東和李訥在河北省秦皇島市北戴河海濱。

北戴河會議期間，蘇聯突然撤走全部專家，使中國經濟雪上加霜。胡志明為了彌合中蘇關係，訪問中國和蘇聯，居間調停，毛澤東握著他的手說："為團結奔走萬里。感謝你！"

　　北戴河中央工作會議，7月5日開始，8月10日結束，共一個月零六天。會議主要討論國際問題（中蘇關係）和國內經濟問題。當時國內經濟問題已經相當嚴峻，不少地方乾旱嚴重，糧食形勢已經非常緊張。但從會議一開始，大家的注意力就集中在國際問題上。

　　7月8日，彭真向會議作關於布加勒斯特會議情況及中蘇兩黨分歧問題的報告。在小組討論中，大家議論紛紛，對赫魯曉夫在布加勒斯特會議上對中共代表團搞突然襲擊、組織圍攻的惡劣做法表示極大憤慨。

　　7月16日，蘇聯政府突然照會中國政府，決定召回在中國工作的蘇聯專家，而且不等中國答覆，在7月25日就通知說，在中國工作的全部蘇聯專家都將在7月28日到9月1日期間全部撤走。

　　當時在中國的蘇聯專家共有一千三百多名，分佈在經濟、國防、文教和科研等二百多個企業和部門。他們全部撤走，使中國一些重大的設計項目和科研項目中途停頓，使一些正在施工的建設項目被迫停工，使一些正在試驗生產的廠礦不能按期投產。這對正處在困境中的中國經濟，無疑是雪上加霜。

　　7月30日，毛澤東召開政治局常委擴大會議，討論答覆蘇聯撤回專家照會的覆照稿。第二天，將覆照交給蘇聯駐華大使館，同時印發會議。覆照指出，蘇聯撤回專家的行動，違反中蘇友好同盟互助條約，違反社會主義國家之間友好關係的準則，希望蘇聯政府重新考慮並且改變召回蘇聯專家的決定。

　　但是，蘇方以毫無商量餘地的態度，在短短一個月的時間內，撤走全部蘇聯專家，撕毀了兩國間簽訂的所有有關協定與合同。

　　當時，在中國進出口貿易額中，對蘇貿易佔一半，中國主要出口糧、油、肉、蛋等農產品。由於這兩年農業大幅度減產，糧、油、肉、蛋等不能按計劃收購上來，對蘇貿易欠賬達二十五億盧布。在赫魯曉夫咄咄逼人、對中國採取高壓政策的背景下，大家一了解到這種情況，迸發出一種勒緊腰帶還債的激憤情緒。有人説，"要爭口氣，明年把債還掉"。有人説，"共赴國難，有錢出錢，有力出力"。

"明年還清這個賬。"毛澤東的語氣堅毅而果決。[11]

8 月 8 日，在北戴河會議快結束的時候，越南勞動黨中央委員會主席胡志明前來，一見面就聲明他是來做説客的，這次他先到中國，準備接著再去蘇聯，希望能在中蘇兩黨間做點兒勸和的工作。

中共中央決定由周恩來、鄧小平同他先談兩次。胡志明向中國同志們表達了擔心：據他得到的消息，兄弟黨都很焦急。希望社會主義國家的共產黨團結，共同對付主要的敵人美帝國主義。

8 月 9 日晚，毛澤東聽取了周恩來、鄧小平同胡志明交談情況的彙報，決定 8 月 10 日與胡志明談一談。10 日清晨，胡志明起得很早，他見毛澤東的房間靜悄悄的，為了不影響毛澤東的休息，便獨自去海濱散步。毛澤東其實整整一夜都沒有睡，想著白天應該怎麼跟胡志明談，委託他去向蘇聯帶甚麼話，輾轉反側。早起後，他去找胡志明，聽工作人員説胡志明去海濱散步了，便也來到了海邊。

兩人的會談在海邊沙灘上別有意味地進行了。毛澤東、胡志明和毛澤東的衛士們都只穿著泳褲，毛、胡二人坐在藤椅上交談，衛士們在他們身後站成兩排。攝影師侯波拍下了不少照片。

毛澤東感謝胡志明的好意："你們是好心，你們的意見我看基本上是好的。你們想要加強團結是好的。""你們提出要反對以美帝國主義為首的帝國主義和它們的走狗，這是我們的共同任務，這也很好。但是，究竟誰是朋友，誰是敵人呢？這個問題要分清楚。在這個問題上，我們跟赫魯曉夫早就有分歧。赫魯曉夫現在是修正主義的代表。""對於帝國主義和各國反動派，他表示很親熱，同他們站在一起。"

"我們還是贊成採取共產黨內部解決問題的辦法來解決中蘇兩黨的分歧"，但"赫魯曉夫早就把分歧暴露在敵人面前了"。毛澤東談到中印邊界衝突問題，赫魯曉夫叫塔斯社發表了聲明，偏袒印度，譴責中國。"中蘇不和

1960年8月10日，毛澤東與越南勞動黨主席胡志明在河北省秦皇島市北戴河海濱談話。左後立者為副衛士長孫勇。

後果是嚴重的，所以我們贊成你們勸和，贊成你們當和平使者。"⑫

　　胡志明問，到蘇聯後能不能把這些話轉告赫魯曉夫和蘇聯黨，毛澤東表示完全可以。胡志明告訴毛，他到蘇聯後要跟蘇聯黨的同志談四個問題，我們的時代和帝國主義問題、和平與戰爭問題、和平共處問題、和平過渡問題。毛澤東表示贊成："你現在做和事佬，以第三者的身份去說一說也好。"胡志明希望，第一步由中蘇兩黨派代表會談，第二步由毛澤東與赫魯曉夫親自會談。

　　毛澤東有著自己的考慮：現在人家把我罵得狗血噴頭，我去談甚麼？我們黨內還有許多同志，他們都可以去談。赫魯曉夫本人不知道講了多少次話，甚至在布加勒斯特會議期間講，中國那樣喜歡斯大林，那把斯大林的遺體搬到你們那裡去好了。你贊不贊成？

　　胡志明笑道："還是在蘇聯好，怎麼能搬到中國來呢。""中國同志是不是對西方同志的性格不太了解，有時候採取的方式效果不太好。"他打了個比方——請人抽煙要把煙遞過去，不能把煙丟過去，丟過去不太禮貌，對方接受不了。

　　毛澤東很是贊同：說得好，我們也要注意批評方式。要用科學的語言，像馬克思、恩格斯、列寧那樣批評。不粗暴，批評要具有準確性、鮮明性、生動性。胡志明補充了一句："加上同志式。"

　　談到蘇聯撤走專家、不給設備、急著要中國還債這些事，毛澤東也談了自己的看法："蘇聯不喜歡中國在經濟建設中搞完整的全套。但甚麼都靠別人，有時靠不住。外國援助，幫助是可以的，但不能干涉內政。""經濟建設上不能強迫人聽單方面指揮，政治上更不能強加於人。"他列舉了蘇聯在布加勒斯特會議上的做法，批評這種做法是父子關係。同時，也表示用"團結——批評——團結"的方式對待蘇聯："我們的道理是光明正大的，我們不怕，天是不會掉下來的。"

　　這時，太陽已跳出地平線，把浩瀚的大海照得璀璨奪目，萬點金星。毛澤東與胡志明脫去外衣，並肩入海，揮臂劈水，遨游在萬頃碧波之中。胡志明熱情邀請中國黨派代表團去越南參加越南國慶紀念活動和黨代表大會。毛澤東提出，可以偷偷地去，游一下紅河。胡志明說："不公開，不秘密，用你曾説過的方式，非正式訪問。至於紅河嘛，水可能太混濁，不好游呀！這要到時再説。”

　　在一個多月的北戴河會議期間，毛澤東下海游泳只有五六次，這是以往少見的。他的心情顯得沉重，常常一個人坐在沙發上長時間不語。睡覺也不好。他曾對值班人員説，他很忙，文件多，生活上對他多照顧一下。當時國際上有來自蘇聯等方面的壓力，國內出現了他始料不及的如此困難的經濟局面，毛澤東在精神上承受著巨大的壓力。

　　8月10日，鄧小平在會議結束時宣佈：“最近主席恐怕是要脱離一下工作，完全休息，就是少奇同志主持。只是有一件事情，就是對蘇共《通知書》的答覆，我們把文件搞好了，主席過問一下，日常工作我們處理了。”毛澤東表示：“我贊成，休息一個時期。”鄧建議：“小事就不要過問了。”毛澤東應和道：“少看文件。”“這樣比較好。”鄧贊同毛的決定。這時，康生插了一句：“‘毛選’第四卷註釋，習仲勳那個地方加兩句，已經加了，主席甚麼時候看看呀？”彭真説：“不要他看了。”鄧小平也説：“可以不看了，我們定了算了，那個裡面沒有甚麼重大的問題。”

　　8月16日晚，毛澤東從北戴河返回北京。

　　8月19日，毛澤東在北京中南海勤政殿又一次會見了從蘇聯返京的胡志明，聽取了胡志明同赫魯曉夫等蘇共領導人會談情況的介紹。胡志明情真意切地希望中蘇兩黨盡快舉行會談，以消除隔閡，加強團結，挽救面臨危機的國際共產主義運動。“謝謝胡志明同志，為團結奔走萬里。感謝你！”毛主席拉著胡志明的手搖了又搖。

八十一黨代表會議結束，中蘇兩黨之間的分歧被暫時擱置。

　　之後，在劉少奇、鄧小平主持下，中共中央開始研究中蘇兩黨會談的問題，兩黨會談是越南勞動黨主席胡志明提出的建議，目的是為開好世界各國共產黨和工人黨代表會議及其起草委員會會議做準備。

　　中共代表團由鄧小平任團長，彭真任副團長。兩黨會談從9月17日到

1960年10月18日，毛澤東宴請來華訪問的美國記者埃德加‧斯諾。

1960年10月18日，毛澤東、劉少奇與來華訪問的美國記者埃德加‧斯諾合影。

22日，共舉行五次。因雙方意見分歧很大，爭執不下，無結果而散。11月5日，以劉少奇為團長、鄧小平為副團長的中共代表團離京飛赴莫斯科，出席各國共產黨和工人黨代表會議。蘇共代表團的主要成員是赫魯曉夫、科茲洛夫、蘇斯洛夫等。

11月10日，會議正式開始。許多黨的代表發言，點名指責中共搞宗派主義，以分裂相威脅。因此，中共代表團一致意見，如果不從聲明草案上刪去中共代表團所堅持的不同意的幾點，代表團就不簽字，並發表聲明。代表團立即發電報向中央說明情況並請示方針。11月16日晚，毛澤東在懷仁堂小休息室，同周恩來、陳毅、李富春、陳伯達一起，研究代表團來電，同意代表團的意見，並告訴他們一切應做最壞的打算。

11月22日，一般性討論結束。23日，赫魯曉夫發言。他有意放低語調，力圖抓住團結的旗幟，以爭取群眾，而對中共則是針鋒相對，繼續進行指責。24日，鄧小平作第二次發言。在休息時間，蘇方人員全體出動組織一些與會代表發言，一時會場情況十分緊張。休息後，發言的人，大都是一套定型的語言，明白地攻擊中國共產黨。

11月26日下午，毛澤東在頤年堂召開中央政治局擴大會議，討論關於簽字的問題。28日給在蘇聯的中共代表團發出電報，主要精神是：要做到仁至義盡，鞏固左派，爭取中間，暴露右的。在二十大問題上可以讓步，但絕不能同意寫集團宗派和內部決議。代表團現在的方針應該是力爭達成協議，發表一個經過共同協商、達到一致的會議聲明。

後來，蘇共做出一點兒讓步，他們同意刪掉"民族共產主義"的提法，但表明：（一）二十大必須寫進聲明，二十一大可以不提；（二）集團派別活動可以不寫；（三）關於個人崇拜問題可以考慮；（四）可以考慮寫上協商一致的話；（五）內部秘密決定可以不寫。中方為了顧全大局，表示基本上可以按照蘇方的辦法解決。

這是一個重要轉折。"二十大"被蘇共視為命根子，別的它都可以讓，唯獨這一條萬萬不能讓。中共中央根據對會議形勢的分析，做出了在二十大問題上可以讓步的決定。

當時的中共代表團秘書長楊尚昆在日記中寫道："今天是形勢好轉的一

天，也是此次會議的最後關頭。經過我堅持力爭之後，對方的詭計未得逞，逼得它不能不退讓，顯示了我黨的威力。這在近幾十年來的共產主義運動中，是一個破天荒的例子。從此以後，指揮棒的作用可能更加不靈，老子黨地位動搖，減少一切服從的惡習。總之，也是打開腦筋、破除迷信。馬列主義創造性的發展和各國革命的勝利，才更有了希望。中國代表團這次的貢獻，將來是會載入史冊的！"

12月1日，八十一黨代表會議全體大會在克里姆林宮舉行，各黨代表團團長在聲明上簽字，並通過公報、呼籲書等。為時二十二天的八十一黨代表會議結束。

12月9日劉少奇一行回到北京，毛澤東、朱德、周恩來等到機場迎接，表示對中共代表團工作的支持和肯定，對八十一黨代表會議及其聲明的支持。

從6月布加勒斯特會議赫魯曉夫發動對中國共產黨的圍攻，以及隨之而來的對中共採取一系列高壓政策，到八十一黨代表會議達成協議，中蘇兩黨的爭論告一段落，暫時出現了團結的局面。但是，八十一黨代表會議聲明，畢竟是中蘇兩黨雙方妥協的產物，兩黨之間的分歧並沒有消除，只是暫時被擱置下來了。

毛澤東告訴侯波："以後你有甚麼事，隨時可以來找我。以後你要經常來看我，出去以後好好幹。有甚麼困難可以來找我，也可以給我寫信……"

1960年，給毛澤東攝影的攝影師除了侯波，還有陳娟美。此前毛澤東外出視察時，侯波沒有跟隨拍攝的情況是很少的。

1949年9月後，侯波成為毛澤東的專職攝影師，長年在毛澤東身邊跟隨拍攝，在1960年前，侯波沒有跟隨拍攝的時間，是如下一些時段：1949年12月毛澤東訪蘇期間，沒有專職攝影師跟隨；1951年三四月間，因毛岸英犧牲事件，中共中央安排毛澤東去石家莊休息期間，沒有專職攝影師跟隨；1953年2月毛澤東考察長江期間，是中南海攝影科攝影師呂厚民跟隨拍攝；1955 年 12 月底到 1956 年 1 月初，在南京、天津期間，是呂厚民跟隨拍攝。

而在 1955 年八九月在北戴河休假期間，侯波、呂厚民都跟隨拍攝。1959 年廬山會議期間，侯波跟隨拍攝，呂厚民當時在新華社江西分社工作，也去參加了拍攝。但當時毛澤東的專職攝影師還是只有侯波一人。

1960 年 4 月至 8 月，毛澤東外出視察期間，在天津期間，是新華社攝影部中央新聞組攝影師陳娟美跟隨拍攝，“五一”活動時呂厚民也參加了拍攝。在濟南、鄭州、武漢、長沙、南昌、杭州期間，是陳娟美跟隨拍攝。在上海會議期間，是陳娟美跟隨拍攝，侯波後來趕到上海。毛澤東從上海乘專列北上後，包括在專列上及專列停靠一些車站時，是侯波跟隨拍攝。

1961 年 3 月底以前，毛澤東在杭州、廣州、長沙期間，是侯波跟隨拍攝。4 月 1 日，在武漢，汪東興打電話給在廣州的呂厚民，讓他到武漢來接替侯波，此後，呂厚民成為毛澤東的第二任專職攝影師。

1961 年夏，侯波正式從中南海攝影科調到新華社工作。一天，她向毛澤東辭行，毛澤東在書房裡接見了她。侯波流著淚向毛澤東道別：“主席，我要走了，我在您身邊工作了十來年，您一直很關心我的學習和工作，但我總覺得自己的工作不稱職，沒幹好。”

毛澤東聽了侯波的話，不禁頓生傷感：“你在我身邊工作了十多年，不容易啊！你做了很多工作，我知道你工作得很緊張、很辛苦的。李銀橋、小封（毛澤東的衛士封耀松）他們都對我説過，你給我拍的照片，有些登在報紙上的，群眾很喜歡看，這就是成績嘛。這次，有不少在我身邊工作了多年的同志調到別的地方去工作，我是想了很久才下了這個決心的。因為你們在我身邊工作，熟悉了，這有好處，但也有很大的局限性。你們同群眾、同社會有一定的距離，就是壞處。當然，你在我們這些人身邊工作十多年，人是有感情的，可是你不要難過。以後你有甚麼事，隨時可以來找我。以後你要經常來看我，出去以後好好幹。有甚麼困難可以來找我，也可以給我寫信⋯⋯”

毛澤東的話，表達了對侯波工作的肯定，也流露了對侯波離去的眷念與不捨。

1954年1月29日，毛澤東在杭州五雲山與侯波（右三）等同志合影。

1958年底，毛澤東與侯波在湖北武漢東湖賓館梅園住地合影。

1958年底，毛澤東與侯波在湖北武漢東湖賓館梅園住地。

　　就這樣，侯波離開了中南海，從此再也沒有回去，也沒有再見過毛澤東。

　　1962 年，侯波生過一場病，不知道怎麼讓毛澤東知道了，他特意讓一個衛士來看望侯波，還將自己親筆手書的詩詞《清平樂·六盤山》託衛士帶給侯波，作為紀念。

　　1976 年 9 月 9 日，毛澤東逝世。

　　1979 年的一天，侯波將這首詞的原件上交給了中共中央辦公廳。

① 《七十年征程——江渭清回憶錄》，江蘇人民出版社 1996 年 10 月第 1 版，第 455—457 頁。

② 《毛澤東傳（1949—1976）》，中央文獻出版社 2003 年 12 月第 1 版，第 1060 頁。

③ 《建國以來毛澤東文稿》（第九卷），中央文獻出版社 1993 年 1 月版，第 98—99 頁。

④ 《毛澤東傳（1949—1976）》，中央文獻出版社 2003 年 12 月第 1 版，第 1065 頁。

⑤ 《毛澤東與山東》，中央文獻出版社 2003 年 11 月版，第 141 頁。

⑥ 《毛澤東傳（1949—1976）》，中央文獻出版社 2003 年 12 月第 1 版，第 161 頁。

⑦ 《緬懷毛澤東》，中央文獻出版社 1993 年版，第 302—311 頁。

⑧ 章重：《梅嶺——毛澤東在東湖客舍》，中央文獻出版社 2003 年 7 月第 1 版，第 331—332 頁。

⑨ 《毛澤東傳（1949—1976）》，中央文獻出版社 2003 年 12 月第 1 版，第 1077 頁。

⑩ 《毛澤東傳（1949—1976）》，中央文獻出版社 2003 年 12 月第 1 版，第 1077—1078 頁。

⑪ 《毛澤東傳（1949—1976）》，中央文獻出版社 2003 年 12 月第 1 版，第 1089 頁。

⑫ 吳冷西：《十年論戰：中蘇關係回憶錄（1956—1966）》（上），中央文獻出版社 1999 年 5 月第 1 版，第 346 頁。